Texte • Medien

Reflexion über Sprache

Grundlagentexte für den Deutschunterricht in der Oberstufe

Erarbeitet von Julia Knopf
Adelheid Rieder

Schroedel

Herausgegeben von Peter Bekes und Volker Frederking

Druck A 1 / Jahr 2013
Alle Drucke der Serie A sind im Unterricht parallel verwendbar.

Redaktion: Frank Sauer
Satz und Herstellung: Ira Petersohn, Ellerbek
Druck und Bindung: pva, Druck und Medien-Dienstleistungen GmbH, Landau
Titelbild:
Kandinsky, Wassily (1866–1944): Small Yellow, 1926 (R. 768)
Credit: Scala Archives, Bagno a Ripoli/Firenze / VG Bild-Kunst, Bonn 2013

Das Texte **Medien**-Programm zu »Reflexion über Sprache«:

978-3-507-47808-4 Textausgabe mit Materialien
978-3-507-47908-1 Informationen für Lehrerinnen und Lehrer mit Arbeitsblättern

Informationen und Materialien im Internet:
www.schroedel.de/textemedien
www.schroedel.de/interpretationen

ISBN 978-3-507-**47808**-4

Inhalt

Sprachenvielfalt des Deutschen

Standardsprache Deutsch

Sprachwandel im 20./21. Jahrhundert

Dialekt

Anglizismen

Kiezdeutsch und Kanak Sprak

Sexistischer Sprachgebrauch

Sprachpflege

Sprache – Denken – Wirklichkeit

Verhältnis von Sprache und Denken

Das linguistische Relativitätsprinzip und seine Erweiterungen

Vorwort

Sprache ist das wichtigste Kommunikationsmittel, das alle Bereiche unseres Alltags prägt. Meist wird jedoch Sprache von ihren Nutzern als zu selbstverständlich wahrgenommen und ihre Bedeutung oft erst klar, wenn Probleme auftauchen: bei Missverständnissen in Gesprächen, bei der Kommunikation zwischen Menschen unterschiedlicher sprachlicher Herkunft oder einfach auch nur bei Stimmproblemen.

Die Sprachreflexion und damit das Nachdenken über das Faszinosum »Sprache« ist Thema des vorliegenden Bandes. Darin finden sowohl Schülerinnen und Schüler als auch Lehrerinnen und Lehrer an der Schulpraxis der Oberstufe orientierte Materialien, die zur inhaltlichen Vertiefung genutzt werden können. Die Materialien sind dabei so konzipiert, dass sie nicht nur für den Unterricht geeignet sind, sondern auch eigenständig von den Schülerinnen und Schülern erarbeitet werden können.

Der Band deckt alle Bereiche des Abiturthemas »Sprache reflektieren« ab. Er gliedert sich in die folgenden Kapitel: *Sprache als Zeichen- und Kommunikationssystem, Sprachursprung und Spracherwerb, Sprachwandel, Sprache – Denken – Wirklichkeit, Kommunikation, Rhetorik, Sprache und Medien* sowie *Sprachkritik und Sprachnot.*
All diese Kapitel beginnen zunächst mit verschiedenen Impulsen, um das Interesse am Thema zu wecken. Es schließen sich wissenschaftliche Texte aus unterschiedlichen Epochen an, die mittels abwechslungsreicher Aufgabenstellungen erschlossen werden. Immer wieder sollen die Leserinnen und Leser ihre aus den Materialien gewonnenen Erkenntnisse durch Beispiele aus ihrem eigenen Leben und durch eigene Recherchen im Internet anreichern. Auf diese Weise wird die Wahrnehmung für Sprache geschärft.

Viel Freude und Erfolg bei der Arbeit mit diesem Band!

Julia Knopf und Adelheid Rieder

Julia Knopf ist Professorin für Fachdidaktik Deutsch an der Universität des Saarlandes.
Adelheid Rieder ist wissenschaftliche Mitarbeiterin am Lehrstuhl für Didaktik der deutschen Sprache und Literatur der Universität Erlangen-Nürnberg.

Sprache als Zeichen- und Kommunikationssystem

Günther Anders

Der Löwe 1966

Als die Mücke zum ersten Male
den Löwen brüllen hörte,
da sprach sie zur Henne:
»Der summt aber komisch.«
»Summen ist gut«, fand die Henne.
»Sondern?«, fragte die Mücke.
»Er gackert«, antwortete die Henne.
»Aber das tut er allerdings komisch.«

Aus einem Urlaubsprospekt: Vermittlungsversuche zwischen Gesagtem und Gemeintem:

Originalformulierung	Paraphrase
naturbelassener Strand	Algen am Strand
Hotel nur fünf Minuten vom Strand entfernt	vermutlich fünf Minuten Autofahrt
Hotel neu erbaut/renoviert	Bauarbeiten eventuell noch nicht abgeschlossen; Pool noch nicht fertig
ruhige, idyllische Lage	Hotel ohne gute Verkehrsanbindung, keine Einkaufsmöglichkeiten

Zeichensprache

Fünf Hände – Gebärdensprache: »Hallo«

Taucher – Gebärdensprache: »Okay«

1 Überlegen Sie, welche Lehre die Fabel »Der Löwe« haben könnte. Stellen Sie einen Zusammenhang zum Thema »Sprache« her und diskutieren Sie Ihre Ergebnisse mit Ihren Mitschülerinnen und Mitschülern.

2 Bei dem Text »Der Löwe« handelt es sich um eine Fabel. Welche Gemeinsamkeiten bzw. Unterschiede bestehen zu Ihnen bekannten Fabeln?

3 Etwas sagen, aber etwas anderes meinen: Liegt in diesem Beispiel aus einem Urlaubsprospekt eine bewusste Täuschung vor oder nur eine gut durchdachte Art der Informationsdarstellung?

4 Suchen Sie nach Beispielen, die denen aus dem Urlaubsprospekt ähneln, z. B. in der Werbung!

5 Welche Vor- bzw. Nachteile hat Zeichensprache im Vergleich zur klassischen Kommunikationssituation?

6 Welche anderen Zeichensprachen-Systeme kennen Sie? Suchen Sie nach weiteren Möglichkeiten, sich durch Zeichensprache auszudrücken.

Die Zeichennatur der Sprache

Sprache hat die Macht, Vorstellungen und auch Gefühle im Leser oder Hörer wachzurufen. So wird beim Lesen eines Hotelkatalogs die Formulierung »naturbelassener Strand« kaum jemanden an Algen, Treibgut oder sogar Müll am Ufer denken lassen. Aber woher weiß man überhaupt, was sich hinter den Wörtern »naturbelassen« und »Strand« verbirgt? Wer oder was legt die damit verbundenen Vorstellungen fest? Warum heißt Glück »Glück« und warum der Stuhl »Stuhl«?

Mit diesen Fragen hat sich der Schweizer Autor Peter Bichsel (*1935 in Luzern) in seiner Kurzgeschichte »Ein Tisch ist ein Tisch« auseinandergesetzt und über Konsequenzen nachgedacht, die auftreten, wenn jemand dieses System verlässt ...

Peter Bichsel

Ein Tisch ist ein Tisch 1986

Ich will von einem alten Mann erzählen, von einem Mann, der kein Wort mehr sagt, ein müdes Gesicht hat, zu müd zum Lächeln und zu müd, um böse zu sein. Er wohnt in einer kleinen Stadt, am Ende der Straße oder nahe der Kreuzung. Es lohnt sich fast nicht, ihn zu beschreiben, kaum etwas unterscheidet ihn von anderen. Er trägt einen grauen Hut, graue Hosen, einen grauen Rock und im Winter den langen grauen Mantel, und er hat einen dünnen Hals, dessen Haut trocken und runzelig ist, die weißen Hemdkragen sind ihm viel zu weit. Im obersten Stock des Hauses hat er sein Zimmer, vielleicht war er verheiratet und hatte Kinder, vielleicht wohnte er früher in einer andern Stadt. Bestimmt war er einmal ein Kind, aber das war zu einer Zeit, wo die Kinder wie Erwachsene angezogen waren. Man sieht sie so im Fotoalbum der Großmutter. In seinem Zimmer sind zwei Stühle, ein Tisch, ein Teppich, ein Bett und ein Schrank. Auf einem kleinen Tisch steht ein Wecker, daneben liegen alte Zeitungen und das Fotoalbum, an der Wand hängen ein Spiegel und ein Bild.

Der alte Mann machte morgens einen Spaziergang und nachmittags einen Spaziergang, sprach ein paar Worte mit seinem Nachbarn, und abends saß er an seinem Tisch.

Das änderte sich nie, auch sonntags war das so. Und wenn der Mann am Tisch saß, hörte er den Wecker ticken, immer den Wecker ticken. Dann gab es einmal einen besonderen Tag, einen Tag mit Sonne, nicht zu heiß, nicht zu kalt, mit Vogelgezwitscher, mit freundlichen Leuten, mit Kindern, die spielten – und das besondere war, dass das alles dem Mann plötzlich gefiel. Er lächelte.

»Jetzt wird sich alles ändern«, dachte er. Er öffnete den obersten Hemdknopf, nahm den Hut in die Hand, beschleunigte seinen Gang, wippte sogar beim Gehen in den Knien und freute sich. Er kam in seine Straße, nickte den Kindern zu, ging vor sein Haus, stieg die Treppe hoch, nahm die Schlüssel aus der Tasche und schloss sein Zimmer auf.

Aber im Zimmer war alles gleich, ein Tisch, zwei Stühle, ein Bett. Und wie er sicht hinsetzte, hörte er wieder das Ticken, und alle Freude war vorbei, denn nichts hatte sich geändert. Und den Mann überkam eine große Wut. Er sah im Spiegel sein Gesicht rot anlaufen, sah, wie er die Augen zukniff; dann verkrampfte er seine Hände zu Fäusten, hob sie und schlug mit ihnen auf die Tischplatte, erst nur einen Schlag, dann noch einen, und dann begann er auf den Tisch zu trommeln und schrie dazu immer wieder:

»Es muss sich etwas ändern.« Und er hörte den Wecker nicht mehr. Dann begannen seine Hände zu schmerzen, seine Stimme versagte, dann hörte er den Wecker wieder, und nichts änderte sich. »Immer derselbe Tisch«, sagte der Mann, »dieselben Stühle, das Bett, das Bild. Und zu dem Tisch sage ich Tisch, zu dem Bild sage ich Bild, das Bett heißt Bett, und den Stuhl nennt man Stuhl. Warum denn eigentlich?« Die Franzosen sagen zu dem Bett »li«, zu dem Tisch »tabl«, nennen das Bild »tablo« und den Stuhl »schäs«, und sie verstehen sich. Und die Chinesen verstehen sich auch. »Warum heißt das Bett nicht Bild«, dachte der Mann und lächelte, dann lachte er, lachte, bis die Nachbarn an die Wand klopften und »Ruhe« riefen.

»Jetzt ändert es sich«, rief er, und er sagte von nun an zu dem Bett »Bild«.

»Ich bin müde, ich will ins Bild«, sagte er, und morgens blieb er oft lange im Bild liegen und überlegte, wie er nun zu dem Stuhl sagen wolle, und er nannte den Stuhl »Wecker«. Hie und da träumte er schon in der neuen Sprache, und dann übersetzte er die Lieder aus seiner Schulzeit in seine Sprache, und er sang sie leise vor sich hin.

Er stand also auf, zog sich an, setzte sich auf den Wecker und stützte die Arme auf den Tisch. Aber der Tisch hieß jetzt nicht mehr Tisch, er hieß jetzt Teppich. Am Morgen verließ also der Mann das Bild, zog sich an, setzte sich an den Teppich auf den Wecker und überlegte, zu wem er wie sagen könnte.

Zu dem Bett sagte er Bild.

Zu dem Tisch sagte er Teppich.

Zu dem Stuhl sagte er Wecker.

1 In Peter Bichsels Erzählung entschließt sich die Hauptfigur dazu, Gegenstände seines Umfelds umzubenennen.
Beschreiben Sie das Vorgehen des Protagonisten und vergleichen Sie es mit den Sprachbeispielen aus dem Urlaubsprospekt auf S. 8.

1 In Zeile 154 ff. heißt es: »Aber eine lustige Geschichte ist das nicht. Sie hat traurig angefangen und hört traurig auf.« Erläutern Sie diese Textstelle vor dem Hintergrund der gesamten Erzählung. Beziehen Sie dabei auch die Überschrift des Textes mit ein.

Zu der Zeitung sagte er Bett.
Zu dem Spiegel sagte er Stuhl.
Zu dem Wecker sagte er Fotoalbum.
Zu dem Schrank sagte er Zeitung.
Zu dem Teppich sagte er Schrank.
Zu dem Bild sagte er Tisch.
Und zu dem Fotoalbum sagte er Spiegel.
Also:

Am Morgen blieb der alte Mann lange im Bild liegen, um neun läutete das Fotoalbum, der Mann stand auf und stellte sich auf den Schrank, damit er nicht an den Füßen fror, dann nahm er seine Kleider aus der Zeitung, zog sich an, schaute in den Stuhl an der Wand, setzte sich dann auf den Wecker an den Teppich, und blätterte den Spiegel durch, bis er den Tisch seiner Mutter fand.

Der Mann fand das lustig, und er übte den ganzen Tag und prägte sich die neuen Wörter ein. Jetzt wurde alles umbenannt: Er war jetzt kein Mann mehr, sondern ein Fuß, und der Fuß war ein Morgen und der Morgen ein Mann. Jetzt könnt ihr die Geschichte selbst weiter schreiben. Und dann könnt ihr, so wie es der Mann machte, auch die andern Wörter austauschen:

läuten heißt stellen,
frieren heißt schauen,
liegen heißt läuten,
stehen heißt frieren,
stellen heißt blättern.

Sodass es dann heißt: Am Mann blieb der alte Fuß lange im Bild läuten, um neun stellte das Fotoalbum, der Fuß fror auf und blätterte sich aus dem Schrank, damit er nicht an den Morgen schaute.
Der alte Mann kaufte sich blaue Schulhefte und schrieb sie mit den neuen Wörtern voll, und er hatte viel zu tun damit, und man sah ihn nur noch selten auf der Straße. Dann lernte er für alle Dinge die neuen Bezeichnungen und vergaß dabei mehr und mehr die richtigen. Er hatte jetzt eine neue Sprache, die ihm ganz allein gehörte. Aber bald fiel ihm auch das Übersetzen schwer, er hatte seine alte Sprache fast vergessen, und er musste die richtigen Wörter in seinen blauen Heften suchen. Und es machte ihm Angst, mit den Leuten zu sprechen. Er musste lange nachdenken, wie die Leute zu den Dingen sagen.

Zu seinem Bild sagen die Leute Bett.
Zu seinem Teppich sagen die Leute Tisch.
Zu seinem Wecker sagen die Leute Stuhl.
Zu seinem Bett sagen die Leute Zeitung.
Zu seinem Stuhl sagen die Leute Spiegel.
Zu seinem Fotoalbum sagen die Leute Wecker.
Zu seiner Zeitung sagen die Leute Schrank.
Zu seinem Schrank sagen die Leute Teppich.
Zu seinem Spiegel sagen die Leute Fotoalbum.
Zu seinem Tisch sagen die Leute Bild.

Und es kam soweit, dass der Mann lachen musste, wenn er die Leute reden hörte. Er musste lachen, wenn er hörte, wie jemand sagte: »Gehen Sie morgen auch zum Fußballspiel?« Oder wenn jemand sagte: »Jetzt regnet es schon zwei Monate lang.« Oder wenn jemand sagte. »Ich habe einen Onkel in Amerika.« Er musste lachen, weil er all das nicht verstand.

Aber eine lustige Geschichte ist das nicht. Sie hat traurig angefangen und hört traurig auf. Der alte Mann im grauen Mantel konnte die Leute nicht mehr verstehen, das war nicht so schlimm. Viel schlimmer war, sie konnten ihn nicht mehr verstehen. Und deshalb sagte er nichts mehr.

Er schwieg, sprach nur noch mit sich selbst, grüßte nicht einmal mehr.

Das Bezeichnende und das Bezeichnete

2 Erläutern Sie mit eigenen Worten Ferdinand de Saussures Unterscheidung zwischen Bezeichnendem und Bezeichnetem.

Ferdinand de Saussure (1857–1913), ein Schweizer Sprachwissenschaftler, hat sich um 1900 mit der gleichen Thematik wie der alte Mann in Peter Bichsels Erzählung beschäftigt und die Vergabe von Begriffen analysiert. Saussures zentrale These war: sprachliche Zeichen sind willkürlich und es bedarf eines gesellschaftlichen Konsenses sowie einer Tradierung der sprachlichen Zeichen, um Verstehen zu ermöglichen. Den Begriff des Zeichens verknüpft Saussure aber nicht nur mit der einfachen »Vergabe« von Begriffen, sondern sieht darin die enge Verknüpfung von Lautbild und gedanklicher Vorstellung repräsentiert:

Das Bezeichnende (*signifiant*), d.h. die Lautfolge, erzeugt beim Hörenden unmittelbar die Vorstellung des Bezeichneten (*signifié*). Hören wir beispielsweise das Wort »Baum«, wird sofort eine prototypische, allgemeine Vorstellung eines Baums in uns hervorgerufen.

Da aber die Lautäußerung »Baum« keinerlei begründbaren Zusammenhang mit dem Bezeichneten aufweist (z.B. keine lautliche Ähnlichkeit des Wortes mit Blätterrauschen), ist diese Verknüpfung beliebig – *arbiträr* – und muss erlernt werden. Innerhalb einer Sprechergemeinschaft ist diese Beziehung relativ stabil und ändert sich nur langsam.

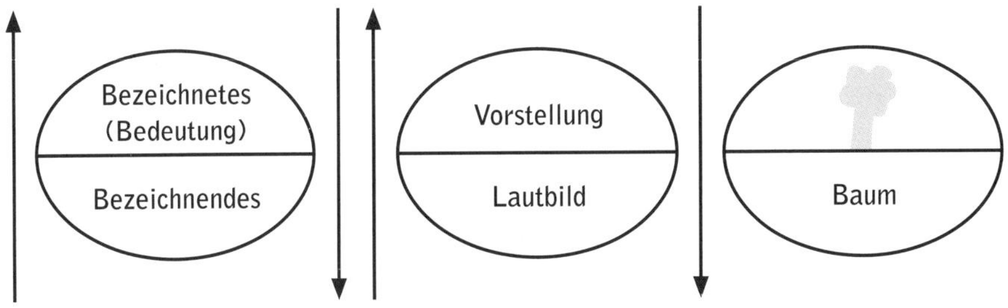

Arbitrarität des Zeichens

Ferdinand de Saussure

Ein System von Zeichen dt. 1976

Die Natur des sprachlichen Zeichens. Zeichen, Bezeichnung, Bezeichnetes

[…] Das sprachliche Zeichen ist also etwas im Geist tatsächlich Vorhandenes, das zwei Seiten hat und durch folgende Figur dargestellt werden kann: Diese beiden Bestandteile sind eng miteinander verbunden und entsprechen einander. Ob wir nun den Sinn des lat. Wortes »arbor« suchen oder das Wort, womit das Lateinische die Vorstellung »Baum« bezeichnet, so ist klar, dass uns nur die in dieser Sprache geltenden Zuordnungen als angemessen erscheinen, und wir schließen jede beliebige andre Zuordnung aus, auf die man sonst noch verfallen könnte. Mit dieser Definition wird eine wichtige terminologische Frage aufgeworfen. Ich nenne die Verbindung der Vorstellung mit dem Lautbild das Zeichen; dem üblichen Gebrauch nach aber bezeichnet dieser Terminus im Allgemeinen das Lautbild allein, z. B. ein Wort (arbor usw.). Man vergisst dabei, dass, wenn arbor Zeichen genannt wird, dies nur insofern gilt, als es Träger der Vorstellung »Baum« ist, sodass also diese Bezeichnung außer dem Gedanken an den sensorischen Teil den an das Ganze einschließt.

Die Mehrdeutigkeit dieses Ausdrucks verschwindet, wenn man die drei hier in Rede stehenden Begriffe durch Namen bezeichnet, die unter sich in Zusammenhang und zugleich in Gegensatz stehen. Ich schlage also vor, dass man das Wort »Zeichen« beibehält für das Ganze und Vorstellung bzw. Lautbild durch Bezeichnetes und Bezeichnung (Bezeichnendes) ersetzt […]

René Magritte: La trahison des images (wörtlich: »Der Verrat der Bilder«), 1929

1 Formulieren Sie im Hinblick auf die beiden Texte von Peter Bichsel und Ferdinand de Saussure mögliche Konsequenzen eines gezielten oder auch willkürlichen Eingriffs in die Konventionalität des sprachlichen Zeichensystems.

2 Suchen Sie aus einem literarischen Text ihrer Wahl eine Metapher heraus. Beschreiben Sie diese mit den Begriffen de Saussures.

3 Erläutern Sie, wie man de Saussures Schaubild »Arbitrarität des Zeichens« für Lautbilder verändern müsste. Fertigen Sie selbst ein Beispiel an.

4 Die Entwicklung einer Gebärdensprache wäre ohne die Willkürlichkeit (Arbitrarität) von (sprachlichen) Zeichen unmöglich gewesen. Nehmen Sie Stellung zu dieser These.

5 Betrachten Sie René Magrittes Gemälde zur Inschrift (wörtlich: »Dies ist keine Pfeife.«). Setzen Sie Ihre Ergebnisse in Beziehung mit der Theorie de Saussures.

1 Erläutern Sie, inwiefern durch den Versuch, beim sprachlichen Zeichen »Semmelnknödeln« Signifikant und Signifikat aufeinander abzustimmen, Komik entsteht.

2 Interpretieren Sie den Text »Semmelnknödeln« szenisch, indem Sie ihn zu zweit als Rollenspiel umsetzen.

3 Diskutieren Sie in Ihrer Lerngruppe: Verändert sich durch die stimmliche Interpretation die Wirkung des Textes?

Karl Valentin / Liesl Karlstadt

Semmelnknödeln 1940

Liesl Ja sag einmal, warum bist Du denn heute Mittag nicht zum Essen gekommen? 2 Stunden hab ich auf Dich gewartet!

Karl Ja, ich hab da draußen gleich gegessen, wo ich zu tun g'habt hab, in der kleinen Wirtschaft und da isst man sehr gut, fast tadellos.

Liesl Na, so gut wie ich koche, wird's bestimmt nicht sein!

Karl Doch, doch!

Liesl Aber jetzt ist es 9 Uhr abends; wo warst du denn in der langen Zwischenzeit?

Karl Nirgends! Da hab ich auf das Mittagessen gewartet!

Liesl Ja, ist dir denn das nicht zu langweilig geworden?

Karl Nein. In der Zwischenzeit hab ich mit der Kassierin g'redt.

Liesl Was, 9 Stunden warst du mit der Kassierin beisammen? Über was habt ihr den da g'redt?

Karl Ja, über das, dass die Semmelnknödeln so lange nicht kommen.

Liesl So lang wartet doch kein vernünftiger Mensch auf das Mittagessen.

Karl Da war ich ja nicht vernünftig, ich war ja hungrig.

Liesl Papperlapapp – wenn man das Essen um 12 Uhr bestellt und in einer halben Stunde ist es noch nicht da, dann geht man einfach.

Karl Freilich, dann frisst's ein anderer für mich ...

Liesl Und ausgerechnet Semmelknödel hat er sich bestellt, wo doch ich heute auch Semmelknödel gemacht hab.

Karl Was, dieselben?

Liesl Ach, dieselben! Unsinn! – Andere hab ich halt gemacht; aber Semmelknödel sind Semmelknödel!

Karl ... deln!

Liesl Was »deln«?

Karl Semmel*n*knödel*n* heißt's!

Liesl Ich hab ja g'sagt Semmelknödel.

Karl Nein, Semmel*n*knödel*n*!

Liesl Nein, man sagt schon von jeher Semmelknödel.

Karl Ja, zu *einem* – – aber zu *mehreren* Semmelknödel sagt man Semmel*n*knödel*n*.

Liesl Aber wie tät' man denn zu einem Dutzend Semmelknödel sagen?

Karl Auch Semmelnknödeln – – Semmel ist die Einzahl, das musst Ihnen merken, und Semmel*n* ist die Mehrzahl, das sind also mehrere Einzelne zusammen. Die Semmel*n*knödeln werden aus Semmeln gemacht, also aus mehreren Semmeln; du kannst nie aus einer Semmel Semmel*n*knödeln machen.

Liesl Machen kann man's schon.

Karl Ja, ja, machen schon; aber wenn Du aus einer Semmel zehn Semmelnknödeln machen tätst, dann würden die Semmelnknödeln so klein wie Mottenkugeln. Dann würde das Wort Semmelknödel schon stimmen, weil's bloß aus einer Semmel sind. Aber solang die Semmelnknödeln aus mehreren Semmeln gemacht werden, sag ich unerbitterlich Semmelnknödeln!

Liesl Du sagst es aber auch nicht richtig; jetzt hast grad g'sagt Semmelnknödeln.

Karl Nein, ich hab gsagt: Semmel*n*knödel*n*.

Liesl Richtig muss es eigentlich *Semmel*knödeln heißen; die Semmel muss man betonen, weil die Knödel aus Semmeln gemacht sind – überhaupt, das Wichtigste ist der Knödel; Semmelknödeln müsst es ursprünglich heißen!

Karl Nein, das Wichtigste ist das *n* zwischen Semmel und Knödeln.

Liesl Ja, wie heißt es dann bei den Kartoffelknödeln?

Karl Dasselbe! *n* – ! Kartoffel*n*knödeln!

Liesl Und bei den Schinkenknödeln? Ah –

Karl Da ist's genau so; da ist das *n* schon zwischendrin. Es gibt keine Knödeln ohne *n*.

Liesl Doch die Leberknödeln!

Karl Ja stimmt! – Leber*n*knödeln kann man nicht sagen.

Karl Valentin (1882–1948) und Liesl Karlstadt (1892–1960) waren ein legendäres bayerisches Komödiantenpaar

Grundlegende Funktionen von Sprache

Funktionen von Sprache

Warum sprechen wir? Mit welchem Ziel verwenden wir Sprache? Da Sprache und Sprechen meist selbstverständlich erscheinen, ist es schwierig, diese Fragen zu beantworten. Die meisten so Gefragten werden angeben, dass Sprache der Verständigung oder der Kommunikation dient. Dies ist gleichzeitig die erste und wichtigste Funktion von Sprache: die *kommunikative* Funktion oder der *propositionale* Sprachgebrauch. In leicht veränderter Form begegnet uns diese Form auch bei aufgezeichneten Informationen, z. B. in Büchern oder Zeitschriften, da hier keine Dialogsituation vorliegt und die Informationen umfassender und stärker strukturiert weitergegeben werden als in einem Gespräch.

Auch bei komplexen Denkprozessen nutzt der Mensch die Sprache zur »Verfertigung der Gedanken«, wie es Kleist formulierte, d. h. durch das laute Sprechen und Strukturieren der Gedanken wird nach Klarheit gesucht. Dieser Prozess wird im Kapitel »Sprache – Denken – Wirklichkeit« (S. 80–91) vertieft.

Doch worum handelt es sich, wenn eine Person, die alleine im Büro sitzt, auf ihren nicht funktionierenden PC schimpft? Informationsaustausch ist hier ausgeschlossen, sowohl mit anderen Personen als auch mit dem Gerät. Oder was bezwecken Menschen, die aus Freude über ein Geschenk in lautes »Ah« und »Oh« ausbrechen? Hier liegt der Ausdruck von Emotionen vor, meist in besonders gefühlsgeladenen Situationen (*expressive, emotive Funktion*).

Wenn sich aber zwei Geschäftspartner im Flur treffen, einander vorgestellt werden und mit »Sehr erfreut Sie kennenzulernen« oder auch »Ich begrüße Sie herzlich in unserem Haus« reagieren, drückt dies neben möglicherweise echter Freude auch großen Respekt und Höflichkeit aus und gibt damit Informationen über die soziale Verbindung der beiden Personen preis (*soziale Funktion*).

Besonders wichtig sind die Informationen über regionale Herkunft, Status, Bildung, Alter und die eigene Person, die jeder Sprecher über seine Art zu Sprechen vermittelt. Zum Beispiel wird einerseits durch einen gemeinsamen – in der Heimatregion gesprochenen – Dialekt ein Gemeinschafts- und Zusammengehörigkeitsgefühl erzeugt, andererseits gibt dieser Dialekt beim Auftreten einer Person in anderen Gebieten Auskunft über deren Herkunft (*Funktion des Ausdrucks von Identität*).

Zusätzlich können sprachliche Äußerungen eine Appellfunktion haben, sodass – direkt (z. B. »Bitte schließ das Fenster!«) oder indirekt (z. B. »Mir ist kalt.«) – eine Handlungsaufforderung ausgedrückt wird (*instruktive Funktion*).

Neben den oben angesprochenen Funktionen erfüllt Sprache aber auch eine ästhetisch-poetische und eine metasprachliche Funktion. Erstere geht vor allem auf Roman Jakobson und Umberto Eco zurück und bezieht sich auf einen Sprachgebrauch, bei dem die Sprache durch die Art und Form ihrer Verwendung z. B. in der Literatur einen zusätzlichen Eigenwert erhält (*poetische Funktion*). Sie tritt keinesfalls nur in Literatur und Kunst auf: »Jeder Versuch, die Sphäre der poetischen Funktion auf Dichtung zu reduzieren oder Dichtung auf die poetische Funktion einzuschränken, wäre eine trügerische Vereinfachung. Die poetische Funktion stellt nicht die einzige Funktion der Wortkunst dar, sondern nur eine vorherrschende und strukturbestimmende und spielt in allen anderen sprachlichen Tätigkeiten eine untergeordnete, zusätzliche, konstitutive Rolle.« (Roman Jakobson: Linguistik und Poetik. 1960. S. 92–93).

Die *metasprachliche Funktion* bezeichnet die Möglichkeit mit Sprache über Sprache zu sprechen, z. B. wenn im Unterricht ein grammatisches Phänomen oder – wie in diesem Text – die Funktionen von Sprache mithilfe von Sprache thematisiert wird.

Wenngleich man versucht die einzelnen sprachlichen Funktionen voneinander abzugrenzen, ist davon ausgehen, dass sich diese Funktionen überlappen und meist mehr als nur eine ausgefüllt wird.

1 Der Text beschreibt – in Anlehnung an den Linguisten Roman Jakobson (1896–1982) – sieben Funktionen von Sprache.
a) Arbeiten Sie diese sieben Funktionen in ihren Kernbestandteilen heraus.
b) Suchen Sie zu jeder Funktion eine passende Situation, in der diese Funktion dominiert.
c) Diskutieren Sie Ihre Ergebnisse im Plenum.

2 Ordnen Sie die folgenden Textsorten der jeweils dominierenden Sprachfunktion zu und begründen Sie Ihre Entscheidung:
Reklame,
Referat,
Protokoll,
Erlebnislyrik,
Lexikonartikel,
Reportage,
Gesetzestext.

1 Die spezifische Leistung der menschlichen Sprache sieht Karl Bühler in der »Darstellung«. Erörtern Sie diese These.

2 Vergleichen Sie Bühlers Organon-Modell mit dem Vier-Ohren-Modell von Friedemann Schulz von Thun (unten und S. 97 f.).

3 Wenn ein Kleinkind »Mama« ruft, ist dies eine kommunikative Handlung. Untersuchen Sie diese anhand des »Vier-Ohren-Modells«. Überlegen Sie auch, welchen Grundfunktionen von Sprache die frühen Lallwörter eines kleinen Kindes zuzuordnen sind.

Das Vier-Ohren-Modell von Friedemann Schulz von Thun

Karl Bühler

Das Organonmodell der Sprache 1934

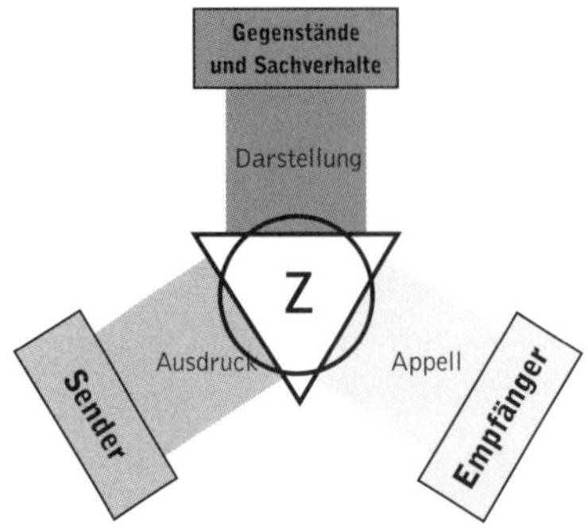

Der Kreis in der Mitte symbolisiert das konkrete Schallphänomen. Drei variable Momente an ihm sind berufen, es dreimal verschieden zum Rang eines Zeichens zu erheben. Die Seiten des eingezeichneten Dreiecks symbolisieren diese drei Momente. Das Dreieck umschließt in einer Hinsicht weniger als der Kreis (*Prinzip der abstraktiven Relevanz*).
In anderer Richtung wiederum greift es über den Kreis hinaus, um anzudeuten, dass das sinnlich Gegebene stets eine *apperzeptive Ergänzung* erfährt. Die Linienscharen symbolisieren die semantischen Funktionen des (komplexen) Sprachzeichens. Es ist *Symbol* kraft seiner Zuordnung zu Gegenständen und Sachverhalten, *Symptom* kraft seiner Abhängigkeit vom Sender, dessen Innerlichkeit es ausdrückt, und *Signal* kraft seines Appells an den Hörer, dessen äußeres oder inneres Verhalten es steuert wie andere Verkehrszeichen.
Dies Organon-Modell mit seinen drei weitgehend unabhängigen variablen Sinnbezügen steht vollständig, wie es ausgeführt werden muss, zum ersten Mal in meiner Arbeit über den Satz (1918), der mit den Worten beginnt: »Dreifach ist die Leistung der menschlichen Sprache: Kundgabe, Auslösung und Darstellung«.

Heute bevorzuge ich die Termini: Ausdruck, Appell und Darstellung, weil »Ausdruck« im Kreise der Sprachtheoretiker mehr und mehr die hier geforderte präzise Bedeutung gewinnt und weil das lateinische Wort »appellare« (englisch: appeal, deutsch etwa: ansprechen) treffend ist für das zweite [...].

Die drei Leistungen der menschlichen Sprache

Mithilfe von Bühlers Modell ist es möglich, über gegenseitiges Verstehen zu reflektieren und auch Missverständnisse zu analysieren. Die drei Leistungen der »menschlichen Sprache: *Kundgabe, Auslösung* und *Darstellung*« bezeichnen dabei die drei für Bühler zentralen Ziele bzw. Funktionen, die Sprechen anstreben bzw. erfüllen kann:
- Es soll entweder eine bestimmte Reaktion ausgelöst (z. B. »Hilfe, ich kann nicht schwimmen!«),
- ein Gefühl ausgedrückt (z. B. Sorge und Angst beim Hilferuf) oder
- ein Sachverhalt dargestellt werden (z. B. Information über Notlage durch Hilferuf).

Das Beispiel des Hilfeschreis zeigt bereits, das sich diese Bereiche immer überschneiden, auch wenn oft eine der Funktionen dominiert (z. B. die Darstellungsfunktion im Unterricht, Appellfunktion im Sportkurs). Hält eine Lehrkraft im Unterricht beispielsweise einen kurzen, abwechslungsreichen Vortrag über die Person Thomas Mann, dominiert die Darstellungsfunktion. Im Hintergrund schwingt aber auch der Appell an die Schüler/-innen mit zuzuhören, sich mit dem Inhalt des Vortrags auseinanderzusetzen, und vielleicht auch der Ausdruck eigener Begeisterung der Lehrkraft über Thomas Mann.

Im Sportverein wäre die Gewichtung vermutlich anders, da der Trainer in erster Linie an das Team appelliert, bestimmte Übungen durchzuführen, den Sportlerinnen und Sportlern aber mit Sicherheit auch Informationen über Sinn und Aufbau der Trainingseinheit liefert und seine eigene Stimmungslage zum Ausdruck bringt (z. B. wenn er mit einer Leistung zufrieden ist). Der Ausspruch »Noch eine Runde zügiges Laufen! Reißt euch zusammen!« enthält in erster Linie den Appell eine Übung auszuführen, lässt aber auch erkennen, dass der Trainer wahrscheinlich mit der Motivation des Teams unzufrieden und dass die aktuelle Übungseinheit bald abgeschlossen ist. Dieser indirekte Ausdruck von Erwartungen (der Trainer erwartet mehr Einsatz und Motivation) wird als *implizierter Imperativ* bezeichnet, d. h. die Handlungsaufforderung/-anweisung ist in der Aussage enthalten, auch wenn sie nicht explizit formuliert wurde.

Umberto Eco

Die poetische Funktion der Sprache 1973

Als dichterisch gilt für gewöhnlich jene Redeweise, die, indem sie Laut und Begriff, Laute und Wörter in ein völlig neues Verhältnis zueinander bringt und Sätze in ungewohnter Weise zusammenfügt, zugleich mit einer bestimmten Bedeutung auch eine neuartige Emotion vermittelt; und dies so sehr, dass die Emotion auch dann entsteht, wenn die Bedeutung nicht sofort klar wird. Denken wir uns einen Liebenden, der den folgenden Inhalt ausdrücken will und ihn nach allen Wahrscheinlichkeitsregeln, die die Sprache ihm aufdrängt, zum Ausdruck bringt:

»Manchmal, wenn ich versuche, mich an einige Begebenheiten zu erinnern, die mir vor langer Zeit widerfuhren, meine ich einen Wasserlauf zu erblicken; sein Wasser war kalt und klar. Die Erinnerung an diesen Wasserlauf beeindruckt mich in ganz besonderer Weise, weil nahe bei ihm sich eine Frau niedersetzte, in die ich damals verliebt war und es auch heute noch bin. Ich bin so verliebt in diese Frau, dass ich in einer für Verliebte charakteristischen Urteilsverwirrung von allen in der Welt existierenden Menschen weiblichen Geschlechts nur sie in Betracht ziehe. Ich muss noch hinzufügen, dass dieser Wasserlauf wegen des Umstandes, dass er in meinem Gedächtnis mit der Erinnerung an jene Frau verbunden ist (und ich muss sagen, dass diese Frau sehr schön ist), in meiner Seele eine gewisse süße Empfindung erzeugt; nun übertrage ich, wie Verliebte es gerne tun, jene Süße, die ich empfinde, auf den Wasserlauf; dessentwegen ich sie empfinde: ich schreibe also die Süße dem Wasserlauf zu, als ob sie eine Eigenschaft von ihm wäre. Das ist es, was ich sagen wollte; ich hoffe, ich habe mich deutlich genug ausgedrückt.«

So würde unser Verliebter sprechen, wenn er, in dem Bestreben, einen völlig eindeutigen und verständlichen Sinn zu vermitteln, sich an alle Redundanzregeln hielte. Wir würden begreifen, was er sagt, es aber vielleicht nach einiger Zeit vergessen. Wenn der Verliebte nun aber Francesco Petrarca heißt, sich leichtfüßig über die Hürden der gebräuchlichen Konstruktionsregeln hinwegsetzt, kühne Metaphern verwendet, logische Übergänge weglässt und sogar darauf verzichtet, uns mitzuteilen, dass es sich um etwas Erinnertes handelt, sondern dies nur durch die Vergangenheitsform des Verbs andeutet, dann wird er so sprechen:

Chiare, fresche, e dolci acque
dove le belle membra
pose colei che sola a me par donna.

Du klare, frische, süße Quelle,
darin die schönen Glieder der Frau
getaucht, die mir gefiel wie keine.

Und es gelingt ihm so, mit nicht mehr als siebzehn Wörtern zum Ausdruck zu bringen, dass er sich erinnert und noch weiterhin liebt, und dabei die Stärke seiner Liebe durch die heftige Bewegung dieser emphatisch sich äußernden Erinnerung selbst mit der Unmittelbarkeit einer gegenwärtigen Anschauung zu verdeutlichen. [...]

Beide Texte beziehen sich auf ein und dasselbe Signifikat«; also ist es im zweiten Fall nur die Originalität der Organisation, die Unvorhersehbarkeit in bezug auf ein Wahrscheinlichkeitssystem, die in es eingeführte Desorganisation, was zu einem Zuwachs an Information geführt hat.

Hier wollen wir gleich einem naheliegenden Einwand begegnen: es ist nicht allein der Zuwachs an Unvorhersehbarkeit, was den Reiz der dichterischen Rede ausmacht; denn sonst müsste jede sinnleere Wortfolge viel dichterischer sein als die Petrarca-Verse. Hier soll nur gesagt werden, dass eine bestimmte Weise, die Sprache ungewohnt zu verwenden, das dichterische Resultat bestimmt hat; und dass die Verwendung der vom sprachlichen System vorgesehenen Wahrscheinlichkeiten dieses Ergebnis nicht erbracht hätte. Wobei vorausgesetzt ist, dass die Neuheit nicht in den zum Ausdruck gebrachten Sachverhalten, sondern in der Redeweise – oder in einer bestimmten Art, die bekannten Gefühle neu darzustellen – liegen soll [...].

Wir untersuchen also die Möglichkeit für die Übermittlung einer Information, die nicht »Bedeutung« im üblichen Sinne ist, vermittels einer Verwendung der konventionellen Strukturen einer Sprache, die sich den Wahrscheinlichkeitsgesetzen, die diese Sprache von innen her regulieren, widersetzt. Die Information hinge in diesem Falle also nicht an der Ordnung, sondern an der Unordnung, zumindest an einer bestimmten Art der Abweichung von der gewohnten und vorhersehbaren Ordnung.

Hugo von Hofmannsthal

Terzinen über Vergänglichkeit I 1894

Noch spür ich ihren Atem auf den Wangen
Wie kann das sein, dass diese nahen Tage
Fort sind, für immer fort, und ganz vergangen?

1 Erläutern Sie Umberto Ecos Unterscheidung zwischen Normalsprache und dichterischer Sprache. Veranschaulichen Sie Ihre Ausführungen durch Beispiele.

2 In Ecos Text findet sich eine »Übersetzung« von Petrarcas Versen in Normalsprache. Schreiben Sie einen analogen Text zu der ersten Strophe von Hugo von Hofmannsthals »Terzinen über Vergänglichkeit«.

Sprachursprung und Spracherwerb

1 Für das lyrische Ich in Helga M. Novaks Gedicht ist Sprache ein fundamentaler Bestandteil der eigenen Identität. Nehmen Sie dazu Stellung und suchen Sie nach geeigneten Beispielen aus Ihrem Leben.

2 Wie wird in dem Gedicht von Novak der Prozess des Spracherwerbs dargestellt? Belegen Sie Ihre Antwort mit Textstellen.

3 Wäre der Mensch ohne Sprache noch Mensch? Diskutieren Sie in diesem Zusammenhang: Liegt der Hauptunterschied zwischen Mensch und Tier im Vorhandensein von Sprache?

4 Eine Erklärung für die »Sprachlosigkeit« der Primaten ist, dass sie aufgrund ihres anders ausgebildeten Rachenraums keine so differenzierten Laute bilden können wie der Mensch. Aber warum und wie kam es dazu, dass zwei relativ nah verwandte Arten in einem so zentralen Bereich derart unterschiedliche Fähigkeiten aufweisen? Recherchieren Sie dazu im Internet.

Helga M. Novak

Meine Sprache 1997

ich erinnere mich
an unsere erste Begegnung
als deine Laute
an Hungerwintertagen
aus den Kehlen der Bäumefeller quollen
vermischt mit Vodkadampf
habe ich dich eingesogen

ich erinnere mich
an deinen Klang
der nachts um zehn erscholl
als wir wie ausgespannte Zugpferde
aus dem Fabriktor stießen

du bist uns gefolgt
in die Freiheit der Neonstadt
in die Freiheit der heißen Straßenbahnen
in die dreidimensionale Buntheit der Schaufenster

du hast den Wickelrock der Lügen
gesprengt mit einem Witz
aber unsere Seufzer Flüche Schreie
trugen deinen Mantel
und glitten im Zickzack an den Häuserwänden hoch

und folgten mir
in die Freiheit eines Hinterhofs
bestirnt von einem Mandelbaum

Affe zu Mensch

Primaten verständigen sich mit einer Reihe von Rufen und Gebärden, haben aber kein Sprachsystem wie der Mensch. Verschiedene Experimente zeigen jedoch, dass z. B. Schimpansen in der Lage sind, ein Zeichensystem zur Verständigung mit Menschen zu erlernen.

Frühe Experimente und wissenschaftliche Ansätze

Experimente mit Wolfskindern

Schon aus der Antike sind Experimente mit Kindern bekannt, die bewusst von Sprache ferngehalten wurden. Ziel dieser Experimente war es, die Ursprache zu finden. Man vermutete, dass Kinder ohne sprachliche Beeinflussung von außen in eben dieser zu sprechen beginnen würden. Die isolierten Kinder wurden als Wolfskinder bezeichnet. Bereits aus dem 7. Jh. v. Chr. ist ein solcher Versuch des ägyptischen Pharaos Psammetich I. durch Herodot überliefert, der nachweisen wollte, dass sein Volk das älteste sei. Die einzelnen Lautfolgen der beiden isolierten Kinder wurden von den Gelehrten als Phrygisch interpretiert, sodass man vermutete, das phrygische Volk sei das älteste. Aber auch aus späterer Zeit sind Fälle von Wolfskindern belegt, wie die folgende Übersicht zeigt:

Belegte Fälle isolierter Kinder (Auszug)

	Zeitpunkt der Entdeckung	Alter bei der Entdeckung
Wolfskind von Hessen	1344	7
Kalbskind von Bamberg	ca. 1680	?
Bärenkind aus Litauen	1694	10
Peter von Hannover	1724	13
Bärenmädchen von Fraumark	1767	18
Kaspar Hauser von Nürnberg	1828	17
Wolfskind von Sekandra	1872	6
Kind von Jalpaiguri	1892	8
Amala von Midnapur	1920	2
Eingesperrtes Kind von Ohio	1938	6
Genie, Vereinigte Staaten	1970	13

Gut belegt und erforscht ist der Fall »Genie« aus dem Jahr 1970, die von ihrem Vater, der sie für geistig behindert hielt, ab dem Alter von knapp zwei Jahren eingesperrt wurde. Erst als die psychisch kranke Mutter das Kind zu einem Behördengang mitnahm, um finanzielle Unterstützung zu beantragen, kam der Fall ans Licht. Zu diesem Zeitpunkt war Genie 13 Jahre alt, konnte nur schlecht laufen und stehen, nicht sprechen und wirkte apathisch.

Obwohl sich Ärzte und Forscher intensiv um das Mädchen kümmerten, zeigten die Therapien kaum Erfolg. Genie machte zwar anfangs auch sprachliche Fortschritte und konnte irgendwann sogar Wut äußern. Mehr als einfache Wortreihen konnte sie jedoch nicht bilden, wenngleich ihre logischen Fähigkeiten weit entwickelt waren. Ursache hierfür war eine stark unterentwickelte linke, im Vergleich zu einer fast normal entwickelten rechten Gehirnhälfte. Mit letzterer war es ihr aber nicht möglich, sprachliche Informationen zu verarbeiten. Genie wurde in einem Pflegeheim untergebracht, in dem sie bis heute lebt.

Kaspar Hauser oder Die Trägheit des Herzens

Am 26. Mai 1828 irrt am späten Nachmittag ein junger Mann über den Unschlittplatz in Nürnberg. Er blickt die Menschen um sich herum ängstlich an und kann ihnen nicht in die Augen sehen. Das Einzige, was er stotternd sagt, ist, dass er »Rittmeister werden« wolle, »wie sein Vater«.

So wird das erste Auftauchen von Kaspar Hauser immer wieder beschrieben. Er ist vermutlich das berühmteste Beispiel für sogenannte Wolfskinder. Mit diesem Begriff werden Kinder beschrieben, die völlig isoliert aufgewachsen sind. So auch Kaspar Hauser. Man schätzte ihn auf 20 Jahre, sein Verhalten glich aber dem eines dreijährigen Kindes. Nachdem ihn der Sohn des Polizeiwärters einige Zeit unterrichtet hat, kann Kaspar von seinem bisherigen Leben erzählen: Jahrelang war er in einem Kerker eingesperrt, Brot und Wasser zum Überleben wurden ihm von einem Unbekannten gebracht.

Der **Mägdeleinzettel**, den Kaspar Hauser bei sich trug, lautete im Original:

> Das Kind ist schon getauft Sie Heißt Kasper in ein Schreibname misen Sie im Selber geben das Kind möchten Sie auf zihen Sein Vater ist ein Schwolische gewesen wen er 17 Jahr alt ist so schicken Sie im nach Nirnberg zu 6ten Schwolische Begiment da ist auch sein Vater gewesen jch bitte um die erzihung bis 17 Jahre geboren ist er im 30 Aperil 1812 im Jaher ich bin ein armes Mägdlein ich kan das Kind nicht ernehren sein Vater ist gestorben

1 Recherchieren Sie die Figuren »Kaspar Hauser« und »Genie«: Sammeln Sie vor allem Informationen zu deren Sprachentwicklung und zu bleibenden Sprachdefiziten.

2 Informieren Sie sich über die Ziele der antiken und mittelalterlichen »Forschung« mit Wolfskindern.

3 Werten Sie den »Mägdleinzettel« aus und notieren Sie die darin enthaltenen Informationen zu Kaspar Hausers Lebenslauf.

4 In Reinhard Meys Lied »Kaspar« heißt es »Er [Kaspar] trinkt nicht vom Geschirre, den hat die Wölfin gesäugt!« Recherchieren Sie, welche Sage sich hinter diesem Satz verbirgt. Stellen Sie Parallelen zwischen beiden Texten her.

5 Genie kann komplexe Zusammenhänge denken, allerdings nicht sprachlich zum Ausdruck bringen. – Beschreiben Sie zuerst den Inhalt von Meys Liedtext in Ihren eigenen Worten und überlegen Sie dann, wie Genie es mit ihren begrenzten sprachlichen Möglichkeiten ausdrücken würde.
Hinweis: Verwenden Sie kurze Hauptsätze und einfache Wörter.

Reinhard Mey
Kaspar 1992

Sie sagten, er käme von Nürnberg her und er spräche kein Wort.
Auf dem Marktplatz standen sie um ihn her und begafften ihn dort.
Die einen raunten: »Er ist ein Tier«,
Die andern fragten: »Was will der hier?«
Und dass er sich doch zum Teufel scher'. »So jagt ihn doch fort, – so jagt ihn doch fort!« –

Sein Haar in Strähnen und wirre, sein Gang war gebeugt.
»Kein Zweifel, dieser Irre ward vom Teufel gezeugt.«
Der Pfarrer reichte ihm einen Krug
Voll Milch, er sog in einem Zug.
»Er trinkt nicht vom Geschirre, den hat die Wölfin gesäugt!«

Mein Vater, der in uns'rem Orte Schulmeister war,
Trat vor ihn hin, trotz böser Worte rings aus der Schar;
Er sprach zu ihm ganz ruhig, und
Der Stumme öffnete den Mund
Und stammelte die Worte: »Heiße Kaspar«.

Mein Vater brachte ihn ins Haus, »Heiße Kaspar!«
Meine Mutter wusch seine Kleider aus und schnitt ihm das Haar.
Sprechen lehrte mein Vater ihn,
Lesen und schreiben, und es schien,
Was man ihn lehrte, sog er in sich auf – wie gierig er war!

Zur Schule gehörte derzeit noch das Üttinger Feld,
Kaspar und ich pflügten zu zweit, bald war alles bestellt;
Wir hegten, pflegten jeden Keim,
Brachten im Herbst die Ernte ein,
Von den Leuten vermaledeit, von deren Hunden verbellt.

Ein Wintertag, der Schnee lag frisch, es war Januar.
Meine Mutter rief uns: »Kommt zu Tisch, das Essen ist gar!«
Mein Vater sagte: »... Appetit«,
Ich wartete auf Kaspars Schritt,
Mein Vater fragte mürrisch: »Wo bleibt Kaspar?«

Wir suchten, und wir fanden ihn auf dem Pfad bei dem Feld.
Der Neuschnee wehte über ihn, sein Gesicht war entstellt,
Die Augen angstvoll aufgerissen,
Sein Hemd war blutig und zerrissen.
Erstochen hatten sie ihn, dort am Üttinger Feld!

Der Polizeirat aus der Stadt füllte ein Formular.
»Gott nehm' ihn hin in seiner Gnad«, sagte der Herr Vikar.
Das Üttinger Feld liegt lang schon brach,
Nur manchmal bell'n mir noch die Hunde nach,
Dann streu' ich ein paar Blumen auf den Pfad, für Kaspar.

Originaltitel: »Sie sagten, er käme von Nürnberg her«. Text: Reinhard Mey.

Die Entwicklung der Sprechorgane

Die Ausbildung der Sprechorgane im Laufe der Evolution und damit die Sprechfähigkeit des Menschen sind ein wichtiges Indiz für die Entwicklung von Sprache. Durch Untersuchungen am Neandertaler und am Cro-Magnon-Menschen entdeckte man, dass Größe und Form von deren Gehirnen denen moderner Menschen ähneln und für die Sprachfähigkeit nicht von ausschlaggebender Bedeutung sind. Stattdessen sind Zahl und Ausrichtung der Furchen in der Großhirnrinde entscheidend. Da es sich dabei aber um Weichteilstrukturen handelt, können diese an archäologischen Fundstücken nicht mehr untersucht werden.

Neben der Entwicklung des zentralen Nervensystems spielt die Mund-Kiefer-Anatomie und damit die Sprechfähigkeit eine wichtige Rolle: Vergleicht man Kiefer und Mundhöhle des Neandertalers mit der Anatomie des modernen Menschen, gibt es beträchtliche Unterschiede. Während ältere Hominiden keine differenzierte Lautvielfalt äußern konnten, ist man sich beim Neandertaler (vor 70 000–35 000 Jahren) diesbezüglich unsicher. Sein Mundraum ähnelt dem eines heutigen Säuglings und man geht davon aus, dass er einfache Laute und Lautfolgen artikulierte. Die älteren Hominiden bewegten sich auch noch nicht durchgehend auf zwei Beinen und hatten – u. a. dadurch bedingt – einen höher sitzenden Kehlkopf, sodass kaum der zum Sprechen notwendige freie Rachenraum vorhanden war.

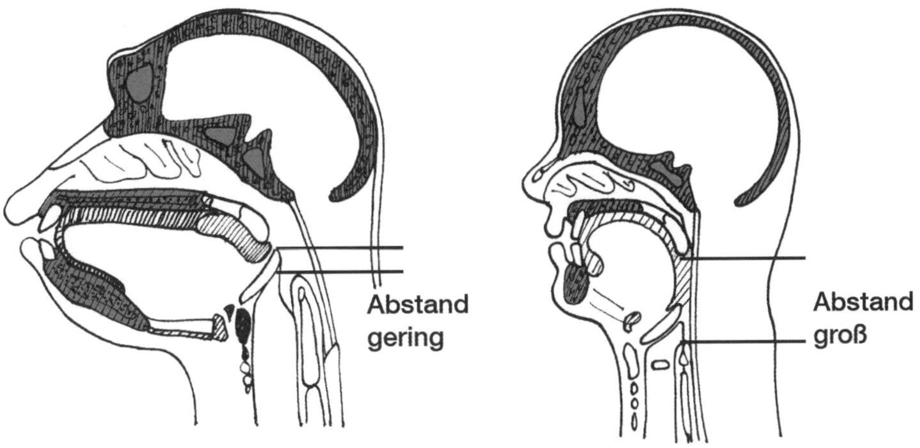

Rachenraum des Affen und des Menschen im Vergleich

1 Verfassen Sie einen Paralleltext zu Helga M. Novaks Gedicht »Meine Sprache« (S. 16) – entweder aus ihrer eigenen Perspektive oder aus der eines Menschen mit sprachlichen Problemen.

2 Hören Sie sich folgenden Hörbeitrag von HR2-Kultur an: *http://www.hr-online.de/website/specials/wissen/index.p?rubrik=68545&key=standard_document_44622707*
Greifen Sie Aspekte heraus, die über die Ausführungen der letzten Seiten hinausgehen. Stellen Sie Ihre Ergenisse im Plenum vor.

Der Cro-Magnon-Mensch (vor ca. 35 000 Jahren) besaß im Gegensatz zu frühen Hominiden bereits einen Vokaltrakt, der dem des heutigen Menschen sehr nahe kommt. Allerdings ist die anatomische Möglichkeit zum Sprechen noch kein Beweis für die tatsächliche Sprachverwendung. Man vermutet jedoch, dass die Umbildung des Rachenraums sich nicht durchgesetzt hätte, wenn sie nicht zum Sprechen genutzt worden wäre. Der erwachsene Mensch verlor dadurch die Fähigkeit gleichzeitig zu schlucken und zu atmen, die Babys auch heute noch haben.

Der Forscher Derek Bickerton sieht die anatomische Weiterentwicklung von Kopf und Gehirnrinde als Antwort sowohl auf die Frage nach der Ursache für die Sprachentwicklung als auch auf die Frage nach dem Auslöser für das Entstehen eines grammatikalischen Systems an. Wie Noam Chomsky geht auch Bickerton von einer vergleichsweise raschen Entwicklung aus. Doch eine genaue zeitliche Festlegung des ersten »homo loquens« ist nach derzeitigem Forschungsstand nicht eindeutig möglich.

1 Erstellen Sie einen Zeitstrahl, auf dem Sie die wichtigsten Entwicklungsschritte der Sprechorgane des Menschen eintragen, die sich auf der Grundlage von Jürgen Broscharts Text unterscheiden lassen.

Jürgen Broschart

Was ist eigentlich »Sprache«? 2007

Zu bestimmen, worin das Wesen des Sprachlichen besteht, fällt selbst Fachleuten schwer. Sicher ist nur: Sprache ist weit mehr als nur Kommunikation.

Um das Jahr 1115 verliebt sich der Theologe und Philosoph Peter Abaelard in Hêloise, die Nichte des Domherrn Fulbert von Notre Dame in Paris. Fulbert sieht seine Schutzbefohlene entehrt. Er schickt einen Trupp finsterer Gesellen zu dem Philosophen, um ihn zu bestrafen: Als Abaelard schläft, packen sie den Kirchenmann und schneiden ihm das Glied ab. Der überlebt den Anschlag und zieht sich ins Kloster zurück, wo er sein Hauptwerk über »Einheit und Dreifaltigkeit« verfasst. Auch Hêloise geht in eine Abtei; zeitlebens aber bleiben die beiden in engem Kontakt.

Was hat diese alte Liebes- und Gräuelgeschichte mit Sprache zu tun? Sehr viel, denn Abaelard ist einer der frühen Denker, die geahnt haben, was Sprache eigentlich ist: ein Mittel, um Einheit herzustellen, über alles Trennende hinweg – so wie es die Liebe zwischen ihm und Hêloise vermocht hat. Ähnlich seinem Lehrer Roscelin, einem Hauptvertreter des sogenannten Nominalismus, wendet sich Abaelard gegen die Annahme, dass die Einheit zwischen den Dingen in ihnen selbst liegt. Zum Beispiel gilt die Aussage »Eine Rose ist eine Rose« nicht in der materiellen Welt: Jede einzelne Pflanze ist ein Individuum, das dem anderen allenfalls ähnlich, aber nicht gleich ist. Im »Namen« der Rose (also durch die Sprache) jedoch werden die von der Natur getrennten Dinge vereint.

Dies betrifft insbesondere die Beziehung zwischen einem sprachlichen Ausdruck und dem Objekt, das er bezeichnet. So gibt es keinen »natürlichen« Grund, warum im Deutschen das Wort »Kuh« auf ein bestimmtes Tier verweist, das im Französischen »vache« heißt. Die Einheit zwischen einem Ausdruck und dem Bezeichneten wird erst über eine willkürliche soziale Konvention hergestellt. Dafür muss ein Sprecher aber erkennen, dass etwas mit etwas anderem in inniger Beziehung stehen kann, mit dem es eigentlich gar nichts gemein hat. Beim Gebrauch der Sprache tun wir folglich so, als ob ein Ausdruck und ein bestimmter Inhalt zusammengehörten, obwohl das eigentlich nicht stimmt. Der Zeichentheoretiker und Autor des berühmten Mittelalterromans »Der Name der Rose«, Umberto Eco, bringt es auf den Punkt: Sprache ist alles, womit man lügen kann.

Aber Moment. Wo bleibt in dieser Argumentation denn das, was für jeden Laien die Kernfunktion des Sprachlichen ausmacht? Muss Sprache denn nicht eher über das Kommunizieren erklärt werden?

So einfach ist das nicht. Denn kommunizieren können auch schon Pflanzen oder Maschinen, die Signale austauschen. Eine Sprache haben sie dennoch nicht. Die Absicht eines Menschen lässt sich oft an seiner Mimik und Gestik ablesen. Aber ist all dies bereits Sprache?

Nein, sagen Sprachwissenschaftler, die lange über die »Essenz des Sprachlichen« gegrübelt haben. Von ihrer Definition schließen sie Pflanzen-, Tier- und Maschinenkommunikation ebenso aus wie die »Körpersprache« oder den genetischen Code und beschränken den Begriff auf die spezifisch menschliche Form der Informationsvermittlung. Der Linguist Noam Chomsky vom Massachusetts Institute of Technology geht sogar noch weiter. Er behauptet, dass Sprache im Kern weder mit dem Sprechen noch dem Kommunizieren noch mit Einzelsprachen wie Deutsch oder Englisch zu tun hat. Sprache sei ein abstraktes, genetisch verankertes Regelwissen, das ein Kind folglich auch nicht lernen müsse.

Wie kommt Chomsky zu dieser Annahme? Warum ist es ihm nicht möglich, Sprache so zu beschreiben, wie auch der Laie sie versteht? Dass das Wesen des Sprachlichen eben doch mit dem Kommunizieren zu tun hat. Und dass Kinder erst mit dem Sprechen auch die Sprache lernen.

So absurd wie Chomskys These klingt: Es ist nicht leicht, sie abzulehnen, wenn man die Fragen kennt, die jeder Sprachforscher stellen muss. Denn diese führen rasch an die Grenzen der Alltagsweisheit.

Die erste Frage berührt das Problem, wieso jedes Kind jedes menschliche Idiom erwerben kann, dem es zu einer bestimmten Zeit ausgesetzt ist. Das ist wohl nur möglich, wenn alle Sprachen der Welt eine grundlegende Gemeinsamkeit besitzen – die »Sprache« eben. Damit spielt es für das Wesen des Sprachlichen offenbar keine Rolle, ob ein Kind Deutsch, Englisch oder Chinesisch spricht.

Zweitens entwickeln Tiere Chomsky zufolge kein jenem des Menschen vergleichbares Sprachverhalten. Das liegt nicht nur an ihrer mangelnden Artikulationsfähigkeit. Ein Papagei, der spricht, versteht nicht die Botschaft hinter den Lauten, und das Wauwau eines Hundes ist relativ unstrukturiert gegenüber einer menschlichen Äußerung wie »Verlassen Sie bitte dieses Grundstück!« Aufgrund dieser Besonderheit dürften Menschen über eine artspezifische Sprachveranlagung verfügen.

Drittens, so behauptet Chomsky, seien die sprachlichen Äußerungen, denen ein Kind ausgesetzt ist, zu unvollständig und fehlerhaft, um daraus die Fähigkeit zu entwickeln, korrekte von nicht korrekten Strukturen zu unterscheiden. Umgekehrt wird ein Satz wie »Farblose grüne Ideen schlafen wütend« in keiner normalen Kommunikationssituation geäußert, und trotzdem weiß ein Sprecher des Deutschen, dass dieser Satz zwar inhaltlich unsinnig, aber grammatisch wohlgeformt ist.

Daher, so folgert Chomsky, habe Sprache im eigentlichen Sinne nichts mit der konkreten Anwendung von Äußerungen in der Kommunikation zu tun. Vielmehr bezeichne der Begriff ein abstraktes Vorwissen, eine Art »Handbuch der Sprachregeln«, das Kinder in die Lage versetzt, sich jede beliebige Sprache anzueignen und deren Strukturen zu durchschauen.

Schade nur, dass dieses Wissen offenbar nicht bewusst ist: Wie sonst wären die Schwierigkeiten zu verstehen, die es Schülern bereitet, Grammatikregeln zu pauken? Oder ist die chomskysche Vorstellung von Sprache als einer angeborenen »Universalgrammatik« doch nur eine Fiktion?

Zum Beispiel ist mittlerweile bewiesen, dass das Hirn mit seinem neuronalen Netzwerk durchaus in der Lage ist, die Regeln des »Sprachsystems« aus nicht immer korrekten Äußerungen zu destillieren. Für eine Intuition über korrekte Konstruktionen ist ein Vorwissen also unnötig. Im Gegenteil: Menschen, die bereits viel über Strukturen wissen – zum Beispiel Erwachsene, die sich in ihrer eigenen Sprache sehr gut auskennen –, sind weit schlechter in der Lage, komplexe andere Sprachmuster zu erwerben, als »unwissende« Kinder.

Auch die Annahme, Menschen müssten eine genetische Veranlagung für Sprachstrukturen besitzen, ist nur bedingt richtig. Es stimmt zwar, dass schon Säuglinge spezifische Sprachareale im Hirn besitzen, die beim Brabbeln aktiviert werden – aber ähnliche Areale sind jüngst bei Affen ebenfalls nachgewiesen worden. Es stimmt auch, dass sich der Vokaltrakt beim Menschen zum Produzieren von Lauten besser eignet als der von Affen. Aber dass die Struktur aller menschlichen Sprachen im Erbgut hinterlegt ist, ist aus biologischer Sicht unwahrscheinlich: Die entsprechende Genveränderung müsste auf den Menschen beschränkt sein, andererseits aber eine ungeheuer komplexe Funktionslast tragen.

Und was grammatische Kategorien betrifft: Sie sind viel besser zu verstehen, wenn man sie nicht als Abstrakta, sondern als Mittel der konkreten Kommunikation deutet. Zum Beispiel unterscheidet sich der Aktivsatz »Der Hund hat den Mann gebissen« von seinem Passiväquivalent »der Mann ist von dem Hund gebissen worden« darin, dass die Sätze jeweils einen anderen Redegegenstand (Subjekt) besitzen – den Hund oder den Mann. »Sprache« entwickelt sich also erst mit dem Kommunizieren.

Wieso aber haben dann Tiersprachen keine Grammatik, und warum ist kein anderes Lebewesen fähig, so zu reden wie ein Mensch? Dies liegt vermutlich an der einzigen Eigenschaft, die die menschliche Sprache von anderen Kommunikationsformen unterscheidet. Und die erklärt, was Sprache eigentlich ist. Denn das Wesen der Sprache liegt, wie Sprachphilosophen seit Abaelard erkannt haben, in der anfangs erwähnten Einheit zwischen einem willkürlich gewählten »Symbol« und dem Bezeichneten.

Tierkommunikation dagegen ist von anderer Art. Das Wauwau des Hundes oder das Miau der Katze sind keine Symbole, sondern unvermeidbare »Symptome« – wie ein Schmerzlaut, wenn man sich wehgetan hat. Auch die »Bienensprache« ist genetisch unauflöslich mit der Positionsbestimmung einer Futterquelle verbunden – dieselbe Bewegung im Tanz des Insektes könnte unmöglich verwendet werden, um über das Wetter zu reden. Dass eine willkürlich konventionalisierte Symbolkommunikation so selten ist, hat einen nachvollziehbaren Grund. Denn wenn so getan wird, als ob ein Ausdruck in inniger Beziehung zu etwas anderem stünde, mit dem es von Natur aus nichts zu tun hat, so gleicht dies, wie erwähnt, dem Lügeverhalten. Letzteres nennt der Evolutionsbiologe John Maynard Smith eine »evolutionär instabile Strategie«, die sich nicht genetisch niederschlägt, weil sie kein »übliches« Handeln darstellt. Sprache ist also wohl deshalb so selten, weil sie gegen die »Natur der Dinge« verstößt, und deswegen kann sie nicht genetisch, sondern nur kulturell vermittelt werden.

Um anzuzeigen, dass es sich bei einem sprachlichen Zeichen um etwas anderes als einen »natürlichen« Laut handelt, tragen die Äußerungen in jeder Sprache der Welt besondere Merkmale. Nicht nur, dass Sprachlaute anders klingen als das Knarzen einer Tür. Auch wiederkehrende grammatische Zeichen erlauben die Erkennung symbolischer Äußerungen. Dafür besitzen menschliche Kinder schon ein feines Gehör. Die Details einer Sprache erlernen die Kinder aber erst während des Redens mit anderen.

Was allen menschlichen Idiomen gemein ist – und damit das Wesen der Sprache ausmacht –, ist also die willkürliche, »unnatürliche« Einheit zwischen einem Symbol und dem Bezeichneten. Der Mensch hat durch die Erfindung des Symbols daher auch gelernt, sich von »natürlichen Gegebenheiten« zu lösen und die Welt neu zu gestalten. Und weiter: dass es mithilfe der Symbolkommunikation möglich ist, Gemeinsamkeiten zu erzeugen, selbst wenn das Trennende zu überwiegen scheint. So sind selbst die massiven Unterschiede zwischen dem Deutschen und Chinesischen kein Hindernis für einen guten Übersetzer.

Zwar kann die Sprache auch dazu missbraucht werden, Unterschiede aufzubauen, die nicht wirklich existieren. Denn jeder, der die Sprache zu gebrauchen weiß, ist auch in der Lage zu lügen. Doch verstehen lässt sich die menschliche Sprache nur, wenn man fähig ist, von Unterschieden abzusehen und das Trennende zu überwinden. So wie es die Liebe zwischen Peter Abaelard und Hêloise vermocht hat.

1 Welche Bezüge sieht Jürgen Broschart zwischen der Geschichte von Abaelard und Hêloise?

2 Erläutern Sie, was nach Broschart die tierische und die menschliche Kommunikation voneinander unterscheidet.

Können Tiere sprechen?

Die Ansichten über diese Frage sind durchaus kontrovers. Francine Patterson, die einer Gorilladame etwa 2 000 Wörter beigebracht hat, würde diese Frage sofort bejahen. Koko, die Gorilladame, wurde dafür über Jahre trainiert. Ähnlich der Schimpanse Kanzi, den man mit einer Symboltafel schulte. Kritiker warfen diesen »Schimpansologen« immer wieder mangelnde Wissenschaftlichkeit vor. Da sie oft eine enge emotionale Bindung zu den Tieren aufbauten, wäre ein sachlich-distanzierter Blick auf die Ergebnisse der Experimente nicht möglich.

Die wichtigste Kommunikation im Tierreich findet nicht zwischen Mensch und Tier, sondern zwischen Tieren statt. Gerade Menschenaffen kennen eine große Zahl verschiedener Laute, um sich gegenseitig zu warnen, sich der Anwesenheit der Gruppe zu versichern oder auf Futterquellen aufmerksam zu machen. Ähnliches lässt sich bei den heimischen Singvögeln beobachten. Forscher haben herausgefunden, dass es ihnen sogar Dialekte gibt, sich also die Gesangsmelodien der gleichen Vogelart von Region zu Region unterscheiden können.

Ferner haben auch Insekten Möglichkeiten zur Informationsweitergabe entwickelt. Die bekannteste Form ist der »Tanz der Honigbienen«, die durch die Bewegung ihres Hinterleibs und die Ausrichtung ihres Körpers beim »Schwänzeltanz« den Weg zu einer Futterquelle weisen. Durch dieses System sind Bienen fähig, Informationen über die Lage und Entfernung der Futterquelle in Abhängigkeit vom Sonnenstand zu übermitteln. Im Gegensatz zur Kommunikation von Menschenaffen spielt hier allerdings Emotionalität keine Rolle und insgesamt beschränken sich die Möglichkeiten auf die Übermittlung von Positionsangaben.

Somit kann man zusammenfassend durchaus davon ausgehen, dass im Tierreich vielfältige Formen zur Verständigung und Informationsweitergabe entstanden sind, die aber nur eingeschränkt genutzt werden und nicht mit der menschlichen Sprache vergleichbar sind. Viele Möglichkeiten der menschlichen Sprache können nur durch das komplexe Denken des Menschen entstehen.

3 Erläutern Sie in eigenen Worten: Wie lässt sich die Kommunikation zwischen Tieren von der zwischen Menschen abgrenzen?

Dieter E. Zimmer

Sprache und Evolution 1986

Das Wesen, von dem der heutige Mensch mutmaßlich abstammt, war der Homo erectus, der aufrechte Mensch, der vor etwa 1,5 Millionen Jahren auf den Plan trat und vor einer Viertelmillion Jahre von höherentwickelten Nachkommen abgelöst wurde. Der Großteil des Hirnwachstums spielte sich in der Jahrmillion ab, die Homo erectus existierte. Die Werkzeuge, die er hinterlassen hat, wurden komplizierter als die seiner Vorgänger, des Homo habilis und der verschiedenen Australopithecinen. Wie Werkzeuge gefertigt und gebraucht werden, lässt sich durch Demonstration weitergeben – aber es stimmt, die Tradierung wäre viel effizienter, wenn ihr sprachliche Anweisungen und Erläuterungen zu Hilfe kämen. Eine unerlässliche Voraussetzung für verfeinerte Werkzeugtechniken ist die Sprache nicht; aber sie machte die Kulturfortschritte, die sich uns in Form immer raffinierterer Steinwerkzeuge darstellen, doch etwas plausibler.

Vor etwa einer Million Jahren begann Homo erectus mit der Großwildjagd. Auch die müsste ihm leichter gefallen sein, wenn er sich schon sprachlich verständigen konnte. Zwar vollzieht sich die gemeinschaftliche Jagd bis heute meist stumm. Aber vorher müssen sich die Jäger abstimmen. Auch Wölfe etwa jagen zwar Großwild in Rudeln und brauchen dazu keine Sprache. Sie müssen ein genetisches Programm für Gruppenjagdverhalten besitzen. Die mit dem Menschen verwandten Menschenaffen besitzen kein solches Programm, und beim heutigen Menschen existiert es nicht (abgesehen vielleicht von einer vagen Prädisposition von Männergruppen für riskante und hoffentlich einträgliche Unternehmungen). Hätte es bei den Hominiden je ein genetisches Programm für das Jagdverhalten gegeben, so hätte es relativ schnell entstehen und ziemlich gründlich wieder zerfallen müssen – beides nicht eben wahrscheinlich. Bestand aber kein genetisches Verhaltensprogramm, so wäre eine Sprache für die Abstimmung vor der Jagd in der Tat sehr nützlich gewesen.

Vor etwa 750 000 Jahren zähmte Homo erectus das Feuer. Zunächst setzte er es wohl ein, um Gelände zu roden. Später lernte er seine Nahrung zu kochen – ein großer hygienischer Fortschritt, der ihn von manchen Plagen befreit haben dürfte. Das Feuer versetzte ihn auch in die Lage, es bei Kälte warm und im Dunkeln hell zu haben. Das erhöhte nicht nur seine Bequemlichkeit. Es gab ihm auch Schutz vor seinen Raubfeinden. Kein anderes Lebewesen beherrscht das Feuer; mit ihm erhob sich der Mensch erstmals über die Zwänge der Natur. Der griechische Prometheus-Mythos ist also gar nicht dumm. Er erkennt, wie entscheidend es für den Menschen war, in den Besitz des Feuers zu kommen; und er hält etwas von der Traurigkeit fest, die mit diesem ersten großen technischen Fortschritt verbunden war: Prometheus brachte den Leuten das Feuer und nahm ihnen gleichzeitig die Gabe der Voraussicht, denn sie hätte ihnen das Herz gebrochen. Alle jene Techniken aber, die den Gebrauch des Feuers einschlossen, sind ohne Sprache schwer vorzustellen.

Subtilerer Werkzeuggebrauch, komplexere Formen des gemeinsamen Lebens und der gemeinsamen Jagd, die Herrschaft über das Feuer und die damit möglich gewordenen Pyrotechniker – dieser allmähliche Kulturfortschritt legt nahe, dass ein allmählicher Kommunikationsfortschritt ihn begleitete und förderte. Je komplexer die Kultur, um so mehr gab es mitzuteilen, und je mehr mitgeteilt werden konnte, desto komplexer konnten die kulturellen Formen werden. Soweit ist die Überlegung durchaus plausibel.

Aber alle diese Kulturleistungen sind allenfalls auch ohne Sprache denkbar oder mit einer nur sehr geringen Sprachfähigkeit. So vorteilhaft der Besitz der Sprache für die altsteinzeitlichen Kulturformen mit Sicherheit auch gewesen wäre, er lässt sich aus ihnen nicht mit Sicherheit entnehmen. Alle diese Indizien helfen nicht weiter. Also muss die Wissenschaft doch passen? Nein, sie muss es noch nicht. Einige amerikanische Wissenschaftler haben während der siebziger Jahre eine andere Fährte verfolgt – vor allem Philip Lieberman, Phonetiker an der Brown- Universität, der New Yorker Anatom Jeffrey Laitman und Edmund Crelin, Anthropologe an der Yale-Universität.

Die Frage war: Lässt sich den Schädelknochen, die von den Hominiden übrig geblieben sind, irgendein Hinweis auf ihre Sprechstimme entnehmen? Die Stimme wird zwar nicht von Knochen hervorgebracht, sondern von Weichteilen, die ebenfalls den Weg allen Fleisches gegangen sind. Aber die Knochen geben Aufschluss darüber, wo einmal Muskeln an ihnen befestigt waren, wie stark sie gewesen sein müssen und in welche Richtung sie gezogen haben. Und wenn man dazu weiß, wie bei heute lebenden Tieren die oberen Luftwege und der Stimmapparat gebaut sind und wie sehr bestimmte Bauarten auf bestimmten Formen der Schädelknochen beruhen, kann man darangehen, aufgrund der Schädelfunde Stimmapparate zu rekonstruieren. Hat man aber Stimmapparate rekonstruiert, so kann man experimentell erproben, welche Laute sich mit ihnen erzeugen lassen.

Die menschliche Sprache ist nun einmal Lautsprache, und als solche setzt sie spezielle Fertigkeiten bei der Hervorbringung wie bei der Wahrnehmung von Lauten voraus. [...]

Die Australopithecinen, die vor vier bis eine Million Jahren und vielleicht noch länger in Südostafrika lebten und von denen eine Art möglicherweise in direkter Linie mit der Gattung Homo verwandt ist, gingen bereits aufrecht, waren wohl

1 Erarbeiten Sie aus dem Text von Dieter E. Zimmer in Thesenform: Welche Beziehung besteht zwischen Sprache und Evolution?

auch schon Rechtshänder und stellten sich sehr einfache Steinwerkzeuge her. Ihr Stimmtrakt aber wich von dem allgemeinen Primatenmuster noch nicht ab. Die Laute der menschlichen Sprache konnten sie mit ihm also wohl nicht erzeugen. Ihr Lautrepertoire kann allenfalls das von heutigen menschlichen Säuglingen in ihren ersten drei Lebensmonaten gewesen sein. Eine der heutigen ähnliche Lautsprache können sie nicht gesprochen haben.

Das Ansatzrohr von Homo erectus unterscheidet sich von dem der Australopithecinen. Er konnte Trink- und Atemweg nicht mehr voneinander trennen, denn sein Kehlkopf saß bereits etwas tiefer. Möglicherweise aber hatte diese anatomische Veränderung vor allem oder nur den Zweck, ihm bei längeren körperlichen Anstrengungen zeitweise das Atmen durch den Mund zu erleichtern. Vor etwa 500 000 Jahren waren diese Veränderungen so weit fortgeschritten, dass Homo erectus erreichte, was Lieberman eine »funktionale Weiche« nennt. Eine Linie setzte weiterhin auf die körperlichen Funktionen, die Muskelkraft, die große Kaufläche; bei ihr wanderte der Kehlkopf nicht weiter nach unten, die Schädelbasislinie blieb relativ flach, die Zunge lag innerhalb des Mundes. Diese Linie endete mit den Neandertalern, die bis vor 35 000 Jahren in Nordafrika, Europa und im Mittleren Osten lebten. Ihr Hirnvolumen war mit 1 500 Kubikzentimetern größer als das heutiger Menschen; ihren geschmückten Gräbern ist zu entnehmen, dass sie eine Kultur gehabt haben müssen; dabei waren sie sehr viel kräftiger als Homo sapiens sapiens. Dennoch starben sie vor 35 000 Jahren aus.

Inzwischen hatte sich nämlich die andere Linie der Hominiden ausgebreitet, die an jener funktionalen Weiche nicht auf Körperkraft, sondern auf Kommunikation gesetzt und in deren Dienst ihren Stimmapparat perfektioniert hatten. Vor etwa 250 000 Jahren begann sich die Schädelbasis bei dieser Linie zu verändern, begann sich der Gaumen zu wölben, die Zunge nach hinten zu runden. Der Cro-Magnon-Mensch, der vor gut 35 000 Jahren in Europa auf den Plan trat, hatte dann eine völlig moderne Anatomie mit einem modernen Stimmtrakt. Dessen Rekonstruktionen führen also zu dem Schluss: Dass Australopithecinen, Homo habilis, Homo erectus und die Linie hin bis zum Neandertaler ein Kommunikationssystem hatten, das auch lautliche Elemente enthielt, ist nicht auszuschließen und aus anderen Gründen sogar wahrscheinlich; aber die eigentliche menschliche Lautsprache hat sich vor 250 000 und 35 000 Jahren entwickelt. Diese Auskunft ist mehr, als man erhoffen konnte. [...].

Das unlösbar scheinende Rätsel der Herkunft unserer Sprache hat also doch einige vorläufige Antworten gefunden, die mehr sind als scharfsinnige oder dümmliche, interessante oder abstruse Spekulationen. Die kognitiven Voraussetzungen für die Sprache haben sich mit ihrem neuralen Substrat über viele Jahrmillionen hin langsam angesammelt, stark beschleunigt dann mit dem vor anderthalb Millionen Jahren einsetzenden rapiden Gehirnwachstum. Die eigentliche menschliche Lautsprache mitsamt ihrer Syntax aber begann sich wohl erst vor 250 000 Jahren zu entwickeln und war vor spätestens 35 000 Jahren fertig. Sie erforderte einige rein sprachspezifische neurale Anpassungen vor allem bei der Sprachwahrnehmung, möglicherweise auch bei der Strukturierung ihrer Grammatik.

Wahrscheinlich ist es müßig, nach dem einen Faktor zu suchen, der diese folgenreiche Entwicklung antrieb – die Werkzeugherstellung, die gemeinsame Jagd, die Kriegsführung, die Kooperation. Die Sprache war ein Werkzeug, das sich in allen Bereichen nützlich machte.

1 Schreiben Sie Dieter E. Zimmers Antwort auf die Frage nach dem Ursprung der Sprache in ein Zeitungsinterview um. Formulieren Sie unterschiedliche Fragen und verfassen Sie kurze, verständliche Antworten.

Die Frage nach der Ursprache

Johannes Evangelium (Joh 1,1–4)

Im Anfang war das Wort, / und das Wort war bei Gott, / und Gott war das Wort.
Im Anfang war es bei Gott.
Alles ist durch das Wort geworden / und ohne das Wort wurde nichts, was geworden ist.
In ihm war das Leben, / und das Leben war das Licht der Menschen.

Johann Wolfgang von Goethe
Faust I 1808

Studierzimmer (V. 1224–1237)
Faust Geschrieben steht: »Im Anfang war das *Wort*!«
Hier stock' ich schon! Wer hilft mir weiter fort?
Ich kann das *Wort* so hoch unmöglich schätzen,
Ich muss es anders übersetzen,
Wenn ich vom Geiste recht erleuchtet bin.
Geschrieben steht: Im Anfang war der *Sinn*.
Bedenke wohl die erste Zeile,
Dass deine Feder sich nicht übereile!
Ist es der *Sinn*, der alles wirkt und schafft?
Es sollte stehen: Im Anfang war die *Kraft*!
Doch, auch indem ich dieses niederschreibe,
Schon warnt mich was, dass ich dabei nicht bleibe.
Mir hilft der Geist! Auf einmal seh' ich Rat
Und schreibe getrost: Im Anfang war die *Tat*!

Christian Morgenstern
»Im Anfang war –«

»Im Anfang war –«, dies ist das tiefste Wort
aus Menschenmund, »im Anfang war das Wort.«
Ja, vor dem Wort »war« »nichts«. Verstehst du mich?
Verstehst, dass »sein« auch nichts als nur ein Wort,
dass »Anfang« auch nichts weiter, nichts »an sich«,
wie wir zu sagen lieben? – »Anfang« ist
ein Wort und »war« auch bloß ein Wort und »Wort«
auch bloß ein Wort. – Im Anfang war das Wort –
das heißt: Das Ewig-Unaussprechliche,
von dem kein Wort je gilt – »begann« als »Zeit«,
»Welt«, »Schöpfung«, »Gottheit« – kurz, »begann« als »Wort«.

Im Anfang war – dies ist das Schlüsselwort
der »Wirklichkeit«, »im Anfang war das Wort«.

1 Fassen Sie in eigenen Worten die Bibelstelle zusammen und suchen Sie weitere Bibelstellen, die sich mit der Sprache / Sprachentstehung auseinandersetzen.

2 Beschreiben Sie die Bedeutung des Wortes »Wort« im Bibelzitat und erläutern Sie, welche Macht ihm zugeschrieben wird.

3 Notieren Sie, mit welchen Begriffen Faust das »Wort« ersetzen möchte und begründen Sie jeweils kurz, warum er mit der vorherigen Formulierung unzufrieden ist.

4 Analyse des Gedichts von Christian Morgenstern:
a) Beschreiben Sie den Aufbau des Gedichts und stellen Sie einen Bezug zum Inhalt her.
b) »Im Anfang war das Wort« stammt aus einem biblischen Schöpfungstext. Welche Rolle spielt der Aspekt der Schöpfung im Gedicht?
c) Das »Wort« wird im Gedicht in zweifachem Sinn verwendet. Erläutern Sie dies und belegen Sie Ihre Ausführungen am Text.

Johann Peter Süßmilch

Versuch eines Beweises, daß die erste Sprache ihren Ursprung nicht vom Menschen, sondern allein vom Schöpfer erhalten habe 1766

Wo aber bey einer Sache und zwar bey einer aus vielen Theilen zusammengesetzten Sache, bey einer Uhr, Gebäude und andern Dingen, Vollkommenheit, Uebereinstimmung des Mannigfaltigen mit seinem Zweck, Ordnung, Schönheit und Regeln angetroffen werden, dieselbe kan nicht durch einen ohngefehren und blinden Zufall entstanden seyn und es setzt ihre Entstehung Vernunft und Klugheit zum voraus. So ist aber die Sprache und so sind alle Sprachen beschaffen, wir mögen nehmen und prüfen welche wir wollen. Auch die Sprachen der uncultivirtesten Völker haben ihre Regeln der Vollkommenheit und Ordnung. Und also folgt nothwendig, daß ihre Erfindung und Bildung ein Werk der Vernunft und einer klugen Wahl seyn müsse. Hat nun aber die Vernunft daran nothwendig Antheil haben, und alles nach Gründen und Regeln bestimmen sollen, so haben sich die ersten Erfinder der Sprache nothwendig im vollkommenen Gebrauch der Vernunft bereits müssen befunden haben, sie haben müssen reflectiren, abstrahiren und ratiociniren können. Dieses aber kann der Mensch nicht ohne den Gebrauch der Zeichen, der Sprache oder der Schrift, folglich hat auch der Mensch nichts zur Bildung des künstlichsten Meisterstücks des menschlichen Verstandes bey tragen können; oder man müßte es für möglich halten, und auch die Möglichkeit gründlich darthun, daß ein kindischer Verstand das vollkommenste, ordentlichste und künstlichste Gebäude aufführen könnte, welches wohl kein Mensch zugeben wird. Ist es also unmöglich, daß weder der Zufall noch der Mensch selbst der Urheber und Schöpfer der Sprache hat seyn können, so werden wir gezwungen, den ersten Ursprung derselben, außer dem Menschen und in einem höhern und verständigem Wesen zu suchen. Es bleibt keine Ausflucht übrig und wir müssen zum Preise Gottes bekennen, daß unser Schöpfer auch der Lehrmeister der Sprache gewesen und daß er uns derselben Gebrauch und Fertigkeit gleich im Anfang durch ein Wunderwerk mitgetheilt habe.

1 Stellen Sie Johann Peter Süßmilchs Argumentation nach folgendem Schema grafisch dar:

These,
Argument,
Beispiel(e).

Berücksichtigen Sie das Fazit am Ende.

These 1: Regelhaftes kann nicht per Zufall entstanden sein.

Argument: ______________________________

____

____

Beispiel: ______________________________

____

____

These II: ______________________________

____

Argument: ______________________________

____

____

Beispiel: ______________________________

____

____

Fazit: Gott hat die Sprache geschaffen.

Theorien über den Ursprung der Sprache

Theorien der Sprachentstehung nach Jespersen

Der Ursprung der menschlichen Sprache ist für die Evolution des Menschen mindestens so interessant wie die Erfindung des Feuers oder der Gebrauch von Werkzeugen. Während jedoch z. B. die Frage nach der Entstehung des Feuers heute gut rekonstruiert werden kann, verhält es sich bei der Frage nach der Ursprache anders. Empirische Methoden stehen nur äußerst eingeschränkt zur Verfügung. Man bräuchte schon »Sprachfunde«, um empirisch abgesicherte Ergebnisse zu erhalten. Dies hinderte Linguisten jedoch nicht daran, Theorien über das Fabelwesen »Ursprache« zu entwickeln.

Einer dieser Theoretiker war der dänische Sprachwissenschaftler Jens Otto Jespersen (1860–1943), der 1925 in seinem Werk »Die Sprache. Ihre Natur, Entwicklung und Entstehung« mehrere verschiedene Theorien zusammentrug:

Wau-Wau-Theorie
Die Theorie geht davon aus, dass Sprache dadurch entstanden ist, dass Menschen Tierlaute ihrer Umgebung (»Wau- Wau«) imitiert haben. Als Beleg führen die Vertreter dieser Theorie an, dass auch heute noch viele onomatopoetische (lautnachahmende) Wörter verwendet werden. Allerdings enthalten Sprachen jeweils nur verhältnismäßig wenige lautmalerische Wörter, sodass diese Theorie insgesamt nur die Entstehung einiger weniger Begriffe erklären würde.

Aua-/Puh-Puh-Theorie
Sprache entstand dieser Theorie zufolge dadurch, dass Menschen instinktiv Laute äußerten, die z. B. durch Schmerzen (»Aua«) oder andere Gefühle wie Trauer oder Freude ausgelöst wurden. Als Beweis gilt den Verfechtern dieser Theorie die Existenz von Interjektionen in der Sprache. Aber auch diese Wörter bilden nur einen kleinen Bruchteil des Wortschatzes einer Sprache und ähneln den Sprachlauten kaum.

Ding-Dong-/Kling-Klang-Theorie
Menschen reagieren auf die Reize ihrer Umgebung mit eigenen Lauten (orale Gesten). Auf diese Weise entsteht Sprache. Als Beispiel nennen Vertreter dieser Theorie das Wort »Mama«. Dieses symbolisiere die Bewegung der Lippen, die sich der Mutterbrust nähern. Doch auch dieser Ansatz liefert keine ausreichende Erklärung.

Yo-he-ho-Theorie
Bei der Arbeit artikulieren Menschen aufgrund physischer Anstrengung gemeinsame rhythmische Laute (»yo-he-ho«). Diese entwickelten sich sukzessive zur Sprache. Als Beweis sieht man den Rhythmus und die Prosodie der gesprochenen Sprache an. Doch rhythmisierende Elemente in der Sprache sind so zahlreich, dass dies als einzige Erklärung unwahrscheinlich erscheint.

La-La-Theorie
Diese Theorie stammt von Jespersen persönlich, der in seinen Überlegungen davon ausging, dass die romantische Seite des Lebens für die Entstehung der Sprache ausschlaggebend ist. Entscheidend seien all die Laute, die sich mit Liebe, Spiel, Poesie oder Gesang verbinden lassen (»la-la«). Doch hier müsste zuerst noch eine Erklärung gefunden werden für den Übergang der stark emotional besetzten Wörter hin zu einer rationalen Sprache.

1 Vergleichen Sie die Theorien von Otto Jespersen. Notieren Sie in einer Struktur Ihrer Wahl Gemeinsamkeiten und Unterschiede. Sie können beispielsweise Ihre Ergebnisse in einer Tabelle festhalten, in der jede Theorie eine eigene Spalte erhält und u. a. folgende Zeilen angelegt werden: *Auslöser für erste Laute, Belege für die Theorie, Einschränkungen/ Grenzen der Theorie*.

2 Suchen Sie sich eine der Theorien nach Jespersen aus und skizzieren Sie, wie die Entwicklung der Sprache auf Basis dieser Theorie verlaufen müsste. Welche Wörter könnten leicht erworben werden? Wo stößt die Theorie an ihre Grenzen?

3 Überlegen Sie sich eine eigene Theorie über die Entstehung der Sprache. Schreiben Sie einen Zeitungsartikel darüber und präsentieren Sie diesen in der Klasse.

Johann Gottfried Herder

Abhandlung über den Ursprung der Sprache 1772

Herder gewann 1796 mit der nachfolgenden Antwort eine ausgeschriebene Preisfrage der Berliner Akademie der Wissenschaften zum Sprachursprung.

[...] Erfindung der Sprache ist ihm [dem Menschen] also so natürlich, als er ein Mensch ist! Lasset uns nur beide Begriffe entwickeln: Reflexion und Sprache –

Der Mensch beweiset Reflexion, [...] wenn er aus dem ganzen schwebenden Traum der Bilder, die seine Sinne vorbeistreichen, sich in ein Moment des Wachens sammlen, auf *einem* Bilde freiwillig verweilen, es in helle ruhigere Obacht nehmen und sich Merkmale absondern kann, dass dies der Gegenstand und kein andrer sei. Er beweiset also Reflexion, wenn er nicht bloß alle Eigenschaften lebhaft oder klar erkennen, sondern eine oder mehrere als unterscheidende Eigenschaften bei sich *anerkennen* kann: [...] Durch ein Merkmal, was er absondern musste und was, als Merkmal der Besinnung, deutlich in ihn fiel. [...] Dies *Erste Merkmal der Besinnung war Wort der Seele! Mit ihm ist die menschliche Sprache erfunden!*

Lasset jenes Lamm, als Bild, sein Auge vorbeigehn: ihm wie keinem andern Tiere. Nicht wie dem hungrigen, witternden Wolfe! nicht wie dem blutleckenden Löwen – die wittern und schmecken schon im Geiste! die Sinnlichkeit hat sie überwältigt! der Instinkt wirft sie darüber her! [...] – Nicht so dem Menschen! So bald er in das Bedürfnis kommt, das Schaf kennen zu lernen: so störet ihn kein Instinkt: so reißt ihn kein Sinn auf dasselbe zu nahe hin oder davon ab: es steht da, ganz wie es sich seinen Sinnen äußert. Weiß, sanft, wollicht – seine besonnen sich übende Seele sucht ein Merkmal – das Schaf *blöcket*! sie hat Merkmal gefunden. Der innere Sinn würket. Dies Blöken, das ihr am stärksten Eindruck macht, das sich von allen andern Eigenschaften des Beschauens und Betastens losriss, hervorsprang, am tiefsten eindrang, bleibt ihr. Das Schaf kommt wieder. Weiß, sanft, wollicht – sie sieht, tastet, besinnet sich, sucht Merkmal – es blökt, und nun erkennet sies wieder!

»Ha! du bist das Blökende!« fühlt sie innerlich, sie hat es menschlich erkannt, da sies deutlich, das ist mit einem Merkmal, erkennet und nennet. [...] *Mit einem Merkmal* also? Und was war das anders als *ein innerliches Merkwort*? Der *Schall* des Blöckens, von einer menschlichen Seele als Kennzeichen des Schafs wahrgenommen, ward, kraft dieser Besinnung, *Name* des Schafs, und wenn ihn nie seine Zunge zu stammeln versucht hätte. Er erkannte das Schaf am Blöcken: es war *gefasstes Zeichen*, bei *welchem sich die Seele an eine Idee deutlich besann* – Was ist das anders als Wort? Und was ist die ganze menschliche Sprache als eine Sammlung solcher Worte? [...] – die Sprache ist erfunden! ebenso natürlich und dem Menschen notwendig erfunden, als der Mensch ein Mensch war.

Die meisten, die über den Ursprung der Sprache geschrieben, haben ihn nicht da, auf dem einzigen Punkt gesucht, wo er gefunden werden konnte, und vielen haben also so viel dunkle Zweifel vorgeschwebt: ob er irgendwo in der menschlichen Seele zu finden sei? Man hat ihn in der bessern Artikulation der Sprachwerkzeuge gesucht; als ob je ein Orang-Utan mit eben den Werkzeugen eine Sprache erfunden hätte? [...] Man hat ein Principium angenommen, die Natur und also auch ihre Schälle nachzuahmen; als wenn sich bei einer solchen blinden Neigung was gedenken ließe und als wenn der Affe mit ebendieser Neigung, die Amsel, die die Schälle so gut nachäffen kann, eine Sprache erfunden hätten? Die meisten endlich haben eine bloße Konvention, einen Einvertrag, angenommen, und dagegen hat Rousseau am stärksten geredet; [...] denn auch der zeitlebens Stumme, war er Mensch, besann er sich, so lag Sprache in seiner Seele! Hier ists kein Geschrei der Empfindung: denn nicht eine atmende Maschine, sondern ein besinnendes Geschöpf erfand Sprache! Kein Principium der Nachahmung in der Seele; die etwannige Nachahmung der Natur ist bloß ein Mittel zu einem und dem einzigen Zweck, der hier erklärt werden soll. Am wenigsten ists Einverständnis, willkürliche Konvention der Gesellschaft; der Wilde, der Einsame im Walde hätte Sprache für sich selbst erfinden müssen, hätte er sie auch nie geredet. Sie war Einverständnis seiner Seele mit sich, und ein so notwendiges Einverständnis, als der Mensch Mensch war.

Wenns andern unbegreiflich war, wie eine menschliche Seele hat Sprache erfinden können, so ists mir unbegreiflich, wie eine menschliche Seele, was sie ist, sein konnte ohne eben dadurch, schon ohne Mund und Gesellschaft, sich Sprache erfinden zu müssen.

[...] Nun lasst dem Menschen alle Sinne frei: er sehe und taste und fühle zugleich alle Wesen, die in sein Ohr reden – Himmel! Welch ein Lehrsaal der Ideen und der Sprache! Führet keinen Merkur und Apollo als Opernmaschinen von den Wolken herunter – die ganze vieltönige, göttliche Natur ist Sprachlehrerin und Muse! Da führt sie alle Geschöpfe bei ihm vorbei: jedes trägt seinen Namen auf der Zunge und nennt sich, diesem verhüllten sichtbaren Gotte, als Vasall und Diener. Es liefert ihm sein Merkwort ins Buch seiner Herrschaft wie einen Tribut, damit er sich bei diesem Namen seiner erinnere, es künftig rufe und genieße: Ich frage, ob je diese Wahrheit: »eben der Verstand, durch den der Mensch über die Natur herrscht, war der Vater einer lebendigen Sprache, die er aus Tönen

1 Wie beschreibt Johann Gottfried Herder den Zusammenhang von Denken und Sprache? Wie erklären Sie sich, dass in seiner Theorie die Kommunikation kaum eine Rolle spielt?

2 Klären Sie den für Herder zentralen Begriff der »Besonnenheit«:
a) Sammeln Sie alle Aussagen Herders zum Begriff »Besonnenheit« z. B. in einer Mindmap.
b) Beschreiben Sie das Wortfeld »Besonnenheit« und grenzen Sie die Begriffe voneinander ab.
c) Formulieren Sie anschließend eine Definition des Begriffs.

schallender Wesen zu Merkmalen der Unterscheidung sich abzog!«, ich frage, ob je diese trockne Wahrheit auf morgenländische Weise edler und schöner könne gesagt werden als »Gott führte die Tiere zu ihm, dass er sähe, wie er sie nennete, und wie er sie nennen würde, so sollten sie heißen!« Wo kann es auf morgenländische, poetische Weise bestimmter gesagt werden: Der Mensch erfand sich selbst Sprache! – aus Tönen lebender Natur! – zu Merkmalen seines herrschenden Verstandes! – Und das ist, was ich beweise.

Hätte ein Engel oder ein himmlischer Geist die Sprache erfunden: wie anders, als dass ihr ganzer Bau ein Abdruck von der Denkart dieses Geistes sein müsste; denn woran könnte ich ein Bild von einem Engel gemalt kennen als an dem Englischen, Überirdischen seiner Züge? Wo findet das aber bei unsrer Sprache statt? Bau und Grundriss, ja selbst der ganze Grundstein dieses Palastes verrät Menschheit!

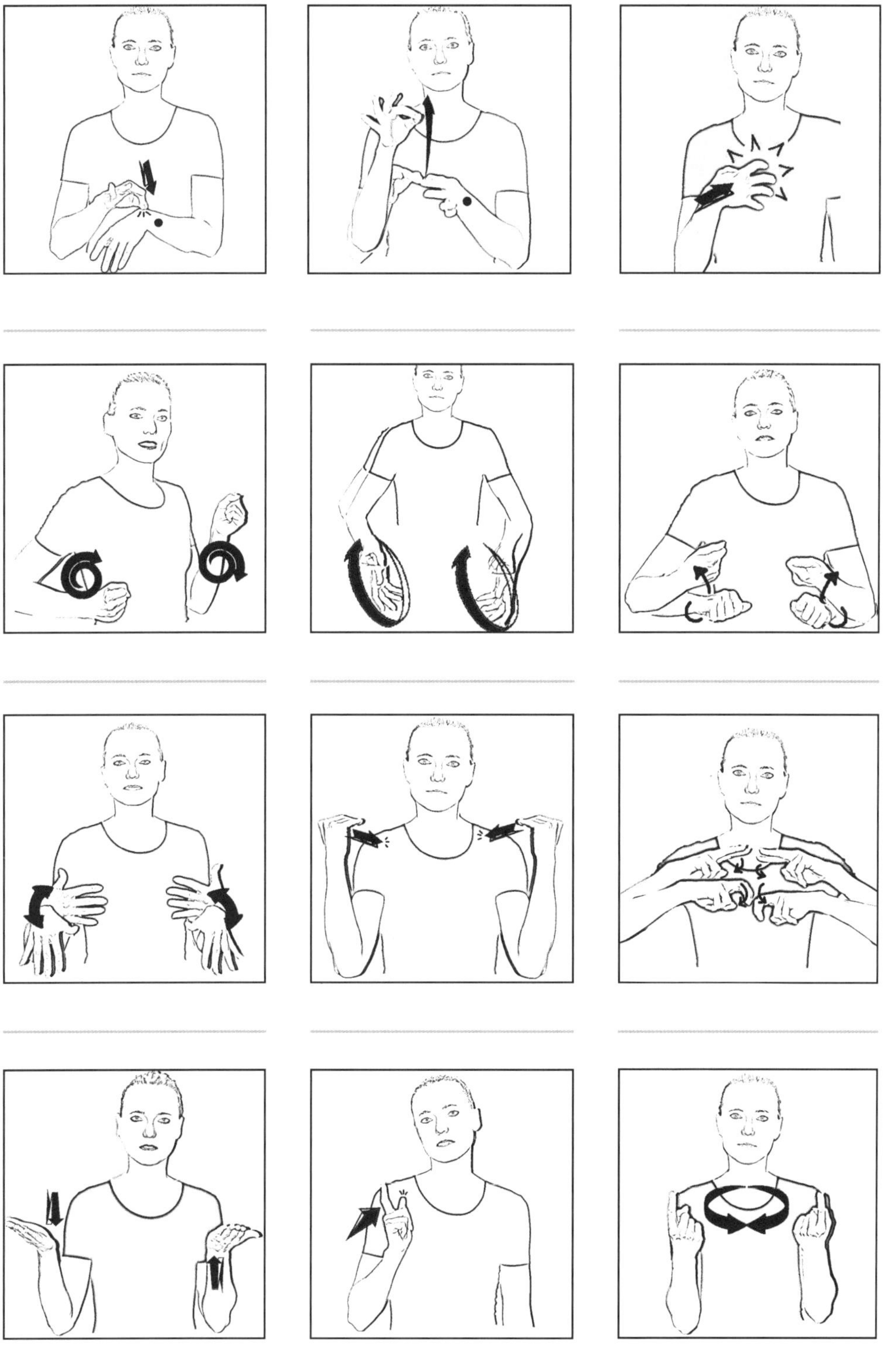

Beispiele für Gebärdensprache

1 Stellen Sie Herders Sicht auf die Sprachursprungsfrage der Position Süßmilchs (S. 26) gegenüber. Vergleichen Sie dabei u. a. folgende Aspekte: *Grundposition, Stellung des Menschen gegenüber dem Tier, Funktion der Sprache*.

2 Ordnen Sie die folgenden Begriffe aus der Gebärdensprache jeweils einem der Bilder zu:

laufen – Schuhe anziehen – Zimmer – Arzt – (Körper-) Größe messen – Rollstuhl – krank – spielen – (Körper-) Gewicht messen – turnen – warten – Untersuchung

Jens Heise

Herder und seine Sprachtheorie 1998

Das Interesse an der Sprache ist in der Philosophie des 18. Jahrhunderts unübersehbar, und es manifestiert sich auf ganz unterschiedliche Weise. Zu den Themen gehört das Verhältnis von Denken und Sprache oder das Projekt einer Begriffssprache; es geht um die Frage, ob Sprache als Merkmal zur Unterscheidung von Mensch und Tier gelten kann, und immer wieder um die Ursprungsfrage.

Herder war mit der traditionellen Sprachtheorie ebenso vertraut wie mit der aktuellen Sprachdiskussion. Der Rang seiner Sprachphilosophie liegt in der Einsicht, dass Sprache mehr leistet, als eine gegebene Welt für uns verständlich zu machen, dass es vielmehr eine Welt nur geben kann, weil wir über Sprache verfügen. Und schließlich: Weil wir diese Welt erst herstellen, »erfinden«, wie es bei Herder heißt, gehen die Entstehungsbedingungen in diesen Prozess ein. Deswegen gibt es die Vielfalt der Sprachen und der Kulturen, und alle tragen die Spuren der Zeit, in der sie entstanden sind. Lange vor dem »linguistic turn« im 20. Jahrhundert hatte Hamann eine philosophische Wende zur Sprache in Gang gesetzt, »die man ohne Übertreibung als Revolution bezeichnen kann«. Herder hat diese sprachphilosophische Wende noch vor der »Abhandlung über den Ursprung der Sprache« formuliert, zum Beispiel 1768 in den Fragmenten. »Ists wahr, dass wir ohne Gedanken nicht denken können, und durch Worte denken lernen: so gibt die Sprache der ganzen menschlichen Erkenntnis Schranken und Umriss. [...] Wie vieles würde man hier ausfegen können, was wir sagen, ohne dass wir was dabei denken: falsch denken, weil wir es falsch sagten: sagen wollen, ohne dass wir es denken können.« (HW I, 557)

1769 nimmt Herder diese Spur auf, äußerer Anlass dafür ist die Preisfrage der Berliner Akademie der Wissenschaften nach dem Ursprung der Sprache. In der »Abhandlung über den Ursprung der Sprache«, die den Preis gewinnt und 1772 »auf Befehl der Akademie« veröffentlicht wird, hat Herder einen Leitfaden für sein gesamtes Werk formuliert: dass die historische Welt des Menschen sprachlich konstituiert, die sprachliche Welt des Menschen historisch vermittelt ist. In den bibelfesten Texten Herders steht dafür die Weisheit Salomos: »alles hat seine Zeit«.
Herder denkt Sprache nicht als Gegenstand, sondern als Funktion, sodass auch der Ursprung von Sprache funktionell darstellbar wird. »Psychologisch können wir diesen Prozess nicht in der allen psychologischen Schulen des 18. Jahrhunderts geläufigen Terminologie beschreiben. Herder zufolge ist die Sprache keine künstliche Verstandesschöpfung, und sie lässt sich auch nicht durch einen spezifischen Assoziationsmechanismus erklären.« Darin unterscheidet sich seine Theorie der Sprache von den konkurrierenden Sprachansichten des 18. Jahrhunderts. Sie alle müssen nach einem Faktum suchen, das die Tatsache der Sprache begründen kann. Der französische Philosoph Condillac (1714–1780) zum Beispiel leitet den Ursprung der Sprache aus dem Schrei ab, der Kommunikation stiftet; der Pfarrer und Statistiker Süßmilch (1707–1767) sieht die Sprache durch Gott gegeben. Einwände gegen diese Ursprungstheorien der Sprache liegen auf der Hand: Aus dem Schrei lässt sich wohl eine kommunikative Situation konstruieren, unverständlich bleiben muss jedoch die kognitive Leistung von Sprache; als Geschenk Gottes lässt sich Sprache aus den Konditionen des Menschen nicht verstehen, theoretisch bleibt sie das Fremde.

Für sein Programm, die Philosophie kopernikanisch zu wenden, hat Herder mit der Abhandlung einen entscheidenden Schritt getan: Die Anthropologie, zu der Philosophie werden soll, findet ihre Grundlage in einer Theorie der Sprache. Um ihrerseits anthropologisch zu sein, beschränkt sich die Sprachtheorie nicht auf die diskursiv-logische Seite der Sprache, sondern erfasst eine Funktion, die der Sprache noch vorausgreift: Besonnenheit oder Vernunft nennt Herder die Position des Menschen, Realität mit Merkmalen zu versehen, um sich eine spezifische Welt zu erschließen. Diese Welt hat sich der Mensch ebenso erfinden müssen wie die Sprache. Beides sind Erzeugnisse der Vernunft, aber ihrerseits ist Vernunft an Sprache, Geschichte und Empfindung gebunden.

Es ist diese Konstellation, in der die kopernikanische Wende ihren Angelpunkt hat. In Bewegung – in »Fortbildung«, wie es bei Herder heißt – ist dieses anthropologische Mobile, weil es keine idealtypische Sphäre für den Menschen gibt, die Ausbildung der Sphäre aber vom Stand aller Faktoren abhängt, die sich ihrerseits gegenseitig voraussetzen und aufeinander wirken. Dass die Menschen sich Sprache haben erfinden müssen, wie es die Abhandlung darlegt, ist nur ein anderer Ausdruck dafür, dass sie sich selbst erfinden müssen.

1 Jens Heise gibt an, dass Herder den Grundgedanken des »linguistic turn« bereits formuliert habe. Recherchieren Sie zur linguistischen Wende und erläutern Sie diese These.

2 Geben Sie in eigenen Worten den Gedankengang Heises wieder, in dem er zusammenfasst, dass nicht ein Schrei (Condillac) oder Gott (Süßmilch) Sprachursprung sein können, sondern – wie Herder es darstellt – die Vernunft.

Spracherwerb bei Kindern

Sprachbeispiele Kinder

Fenja Mens

Wie Kinder sprechen lernen 2007

Wieso müssen Menschen ihre Sprache überhaupt lernen? Warum wird sie nicht einfach vererbt – wie unter Tieren der Gesang der meisten Vögel oder das Quaken eines Frosches? Warum lässt sich die Sprache der Eltern nicht einfach durch einmaliges Vorsprechen im Gehirn des Kindes abspeichern? Weshalb begrüßt ein Kind seine Eltern nicht schon kurz nach der Geburt mit »Hallo Mama« und »Grüß dich, Papa«?

Das Rätsel des Spracherwerbs: Auch heute ist es noch nicht vollständig gelöst. Eines aber scheint inzwischen klar zu sein: Schon jedes ganz normale Baby und Kleinkind weiß in jungen Jahren weit mehr über Sprache, als man lange Zeit für möglich gehalten hat.

Der amerikanische Psychologe Burrhus Frederic Skinner glaubte in den 1950er Jahren, dass pure Nachahmung der Weg zur Sprache sei. Kinder würden einfach nachsprechen, was sie von den Eltern und anderen Bezugspersonen aufschnappten – sofern sie für ihre Leistung gelobt würden. Der Verhaltensforscher hatte durch Tierexperimente demonstriert, dass ein bestimmtes Verhalten häufiger auftritt, wenn daraus ein positiv verstärkendes Ereignis folgt. Diese Erkenntnis übertrug er 1957 in seinem Buch »Verbal Behavior« auf den menschlichen Spracherwerb: einen Ball zeigen; »Ball« sagen; das Kind loben und bestärken, wenn es ebenfalls »Ball« sagt; fertig. An Kindern hatte Skinner seine These nicht überprüft. Dennoch leuchtete seine Ansicht vielen Wissenschaftlern ein und verbreitete sich rasch.

Erst nachdem der amerikanische Linguist Noam Chomsky das Buch in einer Rezension verrissen hatte, setzte ein Umdenken ein. Der Sprachwissenschaftler bestritt, dass Kinder allein durch Imitation Sprechen lernen könnten. Das sei schon deswegen nicht möglich, weil ein Satz sich kaum je genau wiederhole. Zudem seien die Regeln der Sprache so kompliziert, dass diese Prinzipien dem Menschen angeboren sein müssten – als eine Art universale Grammatik, die für alle Sprachen der Welt funktioniere.

Auch diese Idee war am Schreibtisch ersonnen. Dennoch waren Chomskys Überlegungen der Anstoß für eine hitzige Debatte: Ist dem Menschen Sprache doch schon in die Wiege gelegt? Oder hören wir uns den Gebrauch eines Kasus oder Konjunktivs stets von denen ab, die uns nahe sind?

Eine übergreifende und allgemein akzeptierte Theorie fehlt noch immer, aber inzwischen sind sich die Forscher zumindest darin einig, dass jedes gesunde Neugeborene die körperlichen und geistigen Anlagen besitzt, das Sprechen zu erlernen, und dass dabei auch die Umwelt eine wichtige Rolle spielt. Allmählich erkennen die Experten, was Mütter und Väter längst ahnen: Kinder sind mit Fähigkeiten ausgestattet, von denen Erwachsene nur träumen können.

Ein gelber Klinkerbau im Berliner Ortsteil Lichtenberg: Im Haus E der Lindenhof-Klinik sind Wissenschaftler des Max-Planck-Instituts für Kognitions- und Neurowissenschaften den Sprachlernmechanismen auf der Spur.

Bei der Suche soll ihnen an diesem Tag Suvi helfen, ein Mädchen von gerade einmal sechs Monaten. »Wir wollen herausfinden, ob und wie schnell Babys grammatikalische Strukturen erlernen«, erklärt die Laborleiterin Manuela Friedrich. »Dafür spielen wir der Kleinen zunächst nur korrekte und dann sowohl richtige als auch fehlerhafte Sätze vor.«

Ein Rechner zeichnet Suvis Hirnströme auf. Aus Experimenten mit Erwachsenen wissen die Forscher, dass das Gehirn in charakteristischer Weise innerhalb von Millisekunden auf eine falsche grammatikalische Endung reagiert: Die Hirnantwort sei ein Zeichen dafür, dass es die kor-

1 Wie lernen Kinder sprechen? Beantworten Sie diese Frage auf der Grundlage des Textes von Fenja Mens. Belegen Sie Ihre Aussagen dabei durch Zitate bzw. Belege am Text.

2 Nehmen Sie anschließend begründet Stellung zu den Thesen und Informationen aus dem Text.

rekte Form zuvor gelernt hat – und nun versucht, einen Sinn in dem Gesagten zu finden.

Bei Erwachsenen verwundert dies nicht. Aber bei einem sechs Monate alten Kind? Mit Hirnstrommessungen und anderen Methoden haben die Wissenschaftler in den vergangenen 20 Jahren jedoch entdeckt, dass schon die Kleinsten viel mehr mitbekommen, als es den Anschein hat. Ihr Gehirn versteht den Sinn der Laute zwar noch nicht, aber es analysiert sie auf wiederkehrende Strukturen. »Für kleine Babys sind Wörter Abfolge von Lauten, in denen immer wieder ähnliche Muster vorkommen«, sagt die Oldenburger Spracherwerbsforscherin und Entwicklungspsychologin Gisela Szagun. Die Mustererkennung ist höchst effektiv. Wie lange würde es dauern, sich jede Mehrzahlform einzeln einzuprägen! Viel weniger aufwendig ist es für das Gehirn, Muster abzuspeichern und Ausnahmen über Fehler zu lernen.

Ein Beispiel: Fragt man einen Zweijährigen nach der Mehrzahl von Eimer, ist die Antwort »Eimers« nicht unwahrscheinlich. Erwachsene sprechen ein geschriebenes »-er« meist wie ein »a«, also »Eima«. An Wörter, die auf »a« enden, hängen wir im Plural in der Regel ein »s«: Sofa – »Sofas«. Also, folgert das kindliche Gehirn unbewusst, lautet die Mehrzahl von Eimer »Eimas«. Erwachsene besitzen ähnliche Mechanismen, dennoch lernen Kinder schneller und besser. Szagun: »Ihr Gehirn scheint etwa bis zum siebten Lebensjahr für sprachliche Informationen besonders aufnahmefähig zu sein.«

Schon im Mutterleib gehen die Ohren des Fötus auf Empfang. Ab etwa dem fünften Schwangerschaftsmonat kann er durch die Gebärmutterwand zumindest die Sprachmelodie wahrnehmen. Französische Forscher maßen mit Sensorschnullern die Saugrate von nur vier Tage alten Babys. Dann las ihnen eine Frauenstimme abwechselnd auf Französisch und Russisch vor, und siehe da: Hörten die Neugeborenen ihre Muttersprache, saugten sie mit größerer Verve. Sie hatten das Französische an seiner Melodie erkannt.

Neugeborene halten die mehr als 100 Sprachlaute der Welt zunächst mühelos auseinander. Aber mit etwa 10 Monaten, wenn Babys die ersten Silbenketten brabbeln, schwindet diese Fähigkeit. Das Kind hat sich auf das Lautsystem seiner Umgebung spezialisiert. Als Erwachsene sind wir so an die Laute und Melodiekonturen der eigenen Sprache gewöhnt, dass uns solche aus fremden Kulturkreisen Rätsel aufgeben. Darum etwa verzweifeln Chinesisch Lernende an den vier Tonmelodien des Mandarin.

Die Umwelt spielt beim Spracherwerb eine wichtige Rolle – aber auf andere Art, als Skinner sich das vor 50 Jahren ausgedacht hat. Nicht nur Imitation führt zur Sprache, vielmehr tun es auch Interaktion und geistiger Austausch. Wenn sie unterbleiben, verkümmert der Spracherwerb.

Stufen des Spracherwerbs

1 Bevor Sie den Text lesen: Notieren Sie spontan, welche Stufen des Spracherwerbs es Ihrer Meinung nach gibt.

Kinder verfügen schon bei der Geburt über die Fähigkeit, Phoneme zu unterscheiden. Nach der Geburt beginnt die Kommunikation mit den Eltern, wobei am Anfang Laute nur zum Ausdruck von Hunger, Durst, Unwohlsein etc. geäußert werden. Erst ab der achten Woche beginnen Säuglinge zu lachen und erlernen langsam das gezielte Bewegen ihrer Zunge, sodass meist ab der zwanzigsten Woche erstes Testen und Üben von Lauten beobachtet werden kann.

Ab etwa einem halben Jahr fangen die Kleinkinder an zu plappern – wenn auch noch inhaltslos. Neben dem bloßen Hören der Sprache erwirbt das Kind auch Einsichten in den Aufbau der Muttersprache. Laute werden nach Häufigkeit und Ähnlichkeit gespeichert. Zwischen dem 6. und dem 9. Lebensmonat ist dann das muttersprachliche Lautinventar im Sprachgedächtnis gespeichert. Die Kinder sind sich unterschiedlicher Tonhöhen und deren Bedeutung bewusst. Von den Gegenständen in seiner Umgebung weiß das Kind noch nichts. Aus der wahrgenommenen Sprache werden betonte und / oder am Ende stehende Äußerungseinheiten (Wortteile, Wörter oder Wortverbindungen) herausgehört und auch nachgeahmt.

Am Ende des ersten Lebensjahres bereitet sich das Kind mit Schreien, Lallen, Lautnachahmung (nana, dada) und dem »Be–greifen« auf die ersten Wörter vor. Es beginnt, eine Beziehung zwischen Wörtern und Gegenständen aufzubauen. Im Alter von acht bis neun Monaten entwickelt sich ein beginnendes Sprachverständnis. Am Ende des 1 ½. Lebensjahres spricht das Kind die ersten Wörter (z. B. »wauwau« für »Hund«). Dies alles gilt bereits als Wort, auch wenn die Aussprache abweicht, da das Kind damit etwas ganz Bestimmtes meint. Zu diesem Zeitpunkt tauchen auch Übergeneralisierungen auf (»Ado« steht zum Beispiel für Autos, Rasenmäher usw.). Es erscheinen erste bedeutungsstabile Wort-Objekt-Zuordnungen, die späteren Substantive. Aus Aktionswörtern entstehen erste Verben; das Kind beginnt, in elementaren Formen auf räumlich-zeitlich nicht Präsentes zu verweisen; erste »ich-Verweise« mit Eigennamen erscheinen.

Am Ende des zweiten Lebensjahres reiht das Kind zwei Wörter aneinander (z.B. »hautel putt« = Schaukel kaputt). Der Wortschatz des Kindes wächst zu diesem Zeitpunkt sehr schnell an, manchmal werden Wörter auch erfunden. Die Wörter werden lautlich vereinfacht gesprochen (»hate« = Jacke). Es kommen dabei primär die Konsonanten m, b, p, d, f, l, n, t und w vor. Die ersten grammatischen Morpheme und Funktionswörter erscheinen als satzbildende Elemente. Aber: Jemand, der in der Sprechsituation des Kindes nicht dabei war oder kein Vorwissen über den Inhalt der kindlichen Äußerung hat, kann das Mitgeteilte oft nicht verstehen.

Am Ende des dritten Lebensjahres lernt das Kind, Sätze aus drei bis vier Wörtern zu sprechen. Die ersten grammatischen Kategorien (Subjekt, Prädikat) sind entwickelt, erste Kasusflexive erscheinen (Besitzermarkierung: Annes Buch). Längere Wörter werden noch gekürzt (»Eibahn« = Eisenbahn) und viele Laute werden ausgetauscht, ca. 10 Laute gebraucht das Kind aber richtig. Zu diesem Zeitpunkt wird sich das Kleinkind erstmals seiner selbst bewusst und dadurch erfahren auch die Begegnungen mit der Außenwelt eine Intensivierung. Die Lernbereitschaft nimmt ab diesem Zeitpunkt in einem großen Maß zu und auch die Erinnerungsfunktion entwickelt sich.

Am Ende des vierten Lebensjahres lernt das Kind, längere Sätze aus bis zu acht Wörtern zu bilden. Die Wortendungen können noch Abweichungen aufweisen. Die meisten Kinder sprechen Laute sicher aus, unsicher sind sie manchmal noch bei R, K, Sch, z.B. »Im Tindedaten ist es sön«). Das Kind kennt schon fast alle Dinge der Umgebung mit der richtigen Bezeichnung. Seine Mitteilungen sind weitgehend verständlich, auch wenn der Kommunikationspartner kein Vorwissen vom Mitteilungsinhalt hat. Das Kind muss noch zahlreiche Mittel erwerben, um den Anforderungssituationen seiner Lebenswelt gerecht zu werden, z.B. Mitteilungen über Ereignisse und Erlebnisse formulieren (z.B. Vergangenheit und Zukunft, Wiedergabe von Ursachen, Folgen etc.) oder Regeln der Sprachanwendung wie Anredeformen, institutionelle Gebrauchsanweisungen, Höflichkeitsäußerungen usw. erwerben.

Im Laufe des fünften Lebensjahres kann das Kind alle Laute, auch »S« und »Sch«, richtig aussprechen. Nur bei grammatikalisch anspruchsvolleren Formen treten gelegentlich noch Unkorrektheiten (»geesst« = gegessen) auf. Am Ende des 6. Lebensjahres zeigt das Kind bei der Aussprache und beim Satzbau keine Auffälligkeiten mehr.

1 Fassen Sie in eigenen Worten zusammen, welche Stufen des Spracherwerbs es gibt und worin sie sich zeigen. Vergleichen Sie mit Ihren Hypothesen aus Aufgabe 1 von Seite 32.

2 Diskutieren Sie innerhalb Ihrer Lerngruppe folgende Fragen:
a) Gelten die fünf Stufen des Spracherwerbs universell, d.h. für jedes Kind auf diesem Planeten?
b) Gibt es einen Unterschied im Spracherwerb von Menschen vor 200 Jahren und heute?
c) Welchen Einfluss haben Ihrer Meinung nach die Medien auf den Spracherwerb?

Phasen der frühen Lauterzeugung

Phase I	Bis 8. Woche	Erzeugen von Geräuschen als unmittelbare Reaktion auf körperliche Bedürfnisse.
Phase II	8.–20. Woche	Erstes Lachen; Beginn der koordinierten Zungen- und Lippenbewegungen.
Phase III	20.–30. Woche	Ausprobieren und Trainieren der Stimme mit verschiedensten Lauten.
Phase IV	25.–50. Woche	Erste, anfangs noch undifferenzierte, aber bereits rhythmisierte Silben (»Plappern«).
Phase V	9.–18. Monat	Bewussterer Einsatz der Sprachmelodie für klanglich bereits verständliche, aber noch weitgehend inhaltslose Wörter.

1 Stellen Sie anhand der Texte dar, in welchen Schritten der Mutterspracherwerb bei Kindern verläuft (z. B. in der Form eines Zeitstrahls).

2 Es gibt in der Forschung vier Erklärungsmodelle für den Spracherwerb: das behavioristische, das nativistische, das kognitivistische und das interaktionistische Erklärungsmodell. Stellen Sie die Theorien einander gegenüber. Begründen Sie kurz, welche Theorie Ihnen am logischsten erscheint.

Noam Chomsky (*1928), einer der bekanntesten amerikanischen Sprachwissenschaftler der Gegenwart u. a. durch seine Verbindung der Wissenschaftsdisziplinen Linguistik, Kognitionswissenschaften und Informatik sowie seiner Beiträge zur allgemeinen Sprachwissenschaft und seiner Modelle der Generativen Transformationsgrammatik.

Jean Piaget (1896–1980), ein Schweizer Entwicklungspsychologe, entwickelte die Theorie des genetischen Lernens, mit der die kognitive Entwicklung von Kindern erklärt werden sollte. Dabei geht er von vier aufeinanderfolgenden Phasen aus, in denen jeweils Anpassungsprozesse zwischen dem Menschen und seiner Umwelt (Assimilation und Akkomodation) stattfinden. Ziel ist ein Gleichgewichtszustand.

Theorien des Spracherwerbs

Behaviorismus

Die Forschung liefert unterschiedliche Theorien für den Prozess des Spracherwerbs. Der *Behaviorismus* geht davon aus, dass sprachliche Entwicklung ausschließlich von äußeren Einflüssen abhängig ist und primär durch Imitation und Belohnung erworben wird. Man versucht, komplexes Verhalten in Einzelteile (Reize und darauf folgende Reaktionen) zu zerlegen. Diese können dann separat untersucht werden. Eine solche Analyse erfolgt völlig ohne Bezug zu inneren Vorgängen, da diese nicht objektiv erfassbar sind. Kinder reagieren auf verschiedene Reize ihrer Umwelt durch Laute und werden dafür von den Bezugspersonen gelobt. Diese positive Verstärkung führt dazu, dass das Kind häufiger und auch bei anderen Stimuli Laute äußern wird, d.h. es generalisiert.

Der Behaviorismus liefert eine Basis für die Lautentwicklung, nicht aber für die grammatische, da die Vielfalt und Komplexität sprachlicher Formulierungen nicht im Einzelnen verstärkt werden kann. Die Vorstellungen des Behaviorismus wurden immer wieder kritisiert. Kinder, die beispielsweise die Präteritumsbildung schwacher Verben auf *-te* kennen, bilden zeitweise diese Formen auch für starke, eigentlich im Präteritum unregelmäßige Verben (Analogiebildung), bevor sie sich die korrekten Formen aneignen. Die Analogieformen müssen die Kinder aber selbst gebildet haben, da Erwachsene diese nicht verwenden. Ferner können Kinder komplexere oder ungewöhnliche Strukturen manchmal noch nicht nachahmen, auch wenn sie gezielt zum Nachsprechen aufgefordert werden. Dies deutet eher auf einen schrittweise aufeinander aufbauenden Prozess hin als auf bloße Nachahmung.

Nativismus

Anhänger des *Nativismus* dagegen nehmen an, dass die Grundfähigkeit zur Sprache angeboren ist und die Sprachfähigkeit automatisch auftritt, sobald das Kind mit Sprache in Kontakt kommt. Diese Bewegung gibt es bereits seit der Antike und ihre Anhänger gehen davon aus, dass Fähigkeiten, Wissen und damit auch Sprache zum Großteil bereits angeboren sind. Die Basis für das Sprachlernen bildet eine angeborene Universalgrammatik (Chomsky: LAD Language Acquisition Device – Spracherwerbsmechanismus). Aber auch diese Theorie wurde kritisiert. Zwar bietet sie eine Erklärungsmöglichkeit für das Erlernen sprachlicher Vielfalt, die durch Nachahmung unmöglich ist, für spontane Äußerungen von Kindern findet sich aber keine Erklärung.

Kognitivismus

Kognitivisten bzw. Anhänger des epigenetischen Ansatzes betrachten Spracherwerb in engem Zusammenhang mit der geistigen Entwicklung eines Kindes und berufen sich auf das Entwicklungsmodell von Jean Piaget. Das kognitivistische Modell basiert auf der Erkenntnis, dass weder Behaviorismus noch Nativismus allein den Spracherwerb erklären können. Solange beispielsweise ein Kind keine Größe einschätzen kann, wird es keine sprachlichen Vergleiche formulieren wie »Ich bin schon größer als Marie«. Man geht davon aus, dass die sprachliche Entwicklung von der geistigen abhängig ist. Der Prozess verläuft dann vom ichbezogenen zum sozialisierten Sprechen.

Interaktionismus

Wygotski und der *Interaktionismus* stehen für die vierte Theorie: Grundlage ist hier die Annahme, dass die kindliche Entwicklung in erster Linie durch Austausch mit anderen Menschen/der Umwelt ausgelöst wird. Erwachsene senken ihr Sprachniveau so ab, dass das Kind sie einerseits gut verstehen, aber andererseits auch Neues erlernen kann, indem sie unter anderem ihre Aussagen stark vereinfachen und kürzere Sätze bilden, langsamer artikulieren und mit stärker modulierter Stimme sprechen als gegenüber anderen Erwachsenen. Das Sprachvermögen wird so durch den ständigen Sprachkontakt mit Erwachsenen und das dadurch bedingte permanente Ausbauen, Verbessern und Festigen der kindlichen Sprachfertigkeit sukzessive aufgebaut.

Lew Semjonowitsch Wygotski (1896–1934), sowjetischer Psychologe, lieferte Beiträge zur Theorie des Bewusstseins, zur Behindertenpädagogik, zum Verhältnis von Sprachentwicklung und Denken und zur allgemeinen Entwicklungspsychologie des Kindes.

Nach derzeitigem Forschungsstand kann keine der eben vorgestellten Theorien als einzig richtige herausgestellt werden.

Gerhard Augst

Spracherwerb – ein faszinierendes Geschehen 1978

Fast ein Jahr lang nach der Geburt passiert gar nichts – manche meinen jedoch, dass sehr viel passiert – und dann glauben Vater, Mutter oder ältere Geschwister plötzlich, das Kind habe »Papa« oder »Mama« gesagt. (Bei machen Kindern soll das erste Wort »Auto« sein.) Aber kurze Zeit später können auch Außenstehende bestätigen: Das Kind spricht einzelne Wörter; obwohl sie oft darüber staunen, was Vater und Mutter meinen, was das Kind gerade gesagt habe. Aber woher sollen sie auch wissen, dass »Fft« der »Vogel« und dann das »Flugzeug« ist und dass – ein halbes Jahr später – »Mama lo« heißt: »Ich möchte jetzt mit dir in dem Katalog lesen und dann schlafen gehen, genauso wie gestern und vorgestern nach dem Essen.«

Trifft nun derselbe Außenstehende nach etwa drei Jahren das Kind wieder – es ist also jetzt viereinhalb Jahre alt – so kann es sich perfekt mit ihm unterhalten, sofern der Gesprächsgegenstand im kindlichen Horizont liegt. Das Kind erzählt, argumentiert, beschreibt: berichtet über Vergangenes und Zukünftiges. Ja, es weiß sogar, dass es manches in der Sprache noch nicht weiß, und es kann damit umgehen: »Wie heißt das?«, aber auch die Frage: »Warum heißt das so?« Gelegentlich vernehmen die Erwachsenen auch noch einen falschen Plural oder eine Lautkombination, die etwas merkwürdig klingt. Die Eltern gehen jedoch meist darüber hinweg, weil dies die Verständigung so gut wie nie gefährdet und weil Korrekturversuche sich als relativ fruchtlos erweisen.

Andererseits waren die kauzigen Bemühungen eines Linguisten, die schöne Form »datten« im Spracherwerb seiner Tochter zu konservieren, ebenso fruchtlos. Mit etwa dreieinhalb Jahren wies das Kind seinen Vater zurecht: »Papa, das heißt nicht, ›datten‹, sondern ›danke‹.«

Die Eltern, Kindergärtnerinnen und Kinderärzte, sie alle sind es gewohnt und finden es daher auch völlig normal, dass der Spracherwerb sich in einer großen Spannweite vollzieht. Manche Kinder beginnen mit neun Monaten, andere machen mit 18 Monaten noch keine Anstalten, ein Wort zu sprechen. Manche Kinder sind mit gut drei Jahren nicht mehr von der sprechenden Umgebung zu unterscheiden, andere zeigen Auffälligkeiten bis ins siebte oder achte Lebensjahr.

Allgemein scheint der Spracherwerb heute schneller zu verlaufen. Benutzte ein Kind eines berühmten Professors um 1910 mit etwas sechs Jahren 2000 Wörtern aktiv, so verwendete ein Kind eines wesentlich weniger berühmten Professors um 1975 mit sechs Jahren schon über 5000 Wörter aktiv.

1 Erläutern Sie, worin nach Gerhard Augst das Faszinierende beim Spracherwerb besteht.

2 Finden sich in den Ausführungen von Augst die Stufen des Spracherwerbs wieder, die auf den Seiten 32 und 33 beschrieben wurden? Begründen Sie Ihre Ansicht.

Silvio Wenzel

Wie versteht unser Gehirn Sprache? 2004

Wir alle benutzen sie täglich. Haben wir sie einmal gelernt, beherrschen wir sie unser Leben lang. [...] Sie ist ein wichtiger Teil von uns und dennoch wissen selbst die Wissenschaftler heute noch nicht genau, wie sie funktioniert: die Sprache.

Anfänge vor gut 140 Jahren

Bis vor etwas mehr als 140 Jahren hatten die Wissenschaftler noch keine Ahnung, wie unser Gehirn es schafft, Sprache zu verstehen und zu produzieren. Im Jahre 1861 berichtete der französische Neurologe Paul Broca von einem Patienten, der nach einem Schlaganfall zwar noch einfache Sätze verstand, selbst aber konnte er nicht mehr als eine einzige Silbe sagen: »tan«.

Nach dem Tod des Patienten untersuchte Broca dessen Gehirn und fand eine schwere Schädigung in der linken Hirnhälfte. Er nahm an, dass dieses Areal des Gehirns für die Produktion von Sprache zuständig ist. Seitdem nennen die Wissenschaftler dieses Gebiet das »Broca-Areal«. Einige Jahre später entdeckte der Neurologe Carl Wernicke auf ganz ähnliche Weise den Hirnabschnitt, der für das Verständnis von Sprache verantwortlich ist, das so genannte »Wernicke-Areal«.

Hochmoderne Forschung schaut ins Gehirn

Heute haben Wissenschaftler sehr viel detailliertere Vorstellungen von der Funktionsweise unseres Gehirns. Forscherinnen und Forscher am Leipziger Max-Planck-Institut für Kognitions- und Neurowissenschaften untersuchen derzeit mit modernsten Methoden, wie das Gehirn tatsächlich Sprache versteht. Sie beobachten das Gehirn, während es Wörter und Sätze registriert, Sprachmelodie, Satzaufbau und Sinn entschlüsselt. Mit der funktionellen Magnetresonanztomographie (kurz fMRT) können die Wissenschaftler Prozesse im Gehirn orten und darstellen. Da die Entstehung von Sprache im Gehirn jedoch von sehr komplexer Art ist, konzentrieren sich die Forscher vorläufig auf die Prozesse des Hörens und Verstehens von Sprache. Mit fMRT können die Wissenschaftler Veränderungen in der Durchblutung des Gehirns messen. Je besser ein Teil des Gehirns durchblutet wird, desto bunter erscheint dieses Gebiet in den fMRT-Aufnahmen. Aus einer stärkeren Durchblutung schließen die Forscher auf eine größere Aktivität der jeweiligen Hirnregion.

Der Fehlerteufel hilft

Im Verlauf der Untersuchungen werden die Versuchspersonen mit verschiedenen Sätzen konfrontiert. Ein Teil dieser Sätze ist korrekt (»Die Kuh wurde gefüttert.«). Andere enthalten entweder grammatische Fehler (»Die Kuh wurde im gefüttert.«) oder sind inhaltlich falsch (»Das Lineal wurde gefüttert.«). Die Forscher beobachten je nach Satztyp eine unterschiedliche Aktivierung bestimmter Hirnregionen. Interessant ist, dass das Gehirn bei fehlerhaften Sätzen aktiver ist als bei korrekten. So reagiert es auf einen grammatischen Fehler mit einer zusätzlichen Aktivierung im seitlichen Bereich der linken Hirnhälfte, im so genannten Temporallappen. Aber warum ist das Hirn bei fehlerhaften Sätzen aktiver?

Der Beispielsatz lautet wie bereits erwähnt »Die Kuh wurde im gefüttert.« Bei der Verarbeitung von Sprache greift das Gehirn auf seine bisherigen Erfahrungen zurück und erwartet deshalb nach dem Wörtchen »im« ein Substantiv, also zum Beispiel »im Stall, im Sommer, im Regen«. Da dieses aber nicht kommt, versucht das Hirn dem Satz dennoch eine ihm vertraute Struktur zu geben. Dabei wird es in der genannten Region aktiver. Bei inhaltlichen Fehlern wie im Satz »Das Lineal wurde gefüttert.« reagiert das Gehirn mit einer erhöhten Aktivität im vorderen Bereich der linken Hirnhälfte, im so genannten Frontallappen. Auch hier versucht das Gehirn, in dem unsinnigen Satz dennoch verwertbare Informationen zu finden.

Die Sätze werden zerlegt

Die Leipziger Forscher interessieren sich auch dafür, wie lange das Gehirn braucht, bis es einen gehörten Satz verarbeitet hat. Dazu führen sie bei den Testpersonen EEGs (Elektroenzephalogramm) durch. Wieder hören die Probanden die gleichen Sätze wie beim vorherigen Experiment. An den aufgenommenen Hirnströmen können die Wissenschaftler erkennen, wie schnell das Gehirn auf grammatische und inhaltliche Fehler reagiert. Daraus schließen sie, in welcher Reihenfolge das Gehirn die Sätze analysiert: Nach nicht einmal einer halben Sekunde ist das Gehirn mit jedem richtigen Satz fertig. Zuerst untersucht es die Grammatik und nach etwa 400 Millisekunden interpretiert es den Inhalt; immer nach dem gleichen Muster. Enthält der Satz einen Fehler, so folgt noch eine Korrekturphase, die nach insgesamt ungefähr 600 Millisekunden abgeschlossen ist. [...]

1 Welche Informationen über die Produktion und das Verständnis von Sprache im Gehirn entnehmen Sie dem Text von Silvio Wenzel? Notieren Sie ungefähr zehn Stichwörter für einen Kurzvortrag.

2 Inwieweit teilen Sie die Auffassung, dass die Erkenntnisse aktueller neurobiologischer Forschung die Erkenntnisse von Sprachwissenschaftlern bezüglich des »Wunders Sprache« überflüssig machen? Argumentieren Sie u. a. anhand des Textes von Wenzel, ob Sie diese Auffassung teilen.

3 Sammeln Sie aus den Texten Informationen darüber, welche Faktoren den Spracherwerb von Kindern positiv oder negativ beeinflussen. Recherchieren Sie weitere Aspekte.

Mehrsprachigkeit

Im alltäglichen Sinn ist die Person mehrsprachig, die mehr als eine Sprache spricht. Das »Metzler Sprachlexikon« führt als Kriterium für Mehrsprachigkeit die Verwendung mehrerer Sprachen in der täglichen Kommunikation an.

Yüksel Pazarkaya
deutsche sprache 1989

die ich vorbehaltlos liebe
die meine zweite heimat ist
die mir mehr zuversicht
die mir mehr geborgenheit
die mir mehr gab als die
die sie angeblich sprechen

sie gab mir lessing und heine
sie gab mir schiller und brecht
sie gab mir leibniz und feuerbach
sie gab mir hegel und marx
sie gab mir sehen und hören
sie gab mir hoffen und lieben

eine welt in der es sich leben lässt
die in ihr verstummen sind nicht in ihr
die in ihr lauthals reden halten sind nicht in ihr
die in ihr ein werkzeug der erniedrigung
die in ihr ein werkzeug der ausbeutung sehn
sie sind nicht in ihr sie nicht

meine behausung in der kälte der fremde
meine behausung in der hitze des hasses
meine behausung wenn mich verbiegt die bitterkeit
in ihr genoss ich die hoffnung
wie in meinem türkisch

David Crystal
Zweisprachig aufwachsen 1993

Viele meinen, Kinder verschiedensprachiger Eltern seien in sprachlicher Hinsicht gefährdet: Das kindliche Gehirn könne den Erwerb zweier Sprachen nicht bewältigen, sodass aus den Kindern »halbsprachige«, verwirrte oder zurückgebliebene Wesen würden. Solche düsteren Vorstellungen entbehren jeglicher Grundlage, wie sich daran zeigt, dass Millionen von Kindern auf der ganzen Welt fließend zwei oder drei Sprachen sprechen. Beim Schulantritt hat die überwältigende Mehrheit dieser Kinder die gleiche sprachliche Entwicklungsstufe erreicht wie ihre einsprachigen Altersgenossen.

Trotzdem verläuft der Erwerb zweier Sprachen etwas anders als der einer einzigen Sprache [...]. Man hat dabei drei Hauptentwicklungsstufen ausgemacht:

1. Zweisprachige Kinder greifen zunächst wie einsprachige eine Reihe von Wörtern auf, die hier jedoch aus beiden Sprachen stammen. Die Wörter aus beiden Sprachen bilden nur selten Entsprechungspaare.

2. Enthalten die kindlichen Sätze allmählich mehr als zwei oder drei Elemente, werden innerhalb einzelner Sätze Wörter aus beiden Sprachen gebraucht; zum Beispiel sagt ein zweijähriges deutsch-englisches Kind: ein big cow, from up in Himmel. Diese Neigung zur Sprachmischung geht jedoch schnell zurück. Bei einer Studie stellte man fest, dass zu Beginn des dritten Lebensjahres etwa 30 Prozent der Sätze gemischtes Vokabular enthielten, während es kurz vor Beginn des vierten Lebensjahres nur noch weniger als fünf Prozent waren.

3. Mit der Ausweitung des Wortschatzes in beiden Sprachen entwickeln sich auch Entsprechungspaare. Der Erwerb separater Systeme von Grammatikregeln dauert jedoch länger. Eine Weile scheint für beide Sprachen ein einziges Regelsystem verwendet zu werden, bis das Kind die beiden Grammatiken schließlich als getrennt betrachtet.

Zweisprachige Kinder erreichen das letztgenannte Stadium meist im Alter von vier Jahren und sie wissen zu diesem Zeitpunkt, dass die beiden Sprachen nicht identisch sind.

Im Allgemeinen sprechen sie zur Mutter in ihrer Sprache und zum Vater in seiner. Verwendet ein Elternteil dem Kind gegenüber die Sprache des anderen, löst dies teilweise heftige Reaktionen aus: Verblüffung, Verlegenheit, Unverständnis, Erheiterung – oder Aufregung, wie folgender Auszug aus einer Studie über zweisprachige Erziehung veranschaulicht.

Die knapp vierjährige Lisa hat einen italienischen Vater und eine deutsche Mutter. Der Vater spricht zu ihr einen kurzen deutschen Satz, auf den sie wie folgt reagiert:

Lisa: No, non puoi. (Nein, du kannst nicht.)
Vater: Ich auch – spreche deutsch.
Lisa: No, tu non puoi! (Nein, kannst du nicht!)
(V. Volterra/T. Taeschner 1978)

Es überrascht nicht, dass Kinder genau in diesem Alter auch versuchen, ihre Eltern gegeneinander auszuspielen. So wechselte ein Kind immer dann zum Französischen, wenn sein englischer Vater es ins Bett schicken wollte.

Multilingualismus (auch Mehrsprachigkeit, Plurilingualismus) Bez[eichnung] für den Zustand einzelner Personen oder einer sozialen Gemeinschaft, die sich bei der tägl[ichen] Kommunikation mehrerer unterschied[licher] Spr[achen] bedienen. Während Zweisprachigkeit (Bilingualismus) relativ häufig anzutreffen ist, ist echter Multilingualismus verhältnismäßig selten; er betrifft zum Beispiel verschiedene Völkerschaften im Kaukasus [...]

1 Notieren Sie zu dem Gedicht von Yüksel Pazarkaya zunächst Ihre ersten Assoziationen, Gedanken, Gefühle etc.

2 Entwickeln Sie vor diesem Hintergrund eine Interpretation des Gedichts.

3 Im Text von David Crystal werden einige Phänomene und Beispiele von zweisprachig aufwachsenden Kindern genannt. Fassen Sie diese zusammen und erklären Sie die Phänomene auf der Basis Ihrer bisherigen Kenntnisse.

1 Welche Erkenntnisse, die Sie zum Spracherwerb gewonnen haben, entdecken Sie auch in Olaf Tarmas Abhandlung zur Mehrsprachigkeit? Welche Bedingungen müssen erfüllt sein, damit Mehrsprachigkeit erfolgreich gefördert werden kann?

2 Definieren Sie den Begriff der »doppelten Halbsprachigkeit« und notieren Sie Ursachen und Folgen dieses Phänomens.

3 Olaf Tarmas zitiert Hinnenkamp, der von wertvollen »Sprachmixturen« und »Sprachkreativität« mehrsprachiger Jugendlicher spricht. Lesen Sie dazu den Text von Feridun Zaimoğlu (S. 69) und sammeln Sie daraus Beispiele. Sie können diese auch durch eigene Beispiele ergänzen.

Olaf Tarmas

Mehrsprachigkeit: Sprachlabor Deutschland 2007

Fremdsprachenkenntnisse sind zunehmend wichtig. Assistiert von Forschern, wird in Kindergärten und Schulen mit neuen Lernformen experimentiert.

»Okay kids! It's time for our Rock-around-the-Clock-Song!«, ruft die Lehrerin Christine Schulze und drückt die Starttaste des Kassettenrekorders. Brav singen die Drittklässler alle sechs Strophen des Bill-Haley-Klassikers mit [...]

»Uhrzeiten« sind das Unterrichtsthema in dieser Woche an der Hamburger Grundschule am Max-Eichholz-Ring – und wie der gesamte Sachunterricht findet auch diese Lektion fast ausschließlich auf Englisch statt. Ob Englisch ab der ersten Klasse oder bilinguale Kindergärten – Deutschlands Eltern und Schulen entdecken die Mehrsprachigkeit. [...]

Herrschte noch bis vor einigen Jahren die Sorge, dass das allzu frühe Erlernen einer zweiten Sprache die Kinder überfordere, gilt mittlerweile: je früher, desto besser.

Am Universitätsklinikum Hamburg-Eppendorf untersucht der Neurowissenschaftler Frederic Isel vom Sonderforschungsbereich Mehrsprachigkeit mithilfe aufwändiger Testreihen im Magnetresonanztomographen, wie das Gehirn in unterschiedlichen Altersstufen den Spracherwerb verarbeitet. »Je früher man zwei Sprachen lernt, desto stärker überlappen die Neuronenverbände, in denen sie abgespeichert werden«, fasst der Forscher seine Ergebnisse zusammen. Für Frühlerner seien dadurch auch der Zugriff auf die Sprachen und der Wechsel zwischen ihnen einfacher als für jene, die Sprachen im höheren Alter erwerben. Neurolinguisten wie Isel sprechen von einer »kritischen Phase«, die spätestens im Alter von zehn Jahren ausläuft.

Nur wer in dieser Zeit mit einer zweiten Sprache beginnt, hat die Chance, sie sich in nahezu muttersprachlicher Qualität anzueignen. Zwar kann man Grammatik bzw. Syntax auch später noch gut lernen – doch mit dem, was authentische Sprachbeherrschung ausmacht, vor allem Aussprache und Satzmelodie, tut der Mensch sich mit jedem Lebensjahr schwerer.

Das hat neben hirnphysiologischen Ursachen auch tief verwurzelte psychologische Gründe: Spätestens mit Beginn der Pubertät verstärkt sich der Einfluss von Faktoren wie Scham oder Angst vor Fehlern. Der spielerische Umgang mit Sprache, die Lust am Nachahmen, das unbefangene Ausprobieren fremder Laute – all das geht verloren.

Neben der größeren Sprachkompetenz ziehen Kinder aus einer frühen Mehrsprachigkeit auch intellektuell Gewinn: Frühzeitig reflektieren sie über sprachliche Bedeutungen und kulturelle Unterschiede, haben weniger Schwierigkeiten beim Erlernen weiterer Sprachen und tun sich ganz allgemein leichter mit dem Umschalten von einer Tätigkeit zur anderen – mit dem, was in der modernen Arbeitswelt »Multitasking« genannt wird. [...]

Angesichts all dieser Vorteile drängt sich die Frage auf, wieso nicht schon längst alle Schulkinder mehrsprachig aufwachsen.

Die Antwort ist naheliegend: Man kann ein Kinderhirn nicht mit einer neuen Sprache »abfüllen«. Kinder erwerben diese zwar leichter, aber nach anderen Gesetzmäßigkeiten als Erwachsene: Sie lernen keine Grammatikregeln und pauken keine Vokabeln, sondern erschließen sich eine Sprache intuitiv, durch Zuhören und Nachahmung. Das funktioniert jedoch nur, wenn Kinder der Sprache regelmäßig und intensiv ausgesetzt sind.

Am besten gelingt dies in einer zweisprachigen Familie, in der sich ein Elternteil konsequent in seiner Muttersprache an das Kind wendet. In Grundschulen und Kindergärten hingegen hat man sich lange Zeit schwergetan, entsprechende Lernformen zu finden. Eine Stunde am Tag englische Lieder zu singen oder ein bisschen Alltagskommunikation zu vermitteln, genügt nicht, Kinder dazu zu bringen, eine Sprache auch zu gebrauchen.

Das Zauberwort lautet »Immersion« (Eintauchen). Dazu gehört nicht nur, dass große Teile eines Unterrichtsfaches auf Englisch abgehalten werden, sondern auch, dass die Kinder in kleinen, an alltägliche Erfahrungen angelehnten Lektionen immer wieder Sprechanlässe finden. Die Methode ist noch neu; sie erfordert gut ausgebildete Lehrer, neuartiges Lehrmaterial und viel Zeit – an Deutschlands Grundschulen und Kitas allesamt knappe Ressourcen. [...]

Auch in dem Bereich, in dem Mehrsprachigkeit nicht als Vorteil, sondern als Problem angesehen wird, könnte das Immersions-Prinzip eine wichtige Rolle spielen: bei Kindern von Einwanderern, die Deutsch als Fremdsprache lernen. Fast jedes dritte Kind unter fünf Jahren kommt mittlerweile aus einer nicht deutschsprachigen Familie. Allzu oft lernt es weder seine Herkunftssprache noch das Deutsche richtig. »Doppelte Halbsprachigkeit« – so lautet der Begriff für diese Situation: wenn Kinder auf halbem Wege zwischen zwei Sprachen stecken bleiben.

Die Gründe dafür haben so gut wie nie mit mangelnder Begabung, sondern fast immer mit sozialen Problemen und kulturellen Berührungsängsten zu tun.

Ein Schlüssel zu einer besseren Sprachentwicklung bei Migrantenkindern, so die Hamburger Pädagogik-Professorin Ingrid Gogolin, liegt in der engen Zusammenarbeit von Eltern und Bildungseinrichtungen. [...]

Wie sehr Sprache nicht nur ein funktionales Kommunikationsmedium, sondern auch Träger von Identität und Selbstwertgefühl ist, zeigt sich in der türkisch-deutschen Jugendsprache. Mit Faszination blicken Linguisten auf kreative Wortschöpfungen der Heranwachsenden. Der Augsburger Soziolinguist Volker Hinnenkamp, der sich seit Jahren mit dem Phänomen des »Gemischtsprechens« beschäftigt, plädiert dafür, Sprachmixturen für ihren »erfinderischen Reichtum« zu würdigen und nicht etwa als defizitär zu betrachten. Schon bei »normalen« Mehrsprachigen ist der Wechsel von einer Umgangssprache zur anderen oder sogar in einem Satz – das sogenannte Code Switching – gang und gäbe. Jugendliche, für die Sprache ein wichtiges Instrument der Selbstfindung und Selbstbehauptung ist, haben das Jonglieren mit Sprach-Versatzstücken zum ästhetischen Stilprinzip erhoben. Dass aus dieser Verschmelzung dauerhaft eine Ghetto-Sprache, ein sogenannter Ethnolekt hervorgeht, glaubt Hinnenkamp allerdings nicht. Jugendsprachen sind zu flüchtig – die meisten Neuschöpfungen verschwinden, sobald die Sprecher erwachsen werden. […].«

Sergio L. Monroy
Ausländerkind 1983

Bin stumm geworden
durch den Zwang,
anders zu sprechen.
Ihr habt mich noch nicht verstanden
und wollt mich auch nicht verstehen.

Anpassung, magisches Wort:
die Fata Morgana löst sich auf
und verlässt mich
nüchterner,
isolierter,
noch einsamer.

Keine Sprache erlebe ich ganz:
meine Kultur bleibt ein Rätsel
in den Pfützen meiner Seele.
Eure Sitten sind für mich
zerbrechliche Pusteblumen,
die nur den Windhauch erwarten,
um woanders hinzufliegen.

Ich besitze zwei Sprachen,
aber dafür keine Heimat.
Eure Welt ist nicht die meine,
da ihr mich nicht annehmt.
Meine Welt ist Dunkelheit,
ein trübes Bild,
nur ein Schatten.

Abdolreza Madjderey
Emigration 1983

In den Hinterhöfen der deutschen Sprache
habe ich die Werkstatt meiner Träume
untergebracht,
untergetaucht als Emigrant,
höre nur ferne Bratschen,
die der Wind bringt
zwischen Blättern
meines Traumbaumes
und
die Worte bleiben im Käfig
des Fernseins.

Niemand käfigt sich
freiwillig.

Niemand ist als Emigrant geboren.

1 Yüksel Pazarkaya (S. 37), Sergio L. Monroy und Abdolreza Madjderey: Welche in den Gedichten beschriebenen Empfindungen können Sie nachvollziehen, welche sind Ihnen eher fremd?

2 Die Sichtweise auf die deutsche Sprache und das Phänomen der Mehrsprachigkeit unterscheiden sich bei Pazarkaya und Monroy gravierend. Vergleichen Sie die beiden Gedichte in Bezug auf:
- das Verhältnis zu Deutschland und zu deutschen Muttersprachlern,
- das Verhältnis zur deutschen Kultur und Tradition,
- die Rolle der Sprache für das lyrische Ich.

Sprachwandel

Vaterunser

Althochdeutsch	Neuhochdeutsch
Fater unsêr, thû pist in himile, uuîhi namun dînan, qhueme rîhhi dîn, uuerde uuillo diin, sô in himile sôsa in erdu. Prooth unsêr emezzihic kip uns hiutu, oblâz uns sculdi unsêro, sô uuir oblâzêm uns sculdîkêm, enti ni unsih firleiti in khorunka, ûzzer lôsi unsih fona ubile. *Handschrift St. Gallen – Matthäus 6,9–13*	Vater unser im Himmel, Geheiligt werde dein Name. Dein Reich komme. Dein Wille geschehe, wie im Himmel so auf Erden. Unser tägliches Brot gib uns heute. Und vergib uns unsere Schuld, wie auch wir vergeben unsern Schuldigern. Und führe uns nicht in Versuchung, sondern erlöse uns von dem Bösen. Amen.
Mittelhochdeutsch	**Neuhochdeutsch**
Got vater unser, [dâ du bist In dem himelrîche gewaltic alles des dir ist,] geheiliget sô werde dîn nam, zuo müeȝe uns komen das rîche dîn. Dîn wille werde dem gelîch Hie ûf der erde als in den himeln, des gewer unsich, nu gip uns unser tegelîch brôt und swes wir dar nâch dürftic sîn. Vergip uns allen sament unser schulde, alsô du wilt, daȝ wir durch dîne hulde vergeben, der wir ie genâmen dekeinen schaden, swie grôȝer sî: vor sünden kor sô mache uns vrî und loese uns ouch von allem übele. Âmen *Reinmar von Zweter, 13. Jh.*	Vater unser im Himmel, Geheiligt werde dein Name. Dein Reich komme. Dein Wille geschehe, wie im Himmel so auf Erden. Unser tägliches Brot gib uns heute. Und vergib uns unsere Schuld, wie auch wir vergeben unsern Schuldigern. Und führe uns nicht in Versuchung, sondern erlöse uns von dem Bösen. Amen.

1 Althochdeutsch – Mittelhochdeutsch – Neuhochdeutsch: Stufen einer Sprache und doch auch eigene Sprachen? Nehmen Sie zu der Frage Stellung.

2 Vergleichen Sie die alt- und mittelhochdeutschen Wörter für »Vater«, »Himmel«, »dein Reich« und »komme« mit der jeweils neuhochdeutschen Fassung und beschreiben Sie die Veränderungen.

Karikatur von Peter Butschkow

Jeder muss im job permanently seine intangible assets mit high risk neu relaunchen und seine skills so posten, dass die benefits alle ratings sprengen, damit der cash-flow stimmt. Wichtig ist corporate-identity, die mit perfect customizing und eye-catchern jedes Jahr geupdatet wird!
Statement eines Managers

Die Flut von Anglizismen, die aus den Medien, aus der Werbung, aus Produktbeschreibungen und aus dem technikgestützten Paralleluniversum auf uns niedergeht, ist eine Gewalt, die nicht vom Volke ausgeht. Sie wird ihm aufgepfropft.
Wolfgang Gerhardt, Politiker

3 Wie viel Wahrheit steckt Ihrer Meinung nach in der Karikatur von Peter Butschkow? Diskutieren Sie in der Gruppe.

Szenesprache

Bereich	Wort	Bedeutung
Musik und Popkultur	Animexxler	Animexx ist ein deutscher Anime- und Mangaverein. Das Wort bezeichnet die Mitglieder des Vereins.
	Cewebrity	Durch Internetplattformen wie YouTube erlangen unbekannte Menschen (un)freiwillig zweifelhafte Berühmtheit.
	Backpackrapper	Als Backpackrapper bezeichnet man innerhalb der Hip-Hop-Szene Rapper, die die Kommerzialisierung von Rap ablehnen.
Beauty und Fashion	bärstig	auch berstig; Universalwort für eklig, hässlich, abscheulich, schlecht, daneben, uncool, übel, widerlich ...
	Douglette	auch: Dougleuse. Mitarbeiterin bei Douglas oder eine, die genauso aussieht, weil sie überlicherweise mit Kiloware geschminkt ist.
	Perlenpaula	Aufgetakeltes Mädchen mit Perlenohrringen, häufig auch aufgestelltem Poloshirt- oder Blusenkragen.
Gesundheit und Fitness	Hautständer	Ein sehr dünner Mensch ohne Muskeln.
	geslashed	müde, kaputt, erschöpft

1 Schätzen Sie, wie viele »Modewörter« Sie in Ihrer Alltagssprache verwenden.

2 In welchen Situationen verwenden Sie Modewörter in Ihrer Alltagssprache?

3 Was führt dazu, dass man ein neues Wort in den eigenen Wortschatz aufnimmt?

Zeitlicher Verlauf und Wellenmodell des Sprachwandels

Veränderungen von Sprache sind schwer fassbar, sie vollziehen sich langsam und werden meist erst bei ihrem Eingang in die Schriftsprache registriert. Sprachliche Veränderungen vollziehen sich zunächst im mündlichen Sprachgebrauch, doch nicht alle setzen sich auch im Schriftlichen durch.

Ursachen für den Sprachwandel gibt es viele: Freiheitsdrang (und damit Abgrenzungsversuche) einer Sprechergruppe, Kontakte mit anderen Kulturen und Sprachen, Bevorzugung mode-/prestigeträchtiger Formen von Sprache, Ausspracheerleichterungen und Analogien, Zufälle und Anpassungen der Sprache an neue kulturelle, räumliche oder ideengeschichtliche Gegebenheiten.

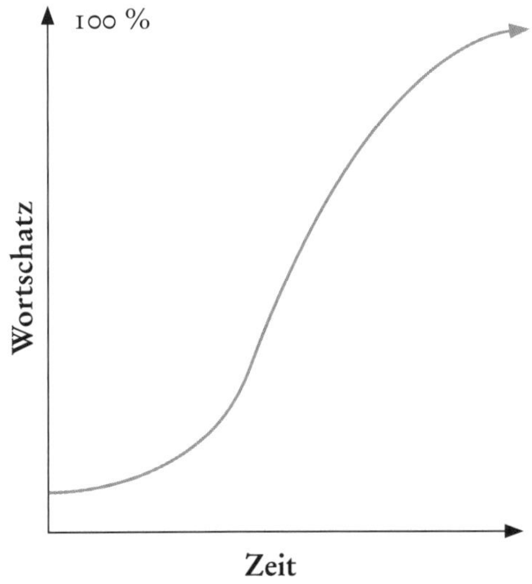

Sprachlicher Wandel beginnt langsam, beschleunigt dann stark und läuft zum Ende hin sanft aus. Aus diesem Verlauf heraus ist der Graph im Mittelteil deutlich steiler als an den Rändern.

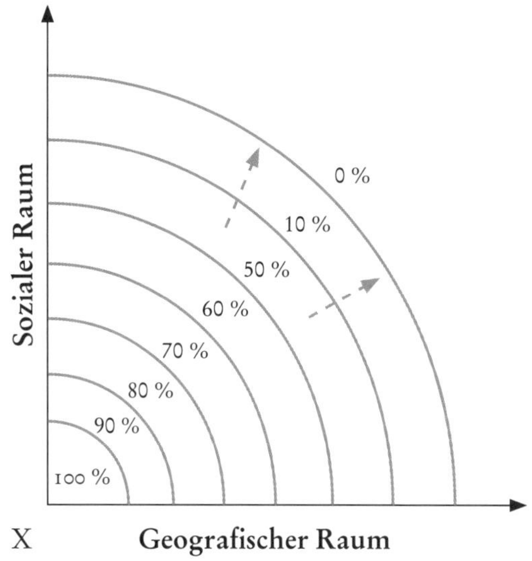

Sprachlicher Wandel geht von einem Zentrum aus und verliert mit zunehmender Entfernung an Wirkung – sowohl in Bezug auf räumliche Entfernung als auch hinsichtlich gesellschaftlicher Distanz.

1 Sprachwandelprozesse gehen häufig von einem räumlichen und / oder gesellschaftlichen Zentrum aus und schwächen sich mit zunehmender Entfernung ab. Suchen Sie für diese Erkenntnis Beispiele aus dem Dialekt (v. a. räumliche Zentren) und der Jugendsprache (v. a. gesellschaftlich bedingte Zentren).

2 Versuchen Sie die Anglizismenverwendung im Neuhochdeutschen mit dem Wellenmodell des Sprachwandels zu beschreiben. Überlegen Sie, wie sich Sprache in Zukunft verändern könnte.

Sprachlicher Wandel vollzieht sich permanent, überall und beinhaltet zahlreiche Prozesse:

Neue Begriffe, z. B. engl. *update*, werden in die Sprache (»Ich habe das Programm upgedated.«) und sogar in Dialekte integriert (»I hobs grod updated.«). Sie entstehen aber auch in verschiedenen Ethno-/Sozio- und Dialekten oder werden analog zu beispielsweise englischen Begriffsmustern gebildet. So kommen Wörter zustande, die es in der scheinbaren Ausgangssprache gar nicht gibt (z. B. Handy). Wortbedeutungen, Kasusverwendungen (z. B. »wegen des schlechten Wetters« – »wegen dem schlechten Wetter«) und Satzstrukturen verändern sich (z. B. »…, weil ich habe heute keine Zeit dafür.«)

Der Grammatik-Duden verweist unter der Überschrift »Besonderheiten gesprochener Sprache« bereits ausführlich auf die im Mündlichen zunehmende Verwendung von »weil« in Kombination mit einer Verbzweitstellung. Beispielsweise können alle Verbzweit- durch Verbletztkonstruktionen ersetzt werden, aber nicht umgekehrt, außerdem sind »weil-Verbzweitsätze« nur nachgestellt, d. h. nach dem Hauptsatz, möglich. Analoge Beobachtungen gibt es auch zu »obwohl« und »während«. Diese Tendenz stellt sogar die bisher eindeutige Zuordnung von »weil«, »obwohl« und »während« zu den Subjunktionen in Frage.

Vom Indoeuropäischen zum Neuhochdeutschen

Indoeuropäische Sprachfamilie

Indoeuropäisch ist der Name einer Sprachfamilie, deren Basissprache vermutlich um 3 000 v. Chr. gesprochen wurde und sich bei ihrer Verbreitung in unterschiedliche Sprachen aufgespalten hat. Dass es ein Urvolk gegeben hat, das diese Sprache verwendete, ist umstritten. Manche Forscher vertreten auch die These eines losen Völkerverbundes.

Unabhängig davon: Die rekonstruierten indoeuropäischen Wörter erlauben verschiedene Rückschlüsse auf die Sprache und das Volk; so vermutet man das Ursprungsgebiet des Indoeuropäischen im Nordosten Mitteleuropas. Das Volk selbst lebte von der Landwirtschaft, vom Jagen und Sammeln, sie besaßen Waffen und waren in eine komplexe soziale Struktur eingebunden.

Sprachenbaum: Die Entwicklung von Sprachen aus dem Indoeuropäischen

1 Die deutsche Sprache ist – neben 130 anderen Sprachen – Teil der indoeuropäischen Sprachfamilie. Betrachten Sie den Sprachenbaum und erklären Sie, welche Aussagen sich daraus in Bezug auf die deutsche Sprache ableiten lassen.
Denken Sie über die Herkunft des Deutschen nach. Überlegen Sie auch, mit welchen Sprachen die engste und mit welchen die weitläufigste Verwandtschaft besteht.

August Schleicher

Indogermanische Fabel 1868

August Schleicher befasste sich intensiv mit der Geschichte der deutschen Sprache und versuchte, Wurzeln des Indoeuropäischen im Deutschen zu finden. Er hat sogar einen kurzen Text ins Indoeuropäische übersetzt, den nach ihm mehrere Forscher noch einmal überarbeitet haben, da sich v. a. in den Bereichen Grammatik/Satzbau und Aussprache neue Erkenntnisse ergeben haben. Eine kleine Kostprobe ist im Folgenden abgedruckt:

Schleicher (1868): Avis akvāsas ka

Avis, jasmin varnā na ā ast, dadarka akvams, tam, vāgham garum vaghantam, tam, bhāram magham, tam, manum āku bharantam. Avis akvabhjams ā vavakat: kard aghnutai mai vidanti manum akvams agantam. Akvāsas ā vavakant: krudhi avai, kard aghnutai vividvant-svas: manus patis varnām avisāms karnauti svabhjam gharmam vastram avibhjams ka varnā na asti. Tat kukruvants avis agram ā bhugat.

Hirt (1939): Owis ek'wōses-k^{w}e

Owis, jesmin wɒlənā ne ēst, dedork'e ek'wons, tom, woghom g^{w}ɒrum weghontm̥, tom, bhorom megam, tom, gh'ɒmonm̥ ōk'u bherontm̥. Owis ek'womos ewɒwek^{w}et: k'ērd aghnutai moi widontei gh'ɒmonm̥ ek'wons ag'ontm̥. Ek'wōses ewɒwek^{w}ont: kl'udhi, owei!, k'ērd aghnutai vidontmos: gh'ɒmo, potis, wɒlənām owjôm k^{w}r̥neuti sebhoi gh^{w}ermom westrom; owimosk^{w}e wɒlənā ne esti. Tod k'ek'ruwos owis ag'rom ebhuget.

Lühr (2008): h$_2$ówis h$_1$ék'wōsk^{w}e

h$_2$ówis, (H)jésmin h$_2$wlh$_2$néh$_2$ ne éh$_1$est, dedork'e (h$_1$)ék'wons, tóm, wóg'^{h}om g^{w}érh$_2$um wég'^{h}ontm, tóm, b^{h}órom még'oh$_2$m, tóm, d^{h}g'hémonm h$_2$oHk'ú b^{h}érontm. h$_2$ówis (h$_1$) ék'wob^{h}os ewewk^{w}e(t): k'ḗrd h$_2$ghnutoj moj widntéj dhg'hmónm (h$_1$)ék'wons h$_2$ég'ontm. (h$_1$) ék'wōs ewewkw: k'ludhí, h$_2$ówi! k'ḗrd h$_2$g^{h}nutoj widntbhós: d^{h}g'^{h}émō(n), pótis, h$_2$wlnéh$_2$m h$_2$ówjom k^{w}newti séb^{h}oj g^{wh}érmom wéstrom; h$_2$éwib^{h}osk^{w}e h$_2$wlh$_2$néh$_2$ né h$_1$esti. Tód k'ek'luwṓs h$_2$ówis h$_2$ég'rom eb^{h}uge(t).

Deutsche Übersetzung:
Das Schaf und die Pferde

Ein Schaf, das keine Wolle mehr hatte, sah Pferde, eines einen schweren Wagen fahrend, eines eine große Last, eines einen Menschen schnell tragend. Das Schaf sprach: Das Herz wird mir eng, wenn ich sehe, dass der Mensch die Pferde antreibt. Die Pferde sprachen: Höre Schaf, das Herz wird uns eng, weil wir gesehen haben: Der Mensch, der Herr, macht die Wolle der Schafe zu einem warmen Kleid für sich und die Schafe haben keine Wolle mehr. Als es dies gehört hatte, floh das Schaf auf das Feld.

1 Vergleichen Sie die verschiedenen Übertragungsversuche der Fabel »Das Schaf und die Pferde« ins Indoeuropäische. Notieren Sie mindestens drei Auffälligkeiten.

Die erste und zweite Lautverschiebung

2 Fassen Sie die wichtigsten Veränderungen der ersten und zweiten Lautverschiebung zusammen und notieren Sie passende Beispiele.

Ausgangspunkt für alle germanischen Sprachen bildet das Indoeuropäische, das in Quellen mit einem »*« gekennzeichnet ist. Aus diesem haben sich verschiedene Sprachen entwickelt, darunter die Westgermanischen, zu denen auch das Deutsche gerechnet wird. Bei diesem Prozess entstand dann über das Alt-, Mittel- und Frühneuhochdeutsche das heutige Neuhochdeutsch. Diese Entwicklungen waren entscheidend durch die erste und zweite Lautverschiebung geprägt.

Die erste oder auch germanische Lautverschiebung setzte etwa ab 1 000 v. Chr. ein und führte zur Trennung der germanischen von den restlichen indoeuropäischen Sprachen. Zwei Verschiebungsprozesse sind zentral: Zum einen wurden die stimmhaften Verschlusslaute *b, d, g* zu den stimmlosen *p, t, k* (z. B. lat. *labium* – dt. *Lippe*). Zum anderen veränderten sich die sogenannten behauchten Laute *bh, dh, gh* zu den stimmhaften Verschlusslauten *b, d, g*. Da diese Regel von Jacob Grimm 1822 aufgeschrieben wurde, wird sie auch als »Grimmsches Gesetz« bezeichnet.

keine zweite Lautverschiebung				zweite Lautverschiebung
westgermanische Sprachen		nordgermanische Sprachen		
Niederländisch	Englisch	Schwedisch	Dänisch	Deutsch
pond	pound	pund	pund	Pfund
tien	ten	tio	ti	zehn
zitten	sit	sitta	sidde	sitzen
helpen	help	hjälpa	hjaelpe	helfen
beter	better	bättre	bedre	besser
boek	book	bok	bog	Buch
dag	day	dag	dag	Tag

Die zweite oder auch althochdeutsche Lautverschiebung setzte ab dem 5. Jahrhundert im Bereich des Alpenraums ein und verbreitete sich bis ins 8. Jahrhundert auch in nördlicheren Gebieten, allerdings nur bis zur Benrather Linie.

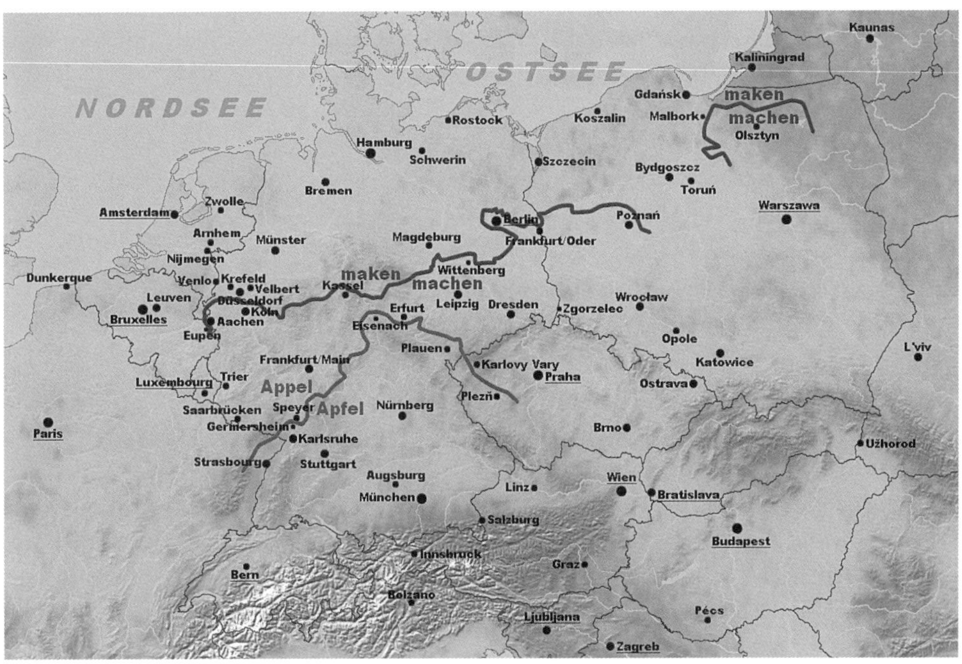

Historischer Verlauf der Benrather und Speyerer Linie bis 1945

Die Benrather Linie grenzt die hoch- und mitteldeutschen Mundarten von den niederdeutschen ab. Südlich dieser Linie war eine Verschiebung von *p, t, k* zu *pf, ts, kx* (z.B.: engl. *pepper* – dt. *Pfeffer*), außerdem von germ. *d* zu ahd. *t* (z.B.: engl. *daughter* – dt. *Tochter*) zu beobachten. Noch heute gibt es auch im Deutschen Dialekte (z.B. ostfriesisch), die davon zeugen, dass sie nicht von der Lautverschiebung beeinflusst wurden.

Daraus ergibt sich für das Deutsche folgende Periodisierungsmöglichkeit:

Althochdeutsch 750–1050
Mittelhochdeutsch 1050–1350
Frühneuhochdeutsch 1350–1650
Neuhochdeutsch ab 1650

Teilweise wird eine weitere Grenze um 1900 gesehen. Dies ist aber umstritten.

1 Erklären Sie anhand der Lautverschiebungsgesetze folgende Wortpaare: engl. *sleep* – nhdt. *schlafen*; engl. *apple* – nhdt. *Apfel*; engl. *plough* – nhdt. *Pflug* – norddt. *Plauch*; engl. *day* – nhdt. *Tag*; engl. *brother* – nhdt. *Bruder;* lat. *ego* – gotisch/norddt. *ik* – nhd. *ich*; niederl. *Pannekoeken* – nhdt. *Pfannkuchen*.

2 Suchen Sie im Internet oder in Ihrer Schulbibliothek nach einer Karte, auf der die Lautverteilung des Deutschen nach der zweiten Lautverschiebung dargestellt ist. Beschreiben Sie die veränderte Verteilung der Verschlusslaute.

Mittelhochdeutsch

Bedeutungswandel

Der Bedeutungswandel oder auch semantische Wandel vom Mittelhochdeutschen zum Neuhochdeutschen beinhaltet verschiedenste Teilprozesse.

Die Gesamtbedeutung eines Wortes lässt sich trennen in den Bedeutungsinhalt (Gesamtheit aller charakteristischen Merkmale) und den Umfang (Gesamtheit aller Referenten, für die der Begriff verwendet werden kann). Dabei gilt: Je größer der Bedeutungsumfang, desto kleiner der Bedeutungsinhalt und umgekehrt. Zusätzlich sind im Nebensinn noch Konnotationen und Ähnliches enthalten. (vgl. Astrid Stedje: Deutsche Sprache gestern und heute. S. 27f.) Im Folgenden werden die verschiedenen Prozesse kurz an Beispielen vorgestellt:

Bedeutungsverschiebung
Ein ursprünglich konkretes Wortbild verliert seine Bedeutung und wird nur noch im verallgemeinerten Sinn gebraucht. Das ahd. »elilenti« bezeichnete aus einer Gemeinschaft ausgeschlossene, ausgewiesene Personen und steht heute allgemeiner für »arm, elend«. Die mhd. Bezeichnung der »juncvrouwe« stand als Standesbezeichnung für adelige, junge Frauen und wurde zum Neuhochdeutschen hin verschoben zur Bedeutung »sexuell unberührte Frau«.

Bedeutungsverengung
Der Bedeutungsinhalt ist größer, damit der Umfang kleiner geworden, d. h. der Begriff trifft heute auf weniger Referenten zu. Im Mittelhochdeutschen bezeichnete z. B. »arebeit« jede Form von Mühe und Anstrengung, während mit »Arbeit« heute meist nur die Anstellung/der Beruf gemeint ist. Die ursprüngliche Bedeutung ist noch in der Redewendung »etwas macht viel Arbeit« erhalten.
Beispiel: mhd. *muot*: Stimmungen/Einstellung/Denken eines Menschen – nhd. *Mut*: Tapferkeit

Bedeutungserweiterung
Hier liegt der umgekehrte Prozess vor, d. h. die Zahl der Referenten hat sich vergrößert. Das mittelhochdeutsche Wort für »Sache« bezog sich ausschließlich auf Streitfälle und ist in dieser Bedeutung heute nur noch in der juristischen Fachsprache erhalten geblieben. Im Neuhochdeutschen kann »Sache« Gegenstände, Vorfälle usw. bedeuten.

Bedeutungsverschlechterung
Hier findet eine Veränderung aufgrund der Verschlechterung des (Neben-)Sinns statt, oft kombiniert mit einer Bedeutungsverengung. So bedeutete das mittelhochdeutsche Wort »Dirne« nur »junges Mädchen«, wird aber heute abwertend oder mit der Bedeutung »Hure« verwendet. Ähnlich verlief der Prozess von mhd. »vrouwe« (hochstehende Dame) zu nhd. »Frau« (allgemeine Bezeichnung für das weibliche Geschlecht) oder des neutralen »wîp« (erwachsene Frau) zum neuhochdeutsch abwertenden »Weib«.

Bedeutungsverbesserung
Diese Form tritt eher selten auf und führt zu einer inhaltlichen Aufwertung des Begriffs. Das Wort »Diener« leitet sich aus dem Lateinischen ab und bedeutet eigentlich »der Geringe, der Diener«, wird aber heute für die höchsten Regierungsmitarbeiter verwendet im Sinn von »Diener des Staates« (Beamter).

1 Recherchieren Sie in einem etymologischen Wörterbuch oder im Internet z. B. unter *http://www.koeblergerhard.de/derwbhin.html* nach der Bedeutungsgeschichte folgender Wörter: *Abenteuer, abstimmen, Frau, Fürsprecher, hemmen, hinterziehen, warten, wichtig*.

2 Ordnen Sie diese Wörter – soweit möglich – den verschiedenen Typen des Bedeutungswandels zu, die in dem nebenstehenden Text beschrieben werden.

Das Mittelhochdeutsche

Das Mittelhochdeutsche ist etwa im Zeitraum von kurz nach 1 000 n. Chr. bis maximal um 1 400 n. Chr. anzusetzen und steht – wie aus dem Begriff zu entnehmen ist – in der Mitte zwischen dem Alt- und dem Neuhochdeutschen. Der Begriff des Hochdeutschen hat sich erst in der Neuzeit als Synonym für die Standardsprache des Deutschen eingebürgert und bezieht sich in diesem Zusammenhang auf die geografische Position der Sprecher im höher gelegenen, südlichen Teil von Deutschland.

In der Zeit ab 1 000 n. Chr. gab es noch keine allgemein verständliche deutsche Sprache, sodass fahrende Dichter und Sänger nicht an jedem Hof verstanden werden konnten. Mit der Zeit entwickelte sich aufgrund dieses Problems unter den gebildeten Dichtern eine »Dichtersprache«, die zumindest die größten Verständigungsprobleme an den Höfen beseitigte.

Zu dieser Zeit gab es noch keine »Deutschen«, sondern nur eine gemeinsame Sprachbasis, die als »lingua teudisca« (9. Jh.) bezeichnet wurde und erst langsam zu einem Zusammengehörigkeitsgefühl eines Gebietes führte, das erst im 12. Jahrhundert als »diutsche lant« mit »diutschi liuti« bezeichnet wurde.

Auf dieser Basis kam es zu zunehmenden Vereinheitlichungstendenzen, sodass ab dem 11./12. Jahrhundert die Dialekte als »deutsche Sprache« zusammengefasst werden können. In der Folge bildeten sich auch Schriftdialekte in den großen Verwaltungszentren und Kanzleien heraus. Trotz dieser Tendenzen bestand das Mittelhochdeutsche aus einer Vielzahl von Dialekten und darf nicht als »Standardsprache des Hochmittelalters« gesehen werden, auch wenn der Blick aus der heutigen Zeit dazu verleitet.

Minnesänger aus der Heidelberger Liederhandschrift, dem Codex Manesse

Der **Minnesang** ist eine ursprünglich gesungene Form der Verehrung einer höfischen Dame im Hochmittelalter. Allerdings handelt sich hier nicht um eine real vorhandene Liebe oder Anbetung, sondern um ein höfisch-kulturelles Ritual mit Musik und Vortrag, das abends zur Unterhaltung des Hofes und besonders bei Festen dargeboten wurde.

Motive des Minnesangs waren die Unerfülltheit der Liebe und die ewige Treue des Ritters gegenüber seiner Angebeteten. »Ritter« bezeichnet in diesem Zusammenhang in erster Linie den Angehörigen eines bestimmten Standes, der im Hochmittelalter die höfischen Lebensformen der Adeligen übernommen hat. Erst in zweiter Linie ist er der berittene Kämpfer.

Mit heutigen Mittelalter-Klischees von liebenden Rittern in Rüstung, die unter dem Fenster von adeligen Frauen singen, hatte die Realität damals nichts zu tun. Neben adeligen, finanziell meist gut gestellten Rittern, bei denen Minnesang wie die Jagd zum kulturellen Repertoire zählte, gab es auch »hauptberufliche« Minnesänger, die von Hof zu Hof zogen und sich ihren Lebensunterhalt mit dem Lobpreis und der Idealisierung der Hofdamen verdienten. Sie waren finanziell und auch in ihrer Freiheit von der Gunst und Zufriedenheit des jeweiligen Herrn abhängig.

1 Der Zeitraum des Mittelhochdeutschen wird etwa für 1050–1350 angesetzt. Recherchieren Sie den historischen Hintergrund und die damaligen Herrschaftsverhältnisse in Europa.

2 Hören Sie sich Beispiele für Minnesang im Internet an, z. B. unter *www.qhistory.de/2011/05/.minnesang-musik-als-prestigeobjekt*. Beschreiben Sie die Musik.

3 Suchen Sie Informationen zum Minnesang (und der Sonderform des Tagelieds, vgl. S. 50) und vergleichen Sie Ihre Informationen mit den abgedruckten Textausschnitten.

1 Untersuchen Sie, wie Hartmann von Aue das Motiv der Sehnsucht verarbeitet und welche sprachlichen Mittel er dabei einsetzt.

Hartmann von Aue
Mîn dienst 12. Jh.

Mîn dienst der ist alze lanc
bî ungewisseme wâne.
nâch der ie mîn herze ranc,
diu lât mich trôstes âne.
Ich mohte ir klagen
und undersagen
von maniger swæren zît,
sît ich erkande ir strît.
sît ist mir gewesen vür wâr
ein stunde ein tac, ein tac ein woche, eine woche ein ganzez jâr.

Hartmann von Aue (Codex Manesse)

Tagelied Beim Tagelied handelt es sich um einen mittelalterlichen Liedtyp, der inhaltlich durch folgende Grundsituation definiert ist: Beschrieben wird die bei Tagesanbruch notwendige Trennung zweier Liebender, meist einer adeligen Frau und ihres Geliebten, die sich heimlich / verbotenerweise treffen.

Die nachfolgende Strophe stammt aus einem Tagelied, nicht aus einem klassischen Minnelied, von Wolfram von Eschenbach:

Wolfram von Eschenbach
Der tac mit kraft al durch diu venster dranc 12. Jh.

Der tac mit kraft al durch diu venster dranc.
vil slôze sî besluzzen.
daz half niht; des wart in sorge kunt.
diu vriundîn den vriunt vast an sich dwanc.
ir ougen diu beguzzen
ir beider wangel. sus sprach zim ir munt:
›Zwei herze und ein lîp hân wir.
gar ungescheiden unser triuwe mit ein ander vert.
der grôzen liebe der bin ich gar vil verhert,
wan sô du kumest und ich zuo dir.‹

Wolfram von Eschenbach (Codex Manesse)

Das **Motiv der Sehnsucht** spielt im Minnesang eine zentrale Rolle. Heute umfasst der Begriff »Sehnsucht« einen sehr starken Wunsch nach einer Sache oder einer Person und daraus resultierend auch das Verlangen auf Erfüllung dieses Wunsches.

Spricht der Minnesänger dagegen von der Sehnsucht nach der Geliebten, so hat er zwar auch ein Verlangen nach ihr, allerdings möchte er nicht, dass diese Sehnsucht erfüllt wird. Der klagende Mann hofft zwar auf Erlösung, würde aber durch die Erreichbarkeit der Frau und somit die Erfüllung seines Wunsches nicht mehr dem angesehenen Konzept der Hohen Minne entsprechen. Der Minnesänger wirbt zwar um eine sittlich höher gestellte, für ihn unerreichbare Frau, erleidet Unmengen von seelischen Qualen aus Sehnsucht nach ihr und bittet sie um Erlösung, wird aber andererseits durch ihre Ablehnung ethisch erhöht und dadurch anerkannt.

Die Erfüllung des Konzeptes liegt also in der Nichterfüllung der männlichen Sehnsucht und seines Verlangens.

Schandmaul

Bis zum Morgengrauen 2011

Ihr überirdisch Antlitz
Zieht jeden in den Bann
Voll Anmut schwebt sie durch den Raum
Die Schritte hört man kaum

Die langen Haare offen
Erschien sie eines Nachts
So glitt sie lautlos herein
Im sanften Mondesschein

Schöner als der Morgen
Und schwärzer als die Nacht
Ich sehne mich nach ihrem Kuss
Auch wenn ich dafür sterben muss

Bis zum Morgengrauen
Sind wir beide vereint
Bis zum Morgengrauen
Ein Wesen der Nacht
Bis zum Morgengrauen
Sind wir beide vereint
Bis zum Morgengrauen
Die Wandlung vollbracht

Ihr glockenhelles Lachen
Die Zähne blitzen hell
Sanft lehnt sie sich an mich
Ihr Hauch streift mein Gesicht

Die vollen Lippen rot wie Blut
Erschien sie eines Nachts
Sie neigt sich über mich
Schwarzer Engel führe mich

Schandmaul ist eine sechsköpfige Band aus Süddeutschland, die mit ihrem Mittelalter-Folk-Rock in mehreren Ländern Europas Erfolge feiert. Sie sind bekannt dafür, mittelalterliche Instrumente und Stilelemente in modernen Folk-Rock zu integrieren. Die deutschsprachigen Texte sind in ihrer Sprache und in den Inhalten vom Mittelalter beeinflusst. Dies gilt auch für die Bühnenauftritte und die Outfits der Bandmitglieder. Das Lied hier stammt aus dem Album »Traumtänzer«.

1 Rockbands wie *Schandmaul*, die mittelalterliche Lieder spielen, werden immer populärer. Hören Sie sich eine Hörprobe im Internet an und vergleichen Sie sie mit den Beispielen des mittelalterlichen Minnesangs. Wo lassen sich noch inhaltliche, sprachliche und musikalische »Spuren des Mittelalters« entdecken?

2 Vergleichen Sie die Strophe Wolfram von Eschenbachs (S. 48) thematisch mit dem Songtext von *Schandmaul* und notieren Sie Gemeinsamkeiten und Unterschiede in einer Tabelle. Recherchieren Sie anschließend zur Tradition des mittelhochdeutschen Tagelieds.

3 Übertragen Sie den mittelhochdeutschen Text der Einführungsseite ins Neuhochdeutsche. Beschreiben und erklären Sie die Unterschiede im Gebrauch der Vokale.

Unheilig

So wie du warst 2012

Hab keine Angst, ich bin da
für dich, halte deine Hand, und erinner mich.
Wohin sind die Jahre und die Tage des Glücks,
Sie flogen vorbei, ich halt dich fest, und schau zurück.
Gedanken ziehn an mir vorbei, ich bin stolz auf unsere Zeit

So wie du warst, bleibst du hier,
so wie du warst, bist du immer bei mir,
so wie du warst, erzählt die Zeit,
so wie du warst, bleibt so viel von dir hier.

Lass los mein Freund und sorge dich nicht,
ich werde da sein, für die du liebst.
Jeder kurze Moment und Augendblick.
ich halte ihn in Ehren
ganz egal, wo du bist
ein ganzes Leben zieht vorbei, ich bin stolz auf unsere Zeit.

So wie du warst, bleibst du hier,
so wie du warst, bist du immer bei mir,
so wie du warst, erzählt die Zeit,
so wie du warst, bleibt so viel von dir hier.

Lass los mein Freund und sorge dich nicht,
ich werde da sein, für die die du liebst.

So wie du warst, so wie du,
so wie du warst, so wie du.

So wie du warst, bleibst du hier,
so wie du warst, bist du immer bei mir.

So wie du warst, so wie du,
so wie du warst, so wie du.

Lass los mein Freund und sorge dich nicht.
Ich werde da sein, für die die du liebst.

»So wie du warst«.
Text: Der Graf. © Universal Music Publ. GmbH, Berlin.
Fansation Oliver Reimann & Markus Tombült GbR.
BMC Bennett Music and Consulting Stephan Benn, Köln

Unheilig ist eine deutsche Musikgruppe aus Aachen um den Sänger und Songschreiber *Der Graf*.
Stilistisch bewegt sich die Band in zahlreichen Genres. Enthielt das erste Album »Phosphor« noch deutsche und englische Texte, sind die Lieder aller nachfolgenden Alben komplett auf Deutsch gehalten. Das Lied hier stammt aus dem Album »Lichter der Stadt«.

1 Vergleichen Sie den Songtext von *Unheilig* mit dem von *Schandmaul* (S. 49). Wo sehen Sie Gemeinsamkeiten, wo Unterschiede?

2 Inwieweit beeinflusst die Musik die Wirkung der Songtexte von *Unheilig* und *Schandmaul*?

Sprachenvielfalt des Deutschen

Standardsprache Deutsch

Im Deutschen lässt sich zwischen der Standard-/Hochsprache und dem individuellen Sprachgebrauch unterscheiden. Diese Trennung geht auf Ferdinand de Saussure zurück, der dafür die Begriffe »langage« (Sprachsystem, Sprechfähigkeit) und »parole« (individueller Sprachgebrauch) einführte. Sein dritter Begriff der »langue« bezieht sich auf eine bestimmte Sprache und ihr Regelsystem.

Die übergreifenden Normen einer Sprache, die nötig sind, um sie allgemein verständlich zu halten und auch einen einheitlichen Schriftgebrauch festzulegen, finden sich in Wörterbüchern und Grammatiken.

Auch die Standardsprache unterliegt dem Sprachwandel, der sich vom individuellen mündlichen über den schriftlichen Sprachgebrauch bis zu den Regelwerken vorarbeitet. Werden auftretende Wandelprozesse dagegen von der Gesellschaft oder dem Staat als negativ angesehen, kann es auch zu gezielten Einflussnahmen kommen, wie sie in der aktuellen Diskussion im Bezug auf Anglizismen gerade von Sprachpflegern gefordert werden.

Standardsprache oft Synonym zu Hochsprache, Schriftsprache, Literatursprache, Kultursprache, Einheitssprache, Koine und Standardvarietät verwendete Bez[eichnung] für eine i. d. R. kodifizierte Spr[ache] [...], vermutl[ich] wörtl[iche] Übernahme von engl. standard language. Allgemeine Verbindlichkeit erhält eine S[tandardsprache], indem sich der Staat dahinterstellt, was oft nicht ohne weiteres erkennbar ist, sich aber zum Beispiel in Regelungen für den Schulunterricht (Lehrpläne, Lehrmaterialien) oder Behörden zeigt.

Csaba Földes

Die deutsche Standardsprache: Fiktion oder Wirklichkeit? 2005

Die deutsche Sprache ist gleichsam eine Bezeichnung, ein Name, der – wie ein Netz – vieles einsammelt, was einen gemeinsamen Bezugspunkt hat, den man »Standardsprache«, »Hochsprache/Hochdeutsch« oder »Gemeinsprache« nennt. Die germanistische Linguistik ist bemüht, die Vielfalt zu ordnen und spricht dabei (in strukturalistischer Tradition) von »Sprachvarietäten«. Es gibt verschiedene Varietätenmodelle hinsichtlich der Differenziertheit; bei allen geht es aber darum, einen funktionalen Zusammenhang zwischen linguistisch beschreibbaren sprachlichen Merkmalen und außersprachlichen Faktoren herzustellen.

Die vier strukturalistisch konzipierten Variationsrichtungen (diatopisch, diastratisch, diaphasisch und diasituativ) können allerdings den Reichtum und die Vielgestaltigkeit der in der sprachkommunikativen Wirklichkeit stattfindenden Variationsverhältnisse nicht hinreichend genug abbilden. Denn die sprachkommunikative Variation verläuft in der Realität entlang von weit mehr Dimensionen und diese Dimensionen weisen oft eine recht komplexe Vernetzung auf. Eine Gesamtsystematik des Phänomenbereichs »sprachkommunikative Variation« steht in der Forschung noch aus; dieser Aufsatz möchte lediglich zum Aspekt »Regionalität« beitragen.

Die Sprachgeschichte lehrt, dass die »Leitvarietät«, die sog. deutsche Standardsprache (nach anderen terminologischen und inhaltlichen Konzepten: Gemeinsprache, Hochsprache, Schriftsprache oder Literatursprache) Ergebnis eines viele Jahrhunderte dauernden Entwicklungsprozesses ist: Ihre grammatischen, stilistischen, orthographischen u.a. Normen wurden erst im 19. (und teilweise sogar erst im 20.) Jahrhundert festgelegt. Auch sie selbst ist aber im historisch gewachsenen Spannungsfeld zwischen Standardisierung und Regionalisierung – in Sonderheit in der mündlichen Kommunikation – bei Weitem kein homogenes Gebilde. Man darf gar davon ausgehen, dass es von den Anfängen bis heute in der gesprochenen und geschriebenen Praxis eigentlich keine deutsche Einheitssprache gegeben hat, sondern nur regionale Varietäten bzw. Ausprägungsstrukturen. Folglich gelten eigentlich die Regiolekte als die sowohl chronologisch wie auch funktional primären Varietäten des Deutschen, während die sog. Standardsprache – die letztlich nur ein theoretisches Konstrukt ist – etwas Sekundäres darstellt. Die ungeheure regionale Mannigfaltigkeit des Deutschen ist eine Kulturrealität, die fest zu seiner Substanz gehört. Insofern war die radikale Forderung etwa des Germanistik-Professors Schwanzer (1969) nach einer »Vereinheitlichung der deutschen Sprache« bzw. nach einer »überregionale[n] Regelung und Vereinheitlichung der deutschen Sprachnorm« wenig plausibel und ging an der Wirklichkeit vorbei.

1 Recherchieren Sie im Internet und der Bibliothek den »Verein für deutsche Sprache e. V.« und die »Gesellschaft für deutsche Sprache«. Arbeiten Sie deren Position zur deutschen Standardsprache und zu Anglizismen heraus. Erstellen Sie zu jeder der drei Organisationen einen kurzen Positionstext (z. B. »Der Verein für deutsche Sprache vertritt die Position, dass...«) und begründen Sie danach Ihre eigene Haltung.

2 Wie charakterisiert Csaba Földes das Verhältnis zwischen Standardsprache und Sprachvarietäten? Halten Sie Ihre Ergebnisse schriftlich fest.

Sprachvarietät

Bei einer Sprachvarietät handelt es sich um einen Teil der Gesamtsprache, der sich zum Beispiel durch Aussprache oder ein leicht abgewandeltes Regelsystem von der Standardsprache abgrenzen lässt. Beispielsweise gibt es »ich habe« in der Varietät der Standardsprache als »ich habe«, aber parallel auch im oberbayerischen Dialekt als »i hob«, in der Umgangssprache als »ich hab«, in einer Variante der Jugendsprache als »isch hab« etc.

Zusätzlich werden nach Kriterien wie geografische Lage, mündliche oder schriftliche Anwendung, Kommunikationssituation oder gesellschaftliches Umfeld folgende Varietäten unterschieden (Varietätenmodell von Eugenio Coseriu, 1921–2002):

a) **diatopisch** (geografische Lage): Dialekt, Regiolekt
b) **distratisch** (gesellschaftliches Umfeld): Soziolekt, Ethnolekt, Idiolekt, Genderlekt, Gruppensprachen
c) **diaphasisch/diasituativ** (Kommunikationssituation): Alltagssprache, Fachsprachen, Umgangssprache, poetische Sprache …
d) **diasituativ** (gesprochene und geschriebene Sprache)

Varietät f. (lat. varietas »Verschiedenheit«. Auch: Subsystem) Teil einer ganzen Spr[ache], die in aller Regel eine größere Zahl von V[arietäten] umfasst, z. B. Dialekte, eine Standardvarietät. Die Gesamtheit aller V[arietäten] einer Sprache wird auch ihre »Architektur« genannt (E. Coseriu) …

Merkmale des Gegenwartsdeutschen

Die deutsche Sprache der Gegenwart – etwa um die Jahrtausendwende – ist durch eine Reihe von Merkmalen gekennzeichnet, die aber in den meisten Fällen nur im mündlichen Sprachgebrauch akzeptiert sind.

a) **Hauptsatzwortstellung im Nebensatz** (nach Konjunktionen): »Weil er kommt sicher wieder zu spät.«
b) **Ausgliederung von Adverbien** (meist Modaladverbien): »Immerhin: Sie haben den Führerschein bestanden.«
c) **Morphologie der Substantive**: Schwinden des Genitivs »sich jemandem annehmen«; Unsicherheit bei Dativ- und Akkusativendungen; konkurrierende Pluralbildungen »Themata / Themen / Themas«.
d) **Morphologie der Verben**: Schwinden der starken Flexion; Aufkommen einer Verlaufsform (»am Telefonieren sein«, »beim Putzen sein«); Schwinden des Konjunktivs I der indirekten Rede (statt des Konjunktivs I »Paul sagt, er finde das neue Bild schön.« steht oft der Indikativ »…, er findet das Buch nicht« oder auch eine Umschreibung mit »würde« mit Infinitiv).
e) **neue Wortbildungsmuster bei Substantiven** (Kurzworte mit Suffixen: »Tussi, Krimi, Azubi«; Zusammensetzungen, auch mit anderen Wortarten: »Abnehmgarantie«), Adjektiven (Suffixe *-mäßig, -bar, -ig, -voll*; Zusammensetzungen: »spülmaschinenfest«, »computergesteuert«), Verben (Anglizismen: »updaten«, »jetten«; Ableitungen: »verarmen«, »verschlagworten«, »titeln«)

Seit 1945 haben sich verschiedene neue Sprachvarietäten im Deutschen gebildet, unter anderem durch die Sprache von Migranten, Jugendlichen (»Oida, ich schwör'.«) und die Sexismusdebatte (»Schüler/-innen«, »Lehrkraft«, »Schülerschaft«).

Die (Finanz-)Wirtschaft (»Der Senior-Partner einer großen Consulting-Agentur berichtet über das neue Management-Development-Programm und das Ziel einer globalen Talent-Pipeline.«) und die Werbeindustrie haben ebenfalls ausgeprägte Varietäten entwickelt.

Auch Begriffe aus der ehemaligen DDR (»Trabbi«, »Datsche«) haben sich nach der Wende in ganz Deutschland verbreitet, sind allerdings bis heute primär in den neuen Bundesländern anzutreffen.

1 Recherchieren Sie den Begriff »innere Mehrsprachigkeit« im Internet und verfassen Sie eine eigene Definition. Grenzen Sie den Begriff auch von »äußerer Mehrsprachigkeit« ab.

2 Fassen Sie die Kernaspekte des Textes »Sprachvarietät« zusammen.

3 Benennen Sie auf der Grundlage des Textes »Merkmale des Gegenwartsdeutschen« Wechselwirkungen, die zwischen der Standardsprache auf der einen und den verschiedenen Varietäten auf der anderen Seite bestehen.

Sprachverfall

Die Klage über den Sprachverfall gibt es schon seit Cicero (106–43 v. Chr.), doch ernsthafte und bedrohliche Verfallszustände sind nicht erkennbar – nur eine stetige Weiterentwicklung der Sprache. Kritik an Sprache beinhaltet meist auch Kritik an kulturellen Veränderungsprozessen (z. B. Jugendsprache) und benutzt als Vergleichsfolie den – real nicht existierenden – perfekt sprechenden Muttersprachler.

Beklagt werden zunehmende Regelverstöße und Abweichungen von den Normen, wobei jedoch übersehen wird, dass sich daraus neue Regeln bilden; sonst wäre auch heute ein vorangestellter Genitiv nichts Besonderes (z. B. »Des Kaisers neue Kleider« wäre heute unüblich, man würde formulieren »die neuen Kleider des Kaisers«). Voranstellung des Genitivs ist heute fast nur bei Namen und festen Wendungen üblich, z. B. Sebastians neues Fahrrad). Und heute »fragte« eine Person mich gestern nach dem Weg, sie »frug« nicht, wie man früher gesagt hätte.

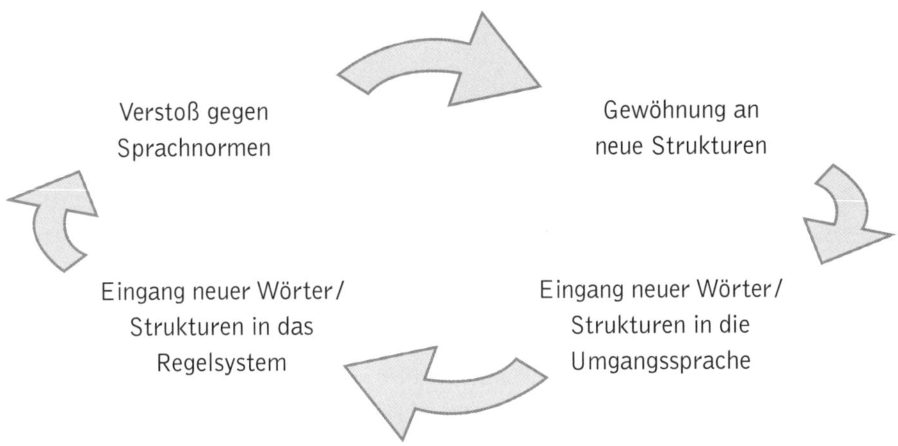

Sprachnormen

1 Analysieren Sie Leserbriefe in Tageszeitungen und Beiträge in Internet-Foren zum Thema »Sprachverfall« nach Kriterien wie: Einstellung der Verfasser, Überzeugungskraft der Argumente, Schlüssigkeit der Argumentation, Anschaulichkeit der Beispiele, Sprachniveau usw.

Rudi Keller

Ist die deutsche Sprache vom Verfall bedroht? 1999–2004

[…] Wir werden geradezu überflutet von englischen und pseudenglischen (Handy, Talkmaster usw.) Ausdrücken und gewinnen bisweilen den Eindruck, dass es täglich mehr werden. Das mag uns daran erinnern: Eine Sprache dient uns nicht nur zum Kommunizieren, sie dient auch zum Imponieren. Dieser Tatsache ist wohl die inflationäre Innovationsgeschwindigkeit im Jargon der Jugendlichen und der Werbung zu verdanken, aber auch, mindestens teilweise, die Flut des Gebrauchs englischsprachiger Ausdrücke. […] Leidet das System der deutschen Sprache darunter? Und auch hier bin ich der Meinung, dass die Antwort negativ ausfällt. Ich will nur drei Gründe für diese Ansicht vortragen:

1. Nicht jede ad-hoc-Entlehnung findet Eingang in die Sprache. Die meisten bleiben Eintagsfliegen oder saisonale Modeerscheinungen. Für unsere Enkelkinder werden die Ausdrücke »cool« und »grooving« so attraktiv sein wie für uns heute »knorke« oder »dufte«. Das Wort Handy wird uns möglicherweise erhalten bleiben und – wer weiß – irgendwann einmal in adaptierter Orthografie als Händi ein so mausgraues Dasein führen wie heute die Anglizismen »Streik«, »Keks«, »Gully« oder »Tank«. Und dass Handy eigentlich nicht englisch ist, wird uns so wenig stören wie die Tatsache, dass Plantage auf Französisch eigentlich »plantation« heißt.

2. Ein Blick in das Orthografische Wörterbuch der deutschen Sprache, das Konrad Duden 1880 vorlegte, zeigt Folgendes: Allein unter dem Buchstaben »A« sind hunderte von Fremdwörtern verzeichnet, die im heutigen Duden nicht mehr aufgeführt sind, weil sie entweder völlig ungebräuchlich oder gar unbekannt sind: »abalinieren«, »Abandonnement«, »abducieren«, »abhorrescieren«, »abhorrieren«, »abjurieren«, »ablaktieren«, »affrontieren«, »ambieren«, »Aneurie«, »attrapieren«, »azotisch« usw. Wer die Überfremdung befürchtet, sollte nicht nur die Zugänge in den Blick nehmen, sondern sie mit den Abgängen bilanzieren. Das hat meines Wissens noch niemand getan.

2 Mit welchen Argumenten entkräftet Rudi Keller die Annahme eines Sprachverfalls? Notieren Sie Ihre Ergebnisse in Stichpunkten.

3 Verfassen Sie einen Leserbrief, in dem Sie Ihre Position zum Thema Sprachverfall zur Darstellung bringen.

3. Was würde passieren, wenn tatsächlich einmal ein erheblicher Prozentsatz des Wortschatzes der deutschen Sprache englischen Ursprungs wäre? Das können wir an den Sprachen ablesen, bei denen ein analoger Prozess tatsächlich stattgefunden hat. Ein Musterbeispiel für eine »überfremdete« Sprache ist das Englische: Etwa 30 bis 40 Prozent des englischen Wortschatzes sind französischen Ursprungs, dank der Normannischen Eroberung und der Tatsache, dass englische Adlige bis ins 18. Jh. hinein untereinander auf Französisch zu konversieren pflegten. Wie man sieht, hat dies der Attraktivität dieser Sprache und ihrer Tauglichkeit keinen Abbruch getan – ebenso wenig wie der überwältigende arabische Einfluss auf das Spanische oder der chinesische Einfluss auf das Koreanische.

Sprachwandel im 20./21. Jahrhundert

Ursachen des Sprachwandels

Sprachwandel findet langsam, aber ständig statt und wird durch eine Reihe verschiedenster Ursachen aus den Bereichen Sprache und Gesellschaft ausgelöst.

Auf der Ebene des Sprachsystems ist ein wichtiger Faktor das Streben nach Erleichterung der Aussprache, wodurch beispielsweise die Tendenz zu Schwa-Vokalen zu erklären ist. Bei der Aussprache wird die Endung -er beispielsweise zu einem a-ähnlichen Laut, dem a-Schwa »[ɐ]«, verschleift (z. B. »Kind« → »Kindɐ«), ein unbetontes -e am Wortende wird etwas tiefer gesprochen als ein normales im Wortinneren als sogenanntes e-Schwa »[ə]« (z. B. Kirchə↓).

Andererseits gibt es auch genau gegenläufige Tendenzen. Neben der »Aussprache-Ökonomie« kann die »grammatische Ökonomie« eine Rolle spielen. Komplizierte Formbildungen und vor allem unregelmäßige Formen verschwinden zunehmend und werden durch regelmäßige Bildungen ersetzt. Das alte Präteritum von »backen« lautete »buk« und wurde schon fast vollständig durch die schwache Präteritalform mit Dentalsuffix »backte« ersetzt.

Doch auch Zufälle führen vor allem beim Wortschatz zu Veränderungsprozessen, in der Grammatik und Phonologie spielt dies dagegen kaum eine Rolle.

Neben diesen sprachlich bedingten Faktoren beeinflusst auch die geografische Position und die Herkunft der Sprecher Veränderungen in der Sprache. Die große Mobilität und vor allem das Internet führen heute zu intensivsten Sprachkontakten und man vermutet, dass durch steigende technische Möglichkeiten vermehrt Annäherungsprozesse angestoßen werden.

Zusätzlich spielt die Korrektheit bzw. Fehlerhaftigkeit des Sprachenlernens in zweierlei Hinsicht eine Rolle: Wenn zum einen eine Gruppe eine Sprache nur mangelhaft erlernt (z. B. Migrantensprache), werden mit der Zeit Begriffe in den allgemeinen Sprachgebrauch übergehen. Zum anderen darf man auch das soziale Ansehen, das durch Sprache transportiert wird, nicht unbeachtet lassen. Denn dadurch kommt es zu Nachahmungsprozessen der Sprachverwendung sozial hoch stehender und / oder bewunderter Sprecher. Bewusste Verwendung »prestigeträchtiger« Sprache findet dabei verstärkt durch Frauen statt, während Männer – vermutlich meist unbewusst – eher Formulierungen imitieren, die männliche Härte und Stärke symbolisieren.

1 Entwickeln Sie in Partner- oder Gruppenarbeit ein Wissensquiz, in dem Sie die Informationen aus dem Text »Ursachen des Sprachwandels« verarbeiten.

Rudi Keller

Sprachwandel – die Theorie der unsichtbaren Hand 2003

Ein einfaches Beispiel stellt die Theorie der Trampelpfade dar. Über die Rasenflächen unserer Universität zieht sich ein Netz von Trampelpfaden. Dieses Netz von Pfaden ist denkbar klug, ökonomisch und durchdacht »angelegt«. Ganz offensichtlich ist seine Struktur sinnreicher als die Struktur der von den Architekten geplanten Pflasterwege. [...]

Das System der Trampelpfade ließe sich mit weitaus größerer Treffsicherheit voraussagen als das System der vom Architekten geplanten Pflasterwege. Woran liegt das? Das System der Trampelpfade hat eine »rationalere« Struktur; es ist »intelligenter« und als Lösung des Verkehrsproblems eleganter. Ganz offensichtlich wurde aber zur Erzeugung des Systems der Trampelpfade weitaus weniger Intelligenz eingesetzt als zum Entwurf des Netzes von Pflasterwegen. Die »Intelligenz« des Systems der Trampelpfade ist nicht der Intelligenz seiner Erzeuger zu verdanken, sondern deren Faulheit. Meine Invisible-hand-Theorie dieses Systems ist also folgende: Ich habe eine Hypothese, dass die meisten Menschen sich darin ähnlich sind, dass sie es vorziehen, kürzere Wege zu gehen statt längere. [...]

Diese Theorie enthält die drei Stufen des idealtypischen Modells: Es werden erzeugende Handlungsmotive genannt (die Strecke nach Maßgabe der Maxime der Energieersparnis wählen); der Invisible-hand-Prozess besteht im allmählichen Zerstören des Rasens an der häufig begangenen Strecke; die dritte Stufe stellt die dadurch mit der Zeit verfestigte Struktur dar, deren Darstellung ich mir hier geschenkt habe.

Diese Theorie bildet auch, wie gefordert, die drei wesentlichen Eigenschaften eines Phänomens der dritten Art ab: die Prozesshaftigkeit, die Konstitution aus Mikro- und Makroebene und die Tatsache, dass es sowohl Züge eines Artefakts als auch Züge eines Naturphänomens enthält. Die Theorie enthält einen finalen Erklärungsteil, wie es für Artefakterklärungen kennzeichnend ist, und sie enthält einen kausalen Erklärungsteil, wie er für Naturphänomenerklärungen kennzeichnend ist. Eine Invisible-hand-Erklärung erklärt ihr Explanandum, ein Phänomen der dritten Art, als die kausale Konsequenz individueller intentionaler Handlungen, die mindestens partiell ähnliche Intentionen verwirklichen. [...]

Betrachten wir uns ein Beispiel aus der deutschen Sprache: In unserer Sprache unterliegen Ausdrücke, die dazu dienen, auf Frauen zu referieren, immer wieder der Pejorisierung. Dieses Schicksal hat das Wort »Weib« ereilt, das Wort »Frauenzimmer«, und auch an dem Wort »Frau« scheint es nicht vorbeizugehen. Wie kommt das?

Vertreter linearen Denkens könnten latente Frauenfeindlichkeit der Gesellschaft hinter diesem Trend wittern, die die einzelnen Sprecher dazu führt, solch ein Wort mit der Zeit immer »ein bisschen pejorativer« zu verwenden. Aber wie macht man das, ein Wort »ein bisschen pejorativer« verwenden? Alma Graham postuliert »the tendency in the language that I called, praise him/ blame her«.

Die Pejorisierung der Ausdrücke »Weib«, »Frau« u.a. wurde jedoch nicht durch die Maxime »blame her«, sondern eher durch die Maxime »praise her« hervorgebracht. [...]

In einer Gesellschaft, die, wie die unsere, in höfischer Tradition steht, gibt es ein Galanteriegebot Frauen gegenüber. Männer helfen Frauen in den Mantel, bieten ihnen einen Stuhl an, geben ihnen Feuer und dergleichen. Teil dieses Galanterieverhaltens ist es, dass die Tendenz besteht, Frauen gegenüber oder beim Reden über Frauen Ausdrücke zu wählen, die eher einer höheren Stil- oder Sozialebene angehören als einer niedrigeren. Die Maxime heißt also nicht »blame her«, sondern salopp gesagt »greife im Zweifel bei deiner Wortwahl lieber eine Etage zu hoch als eine zu niedrig«. Das führt mit der Zeit dazu, dass tendenziell das »nächsthöhere« Wort zum unmarkierten Normalausdruck wird, während das ehedem normale pejorisiert wird. So ist heute in Restaurants die Toi lettenaufschrift »Damen« die normale, während »Frauen« eher dem Stil öffentlicher Bedürfnisanstalten entspricht. [...]

Die genannte Maxime gilt natürlich nur, wenn das Galanteriespiel gespielt wird. Wo dies nicht angesagt ist, kann es nachgerade beleidigend oder peinlich sein, auf Frauen mit dem Ausdruck »Damen« zu referieren. In dem Satz »die Männer und Frauen, die unschuldige Opfer des Überfalls geworden sind ...« wäre ja eine Ersetzung durch »Damen und Herren« geradezu pietätlos. Das heißt, die Wortwahl in diesem Wortfeld hat nichts zu tun mit allgemeiner Hochachtung oder Geringschätzung, mit allgemeiner Höflichkeit oder mit dem objektiven sozialen Stand der betreffenden Personen, sondern damit, ob es geboten ist, das Galanteriespiel zu spielen oder nicht. [...]

Fazit: das Motiv der Galanterie auf der Ebene der Individuen führt auf der Ebene der Sprache langfristig wie von unsichtbarer Hand geleitet zur Pejorisierung. Es handelt sich dabei um eine Form der Inflation. [...]

»[...] als Theoretiker wissen wir nichts über die Sprache der Menschen, solange wir ihr Sprechen nicht verstehen«, sagt Peter F. Strawson, ein wenig übertreibend. Aber es würde sich nicht um eine Übertreibung handeln, wenn es nicht im Grunde wahr wäre.

1 Stellen Sie stichwortartig zusammen, welche Informationen der Text von Rudi Keller über Phänomene der dritten Art und Invisible-hand-Prozesse enthält. Recherchieren Sie kritische Positionen zu diesem Text im Internet. Notieren Sie anschließend in Stichworten, wie Sie selbst das Problem beurteilen.

2 Begründen Sie, warum Keller seine Sprachwandeltheorie mit dem Entstehen von Trampelpfaden vergleicht.

3 Suchen Sie einerseits in E-Mails, Chats und Foren und andererseits in Leserbriefen, Werbebroschüren und Briefen nach »Fehlern«.
Kategorisieren Sie diese und beschreiben Sie Gemeinsamkeiten und Unterschiede der Fehler in den beiden Textgruppen.

4 Diskutieren Sie anschließend mögliche Ursachen im Plenum.

Wolfgang Krischke

Triebkräfte des sprachlichen Umbruchs heute 2009

27.08.2009 – Ich geh Schule: In der Linguistik gibt es einen Exotismus der grammatischen Fehler. Die Erwartung, Regeln sollten eingehalten werden, wird als Diskriminierung von Unterschichten und Migranten betrachtet.

Im Unterbau der deutschen Sprache knirscht es. Nicht nur im Umgangsdeutsch, sondern auch in formelleren Texten kommt die Grammatik immer stärker ins Rutschen. Da »bedarf es einem präzisen Regulierungsapparat«, man hat »Vertrauen für den Lehrer«, es gibt »Streit mit den Nachbar«, man »ratet ab«, Gebühren »werden erhebt«, und abends »gehn wir Disko« – vertauschte Fälle, verbeugte Verben, falsche Präpositionen und andere Irrläufer scheinen ein Symptom für die langsame Erosion des gesamten Systems zu sein.

Journalistische Sprachkritiker geißeln eine zunehmende »Verlotterung« der Sprache und erfreuen sich mit ihren Ratschlägen für richtiges Deutsch größter Beliebtheit. Die zünftige Sprachwissenschaft hält das zwar für Alarmismus und halbgebildete Schulmeisterei. Aber auch sie konstatiert, dass der permanent stattfindende Sprachwandel sein früheres Schneckentempo abgelegt und Fahrt aufgenommen hat. Viele der aktuellen Regelverstöße machen einen Trend sichtbar, der schon seit Jahrhunderten schleichend wirkt: die Verschleifung und Vereinfachung der indogermanischen Sprachen. Schritt für Schritt wechseln sie vom »synthetischen« zum »analytischen« Sprachtyp. Grammatische Bedeutungen werden zunehmend nicht mehr durch Endungen direkt im Wort ausgedrückt, sondern durch Umschreibungen und Hilfswörter. Aus dem »Haus meines Vaters« wird das »Haus von meinem Vater« und schließlich das »Haus von mein Vater«. Das Englische ist hier dem Deutschen weit voraus.

Warum verstärken sich solche Tendenzen gerade jetzt? Zum Bündel der Ursachen gehört der Einfluss des Englischen ebenso wie das »Schreibsprechen« in den E-Mails und Chat-Foren mit seiner Durchmischung von Mündlichkeit und Schriftlichkeit. Hinzu kommt eine allgemeine »Destandardisierung«. […]

Gehst Du Schule?

Doch die wichtigste Triebkraft des sprachlichen Umbruchs wird bislang häufig übersehen, meint der Leipziger Sprachwissenschaftler Uwe Hinrichs: Es sind die vielfältigen Sprachmischungen, die das Einwanderungsland Deutschland mittlerweile prägen (»Sprachwandel oder Sprachverfall?« in: Muttersprache 1/2009). Viele Einwanderer springen zwischen einem nur bruchstückhaft gelernten Deutsch und ihrer türkischen, arabischen oder russischen Muttersprache hin und her. Sie schleifen Endungen ab und vereinfachen Satzstrukturen. Entscheidend ist, dass die elementare Verständigung funktioniert, für Feinheiten bleibt wenig Raum. Diese Muster, so die Prognose, werden sich auch jenseits der Immigrantenmilieus immer weiter ausbreiten.

Zwar beschäftigen sich Linguisten mittlerweile intensiv mit der »Kanak Sprak« (»Ich geh Schule«, »Üsch hab müde«) und anderen ethnolektalen Mischformen. Aber für Hinrichs werden sie in ihrer Bedeutung für die gesamte deutsche Sprachgemeinschaft noch nicht erkannt. Danach steht nicht weniger als die radikale Simplifizierung des gesamten grammatischen Systems bevor. […]

Vieles in diesem Bereich ist noch Spekulation, aber die These, dass die intensiven Sprachkontakte nachhaltige Spuren im Deutschen hinterlassen werden, ist plausibel. Und man wird Hinrichs auch zustimmen, wenn er sagt, dass die Öffentlichkeit ein berechtigtes Interesse daran habe, über Art und Ursachen der immer sichtbarer werdenden Veränderungen aufgeklärt zu werden. Noch viel lieber allerdings wüsste die Öffentlichkeit wohl, welche Auswirkungen all die Verschleifungen, Umstellungen und Normlockerungen denn auf die Qualität der Hochsprache haben werden.

Hierauf bleibt Hinrichs die Antwort schuldig, denn wie die große Mehrheit seiner Kollegen bekennt er sich zu einer prinzipiellen Bewertungsabstinenz. Urteile über richtiges und falsches, besseres und schlechteres Deutsch sind als »unwissenschaftlich« verpönt. […]

Hab ich krassen Sprachtrend!

Im Detail trifft diese Kritik der Sprachkritik oft zu, aber der indignierte Ton der Linguisten klingt trotzdem hohl. Denn ihre Wertfreiheit entpuppt sich bei näherem Hinsehen als bloßer Schein. Viele Linguisten urteilen nämlich durchaus, nur mit vertauschten Maßstäben: Neue Sprachtrends werden grundsätzlich begrüßt, ihr schöpferisches Potenzial oder ihr ökonomischer Minimalismus wortreich gelobt. […]

Es sei ihnen [den Migranten] »nicht zuzumuten«, die Flexionsformen des Deutschen zu lernen, findet Uwe Hinrichs, als handle es sich um schikanöse Auflagen der Einwanderungsbehörden, die schleunigst zu kassieren sind.

In dieselbe Kerbe haut der Spracherwerbsforscher Raphael Berthele aus Fribourg: Auch für ihn sind solche hochsprachlichen Regeln überflüssiger »Luxus« und Instrumente »symbolischer Gewalt«, mit der eine »Bildungselite« die Ungebildeten und Zugewanderten unterjocht. […]

1 Im Deutschen gibt es kein Wort, das das Gegenteil von »durstig« bezeichnet. Erfinden Sie ein solches Wort und diskutieren Sie Möglichkeiten, wie dieses Wort zum festen Bestandteil der deutschen Sprache werden könnte. Recherchieren Sie anschließend dazu im Internet (Stichwort »sitt«).

2 Erklären Sie mit Hilfe von Wolfgang Krischkes Text den zentralen Sprachwandelprozess, den das Deutsche derzeit durchläuft. Beziehen Sie dabei auch die im Text genannten Ursachen mit ein.

3 Stellen Sie dar, wie der Autor selbst zu diesem Prozess steht. Wie wird seine Position auch in der sprachlichen Gestaltung seines Textes deutlich?

4 Welche Forderungen erhebt Krischke an den Deutschunterricht?

Schwergewicht auf der Hochsprache

Andere Sprachforscher allerdings glauben durchaus an den Nutzen ihres Tuns für die Klassenzimmer. In ihrer Mehrheit empfehlen sie den Lehrern, die verschiedenen Kommunikationswelten im Unterricht zu thematisieren und den Schülern deutlich zu machen, welche sprachlichen Formen in welchen Situationen angemessen sind. Das klingt vernünftig, aber bei Lichte besehen sollte das Schwergewicht wohl doch auf der Hochsprache liegen. Denn wie man in der Disko flirtet, im Internet chattet oder SMS-Botschaften tippt, müssen die Jugendlichen nicht von ihren Lehrern beigebracht bekommen – eher verhält es sich umgekehrt. Die Schule sollte das vermitteln, was sich nicht von selbst versteht – die Hochsprache gehört dazu.

Und vielleicht gäbe es in einer Deutschstunde auch einmal die Gelegenheit, zu erklären, woher das Hochdeutsche in seiner heutigen Form eigentlich kommt. Viele seiner Grundlagen wurden im Zeitalter der Aufklärung gelegt, von Schriftstellern und Sprachgelehrten. Ihnen war durchaus klar, dass der Sinn standardisierender Normen nicht darin besteht, den Sprachwandel aufzuhalten, wohl aber darin, ihn zu verlangsamen und sinnvoll zu kanalisieren. Sie wollten mit ihren Grammatiken und Wörterbüchern die dialektale und orthografische Zersplitterung der frühen Neuzeit überwinden, die die überregionale Kommunikation erschwerte. [...]

Das Projekt der Hochsprache war also durchaus emanzipatorisch, allerdings auch »bürgerlich«, denn es setzte eine Bildungsanstrengung voraus. Sie möglichst vielen – ob Immigranten oder Deutschstämmigen – zu ermöglichen und abzuverlangen könnte wohl auch heutzutage noch als fortschrittliche Bildungspolitik gelten. Fortschrittlicher jedenfalls, als sich wie Raphael Berthele und viele seiner Kollegen mit eigener Arroganz zu konstatieren, dass man doch in vielen Berufen »mit einem restringierten Code bestens durchs Leben komme«.

1 Nehmen Sie zu der Aussage Aussage kritisch Stellung, dass man in vielen Berufen »mit einem restringierten Code bestens durchs Leben« komme.

– *restringiert*: begrenzt, limitiert; sprachwissenschaftlich in Verbindung mit dem Ausdruck »restringierter Code«: das beschränkte, limitierte Sprachniveau bildungsferner Schichten. Das Gegenteil davon ist
– *elaboriert*: sorgfältig herausgebildet, hoch differenziert; sprachwissenschaftlich in Verbindung mit dem Ausdruck »elaborierter Code«: das besonders ausgebildete Sprachniveau gebildeter Schichten.

Nikolaus Nützel

Erst tausend, dann hundert, dann eine ... Oder: Werden irgendwann alle Menschen die gleiche Sprache sprechen? 2007

Als Edward Maddrell 1877 auf die Welt kam, hätte wohl niemand gedacht, dass er einmal berühmt würde. Maddrell, den seine Freunde Ned nannten, wuchs auf wie viele Kinder auf der kleinen Insel Isle of Man, die zwischen England und Irland liegt. [...] Als er 1974 starb, bedeutete das auch den Tod einer Sprache. Er war der letzte Einwohner der Isle of Man, der als Kind von klein auf die Sprache Manx gelernt hatte. [...]

Heute wachsen alle Kinder auf der Isle of Man mit Englisch als Muttersprache auf. Die kleine Insel ist zwar politisch gesehen selbstständig, gehört also offiziell nicht zu Großbritannien. Doch die britischen Königinnen und Könige üben schon seit Jahrhunderten großen Einfluss auf das Eiland aus. Auch in Schule und Verwaltung, in Zeitungen und im Fernsehen ist Englisch die einzige wichtige Sprache. Dementsprechend nennen heute alle Kinder auf der Isle of Man ihre Mutter »mother« – Ned Maddrell sprach über seine Mutter als »vummig«. Und er wollte als Kind nicht »fisherman« werden, wie es heute junge Leute auf der Insel sagen würden, sondern »eeasteyr«. [...]

Mit dem Tod Maddrells hörten die Sprachwissenschaftler auf, Manx zu den lebenden Sprachen zu rechnen. Es war die einzige Sprache, die in Europa im 20. Jahrhundert ausgestorben ist. Weltweit hingegen schreitet das Sprachensterben mit rasender Geschwindigkeit voran. Rund 100 Sprachen verschwinden jedes Jahr schätzen Forscher. [...]

Machtpolitik und Armut lassen Sprachen sterben

Wenn Sprachen verschwinden, geschieht das überall auf der Welt auf die gleiche Weise. Fast immer sind es politische Machtausübung und wirtschaftliche Zwänge, die eine Sprache zum Aussterben verurteilen. [...]

Noch heute gibt es Staaten, in denen es gefährlich ist, sich für die eigene Muttersprache stark zu machen. Die Regierung der Türkei beispielsweise erkennt das Kurdische nicht an, obwohl mehrere Millionen Menschen im Osten des Landes mit Kurdisch als Muttersprache aufgewachsen sind. Noch im Jahr 2001 wurden Studenten an türkischen Universitäten von den Seminaren und Vorlesungen ausgeschlossen, weil sie forderten, Kurdisch als Wahlfach zuzulassen.

Die Opfer des Christoph Kolumbus

Die größten Verwüstungen in der weltweiten Vielfalt der Sprachen wurden zwischen dem 16. und 19. Jahrhundert angerichtet. Europäische Eroberer unterwarfen Amerika und Australien sowie weite Teile Afrikas und Asiens und errichteten ihre Kolonien. Als Christoph Kolumbus 1492 amerikanischen Boden betrat, sprachen die Menschen zwischen der Arktis und Kap Hoorn noch weit über tausend verschiedene Sprachen. Wäre ein Forscher im 16. Jahrhundert von Alaska bis zur Südspitze Südamerikas gereist, hätte er alle paar Kilometer ein neues Wörterbuch oder einen neuen Dolmetscher gebraucht.

Viele der alteingesessenen Völker Amerikas wurden komplett ausgerottet oder bis auf wenige tausend Menschen ausgelöscht. Mit den Menschen starben ihre Sprachen. Wer sich heute auf dem amerikanischen Kontinent verständlich machen will, kann aus einigen wenigen Kolonialsprachen auswählen: am besten Englisch, vielleicht noch Spanisch, Portugiesisch oder Französisch – andere Sprachen braucht kein Amerikareisender wirklich.

Zwar haben sich etwa in Peru noch viele Einwohner die alte Indio-Sprache Ketschua bewahrt. In Guatemala oder im südlichen Mexiko wird der Preis für Maiskolben oder Hängematten auf den Märkten nicht auf Spanisch ausgehandelt, sondern in einer der verschiedenen Maya-Sprachen wie Quiché oder Tzeltal. Theoretisch gibt es auch heute noch eine große Vielfalt von amerikanischen Sprachen.

Doch ein Mexikaner oder Peruaner, der der Armut seines Indiodorfes entfliehen will, muss Spanisch sprechen. Und wenn er es besonders weit bringen will und in die USA auswandern möchte, wird er zusätzlich Englisch lernen müssen. Indio-Eltern, die sich wünschen, dass es ihren Kindern besser geht als ihnen selbst, werden darauf achten, dass ihre Söhne und Töchter keinesfalls nur mit einer Indio-Sprache aufwachsen. Am besten sollten die Kinder von Anfang an Spanisch und Englisch lernen. […]

Eine Sprache für alle?

Gleichzeitig mit dem Sterben vieler Sprachen wachsen einige wenige Sprachen unaufhaltsam. Die wichtigste Sprache Chinas, das Mandarin-Chinesisch, ist die Muttersprache von rund 900 Millionen Menschen. Wenn man diejenigen mitrechnet, die Mandarin regelmäßig als Zweitsprache nutzen, ist es das Verständigungsmittel für weit mehr als eine Milliarde Einwohner Asiens. Spanisch als Erst- oder Zweitsprache nutzen etwa 520 Millionen Menschen, Englisch ist für rund 510 Millionen entweder Muttersprache oder regelmäßige Zweitsprache. Deutsch liegt mit 130 Millionen Sprechern im Mittelfeld der großen Sprachen. Als Geschäfts- oder Wissenschaftssprache ist Englisch zweifellos noch wesentlich erfolgreicher als Chinesisch oder Spanisch. Alle namhaften Forscher auf der ganzen Welt verfassen bei der Veröffentlichung ihrer Untersuchungen zumindest eine Kurzversion auch auf Englisch, das sogenannte abstract. […]

Manche Sprachwissenschaftler glauben deshalb, dass Englisch eine Art Welt-Einheitssprache werden könnte. Der neuseeländische Forscher Steven Roger Fischer beispielsweise behauptet: »Bald werden alle Sprachen der Welt bis auf einen kleinen Überrest verschwunden sein und nur eine Sprache für die ganze Menschheit zurücklassen.« Fischer schreibt es nicht ausdrücklich, doch es ist klar, dass er damit Englisch meint.

Es gibt allerdings gute Gründe, solche Vorhersagen zu bezweifeln. Denn bevor Englisch »Weltsprache« würde, müssten China und die heute spanischsprachigen Staaten ihr komplettes Schulwesen und ihre Verwaltung auf Englisch umstellen. Das Gleiche müssten die Staaten tun, in denen rund 280 Millionen Russisch-Sprecher leben, und die Länder, in denen rund 200 Millionen Menschen Arabisch sprechen. Auch Deutschland, Italien oder Frankreich müssten ihre Landessprache aufgeben und auf Englisch umschalten.

Dass wirklich nur einige wenige Sprachen überleben oder gar nur eine einzige, scheint heute schwer vorstellbar. Die meisten Experten sind sich aber einig, dass in 100 Jahren weltweit wohl nur noch rund 600 Sprachen existieren werden. Das hieße, dass bis dahin 90 Prozent der heute lebenden Sprachen verschwunden sind.

Katastrophe oder Weg ins Sprachenparadies?

Unter den Sprachforschern ist nicht nur die Frage umstritten, wie viele Sprachen die nächsten Jahrhunderte überleben. Heiß debattiert wird auch, ob das Sprachensterben eine Katastrophe bedeutet, wie einige denken, oder ob der Verlust von Sprachen der natürliche Gang der Dinge ist, wie andere glauben.

»Mit jeder Sprache, die ausstirbt, wird ein Bild des Menschen ausgelöscht«, meinte der mexikanische Schriftsteller Octavio Paz. Und der britische Sprachforscher David Crystal schreibt angesichts des Sprachensterbens, »dass wir zurzeit die größte geistige Katastrophe in der Geschichte der Erde erleben«. […]

Es gibt aber auch entgegengesetzte Haltungen: Der indisch-britische Schriftsteller Kenan Malik meint zum Sprachentod nur: »Lasst sie sterben.« Schließlich sei es die Aufgabe aller Sprachen, Verständigung zu ermöglichen. Und dazu seien nicht 6000 Sprachen nötig und nicht 3000. Der Neuseeländer Steven Roger Fischer ergänzt, durch das Sprachensterben werde »die neue globale Gesellschaft einen bislang ungekannten Grad an Kommunikation erreichen, der allen Bereichen menschlichen Handelns Nutzen bringt.« Er freut sich also auf eine vermeintlich glückliche Zukunft, in der jeder mit jedem auf der Welt reden kann, ohne dass einer eine Fremdsprache lernen muss. […]

1 Fassen Sie Nikolaus Nützels Text über das Sprachensterben in fünf Thesen zusammen.

2 Sammeln Sie Argumente für und gegen die These »Das Sprachensterben ist eine Katastrophe« und diskutieren Sie Ihre Ergebnisse in der Klasse.

Dialekt

Ulrich Ammon

Deutsch als plurizentrische Sprache 2004

Eine Sprache mit mehreren Standardvarietäten, wie Deutsch, Englisch, Französisch und andere, heißt eine plurizentrische Sprache. Zur groben Differenzierung der nationalen Variation des Standarddeutschen eignet sich die Orientierung an den Staaten, in denen Deutsch staatliche Amtssprache ist. [...]

Die Standardsprachlichkeit von Sprachformen ist unter anderem daran zu erkennen, dass die Lehrer diese Sprachformen im Schulaufsatz gelten lassen oder, genauer gesagt: gelten lassen sollen. [...]

Nach diesem Kriterium [...] gibt es in allen sieben Staaten oder Teilen von Staaten, wo Deutsch staatliche Amtssprache ist, standardsprachliche Eigenheiten, also »nationale Varianten«. In den Vollzentren [...] sind sie in jeweils eigenen Nachschlagewerken kodifiziert, in Deutschland unter anderem in den Duden-Bänden, in Österreich im Österreichischen Wörterbuch [...] und in der Schweiz in verschiedenen Schulwörterbüchern oder im Schweizer Wörterbuch. [...]

1 Lesen Sie bei Ulrich Ammon die Definition einer plurizentrischen Sprache und nennen Sie mindestens zwei weitere Sprachen – außer dem Deutschen –, die von diesem Phänomen betroffen sind.

Jutta Wasserrab

Eine Deutschlandreise fürs Ohr 2012

»Wir können alles, außer Hochdeutsch.« Das behauptet eine Werbekampagne des Bundeslands Baden-Württemberg. In der Tat werden im Süden Deutschlands Dialekte noch gepflegt. Im Norden hingegen sind sie teilweise ausgestorben.

Viele Kinder in Baden-Württemberg sprechen kaum Hochdeutsch. Ihre erste »Sprache« ist der Dialekt. Zu Hause unterhält man sich auf Schwäbisch oder Alemannisch. Nicht immer in Reinform: Den Dialekten wird oft Hochdeutsch beigemischt. Damit ist Baden-Württemberg exemplarisch für den Süden Deutschlands, denn hier wird heute noch viel Dialekt gesprochen – wenn auch weniger als früher. Ein Dialekt ist fast wie eine eigenständige Sprache. Wer nicht mit ihm aufgewachsen ist, muss ihn regelrecht lernen und meist bleibt ihm ein Akzent. Mundarten spricht man, geschrieben werden sie nur selten. Und normalerweise sind Dialekte regional sehr begrenzt: Ein Friese wird mit dem benachbarten Niederländer besser kommunizieren können als mit seinem bayerischen Landsmann und ein badischer Alemanne kann problemlos Elsässerdytsch verstehen.

Nach Norden hin hat die deutsche Standardsprache die Mundarten schon verdrängt. Nur noch die Älteren können sie. »Die alten Dialekte in Berlin, im Ruhrgebiet oder etwa Sachsen sind ausgestorben«, erklärt Georg Cornelissen vom Bonner Amt für Rheinische Landeskunde. Denn zwischen diesen Dialekten und dem Hochdeutschen liegen Welten. Sie sind grundverschieden. *Essen* heißt *eeten* und *fünfzehn* ist *fofftein*. Das klingt eher englisch als deutsch. Irgendwann entschieden sich die Menschen für Hochdeutsch und gegen ihren Dialekt, denn Dialekt war damals gleichbedeutend mit »sozial unten«. Von ihren Mundarten blieb deshalb fast nichts mehr übrig. Doch die alten Dialekte sind nicht ganz verschwunden. »Denn«, wendet Cornelissen ein und zitiert eine bekannte kölsche Weisheit »niemals geht man so ganz.« Die Dialekte haben vor ihrem Ableben Spuren hinterlassen. Der Berliner sagt noch *icke* statt *ich*. Kein Rheinländer sagt *basteln*, aber jeder kennt *frickeln*. Diesen Mix aus Hochdeutsch und Dialekt nennt Cornelissen »Regiolekt«. Im Gegensatz zum reinen Dialekt verstehen ihn weitaus mehr Menschen und er klingt wärmer und direkter als Standarddeutsch. [...]

2 Diskutieren Sie, ob bzw. inwieweit Sprecher eines Dialekts, die auch die Standardsprache beherrschen, »mehrsprachig« sind (vgl. auch Text zur Mehrsprachigkeit S. 38 f.).

3 Informieren Sie sich anhand des Textes und der Informationen auf der Homepage: *www.dialektkarte.de* über Dialekte. Wählen Sie dann mindestens zwei Sprachbeispiele eines Ihnen unbekannten Dialekts aus und versuchen Sie diese nachzusprechen.

4 Ordnen Sie den Dialekt Ihrer Region anhand der Karte ein und sammeln Sie spezifische Dialektwörter.

1 Lesen Sie die Dialektbeispiele von Walter Tausendpfund »Gensblüümle« und »Rotkäppchen auf Berlinerisch«. Weisen Sie anhand dieser Beispiele Abweichungen von der Standardsprache in folgenden Bereichen nach: Phonologie, Morphologie, Lexik, Syntax.

2 Übertragen Sie das Gedicht von Walter Tausendpfund ins Hochdeutsche und schreiben Sie einen Paralleltext in ihrem eigenen Dialekt.

3 Suchen Sie nach historischen und / oder politischen Gründen, weshalb Deutsch auch außerhalb der Bundesrepublik gesprochen wird.

4 »Dialektsprecher sind in ihrer Mobilität eingeschränkt.« –
»Dialekt ist der Ausdruck von Individualität schlechthin.«
Erörtern Sie mit Bezug auf diese Thesen die Vor- und Nachteile des Dialektgebrauchs.

Walter Tausendpfund

Gensblüümle 2003

Gensblüümle
hiigschdraid
ins Groos ...
schee waiß ...
Gensblüümle
wäi Schdernle
so klaa ...
schee waiß
Gensblüümle
vom Himml
roo gschiggd ...
Weer waaß??

Marvin C. Stahl

Rotkäppchen auf Berlinerisch o. J.

Es war mal 'ne kleene, süße Joere, die imma mit 'ne rote Kappe rumlief. Wejen diese Kappe nannte se och jeda Rotkäppchen, wa.

Eenmal sachte ihre Mutta: »Rotkäppchen, deine Oma jeht's nich jut. Du musst zu ihr jehn und ihr wat zu futtern bring', damits ihr wieda besser jeht. Pass aber uff, daste dia nich im Wald verlaufen tust und imma uff'm Wech bleibst, damit de keen Zoff mit'm Wolf kriegst!«

So stiefelte die Kleene los und it kam, wie'd kommen musste. Sie traf den Wolf und Plappermaul det se war, erzählte sie ihm von ihre Großmutter. Während se dann jegen den Rat von ihre Mutter noch'n paar Blümchen pflückte, lief der Wolf zur Grossmutta und hat'se jefressen.

Als nun die Kleene beim Haus von ihre Jrossmutta ankam, sabbelte der Wolf mit 'ner hellen Stimme und machte der Kleenen vor, er wäre ihre Jrossmutta. Uff die Frajen, welhalb 'se denn so jrosse Ojen haette und so'n jrossen Mund, antwortete der Wolf immer clever und so kam die Kleene zur ›Jrossmutta‹ und wurde von ihr jefressen. Nachdem er so ville jefressen hatte, schlief der Wolf ein und bejann wie blöd zu schnarchen.

Det hoerte'n Förster, der an die Hütte vorbeilief und jing rin um nachzusehen, watt los is. Da er die Jrossmutter nich sah, sondern den Wolf mit fetter, volljefressener Plautze, verpasste er ihm'n Fangschuss und befreite die Jrossmutter und die Kleene, in dem er den Wolf ausweidete.

»Find' ick Diah hiea, Du alta Sünder«, sprach er, »ick hab' Dir lange jesucht!« Als erfahr'na Jeejer wusste er sofort, dass die Jrossmutter nur in Bauch von' Wolf sein konnte. So nahm er sein Messer, schlitzte den Bauch von' Wolf uff und fand die Jrossmutter und det Rotkäppchen noch lebend in Wanst von det Untier.

Jrossmutta und die Kleene freuten sich wie blöde und die Kleene versprach ihre Jrossmutter nie, nie wieder von Weech abzuweichen und imma uff direktem Wege zu ihr zu jehen.

Wenn'se nich jestorben sind, leben'se noch heute ...

Anglizismen

Dieter E. Zimmer
Fehler machen Worte 2009

Die Sprache wandelt sich ständig – und wir alle sind daran beteiligt. Was treibt uns an?

Der Keks musste viel aufgeben, um in die deutsche Sprache zu gelangen. Dabei hatte er es anfangs noch leicht. »Was ißt die Menschheit unterwegs? Na selbstverständlich Leibniz-Cakes«, riefen Werbeplakate im Jahr 1898 den Menschen zu – schlagartig machte Bahlsen das englische Wort *cake* in Deutschland bekannt. Dann setzte die Germanisierung ein: Das *a* in *Cakes* wurde durch ein *e* ersetzt, das hintere *e* verschwand. Aus einem *C* wurde ein *K*. Zudem wurde der englische Plural mit seinem *s* zum deutschen Singular – stattdessen halste man dem gebeutelten Wort einen eigenen Plural in Form eines *e* auf. Ein Keks, viele Kekse. Schließlich war das Kunstwort in der deutschen Sprache angekommen: 1919 fand der Keks Eingang in den Duden.

Eine Misshandlung der Sprache, empörten sich damals die Bildungsbürger. Doch sie hatten dem neuen Wort nicht viel entgegenzusetzen. Seit es den Keks gab, war der Begriff Feingebäck einfach nicht mehr hip. Hip? Verzeihung: zeitgemäß.

Die Sprache wandelt sich, und sie geht dabei ihren eigenen Weg, früher wie heute. Sprachwächter wie der Spiegel-Kolumnist Bastian Sick oder der Kritiker Wolf Schneider können vor Anglizismen warnen, so viel sie wollen, Intellektuelle in den Feuilletons unermüdlich den Verfall der deutschen Sprache monieren – aber im Grunde begleiten sie alle nur einen Prozess, auf den sie eigentlich kaum Einfluss haben. Niemand gibt den fast 100 Millionen Menschen, die Deutsch als ihre Muttersprache bezeichnen, eine Richtung vor. Und doch kommt es in der Sprache ständig zu Veränderungen.

Der Duden-Verlag sitzt in einem Bürohaus im Mannheimer Industriegebiet. Dort durchforstet der stellvertretende Leiter der Duden-Redaktion Werner Scholze-Stubenrecht die Sprache nach neuen Wörtern. Sein wichtigstes Instrument: das Duden-Korpus, eine Datenbank mit inzwischen mehr als 1,4 Milliarden Wortformen, die regelmäßig aktualisiert wird. Zeitungen und Zeitschriften, Bücher, Redemanuskripte, Reparatur- und Bastelanleitungen – aus allen Bereichen der gedruckten Sprache wird das Korpus gespeist.

»Wenn ich wissen will, wie es um ein Wort in der deutschen Sprache bestellt ist, sehe ich im Korpus nach«, sagt Scholze-Stubenrecht und blickt auf den Bildschirm. »Ich erfahre beispielsweise, wie häufig das Wort gebraucht wird, ob seine Verwendung zu- oder abnimmt und ob es eher in Zeitungen oder in Romanen auftaucht.« Die Karrieren vieler Wörter hat er schon mit angesehen, erfolgreicher wie gescheiterter: »Hartz IV« etablierte sich innerhalb kürzester Zeit; der »Beiguss« hingegen, ein Versuch, die Soße einzudeutschen, war bald wieder verschwunden.

Er öffnet eine Datei, in der er vom Aussterben bedrohte Wörter sammelt. Derzeit bevölkern über 2000 das Altersheim der deutschen Sprache. Er scrollt die Liste entlang: »Ich bezweifle, dass die Federbüchse in der nächsten Ausgabe des Duden noch vorkommt.« Ähnlich schlecht geht es dem Jahrweiser, einer veralteten Bezeichnung für Kalender.

[…]

Wie lassen sich solche Veränderungen erklären? Warum weichen wir, die Deutschsprechenden, immer wieder vom herkömmlichen Gebrauch der Sprache ab – oft gemeinsam und koordiniert, aber ohne uns dessen bewusst zu sein? Bei solchen Fragen kommt der Linguist Rudi Keller auf die Trampelpfade zu sprechen.

Über die Rasenflächen des Campus der Universität Düsseldorf, an der Keller lehrt, zieht sich ein Netz von Trampelpfaden. Betrachtet man die Wege von oben, wird schnell klar: Dieses scheinbar zufällig entstandene Netz ist ökonomisch und durchdacht – […]

»Auch in der Sprache muss man zuerst die Motivation untersuchen, wenn man wissen will, warum sie sich ändert«, sagt Keller. Eines der Urmotive sei hier ebenfalls, Energie zu sparen, ergo: Bequemlichkeit. Ganz so einfach lässt sich das in der Praxis aber nicht immer umsetzen. Wer in der Sprache abweicht von den gepflasterten Wegen, feststehenden Grammatikregeln und dem linguistischen Allgemeingut, macht formal gesehen zunächst einen Fehler. […]

Machen aber alle denselben Fehler, dann ist er keiner mehr. Auf dem Düsseldorfer Campus wurden Pfade erst sichtbar, nachdem das Gras von einzelnen Übeltätern, die sich im Nachhinein als Pioniere erwiesen haben, niedergetrampelt war. Bald benutzten immer mehr Menschen die neuen Wege. Die Vorzüge der neuen Option hatten sie überzeugt.

In der Sprache kämpfen etliche Abweichungen darum, sich im Alltag durchzusetzen. »Im Herbst diesen Jahres« etwa gilt als falsch, richtig ist »im Herbst dieses Jahres«. Aber sogar in Nachrichtensendungen hört man häufig die falsche Variante. Der Grund: Die meisten ähnlichen Konstruktionen tragen ein n, »im Herbst vergangenen Jahres« und »im Herbst nächsten Jahres« beispielsweise. Ein ausreichendes Motiv, meint Keller. Was heute noch falsch ist, könnte morgen die Regel sein.

Da sich neue Normen scheinbar wie von selbst etablieren, obwohl alle Beteiligten nur nach eigenen Motiven handeln, spricht Keller in Anlehnung an Adam Smith von der »unsichtbaren Hand«. Besonders in der gesprochenen Sprache lässt sich

1 Recherchieren Sie, in welchen Bereichen Anglizismen besonders gehäuft auftreten und diskutieren Sie über mögliche Ursachen.

2 Testen Sie Ihre Fähigkeiten im Online-Quiz zu Firmen-Denglisch: ***http://*** *wirtschaft.t-online.de/business-englisch-quiz-verstehen-sie-denglisch-/id_47702070/index*

3 Erklären Sie am Beispiel »cake« / »Keks« den Unterschied zwischen einem Fremd- und einem Lehnwort. Nennen Sie weitere Beispiele.

4 Recherchieren Sie aus sprachgeschichtlicher Perspektive den Einfluss des Englischen auf das Deutsche um 1900. Welche Wörter wurden in dieser Zeit entlehnt, welche sind nach kurzer Zeit wieder verschwunden?

deren Wirken immer wieder beobachten. Die Konstruktion »wir haben« etwa wird längst häufig als »wir ham« ausgesprochen. Faulheit. Auf die Orthografie, die Schriftsprache, hat das bislang keine Auswirkungen. Dies kann sich jedoch ändern. […]

Wer wissen will, was derzeit falsch und richtig ist, kann bei Marlies Herweg anrufen. Die Germanistin sitzt im Duden-Verlag am Ende einer Hotline, bei der man für 1,86 Euro pro Minute Auskunft auf alle Fragen in Sachen richtiges Deutsch erhält. […] Der erste Anruf des Tages. »Duden-Sprachberatung, Marlies Herweg, guten Tag.« Ein Steinmetz lässt sich die Großschreibung absegnen, bevor er eine Inschrift in einen Grabstein meißelt. Steinmetze gehören zur Stammkundschaft, ebenso wie Lektoren und Werbeagenturen. Aber auch Mütter und Väter, die ihren Kindern bei den Schulaufgaben helfen, brauchen Unterstützung; manchmal wird dabei aus der Sprachberatung schnell eine kleine Lebensberatung. […] Eines, stellt Herweg fest, haben die meisten gemeinsam: Sie erwarten eindeutige Antworten. »Die Leute fragen auch dort nach Regeln, wo es keine gibt.« Oft muss sie diese Erwartung enttäuschen, »das ist nicht eindeutig geregelt«, sagt sie dann am Telefon, was aber keiner hören will. Es scheint ein Bedürfnis nach Ordnung und Stabilität zu bestehen.

Dieser Drang zur Eindeutigkeit jedoch könne die Sprache auch verändern, meint der Linguist Keller. Denn erscheine etwas nicht klar, drücke man sich unbewusst deutlicher aus, um Verständnisschwierigkeiten zuvorzukommen. So konnte La Ola, die Fußballzuschauer in Mexiko erfunden hatten, nicht eins zu eins ins Deutsche übernommen werden. Denn dass die spanische Konstruktion *la ola* »die Welle« bedeutet, ist nicht allen Deutschen klar. Darum spricht man hierzulande gern von der La-Ola-Welle; die Verdopplung dient der Verdeutlichung. […]

Die Sprache ist eben flexibel – sie passt sich der Zeit und ihren Benutzern an. Gerne nimmt das Deutsche auch äußere Einflüsse auf. Ohne englischen Input würden wir heute nicht im Internet surfen, sondern womöglich im »Zwischennetz« nach Informationen suchen. Dabei wandelt sich die englische Sprache besonders schnell, weil sie durch ihre Verbreitung Kontakt zu vielen anderen Sprachen hat. Seit fünf Jahren verfolgt das US-Unternehmen Global Language Monitor im Rahmen des Projekts »Million Words March« die englische Sprache und registriert alle neu entstandenen Wörter; Anfang Juni soll die Millionenmarke erreicht werden. Auch die deutsche Sprache wächst, etwas langsamer zwar, aber es entstehen weit mehr Wörter, als aussterben: Trotz der strengen Aufnahmekriterien kommen im Duden mit jeder Auflage Tausende hinzu, heute enthält »Die deutsche Rechtschreibung« schon mehr als 130 000 Wörter.

Zu den fleißigsten Schöpfern neuer Ausdrücke gehören übrigens Teenager. »Mit der herkömmlichen, ausgetretenen Sprache kann man niemanden beeindrucken«, sagt Roland Hinterhölzl von der Humboldt-Universität Berlin. »Wer sich klug und gewitzt ausdrücken will, muss etwas Besonderes tun.« So versuchen insbesondere Jungs, die Mädchen mit »cooler« Sprache zu beeindrucken. Gerade die Jugendsprache ist allerdings derart schnelllebig, dass so manche »Schnalle« (Mädchen) ins Grübeln kommt, wenn sie nach ihrem »Taschendrachen« gefragt wird. Die einen haben noch nie etwas davon gehört, dass damit ein Feuerzeug gemeint ist; die anderen haben es schon längst wieder vergessen.

1 Im Deutschen werden auch »englische« Wörter benutzt, die es im Englischen so gar nicht gibt oder die dort eine andere Bedeutung haben. Das *handy* z. B. existiert nur im Deutschen – Briten und Amerikaner sprechen entweder von »mobile (phone)« oder »cell phone«. Finden Sie weitere Beispiele.

2 Englische Begriffe werden häufig benutzt, um sich den Anschein der Modernität und des Fortschritts zu geben. Suchen Sie sich einen beliebigen Zeitungstext und schreiben Sie ihn um. Versuchen Sie dabei, so viele Anglizismen wie möglich einzubauen.

Sale

Rudolf Hoberg

Wird aus Deutsch Denglisch? 2002

Nach wie vor nennen [Kritiker] besonders vier Gründe für ihre ablehnende Einstellung [gegenüber Anglizismen]:

Erste Behauptung: Anglizismen sind überflüssig; es gibt genug deutsche Wörter bzw. es können und sollen neue deutsche Wörter gebildet werden. Beispiel: »Kids« (nach wie vor der am meisten kritisierte Anglizismus) im Vergleich zu »Kinder«.
Kommentar: Überflüssige Wörter gibt es nicht, und zwar zum einen, weil Sprachen so gut wie keine völlig synonymen Wörter enthalten, und zum anderen, weil für Sprecher und Schreiber kein von ihnen benutztes Wort überflüssig ist, da sie es andernfalls nicht verwenden würden. Und »Kids« und »Kinder« haben selbstverständlich ganz unterschiedliche Bedeutungen. Dieses Beispiel zeigt wie viele andere, dass es Anglizismengegnern häufig an sprachlichem Differenzierungsvermögen fehlt.

Zweite Behauptung: Die Verständigung wird durch Anglizismen erschwert.
Kommentar: Es wurde bisher nicht einmal der Versuch gemacht, diese pauschale Behauptung zu beweisen. Selbstverständlich können neue Wörter, vor allem auch neue deutsche Wörter, besonders wenn sie aus Fachsprachen in die Gemeinsprache eindringen, die Verständigung erschweren oder gar unmöglich machen.

Dritte Behauptung: Anglizismengebrauch ist häufig nichts weiter als Angeberei und Imponiergehabe.
Kommentar: An dieser Behauptung ist zweifellos etwas Richtiges. Die Verwendung englischer Wörter dient vielen Zeitgenossen als Ausweis moderner Lebenseinstellung [...]. Aber auch mit deutschen Wörtern kann man angeben, sich wichtig tun, seine »Modernität« zum Ausdruck bringen. Und Moden sind meist nur sehr kurzlebig.

Vierte Behauptung: Die Deutschen flüchten aus ihrer Sprache, weil sie – vor allem wegen des Nationalsozialismus – Probleme mit der Identität haben.
Kommentar: Auch diese These wurde nie begründet oder gar bewiesen. Ohne hier auf die Identitätsprobleme der Deutschen eingehen zu können, muss darauf hingewiesen werden, dass das Englische auch auf andere Sprachen einwirkt und besonders stark auf das Deutsch in der Schweiz (und die Schweizer sind bekanntlich an den Naziverbrechen nicht beteiligt gewesen). [...]

very lecker!

Was die Anglizismen angeht, so muss vor allem bedacht werden: [...] Im Hinblick auf den Gesamtwortschatz des Deutschen, aber auch auf Fremd- und Lehnwörter aus anderen Sprachen ist die Zahl der Anglizismen auch heute noch sehr gering. Anglizismen finden sich in größerer Zahl nur in wenigen Textsorten, vor allem in der Anzeigen- und Werbesprache, in bestimmten Fachsprachen, etwa der Computersprache, in bestimmten Sendungen des Hörfunks und Fernsehens. Im Gegensatz zu einer weit verbreiteten Meinung gibt es in der gesprochenen Jugendsprache keineswegs besonders viele Wörter aus dem Englischen. Und in einer speziellen jugendsprachlichen Textsorte, dem Abituraufsatz, beträgt der Anteil der substantivischen Anglizismen 0,06 %, der der substantivischen Fremdwörter insgesamt aber 14,0 %.

Korrekte Rechtschreibung: Straußensteak mit Nusssoße und Potatoes

1 Lesen Sie den Text von Rudolf Hoberg. Suchen Sie nach Beispielen, die die genannten Behauptungen bzw. deren Widerlegung stützen können.

2 Diskutieren Sie die im letzten Satz des Hoberg-Textes genannte Fremdwortverwendung in Abituraufsätzen.

3 »Die Gewalt einer Sprache ist nicht, dass sie das Fremde abweist, sondern dass sie es verschlingt« (J. W. von Goethe) – Inwieweit ist das Deutsche demnach eine Sprache mit Gewalt?
Erörtern Sie diese Frage.

Rudolf Grimm

Come in and find out 2012

Über die Notwendigkeit von englischen Wörtern in unserem Alltagsleben lässt sich streiten. In der Werbung befindet sich deren Einsatz bereits auf dem Rückzug. Ein neuer Trend?

Einst warb McDonald's mit dem Spruch »Every time a good time« für seine Hamburger – mittlerweile spricht selbst die uramerikanische Fast-Food-Kette ihre Kunden in Deutsch an: »Ich liebe es«, heißt der neue Slogan. Eine Entwicklung, die bei vielen Unternehmen zu beobachten ist: Das Englische befindet sich in der deutschen Werbung anscheinend auf dem Rückzug.

Über die möglichen Gründe wird viel spekuliert: Hat die in Deutschland seit dem Irakkrieg beobachtete amerikakritische Stimmung auch einen sprachlichen Nebeneffekt gehabt? Sind die Menschen von der Häufung von Anglizismen im Allgemeinen und in der Werbung im Speziellen genervt? Werden englische Werbesprüche möglicherweise von einem großen Teil der Bevölkerung nicht oder falsch verstanden?

Auf jeden Fall hat die Parfümeriekette Douglas im Oktober ihren unter den englischsprachigen Werbesprüchen besonders bekannten Slogan »Douglas – Come in and find out« in »Douglas macht das Leben schöner« geändert. Diese Änderung habe aber nichts mit den Ergebnissen von Studien über Anglizismen in der Werbung zu tun, versicherte das Unternehmen.

An anderer Stelle hält Douglas weiter an Anglizismen fest – das Magazin »Find out. Das Beauty-Magazin für Girls« erscheint nach wie vor drei Mal im Jahr mit diesem Titel – »ein Beleg dafür, dass wir unsere Kommunikation eigenständig gestalten und unseren Erfahrungen vertrauen können.« Das Magazin verwendet als »Info-Guide« für junge Kundinnen besonders viele englische Wörter. Da werden die Leserinnen mit »Hi, Girls« und »Hello-You« angesprochen. Und da heißt es etwa: »Du bist hip und absolut hot. Immer unterwegs in der City, beim Clubbing oder Flirten«.

In einer Umfrage der Marktforschungsfirma Dialego in Kooperation mit dem »Handelsblatt« unter 1000 Menschen hatte »Come in and find out« zwar unter den englischsprachigen Sprüchen den höchsten Bekanntheitsgrad, rangierte aber hinter der Bekanntheit von sieben deutschsprachigen. Die drei erstplatzierten unter den 22 ausgewählten Unternehmen waren »Ich bin doch nicht blöd« (Media Markt), »Wohnst Du noch oder lebst Du schon?« (IKEA) und »Nichts ist unmöglich« (Toyota) gewesen. Als zweitbekanntester englischsprachiger Werbespruch wurde »There's no better way to fly« von der Lufthansa ermittelt (Rang 19).

Doch nicht nur beim Bekanntheitsgrad, auch bei ihrer Entschlüsselung stoßen manche englische Begriffe an Grenzen. So untersuchte die Agentur *Endmark International Namefinding* im vergangenen Jahr das »Verständnis englischer Claims in Deutschland« mit Hilfe von persönlichen Interviews mit 1104 Menschen. Dabei war »Every time a good time« der am besten verstandene Spruch. Es folgten »There's no better way to fly«, »Come in and find out« und »Powered by Emotion«.

Manche Befragte hatten die Sprüche aber auch komplett falsch gedeutet. »Come in and find out« wurde mit »Kommen Sie rein und finden Sie wieder raus« übersetzt. »Drive Alive« von Mitsubishi wurde auch verstanden als Aufforderung, die Autofahrt zu überleben. »Powered by Emotion« erinnerte manchen sogar an die nationalsozialistische Parole »Kraft durch Freude«.

Von den genannten Unternehmen haben seit dieser Untersuchung außer Douglas und McDonald's noch sechs andere inzwischen deutschsprachige »Claims«: Lufthansa: »Alles für diesen Moment«, Sat 1: »Sat 1 zeigt's allen« und Mitsubishi: »Heute. Morgen. Übermorgen«. Esso änderte seinen Werbespruch von »We are drivers too« zu »Packen wir's an«, Audi TT von »Driven by instinct« zu »Pur und faszinierend« und RWE von »One Group. Multi Utilities« zu »Alles in einer Hand«. Ganz auf Wörter aus fremden Sprachen kann die Werbung nach Auffassung des Douglas-Sprechers Michael Rotermund aber wohl kaum verzichten. Dies gelte erst recht für die Parfümbranche, da die Kommunikation dort nun einmal vielfach in englischer und französischer Sprache stattfinde. »Diese Praxis hängt sicher damit zusammen, dass sich die Parfüm- und Kosmetikbranche durch gewisse mondäne Elemente, durch Weltläufigkeit und starke Internationalität auszeichnet oder auszeichnen möchte und dass als Ausdruck dessen eine europaweit oder weltweit orientierte Kommunikation stattfindet – und dabei nimmt Deutsch als verwendete Sprache nun einmal einen geringeren Stellenwert ein als Englisch oder Französisch.«

Der Werbepraktiker und -agenturchef Kay Tangermann sieht das jedoch ein wenig anders: »Heute Englisch zu sprechen, ist kein Zeichen von Weltläufigkeit, Englisch ist im Computer- und Internet-Zeitalter zu einer Arbeitssprache geworden, so wie die Programmiersprache C++.« Anglizismenfülle führt nach seiner Auffassung zur »Standardisierung, Gleichschaltung und damit zur Abstumpfung.«

1 Schreiben Sie auf der Grundlage des Textes von Rudolf Grimm einen Artikel über Anglizismen für die Schülerzeitung.

2 Führen Sie in Ihrer Lerngruppe eine Pro- und Kontra-Debatte zu Anglizismen durch.

Verständnis englischsprachiger Werbeslogans in Deutschland

2006: Gesamtübersicht

Ranking	Verstanden (%)	Claim	Absender	Intendierte Übersetzung des Absenders	Die skurrilsten Übersetzungen durch Befragte (selektive Beispiele)
01	55	Feel the difference	FORD	Erlebe den Unterschied	Fühle das Differenzial/viel Differenzial/Ziehe die Differenz ab
02	42	Impossible is nothing	ADIDAS	Nichts ist unmöglich	Imposant ist nichts/ Ein imposantes Nichts
03	38	Freedom of Speech	BASE	Redefreiheit	Frieden der Geschwindigkeit/ Rede in Frieden
04	33	Make the most of now.	VODAFONE	Mach das Beste aus dem Augenblick/Nutze den Moment	Mach' meist nicht alles/ Mach's meistens jetzt/ Mach keinen Most daraus
05	30	Fly Euro Shuttle!	AIR-BERLIN	Fliege das Euro-Shuttle/ Fliege mit dem Europa-Pendeldienst	Der Euro-Schüttel-Flug/ Schüttel den Euro zum Fliegen
06	25	The Power to Surprise	KIA MOTORS	Die Kraft zu überraschen	Die Überraschungsmacht/ Die Power-Überraschung/ Mit Strom überraschen
07	24	One of life's pleasures	MARS	Eine der Annehmlichkeiten des Lebens	Ein Leben bitte!/Bitte, eins vom Leben/Ohne Leben bitte
08	23	Have it your way	BURGER KING	Mach's/Nimm's auf deine Weise/Ganz nach deiner Art	Hast du deinen Weg?/ Nimm's mit auf den Weg!
09	18	Welcome to the Beck's experience	BECK'S	Das Beck's Erlebnis begrüßt dich/Sei willkommen zum Beck's-Erlebnis	Willkommen beim Becks's Experiment
10	13	A State of Happiness	CENTER PARCS	Ein Platz sowie ein Zustand (Wortspiel) der Glückseeligkeit	Ein Staat der Glücklichkeit/ Mit Glück Staat machen/ (An-)statt happy zu sein
11	10	Because change happenz	ZURICH VERSICHERUNG	Veränderung (das orthografisch falsche »z« am Ende soll auf die Marke Zurich hinweisen)	Weil Chancen glücklich machen/ Weil man etwas wechseln kann
12	8	Life by Gorgeous	JAGUAR XK	Leben auf prächtig/ hinreißend	Leben in Georgien/Leben bei Georg/ Leben wie George

2009: Gesamtübersicht

Ranking	Verstanden (%)	Claim	Absender	Intendierte Übersetzung des Absenders	Die skurrilsten Übersetzungen durch Befragte (selektive Beispiele)
01	48	Sense and Simplicity	PHILIPS	Sinnvoll und einfach/ unkompliziert (zu bedienen)	Sinn und Einfalt/Denke simpel
02	35	Explore the City Limits	OPEL ANTARA	Erkunde die Grenzen der Stadt	Das Stadtlimit explodiert/ Explosionen an der Stadtgrenze/ Erobere die Stadtgrenze
03	34	Taste Tuned	KARLSBERG MIXERY	Verstärkter/»getunter« Geschmack	Probier mal diese Tunes/Die Taste ist getuned/Geschmacksverstärker/ Geschmack dreht dich um
04	32	It's an addiction	HUMANIC	(Humanic) macht süchtig/ Es ist eine Sucht/ Die Schuhsucht	Es ist eine Addition/ Es ist ein Süchtiger/Es ist Werbung
05	30	Broadcast Yourself	YOUTUBE	Sende (dich) selbst	Mache deinen Brotkasten selbst/ Oute dich selbst/ Entdecke dich selbst
06	24	Design Desire	BRAUN	Design-Verlangen/ Verlangen nach Design	Gestaltungsdesaster/ Designwüste/Zeichne Unordnung/ Erfinde Wünsche
07	20	Adjust your comfort zone	ODLO	Finde deinen Komfortzustand/deinen besten Wohlfühlzustand/Jeder kann seinen Komfort einstellen	Nimm deine Schokoladenseite wahr/ Passe deine Bequemlichkeit an/ Genieße dein Inneres/ Mach's dir gemütlich
08	15	Shift the way you move	NISSAN	Ändere die Art dich (fort-)zubewegen	Schiebe den Weg und du kommst voran/Mit dem Hebel den Weg verändern/Verschiebe deinen Bewegungsstil
09	14	Live Unbuttoned	LEVI'S 501	Sei frei/Sei du selbst/ Lebe ungezwungen	Lebe nicht bodenständig/Unbekleidet leben/Lebendig angeknöpft
10	11	World's Pleasure Authority	LANGNESE MAGNUM	Die Welt-Behörde für Genuss/ Das Welt-Genuss-Amt	Für eine autoritäre Welt/ Lass die Autorität der Welt plätschern/ Die Welt bittet um Autorität

Wise Guys

Denglisch 2006

Oh Herr, bitte gib mir meine Sprache zurück,
ich sehne mich nach Frieden und 'nem kleinen Stückchen Glück.
Lass uns noch ein Wort verstehn in dieser schweren Zeit,
öffne unsre Herzen, mach' die Hirne weit.

Ich bin zum Bahnhof gerannt und war a little bit too late:
Auf meiner neuen Swatch war's schon kurz vor after eight.
Ich suchte die Toilette, doch ich fand nur ein »McClean«,
ich brauchte noch Connection und ein Ticket nach Berlin.
Draußen saßen Kids und hatten Fun mit einem Joint.
Ich suchte eine Auskunft, doch es gab nur 'n Service Point.
Mein Zug war leider abgefahr'n – das Traveln konnt' ich knicken.
Da wollt' ich Hähnchen essen, doch man gab mir nur McChicken.

Oh Herr, bitte gib mir meine Sprache zurück,
ich sehne mich nach Frieden und 'nem kleinen Stückchen Glück.
Lass uns noch ein Wort verstehn in dieser schweren Zeit,
öffne unsre Herzen, mach' die Hirne weit.

Du versuchst, mich upzudaten, doch mein Feedback turned dich ab.
Du sagst, dass ich ein Wellness-Weekend dringend nötig hab.
Du sagst, ich käm' mit Good Vibrations wieder in den Flow.
Du sagst, ich brauche Energy. Und ich denk: »Das sagst du so …«
Statt Nachrichten bekomme ich den Infotainment-Flash.
Ich sehne mich nach Bargeld, doch man gibt mir nicht mal Cash.
Ich fühl' mich beim Communicating unsicher wie nie –
da nützt mir auch kein Bodyguard. Ich brauch Security!

Oh Lord, bitte gib mir meine Language zurück,
ich sehne mich nach Peace und einem kleinen Stückchen Glück.
Lass uns noch ein Wort verstehn in dieser schweren Zeit,
öffne unsre Herzen, mach' die Hirne weit.

Ich will, dass beim Coffee-Shop »Kaffeehaus« oben draufsteht,
oder dass beim Auto-Crash die »Lufttasche« aufgeht,
und schön wär's, wenn wir Bodybuilder »Muskel-Mäster« nennen
und wenn nur noch »Nordisch Geher« durch die Landschaft rennen …

Oh Lord, please help, denn meine Language macht mir Stress,
ich sehne mich nach Peace und a bit of Happiness.
Hilf uns, dass wir understand in dieser schweren Zeit,
open unsre Hearts und make die Hirne weit.

Oh Lord, please gib mir meine Language back,
ich krieg hier bald die crisis, man, it has doch keinen Zweck.
Let us noch a word verstehn, it goes me on the Geist,
und gib, dass »Microsoft« bald wieder »Kleinweich« heißt.

»Denglisch«. Text: Daniel Dickopf.

1 Die Aussage des Songs »Denglish«ist nicht so eindeutig, wie es auf den ersten Blick vielleicht den Anschein hat. Versuchen Sie die Grundaussage des Textes in 2–3 Grundthesen zusammenzufassen. Belegen Sie Ihre Thesen jeweils mit Textstellen.

2 Diskutieren Sie Ihre Ergebnisse in Partnerarbeit und / oder im Plenum.

3 Schauen Sie sich folgendes Video an: »Astrid erklärt ihren Job ohne Anglizismen« (*http://www.youtube.com/watch?v=6F1hMVg37M8*). Diskutieren Sie die auftretenden Formulierungsschwierigkeiten in der Klasse.

4 Entwerfen Sie eine Szene, in der Jugendliche durch szenesprachliches Vokabular einen Erwachsenen gezielt verunsichern bzw. Missverständnisse provozieren.

Kiezdeutsch und Kanak Sprak

Hadija Haruna

Weissu – is krasse Sprache! Jugendliche Migranten mischen das Hochdeutsch auf 2011

»Es war ma krass frustrierte Tuss, dem hatte Stiefkind. Das hat immer in sein Spiegel geguckt un den angelabert: Spiegel, Spiegel an Wand, wer is dem geilste Tuss in Land?« Die 17-jährige Güldem zitiert das Märchen von Schneewittchen, das es längst in einer Ethnolekt-Version gibt. So nennen Sprachforscher den verkürzten und abgehackten Sprachstil, der bundesweit auf Schulhöfen und Straßen zu hören ist. Was für viele Wissenschaftler eine kreative Entwicklung der deutschen Sprache ist, bezeichnen Kritiker abwertend als »Dönerdeutsch« oder »Ghettoslang«. Güldem und ihren Freundinnen Samira und Simone ist das egal. Auch, dass sie von vielen als »Assis« abgestempelt werden. Die drei Gymnasiastinnen aus Frankfurt sind in Deutschland geborene Kinder türkischer, ghanaischer und deutscher Eltern. Sie sprechen fließend Deutsch – wenn sie wollen.

Jede Zeit hat ihre Sprache und Jugendliche haben schon immer versucht, sich durch ihre eigene abzugrenzen. In multikulturellen Großstädten wie Frankfurt oder Berlin kreieren sie ihren eigenen Jargon, der für Nichtsprecher grammatisch falsch klingt. Es gibt Studien, die belegen, dass viele der Sprecher mehrsprachig sind und – anders als vielleicht erwartet – auch gut in der Schule. »Ethnolekt ist keine Ausländersprache und unterscheidet sich in seiner Grammatik vom gebrochenen Deutsch der Gastarbeitergeneration«, sagt die Germanistin Heike Wiese von der Universität Potsdam. Vielmehr sei es eine dauerhafte Veränderung der Sprache, weil viele Jugendliche sie verinnerlichten. Begrüßungen, Verabschiedungen, Schimpfwörter, Drohformeln oder Flirtsprüche: Im Ethnolekt schrumpft der deutsche Gesamtwortschatz kontinuierlich zusammen. Einfache Satzkonstruktionen werden aus Subjekt, Prädikat und Objekt gebildet, Artikelformen und Präpositionen weggelassen (»wenn wir Hochzeit gehen«), Genera verändert (»son großer Plakat«), und oft fehlen die Pronomen (»die haben mir beigebracht«). Beim sogenannten Codeswitching werden mitten im Satz türkische, arabische oder serbokroatische Lehnwörter eingebunden: »yalla« für »auf geht's« oder »wallah« (bei Gott), wenn etwas mit Nachdruck versichert wird. »Isch schwör« bekräftigt eine Aussage, alles in Ordnung heißt »Tamam«, und Einschübe wie »Lan« oder »Moruk« sind im Ethnolekt ebenso geläufig wie die deutsche Entsprechung: »Alda«. Außerdem zählen Ausrufe wie »weissu«, »krass« oder »korrekt« dazu. Wichtig bei der Aussprache ist die spezielle Stakkato-Intonation – und typisch die sogenannte Koronalisierung des Ich-Lauts: Isch, misch, disch. Ein mustergültiger Satz lautet: »Isch geh gleisch U-Bahn.« [...]

»Jede Zeit hat ihre Wörter. Manche kommen und gehen, andere halten sich«, sagt die 19-jährige Renata. Sie besucht ein Gymnasium in Berlin-Kreuzberg. Ob sich eine Floskel halte, entscheide die Mehrheit der Sprecher. Zudem käme es darauf an, in welchem Kiez man sich aufhalte. »In Wilmersdorf sagen sie andere Sachen als hier bei uns«, sagt Renata, »das Wort ›gebügelt‹ bedeutet da ›übertrieben‹.« In Kreuzberg würde das niemand benutzen. In Berlin, Frankfurt und anderen Großstädten zeigt sich, dass der Ethnolekt nicht von der Herkunft oder der Muttersprache abhängig ist, sondern vom Wohnort der Sprecher – und dem, was gerade angesagt ist. Das sagt auch Renatas Freundin Betül: »›Mies‹ ist gerade angesagt in Kreuzberg.« Es bedeutet so viel wie »abgefahren« oder »der Hammer«. Begriffe wie »cüs« (türkisch für pfui) oder »Bombe« hingegen hätten ausgedient.

»Wir wissen, wie wir mit wem reden müssen. Mit einem Lehrer oder meinen Eltern würde ich nicht so sprechen. Aber nicht alle könnten switchen«, sagt Samira aus Frankfurt, die mühelos zwischen Ethnolekt und Standarddeutsch (Hochdeutsch) hin und her wechseln kann. Die 17-Jährige glaubt, dass es auf die sprachlichen Einflüsse ankommt, mit denen man aufgewachsen ist. »Manche kennen eben nur diese eine Sprache.« Samiras Einschätzung belegen auch Untersuchungen. Und sie zeigen noch etwas anderes. Nämlich, dass für viele Außenstehende Ethnolekt oft mit Aggression und kriminellen Jugendlichen assoziiert wird. [...]

Samy, ein Kind nigerianischer Eltern, habe sich die Redeweise nach dem Wechsel von der Schule an die Uni nach und nach abtrainiert. »Anfangs habe ich die dummen Kommentare nicht ernst genommen, später hat es mich gestört«, sagt der 23-Jährige. Wie lange es gedauert habe? »Irgendwann war es weg«, sagt der Student. Es sei ein Nachteil gewesen, draußen so zu sprechen. Doch wer Standarddeutsch spreche, gerate in der Clique schnell in den Verdacht, arrogant zu sein, sagt Samira. Über diesen Punkt hat Renata noch nie wirklich nachgedacht: »Bei uns denkt keiner darüber nach, ob es falsches oder richtiges Deutsch ist.« Zudem sei es bequemer, nicht immer ganze Sätze sagen zu müssen, ergänzt Nilüfer. »Wir verstehen uns einfach mit wenigen Worten.«

1 Erklären Sie anhand des Textes von Hadija Haruna, warum und wie die deutsche Sprache durch jugendliche Migranten verändert wird.

1 Heike Wiese beschreibt, dass es sich bei Kiezdeutsch um eine neue Varietät des Deutschen handelt. Formulieren Sie zu dem Textauszug aus »Kanak Sprak« (S. 69) Regeln, die von denen der Standardsprache abweichen.

Marc Felix Serrao

Jugenddialekt Kiez-Deutsch 2012

Interview mit Heike Wiese in der SZ

Unvollständige Sätze, durchmischt mit arabischen und türkischen Worten: Kiezdeutsch, die Jugendsprache der Großstädte, hat keinen guten Ruf. Zu Unrecht, sagt Sprachwissenschaftlerin Heike Wiese: Der Slang wird als Dialekt des Deutschen erhalten bleiben.

»Machst du rote Ampel«, »Die ist so hübsch so«, »Yallah, auf sie«: Was viele Menschen in Deutschland grauenvoll finden – die Jugendsprache in Großstadtbezirken wie Berlin-Kreuzberg –, findet Heike Wiese faszinierend. Die Professorin für Deutsche Sprache der Gegenwart an der Universität Potsdam forscht seit Jahren zu dem Phänomen. [...]

SZ: *»Hallo, ich bin die Heike, und ich habe gerade ein Buch geschrieben«– können Sie das bitte mal auf Kiezdeutsch sagen, Frau Wiese?*

Heike Wiese: Der Bitte kann ich kaum entsprechen. Kiezdeutsch ist ja Deutsch. Das ist nicht exotisch. [...]

SZ: *Sie bezeichnen Kiezdeutsch als Dialekt, also als etwas, das bleibt und dauerhaft ins Deutsche einsickern könnte.*

Wiese: Das wäre schön. Wobei: nicht einsickern. Es stößt zum Hochdeutschen dazu, zu unserem bunten Spektrum.

SZ: *Sie sagen: schön. Trotzdem gibt es keinen Dialekt, der einen so miesen Ruf hat. Vulgär und falsch, heißt es gern.*

Wiese: Dialekte haben allgemein keinen guten Ruf in Deutschland. [...] Beim Kiezdeutsch haben wir außerdem viele Jugendliche, die mehrsprachig sind, mit Migrationshintergrund. Auch das ist negativ besetzt. Migrationshintergrund: Das Wort wird mit Sprachproblemen assoziiert, nicht mit Innovation.

SZ: *Die Frankfurter Allgemeine bezeichnete das, was sie innovativ finden, mal als »Schrumpfgrammatik«. Können Sie die Kritik nachvollziehen?*

Wiese: Nein, aber ich finde es nicht überraschend. Die Überzeugung ist ja soziolinguistisch bekannt, auch aus anderen Ländern: Alles, was nicht Standard ist, wird als falsch wahrgenommen, und nicht als alternative Möglichkeit, Deutsch, Französisch oder Englisch zu sprechen.

SZ: *Sie schreiben, das bürgerliche Bildungsdeutsch sei eine Erfindung des 17. und 18. Jahrhunderts. Ein Instrument der neu entstandenen Mittelschicht, um sich gegen die Dialekte und das Proletariat abzugrenzen. Ist das immer noch so? Sind wir nicht toleranter geworden?*

Wiese: [...] Da sind starke Emotionen im Spiel. Für viele Leute ist Kiezdeutsch gebrochenes Deutsch und nur so darf man es ihrer Meinung nach sehen. Da scheint es auch um ein Weltbild zu gehen, das in Gefahr gerät. Gute Sprecher versus schlechte Sprecher.

SZ: *Es gibt keine schlechten Sprecher?*

Wiese: Denke ich nicht. Es gibt schlechte Sprecher des Englischen in Deutschland oder japanische Touristen, die Deutsch nicht gut beherrschen. Wer eine Fremdsprache lernt, kann gut oder schlecht sein. Aber wer in Deutschland geboren und mit unserer Sprache aufgewachsen ist, der ist kein Aus-, sondern ein Inländer – also ein Sprecher einer Art des Deutschen. Und die ist nicht gut oder schlecht. Wenn ich Kiezdeutsch spreche, heißt das auch nicht, dass ich keine andere Variante des Deutschen beherrsche.

SZ: *Und was ist mit der hohen Arbeitslosigkeit junger Menschen mit Migrationshintergrund? Hat das nichts mit mangelndem Sprachvermögen zu tun? Hat einer, der dauernd Kiezdeutsch spricht, im Bewerbungsgespräch keine Nachteile?*

Wiese: Ich sage nicht, dass jemand, der Kiezdeutsch spricht, das Standarddeutsch der Mittelschicht problemlos beherrscht. Das hängt aber davon ab, ob er selbst in der Mittelschicht aufgewachsen ist. Es ist unabhängig davon, ob er außerdem noch Kiezdeutsch spricht.

SZ: *Die Herkunft spielt keine Rolle?*

Wiese: Soziale Herkunft ja, ethnische Herkunft nein. Wir haben zum Beispiel herausgefunden, dass alle Jugendlichen in Kreuzberg Kiezdeutsch sprechen – unabhängig von ihrer Ein- oder Mehrsprachigkeit, ihrer deutschen, türkischen oder arabischen Herkunft. [...]

SZ: *Sie zitieren in Ihrem Buch »Kiezdeutsch« auch den »Tatian«, eine althochdeutsche Übersetzung lateinischer Evangelientexte: als Beleg dafür, dass die oftmals wilde kiezdeutsche Stellung der Verben, die im Hochdeutschen falsch ist, an sich nichts Neues ist. »Erino portun ih firchnussu« – »Eiserne Türen ich zerschmettere.«*

Wiese: Schön, nicht? Bei der Verbstellung gibt uns das Kiezdeutsch Optionen zurück, die wir verloren hatten. Es passt einfach sehr gut in das System des Deutschen, und vieles, das wir in Kiezdeutsch finden, gibt es auch in anderen Varianten des Deutschen so ähnlich, zum Teil nur nicht so ausgeprägt oder so systematisch.

SZ: *Zum Beispiel?*

Wiese: »Ich bin Alexanderplatz.« So etwas schnappe ich oft in der S-Bahn auf. Nominale ohne Präposition und Artikel. Das ist weit verbreitet, wenn jemand mitteilen möchte, wo er gerade ist. Ein paar Studierende von mir haben dazu mal eine schöne Hausarbeit geschrieben. Der Titel war das Zitat eines Mannes, der gerade in einer Straße in Potsdam unterwegs war und das am Handy laut mitteilte: »Ich bin Thomas Mann.«

Feridun Zaimoğlu
Kanak Sprak 1995

Pop is was für kostgänger der illusion. Das ist der rechte napffraß. Aus dem trog kannst du die armleuchter speisen und wieder speisen. Pop verfüttert die bräsigsten reste an jene, die nix wollen und nix können und also die mär vom leisetreter fressen, der eigentlich 'n gimpel is, 'n ausgemachter gar, aber der gimpel hat ja die ganz große herzenssache laufen, und mit der liebe wächst er zum tranigen gefühlspaket und darf seiner helga rosen schenken. Für 'n pop spezi is die schose kloßbrühenklar: werktag is werktag, danach wird sich amüsiert, bis die schellen bimmeln, und denn wieder von vorn wie gehabt, sprich arm und scheißkaputt und frischrasiert und anzugsfesch und werktag is werktag. Und denn dudel in der disco. Is schon 'n oberfeines völkchen hier vor ort, was entweder auf kriminell kopf oder kriminell pop macht, und da magst du nicht unbedingt partei ergreifen, weil zu 'nem parteigänger ne gerechte und wasserdichte sache gehört, 'n gescheites niveau meinethalben, wo's einem gern mal kopf und kragen kosten kann. Der kopfler trägt so ne art kainsmal zwischen den blonden brauen, du erkennst ihn daran, dass sein reden mit welschen vokabeln gespickt scharf kurs nimmt auf ne ebene, wo das bildsprechen verreckt und die worte wie topfdeckel an dir vorbeikullern. Der kopfler is wie'n angespannter spättäufling, der alles, was ihn an sein früheres gesinnen gemahnt, zum teufels werk erklärt. Er stinkt aus prinzip, bruder, das musst du dir man vorstellen, der modert, weil er klug aussehen will, aber ich raff das bei gott dem herrn nicht, wie sich da der bogen spannt, als ich's alphabet rauf und runter beten konnte, war ich schlau und mächtig in freuden, da seh ich also den zusammenhang, schlauwerden is grund zum immensen halleluja, und alles andre irgendwie klinischer fall.

Und der popper, der pop depp eben, der is ja man so jämmerlich blöde, dass die kessel pfeifen, er sieht mtv und klaubt so viel ollen schotter zusammen, dass er auch schön 'n videostrahlemann mimen kann, abends, und weil er, wenn er den mund aufmacht, nur lallen kann, zeigt er stundenlang seine bei den zahnreihen. Ich sag dir, bruder. In diesem land läuft's zum teil stinkig, für'n alemannen is es schon 'n aufwand, wenn er dir zum gruße die flosse reicht.

Karl-Heinz Göttert
Kanak-Sprak-Poesie 2010

[...] Etwas anderes [als die Szene der Punks] stellt die Jugendszene dar, die sich im Lager der Migranten, speziell der dritten Generation, ausgebildet hat. Der mittlerweile mit zahlreichen Literaturpreisen ausgezeichnete türkischstämmige Autor Feridun Zaimoğlu hat dies in seinem Buch »Kanak Sprak« von 1995 beschrieben. Junge Türken, die gewohnt waren, als »Kanaken« beschimpft zu werden, haben den Begriff ins Positive gewendet und damit ihre zwischen den Kulturen changierende Sprache als Identitätssymbol aufgewertet. Zaimoğlu führte nach eigenen Angaben Interviews mit Vertretern dieser Gruppe und hielt dabei deren Sprache fest, die sie selbst als »Kanak Sprak« bezeichnen.

In diesem Fall geht es weniger um ein Aufbegehren gegen gesellschaftliche Verhältnisse als um den Versuch, unter Verletzung von sprachlichen Standards die eigene Kreativität unter Beweis zu stellen. Diese jungen Männer sprechen weder standardisiertes Türkisch noch standardisiertes Deutsch. Aber sie sprechen eine lebendige Sprache, die mittlerweile dank medienwirksamer Präsentation bis ins [...] Hörspiel vorgedrungen ist. Dabei entwickelte sich der als »Kanak Sprak« bezeichnete migrantische »Dialekt« zur neuen Kiez-Sprache, die an der Düsseldorfer Universität Gegenstand einer Einführung in die Soziolinguistik wurde. [...]

Man muss nicht übertreiben und darin eine neue Werther-Sprache sehen. Aber die Formulierungen sind ausgesprochen schöpferisch, die auf Provokation angelegten Bilder und Sprüche durchaus »poetisch«. [...].

Leider ist nicht klar, wie genau Zaimoğlu diese Sprache protokolliert hat. Überprüfungen haben ergeben, dass in türkischen Jugendgruppen anders gesprochen wird als in seinen Aufzeichnungen, mit mehr Mix von Deutsch und Türkisch auf jeden Fall. Aber die Ausbildung einer Sondersprache nicht oder unzureichend assimilierter junger türkischstämmiger Jugendlicher, die mittlerweile von deutschen Jugendlichen nachgeahmt wird [...], ist eine Tatsache. Politiker werden dies nicht begrüßen, nach denen der Erfolg der Interaktion von Migranten sich an deren Deutschkenntnissen bemisst. Auf der anderen Seite zeigt die »Kanak Sprak« einen Spielraum des Auch-Möglichen auf, der mit seiner Kreativität die deutsche Sprache erweitert.

Zaimoğlu hat seinem Buch »Kanak Sprak« den Untertitel »Misstöne am Rande der Gesellschaft« gegeben. Aus »Misstönen« besteht Jugendsprache jedoch immer. Möglich, dass ihr Erfolg gerade auf diesen Misstönen beruht, wie Provokationen eben immer Aufmerksamkeit erzeugen. Aus der Sicht der Sprachgeschichte dürfte die Pointe jedoch darin liegen, dass die deutsche Sprache an ihren Flanken Sonderbildungen enthält, die auf die eine oder andere Weise auch den Standard beeinflussen. Man muss darüber keineswegs in Panik verfallen.

1 Übertragen Sie mindestens acht Sätze des Textes von Feridun Zaimoğlu ins Hochdeutsche und beschreiben Sie, was sich dabei verändert, wie der neue Text wirkt und welche Schwierigkeiten Sie bei der Übertragung hatten.

2 Überlegen Sie, wie Zaimoğlu in seinem Text auf Missstände der Gesellschaft aufmerksam machen möchte.

3 Auf den Einführungsseiten zu diesem Kapitel (S. 41) finden Sie Beispiele aus dem Szenesprachenwiki des Dudens. Verfassen Sie vier eigene Einträge zu Szene- und Jugendsprachewörtern aus Ihrem Umfeld.

4 Laden Sie den Artikel »Jugendsprache und Jugendkultur« herunter (*http://www.bpb.de/apuz/27135/jugendsprache-und-jugendkultur*). Zeigen Sie anhand des Artikels den raschen Wandel jugendsprachlicher Stilrichtungen und arbeiten Sie typische Merkmale jugendsprachlicher Stile heraus.

5 Worin bestehen die Kernthesen des Textes von Karl-Heinz Göttert? Wie beurteilen Sie sie?

Sexistischer Sprachgebrauch

Im Rahmen der Gleichstellungsbewegung von Frau und Mann wurde vor allem in den 1960er bis 1980er Jahren auch der Sprachgebrauch analysiert. Besonders häufig wurde kritisiert, dass man in vielen Fällen eine männliche Personen-/Gruppenbezeichnung verwendet und dabei automatisch den weiblichen Teil der angesprochenen Gruppe einschließt (sog. generisches Maskulinum). Dadurch würden Frauen benachteiligt.

Weitere Kritikpunkte waren zum Beispiel, dass es bei den Personalpronomina in der dritten Person Singular für Personen nur eine männlich bzw. weibliche, aber keine neutrale Form gibt, oder auch, dass viele Begriffe maskulin sind, aber für beide Geschlechter verwendet werden. In diesem zweiten Fall wurde versucht, auf neutrale Begriffe wie »Lehrkraft«, »Landtagsmitglied« oder auch »Studentenschaft« auszuweichen.

1 Definieren Sie in Partnerarbeit »sexistischen Sprachgebrauch«. Stellen Sie im Plenum Ihre Definitionen vor. Versuchen Sie sich auf eine Definition zu einigen.

2 Untersuchen Sie mit der von Ihnen entwickelten Definition Schulbücher (vor allem ältere Ausgaben) unter dem Gesichtspunkt, ob darin Frauen diskriminiert oder wo entsprechend angepasste, nicht sexistische Formulierungen verwendet werden.

3 Werbung enthält oft sexistischen Sprachgebrauch. Das gilt auch für Werbekampagnen von heute. Sammeln Sie Beispiele und suchen Sie nach Stellungnahmen im Internet.

4 Fassen Sie die Kerngedanken von Dieter E. Zimmer zusammen.

5 Verfassen Sie ein fiktives Gespräch zwischen Dieter E. Zimmer und Senta Trömel-Plötz (s. S. 72) über die »Richtlinien zur Vermeidung sexistischen Sprachgebrauchs«.

Dieter E. Zimmer

Der, Die, Das. Sprache und Sexismus 1986

[...] Im Grunde waren es gar keine Vorwürfe an die Sprache als solche, sondern an die Einstellungen sexistischer Sprecher. Eine Verwechslung, die prompt zu etlichen leider nur zu lachhaften Vorschlägen führte. Da wurde der Schulbuchaufsatz »Schwester Christa arbeitet in der chirurgischen Abteilung« als sexistischer Sprachgebrauch »entlarvt«; als annehmbare »Alternative« stand ihm der Satz »Dr. Christa Seefeld leitet die Intensivstation« gegenüber.

Dass es – neben vielen anderen – auch sprachliche Injurien gibt, ist kein Beweis für den Sexismus der Sprache. Abschätzige Gedanken und Gefühle sind kein Gegenstand der Linguistik. Selbst noch im Zustand der totalsten Emanzipation werden sich weder Frauen noch Männer die Freiheit nehmen lassen, ungünstig über einzelne Vertreter des eigenen wie des anderen Geschlechts zu denken und dieses auszudrücken. Wörter wie »Schreckschraube« – dies der Irrtum – richten sich ja keineswegs gegen das weibliche Geschlecht als solches: Sie richten sich gegen einzelne Menschen oder, noch enger, gegen einzelne menschliche Charakterzüge. Diese deutlich zu benennen, mag unter Umständen rücksichtslos und gemein sein, aber sexistisch ist es nicht, genauso wenig wie Wörter wie »Hornochse«, »Schweinehund« oder »Lackaffe« männerfeindlich sind (allenfalls sind sie tierfeindlich). Die feministische Forderung, sie ersatzlos zu streichen, kommt der Beteuerung gleich, dass eine Frau, da sie Frau ist, schlechterdings nie einen negativen Zug haben kann, oder dass es ungehörig ist, ihn zu bemerken und zu erwähnen. Ein so irrealistisches Weltbild wird selbst die von ihm Begünstigten, die Frauen niemals für sich gewinnen.

Aber davon abgesehen, dass Gewalt arg übertrieben ist und dass man die Sprache nicht haftbar machen kann, wenn einem die Wirklichkeit missfällt, haben Trömel-Plötz und ihre feministischen Mitstreiterinnen schon Recht: »Unsere Sprache ist sexistisch und unser Sprachgebrauch ist sexistisch.«

Sie haben Recht jedenfalls insofern, als die meisten Sprachen, auch die deutsche, Frauen und Männer nicht gleich behandeln. Teils sind diese Asymmetrien Relikte aus Zeiten, als Frauen tatsächlich Menschen zweiter Ordnung waren. Teils spiegeln sie frühere Versuche, zu den Frauen ganz besonders nett zu sein. Diskriminieren heißt wörtlich »unterscheiden«. Ob aus Missachtung oder Hochachtung: Wir sprechen wohl oder über eine Sprache, welche Unterschiede macht. [...]

Arthur Schopenhauer

Über die Weiber 1851

Schon der Anblick der weiblichen Gestalt lehrt, daß das Weib weder zu großen geistigen, noch körperlichen Arbeiten bestimmt ist. Es trägt die Schuld des Lebens nicht durch Thun, sondern durch Leiden ab, durch die Wehen der Geburt, die Sorgfalt für das Kind, die Unterwürfigkeit unter den Mann, dem es eine geduldige und aufheiternde Gefährtin seyn soll. Die heftigsten Leiden, Freuden und Kraftäußerungen sind ihm nicht beschieden; sondern sein Leben soll stiller, unbedeutsamer und gelinder dahinfließen, als das des Mannes, ohne wesentlich glücklicher, oder unglücklicher zu seyn.

Zu Pflegerinnen und Erzieherinnen unserer ersten Kindheit eignen die Weiber sich gerade dadurch, daß sie selbst kindisch, läppisch und kurzsichtig, mit Einem Worte, Zeit Lebens große Kinder sind: eine Art Mittelstufe zwischen dem Kinde und dem Manne, als welcher der eigentliche Mensch ist. Man betrachte nur ein Mädchen, wie sie, Tage lang, mit einem Kinde tändelt, herumtanzt und singt, und denke sich, was ein Mann, beim besten Willen, an ihrer Stelle leisten könnte. [...]

Das niedrig gewachsene, schmalschultrige,

breithüftige und kurzbeinige Geschlecht das schöne nennen, konnte nur der vom Geschlechtstrieb umnebelte männliche Intellekt: in diesem Triebe nämlich steckt seine ganze Schönheit. Mit mehr Fug könnte man das weibliche Geschlecht das unästhetische nennen. Weder für Musik, noch Poesie, noch bildende Künste haben sie wirklich und wahrhaftig Sinn und Empfänglichkeit: sondern bloße Aefferei, zum Behuf ihrer Gefallsucht, ist es, wenn sie solche affektiren und vorgeben. Das macht, sie sind keines rein objektiven Antheils an irgend etwas fähig, und der Grund hiervon ist, denke ich, folgender. Der Mann strebt in Allem eine direkte Herrschaft über die Dinge an, entweder durch Verstehn, oder durch Bezwingung derselben. Aber das Weib ist immer und überall auf eine bloß indirekte Herrschaft verwiesen, nämlich mittels des Mannes, als welchen allein es direkt zu beherrschen hat. Darum liegt es in der Weiber Natur, Alles nur als Mittel, den Mann zu gewinnen, anzusehn, und ihr Antheil an irgend etwas Anderm ist immer nur ein simulirter, ein bloßer Umweg, d.h. läuft auf Koketterie und Aefferei hinaus. Daher hat schon Rousseau gesagt: »Im allgemeinen lieben die Frauen keine Kunst, verstehen sich auf keine und haben keinerlei Genie.

Auch wird Jeder, der über den Schein hinaus ist, es schon bemerkt haben. Man darf nur die Richtung und Art ihrer Aufmerksamkeit im Koncert, Oper und Schauspiel beobachten, z.B. die kindliche Unbefangenheit sehn, mit der sie, unter den schönsten Stellen der größten Meisterwerke, ihr Geplapper fortsetzen. […]

Man kann von den Weibern auch nichts Anderes erwarten, wenn man erwägt, daß die eminentesten Köpfe des ganzen Geschlechts es nie zu einer einzigen wirklich großen, ächten und originellen Leistung in den schönen Künsten haben bringen, überhaupt nie irgend ein Werk von bleibendem Werth haben in die Welt setzen können. […]

Zum Sprachverderb zähle ich auch den immer allgemeiner werdenden verkehrten Gebrauch des Wortes Frauen statt Weiber, wodurch abermals die Sprache verarmt: denn Frau heißt »uxor« und Weib »mulier« (Mädchen sind keine Frauen, sondern wollen es werden); wenn auch im 13. Jahrhundert eine solche Verwechselung schon ein Mal dagewesen seyn oder sogar erst später die Benennungen gesondert seyn sollten. Die Weiber wollen nicht mehr Weiber heißen, aus demselben Grunde, aus welchem die Juden Israeliten, und die Schneider Kleidermacher genannt werden wollen und Kaufleute ihr Comtoir Büreau titulieren, jeder Spaß oder Witz Humor heißen will, weil nämlich dem Worte beigemessen wird was nicht ihm, sondern der Sache anhängt. Nicht das Wort hat die Sache Geringschätzung zugezogen, sondern umgekehrt. […]

1 Stellen Sie in Kleingruppen Kernthesen von Arthur Schopenhauer zusammen und diskutieren Sie diese.

2 Schreiben Sie Schopenhauer einen Brief, in dem Sie Stellung zu seinen im Text geäußerten Gedanken nehmen.

3 Vergleichen Sie die beiden Bilder. Wie werden Frauen um 1900 dargestellt? Setzen sie die Bilder mit den Texten in Bezug.

Frauen um 1900 in einem Tennisclub

Büro in einem Verlag in Berlin, um 1900

Hedwig Dohm

Stimmrecht der Frau 1876

Dessen seid sicher: Rechte ohne Macht bedeuten nichts. Solange ihr politisch rechtlos bleibt, müsst ihr euch mit den Brosamen begnügen, die von des Herrn Tische fallen. Der Mann ist der geladene Gast beim Lebensmahl, ihr – die Zaungäste. Nur durch eine aktive Mitwirkung an der Gesetzgebung könnt ihr eure Rechte als Mutter, Gattin, Erwerberin erfolgreich wahrnehmen.

Ich lächle in mich hinein, wenn ich daran denke, wie allmählich die Frage des Frauenstimmrechts sich entwickelt hat. Erst lachten alle. Einige Jahrzehnte später lachte die Majorität. Heut lacht nur noch die Minorität. Wer zuletzt lacht, lacht am besten – die Frauen. Noch wenige Jahrzehnte und das Frauenstimmrecht wird eine Selbstverständlichkeit sein. Ja, der Mann der Zukunft wird schon mit der Vorstellung der absolut gleichberechtigten Frau geboren werden.

Lacht ihn aus – jenen mannsseligen Sanatoriumsarzt, der von krankhaftem Herrenstolz gebläht jüngst verkündete: »Nur zum Dulden, Tragen, Dienen und zu nichts mehr wäre das Weib geboren.«

Lernt eure Kraft kennen, meine sanften Schwestern, lasst eurem gerechten ethischen Furor die Zügel schießen. Entreißt dem Mann das Monopol der Gesetzgebung. Monopole sind Hemmschuhe der Entwicklung. Mit solchem Monopol bildet das starke Geschlecht einen Männertrust, der sich gegen die Beteiligung der Frau an den gewinnbringenden Geschäften des Lebens wendet.

Das Stimmrecht fordert!

Und fragt ihr, meine schüchternen Schwestern, ob ihr nicht euer Stimmrecht an der Sonne der Zeiten sollt reifen lassen, bis es als köstliche Frucht euch von selbst in den Schoß fällt, so antworte ich: die Schatten müsst ihr bekämpfen, die die Kraft der Sonne brechen. […]

Ich halte die stürmische Propaganda der Stimmrechtlerinnen für nichts anderes als eine politische Taktik, die möglicherweise dem Geschmack und dem Temperament derer, die sie in Szene setzen, gar nicht entspricht. Allein – sie haben begriffen, dass sie aus dem Dämmer der Wünsche und Begehrungen heraus müssen in den lichten Tag des Handelns. Und sie vertauschen die stumpfe Waffe des Worts mit der schneidenden der Tat. Zephire reinigen die Luft nicht. Der Sturm tut's. Heroismus ist's zuweilen, so zu handeln, wie man nicht handeln möchte.

Petitionen, Reden, Schriften – sie schimmern nur matt und langsam durch die Kulturwelt. Öffentliche feierliche Manifestationen wie die englischen gleichen Scheinwerfer. Ihre Leuchtkraft wirkt in weite Fernen hinaus.

Senta Trömel-Plötz

Richtlinien zur Vermeidung sexistischen Sprachgebrauchs 1981

[…] Wenn solche Diskriminierung aufgrund der Geschlechtszugehörigkeit geschieht – und das heißt in unserer männlich dominierten Gesellschaft, dass sie Frauen betrifft –, sprechen wir von Sexismus. Sexistische, d. h. frauendiskriminierende, frauenfeindliche Einstellung ist ein allgemeines Phänomen, das so sehr in unserer Gesellschaft verankert ist und in unser aller Leben eingeht, dass wir es kaum bemerken.

[…] Wir unterscheiden vier Arten frauenfeindlichen Sprachgebrauchs (die Kategorien überschneiden sich zum Teil):

1. Sprache, die Frauen ignoriert und ausschließt, weil der Mann als Standard und Norm für den Menschen schlechthin gilt. Frauen werden dann nicht genannt, sondern nur »mitgemeint«, und ihre Gegenwart, ihre Beiträge, ihre Leistung werden nicht beachtet, vernachlässigt und vergessen. […]

2. Sprache, die Frauen immer in Abhängigkeit vom Mann darstellt, d. h. Frauen über Männer definiert und Frauen als zweitrangig und untergeordnet beschreibt. Dies zeigt sich in der asymmetrischen Benutzung von Namen und Titeln und in der festgefahrenen Anordnung, in der Männer immer zuerst genannt werden. […]

3. Sprache, die Frauen nur in den traditionellen Rollen der sogenannten weiblichen Eigenschaften und Verhaltensweisen darstellt, d. h., Frauen werden zunächst als Hausfrauen, Ehefrauen und Mütter etikettiert. Wenn dieses Etikett nicht zutrifft, ist die betreffende Frau untypisch und eine Ausnahme. Wenn Frauen sich aus diesem engen Rahmen hinausbewegen, werden sie wieder nur in dienenden, helfenden und unterstützenden Funktionen eingesetzt. […]

4. Abwertende Sprache, durch die Frauen herablassend behandelt oder degradiert werden. Hier handelt es sich um Äußerungen, in denen Frauen in jedem Kontext, nicht nur im Schönheitswettbewerb, nach ihrem Aussehen beurteilt werden, in denen ihnen mangelnde Intelligenz, mangelnde Reife, mangelnde Kraft, mangelndes Durchhaltevermögen zugeschrieben wird, dabei ein Übermaß an List und Tücke, Emotionalität, Unbeherrschtheit und Geschwätzigkeit. […]

1 Beschreiben Sie das Bild der Frau, das Hedwig Dohm in »Stimmrecht der Frau« entwirft. Positionieren Sie sich dazu.

2 Vergleichen Sie, wie Arthur Schopenhauer (S. 71), Hedwig Dohm und Senta Trömel-Plötz (*www.gleichsatz.de/b-u-t/begin/troml1.html*) sich im Bezug auf Frauen ausdrücken (je drei Beispiele zitieren) und welche Leistungsmöglichkeiten sie den Frauen zusprechen.

3 Recherchieren Sie im Internet zu Senta Trömel-Plötz' »Gewalt durch Sprache« und suchen Sie nach Beispielen für die angeführten Arten des frauenfeindlichen Sprachgebrauchs.

4 Entwerfen Sie einen Fragebogen und machen Sie in Ihrem schulischen und privaten Umfeld eine Umfrage zur Wichtigkeit von nichtsexistischem Sprachgebrauch.

Sprachpflege

Das Bewusstsein dafür, die Sprache pflegen zu müssen, ist aus Angst vor dem Sprachverfall entstanden. Ziel der Sprachpfleger ist es, grammatische Strukturen und den Wortschatz einer Sprache zu »schützen«: z. B. die deutsche Sprache vor der »Flut der Anglizismen« oder Dialekte vor dem Aussterben. Die ersten Sprachpflegeorganisationen sind bereits im 17. Jahrhundert entstanden und nannten sich Akademien und Sprachpflegegesellschaften.

Die Frage, ob Sprache überhaupt »gepflegt werden kann / soll«, ist umstritten, da sich Sprachwandelprozesse vermutlich kaum durch Regelungen aufhalten lassen. Dennoch gewinnt Sprachpflege auch in Deutschland wieder an Bedeutung.

1 Suchen Sie für die vom Aussterben bedrohten Wörter heute übliche Synonyme oder umschreiben Sie die Bedeutung.

Georg Philipp Harsdörffer

Die Teutsche Sprache 1651

Die Teutsche Sprache hat sich mit den andern Haubtsprachen um den Vorsitz gezancke: und ihre Verachtung mit nachgehender Schutzrede abgelehnet. Ich / sagte sie / biete euch allen den Trutz / ob eine ist / die mit mir der Natur so deutlicher nachsprechen / und alles das / was einen Laut von sich giebet / so eigentlich und vernemlich ausdrucken kan. Ich brülle wie der Löw / ich bölcke wie der Ochs / ich brumme wie der Beer / ich blecke wie das Schaf / ich gruntze wie das Schwein / ich baffe wie der Hund / ich zische wie die Schlange / ich rintsche wie das Pferd / ich maue wie die Katze / ich schnattre wie die Gans / quacke wie die Endte / kackle und klucke wie das Hun / schnattre und klappere wie der Storch / swiere wie die Schwalbe / kracke wie der Rab / silcke wie der Sperling / etc. Ich prassle und schlürffe mit dem Wasser / lisple und wisple mit den Bächen / summe und brumme mit den Immen / rolle und rülle mit dem Donner / erschütter und zersplitter / zerscheidre die Schiffe / ich schmiege und biege / spratzle wie das brennende Holtz / knirsche wie das Messer auf dem Marmol / und bilde also alles Getön / das gehöret werden kan.

Die andren Sprachen müheten sich ihr nachzureden / konten aber nicht weit kommen / und musten der Teutschen Sprache den Vortritt überlassen.

Georg Philipp Harsdörffer (1607–1658) entstammte einem reichen Nürnberger Patrizierhaus. Er studiert Jura, Naturwissenschaften, Mathematik, Philosophie und Philologie und arbeitete nach seiner Bildungsreise hauptsächlich an einem Nürnberger Gericht. Er wird der literarischen Epoche des Barock zugerechnet und begründete den »Pegnesischen Blumenorden«.

2 Fassen Sie den Text von Georg Philipp Harsdörfer in eigenen Worten zusammen.

3 Wie beurteilen Sie die Überlegungen von Harsdörfer?

Sprachgesellschaften

Gottfried Wilhelm Leibniz (1646–1716) gilt als letzter Universalgelehrter, studierte u. a. in seiner Geburtstadt Leipzig und in Jena und bereiste als Diplomat und Gelehrter ganz Europa. Er wird zur Frühaufklärung gerechnet und einige seiner Forschungsergebnisse werden bis heute genutzt, so gilt er als Begründer der modernen Sprachforschung.

Gottfried Wilhelm Leibniz

Unvorgreiffliche Gedanken, betreffend die Ausübung und Verbesserung der Teutschen Sprache um 1680

1. Es ist bekandt, dass die Sprach ein Spiegel des Verstandes, und dass die Völcker, wenn sie den Verstand hoch schwingen, auch zugleich die Sprache wohl ausüben, welches der Griechen, Römer und Araber Beyspiele zeigen. [...]

5. Es ist aber bey dem Gebrauch der Sprache, auch dieses sonderlich zu betrachten, dass die Worte nicht nur der Gedancken, sondern auch der Dinge Zeichen seyn, und dass wir Zeichen nöthig haben, nicht nur unsere Meynung andern anzudeuten, sondern auch unsern Gedancken selbst zu helffen. Denn gleichwie man in grossen Handels-Städten, auch im Spiel und sonsten nicht allezeit Geld zahlet, sondern sich an dessen Statt der Zeddel oder Marcken, biss zur letzten Abrechnung oder Zahlung bedienet; also thut auch der Verstand mit den Bildnissen der Dinge, zumahl wenn er viel zu dencken hat, dass er nehmlich Zeichen dafür brauchet, damit er nicht nöthig habe, die Sache iedesmahl so offt sie vorkommt, von neuen zu bedencken. Daher wenn er sie einmahl wohl gefasset, begnügt er sich hernach offt, nicht nur in äusserlichen Reden, sondern auch in den Gedancken und innerlichen Selbst-Gespräch das Wort an die Stelle der Sache zu setzen. [...]

7. Daher braucht man offt die Wort als Zifern, oder als Rechen-Pfennige, an statt der Bildnisse und Sachen, biss man Stuffenweise zum Facit schreitet, und beym Vernunfft-Schluss zur Sache selbst gelanget. Woraus erscheinet, wie ein Grosses daran gelegen, dass die Worte als Vorbilde und gleichsam als Wechsel-Zeddel des Verstandes wohl gefasset, wohl unterschieden, zulänglich, häuffig, leichtfliessend und angenehm seyn. [...]

9. Ich finde, dass die Teutschen ihre Sprache bereits hoch bracht, in allen dem, so mit den fünff Sinnen zu begreiffen, und auch dem gemeinen Mann furkommet; absonderlich in leiblichen Dingen, auch Kunst- und Handwercks-Sachen, weil nemelichen die Gelehrten fast allein mit dem Latein beschäfftiget gewesen, und die Mutter-Sprache dem gemeinen Lauff überlassen, welche nichts desto weniger auch von den so genandten Ungelehrten nach Lehre der Natur gar wohl getrieben worden. Und halt ich dafür, dass keine Sprache in der Welt sey, die (zum Exempel) von Ertz und Bergwercken reicher und nachdrücklicher rede, als die Teutsche. Dergleichen kan man von allen andern gemeinen Lebens-Arten und Professionen sagen, als von Jagt- und Wäid-Werck, von der Schiffahrt und dergleichen. Wie dann alle die Europäer so auffm grossen WeltMeer fahren, die Nahmen der Winde und viel andere Seeworte von den Teutschen, nehmlich von den Sachsen, Normannen, Osterlingen und Niederländern entlehnet.

10. Es ereignet sich aber einiger Abgang bey unserer Sprache in denen Dingen, so man weder sehen noch fühlen; sondern allein durch Betrachlung erreichen kan; als bey Ausdrückung der Gemüths-Bewegungen, auch der Tugenden und Laster, und vieler Beschaffenheiten, so zur Sitten-Lehr und Regierungs-Kunst gehören; dann ferner bey denen noch mehr abgezogenen und abgefeimten Erkäntnissen, so die Liebhaber der Weissheit in ihrer Denck-Kunst, und in der allgemeinen Lehre von den Dingen unter dem Nahmen der Logick und Metaphysick auff die Bahre bringen; welches alles dem gemeinen Teutschen Mann etwas entlegen, und nicht so üblich, da hingegen der Gelehrte und Hoffmann sich des Lateins oder anderen fremden Sprachen in dergleichen fast allein und in so weit zu viel beflissen; also dass es denen Teutschen nicht am Vermögen, sondern am Willen gefehlet, ihre Sprache durchgehends zu erheben. Denn weil alles was der gemeine Mann treibet, wohl in Teutsch gegeben, so ist kein Zweiffel, dass dasjenige, .o vornehmen und gelehrten Leuten mehr ftirkommt von diesen, wenn sie gewolt, auch sehr wohl, wo nicht besser in reinem Teutsch gegeben werden können. [...]

15. Am allermeisten aber ist unser Mangel, wie gedacht, bey denen Worten zu spühren, die sich auff das Sittenwesen, Leidenschafften des Gemüths, gemeinlichen Wandel, Regierungs-Sachen, und allerhand bürgerliche Lebens- und Staats-Geschäffte ziehen: Wie man wohl befindet, wenn man etwas aus andern Sprachen in die unsrige übersetzen will. Und weilen solche Wort und Reden am meisten fürfallen, und zum täglichen Umgang wackerer Leute so wohl als zur Brieff-Wechselung zwischen denselben erfordert werden; so hätte man fürnehmlich auff deren Ersetzung, oder weil sie schon vorhanden, aber vergessen und unbekandt, auff deren Wie-derbringung zu gedencken, und wo sich dergleichen nichts ergeben will, einigen guten Worten der Ausländer das Bürger-Recht zu verstatten. [...]

1 Beschreiben Sie, wie Gottfried Wilhelm Leibniz Sprache als Zeichen erklärt.

2 Vergleichen Sie die Auffassungen von Harsdörffer (S. 73) und Leibniz.

David Crystal
Akademien 1995

In einigen Ländern meinte man, die beste Möglichkeit der Sprachpflege sei, sie der Obhut einer Akademie zu unterstellen. Bereits 1582 wurde in Italien die Accademia della Crusca gegründet – zum Zwecke der Reinigung der italienischen Sprache. Kardinal Richelieu rief 1635 die Academie française ins Leben, die musterhaft für viele nachfolgende Gesellschaften sein sollte. Laut den Statuten der Academie war ihre wichtigste Aufgabe, mit aller erdenklichen Umsicht und Sorgfalt darauf hinzuarbeiten, unserer Sprache eindeutige Regeln zu geben und sie rein, beredt und tauglich zur Behandlung der Wissenschaften und Künste zu machen.

Die 40 Mitglieder kamen aus den Reihen der Kirche, des Adels und des Militärs – eine Tendenz, die bis heute fortbesteht. Das erste Wörterbuch der Academie erschien 1694.

Im 18. und 19. Jahrhundert wurden eine Reihe weiterer Akademien gegründet: 1713 die Spanische Akademie durch Philipp V., 1786 die Schwedische, 1830 die Ungarische.

Es gibt drei Arabische Akademien, jeweils eine in Syrien, dem Irak und Ägypten. Verhältnismäßig jung ist die 1953 eingerichtete Hebräische Sprachakademie. Der deutsche Sprachraum kennt keine direkten Entsprechungen zur Accademia della Crusca oder Academie française, doch setzten sich im 17. und 18. Jahrhundert Sprachgesellschaften, am bedeutendsten die 1617 gegründete »Fruchtbringende Gesellschaft » (Palmenorden), für die Pflege des Deutschen ein. 1885 wurde der »Deutsche Sprachverein« gegründet, 1947 neu eingerichtet als »Gesellschaft für deutsche Sprache«, und seit 1949 besteht die in Frankfurt am Main gegründete »Deutsche Akademie für Sprache und Dichtung«, die ihren Sitz heute in Darmstadt hat. In England schlugen im 17. Jahrhundert Männer wie John Dryden und Daniel Defoe die Errichtung einer Akademie vor. Das hohe Ansehen der Mitglieder dieser Akademie würde Defoe zufolge ausreichen, um sie zu legitimen Richtern über Stil und Sprache zu machen und kein Autor würde die Unverschämtheit besitzen, ohne deren Genehmigung Neuprägungen zu verwenden. Es sollte kein Anlass mehr bestehen, nach Ableitungen und Konstruktionen zu suchen, und das Prägen von Worten wäre dann genauso verbrecherisch wie das von Münzen.

[...]

[Doch] es war offenbar geworden, dass die französischen und italienischen Akademien dem fortschreitenden Sprachwandel keinen Einhalt hatten gebieten können. Und so erkennt Dr. Johnson im Vorwort zu seinem Wörterbuch ohne Illusion die Sinnlosigkeit einer Akademie, insbesondere in England, wo der »englische Freiheitsgeist« solch einer Vorstellung grundsätzlich zuwiderlaufe: »Wenn wir sehen, wie die Menschen altern und nach gewisser Zeit einer nach dem anderen sterben, Jahrhundert für Jahrhundert, dann können wir nur lachen über das Elixier, das die Verlängerung des Lebens auf über tausend Jahre verspricht; mit gleichem Recht ist der Lexikograph zu verspotten, der ohne das Beispiel einer Nation anführen zu können, die ihre Wörter und Ausdrücke vor Veränderlichkeit bewahrte, sich einbildet, sein Wörterbuch könne seine Sprache einbalsamieren, vor Verfälschung schützen und Verfall, und der meint, es stehe in seiner Macht, irdische Natur zu ändern oder die Welt mit einem Schlag von Verrücktheit, Eitelkeit und Affektiertheit zu befreien.« [...]

1 Was erfahren Sie in dem Text von David Crystal über Akademien?

2 Kommt Akademien nach Chrystal heutzutage noch eine Bedeutung zu? Begründen Sie mit Bezug auf den Text. Formulieren Sie anschließend eine eigene Einschätzung.

Axel Wermelskirchen
Sprache – gar nicht so pflegeleicht 1991

Als Friedrich der Große im Sommer in Potsdam zur letzten Ruhe gebettet wurde, hörte der Professor Horst Dieter Schlosser am Radiogerät, wie ein Journalist das Ereignis sprachlich als »finale Vergruftung« des Preußenkönigs fasste. Eine Trouvaille für den Professor, eine erlesene Kostbarkeit, ein Geschenk des Himmels, ein gefundenes Fressen, nein, sowas von mordsmäßigem Schwein, ein echt turbogeiler Hit, boah, Mann, ey! Schlosser war bestärkt in einem Plan, den er am Montagabend in Frankfurt der deutschen Sprachgemeinschaft vorstellte: Wir küren das »Unwort des Jahres«, Einsendeschluss 15. Januar 1992, und wir fertigen (alle Wetter!) eine »Rote Liste vom Aussterben bedrohter Wörter« an, wie etwa »die Schnurre«, »der Geck«, »genehm«, »keck«, »jemandem bedeuten«; »es gebricht an«, »erheischen«, »bisweilen«, »obzwar« und »zumal«.

Die deutsche Sprachgemeinschaft bestand an diesem Abend aus knapp einem halben Schock Mitgliedern der Wiesbadener Gesellschaft für deutsche Sprache, Zweig Frankfurt am Main. »Zweigvorsitzer«, wie es in einem Informationsblatt heißt, ist Professor Schlosser, der an der Universität Frankfurt Neuere Philologie lehrt. Manche der Mitglieder stehen in einem Alter, in dem einem schon mal – wie geschehen – ein »Herr Reichsminister« rausrutscht, wenn man einen Bundesminister meint, andere sind so jung, dass sie – wie nicht geschehen – das Wort »geil« unbefangen im Munde führen.

Um es vorwegzunehmen: Etwas Scheußlicheres und damit im Sinne des »Unternehmens Unwort« Schöneres als die »finale Vergruftung« ließ sich an diesem Abend nicht finden. So bleiben die Spannung und die Sammelfreude der Sprachfreunde erhalten, und die Journalisten, die den Professor nach seinem Bekunden schon bald nach Bekanntwerden des Vorhabens enerviert hatten (»Wie heißt denn nun das Unwort des Jahres 1991?«), müssen warten. Sie müssen warten, wie sie jedes Jahr warten müssen auf das »Wort des Jahres«, das die Gesellschaft für deutsche Sprache stets um die Weihnachtszeit bekannt gibt – für 1990 etwa »die neuen Bundesländer« (vor »vereintes Deutschland«, »soziale Abfederung« und »menschliches Schutzschild«) und für 1989 »Reisefreiheit« (vor »Begrüßungsgeld«, »friedliche Revolution«, »Mauerspecht« und »Trabi«).

Ist denn »Unwort« nicht schon ein »Unwort«, hat es nicht etwas Beleidigendes und Verletzendes? Schlosser: »Ich habe schon ein wenig Bauchschmerzen gehabt, wegen des Anklangs an »Unperson«, das in der Nazizeit verwandt wurde.« Die Bauchschmerzen der debattierenden Runde (»Es klingt wie Ungeziefer und Unmensch«) überschritten aber nicht das Maß des Erträglichen, und auch der Vorschlag, doch lieber »Wortungetüm« zu sagen, fand nur leisen Widerhall bei den Sprachpflegern. Sie begannen »Unwörter« zu sammeln, nachdem sie einem Arbeitsblatt des Professors entnommen hatten, damit solle »auf Folgen gedankenlosen und verantwortungslosen Sprachgebrauchs aufmerksam gemacht werden«. Auch solle »zugleich für einen verantwortungsbewussteren Umgang mit der deutschen Sprache in der Öffentlichkeit geworben werden«. Das »Unwort des Jahres« habe dabei nur exemplarische Bedeutung. »Unwort«-Vorschläge an die Gesellschaft werden übrigens nur angenommen, wenn die Quelle genannt ist.

»Unkaputtbar« war einer der ersten Vorschläge, entnommen einer Computer-Zeitschrift. Da konnte Schlosser deutlich machen, worum es ihm geht: »Unkaputtbar ist zwar scheußlich, aber wer so redet, bringt noch keinen um.« Er wolle zuvörderst Wort- und Begriffsbildungen rügen, »welche die Humanität beleidigen und durch gedankenlosen Gebrauch humanes Empfinden abstumpfen lassen – man denke an historische Beispiele wie »Konzentrationslager«, »Schutzhaft« und »Endlösung«. Verstöße gegen die Sprachästhetik wie »genauifizieren« und »verunmöglichen« seien ihm nicht so wichtig, bedenklicher sei es, wenn man etwa ursprünglich neutrale Rechtsbegriffe wie »abwickeln« im inflationären Gebrauch auf Menschen anwende: »Die Mitarbeiter in der Abteilung X sind abgewickelt worden.«Aufmerksamkeit verdiene auch die »Warteschleife«, in die man neuerdings Menschen und nicht mehr nur Flugzeuge schicke, und eine »eindeutige Perversion des ursprünglichen Wortgehalts« sei »die Anwendung der Formulierung ›klinisch sauber‹ für Raketenangriffe und Bombardements im Golfkrieg« gewesen.

Eine ältere Frau kam mit ihren Anmerkungen der Sache des Professors näher: Es sei doch zynisch, wenn Statistiker von »Ahnenlast« sprächen und Jugendliche von »Gruftis«. »Entmieten« sei ein »Unwort« gewesen, sagte eine andere Frau, als man damals in Berlin zur Kahlschlagsanierung ganzer Stadtviertel geschritten sei, auch »tantenhaft« müsse gerügt werden, es beleidige alle Tanten [...] »Und was machen wir, wenn wir das »Unwort« haben? Was geschieht mit denen, die es benutzen?« Schlosser beruhigte den jungen Fragesteller: »Selbstverständlich braucht sich keiner danach zu richten, wir können und wollen nichts vorschreiben, es ist bloß ein Versuch, zum Nachdenken anzuregen.«

Ginge es nach dem Professor, dann hätten die gescholtenen Journalisten bald noch eine im Jahresrhythmus wiederkehrende Meldung zu veröffentlichen, das »vom Aussterben bedrohte Wort des Jahres«, entnommen der Roten Liste. Neben die »vielfedrige Felsenalbe« oder wie die gefährdeten »Vögel des Jahres« auch heißen mögen, träten dann – es ist fünf Minuten vor zwölf – Wörter und Wendungen, die zwar »immer seltener gebraucht werden«, aber »dennoch erhaltenswert erscheinen, weil sie zu einer differenzierteren Ausdrucksweise beitragen, als es ein häufig reduzierter Wortschatz vermag«. [...]

Schlosser will die Veränderung der Sprache mit der »Roten Liste« nicht aufhalten, es gehe nicht um die »Rekonstruktion schon untergegangener Sprachzustände oder einzelner ihrer Elemente«. Einigkeit erzielten die Frankfurter Sprachfreunde darin, dass Dative und richtiger Gebrauch des Konjunktivs erhaltenswert seien, »Arbeitersekt« für Mineralwasser jedoch eher nicht.

Verantwortung, Humanität, Sprachästhetik, »erweiterte Möglichkeiten lexikalischer Variation« – weite Ebenen und strahlende Horizonte für die Sprachpfleger. Dass es auch sonst noch einiges zu tun gibt, zeigte sich in Frankfurt, als ein Debattenredner sagte, das schöne alte Wort »zuförderst« stehe schon auf der »Roten Liste«, dabei sei es doch viel kürzer als das heute meist verwandte »an erster Stelle«. Der junge Berichterstatter gegenüber am Tisch hörte das (gefährdete) Stichwort, merkte auf und notierte, meiner Treu: »zuförderst«.

1 Im ersten Absatz bildet Axel Wermelskirchen spielerisch-parodistisch ein Stück Sprachentwicklung nach. Wie geht er vor? Welchen Sprachschichten entstammen die Bezeichnungen?

2 Erläutern Sie die aufgeführten »Wörter des Jahres« mit Blick auf die Zeitgeschichte (vgl. auch S. 140).

3 Verfassen Sie aufbauend auf Wermelskirchens Artikel eine Glosse über das Thema »Sprachwandel«.

Günter Kunert

Meine Sprache 1966

1
Ich spreche im Slang aller Tage derer
Noch nicht Abend ist
In der verachteten und verbissenen der
Sprache die jedermann entspricht.

2
Diese
Von Erstellern entstellte die von Betreuern
Veruntreute von Durchführern früh schon
Verführte die
Mehr zur Lüge taugt denn zur Wahrheit
Ach welche
Unter der erstarrten Syntax sich regt
Wie unter Abfall wie unter Schutt wie
Unter Tonnen von Schlacke.

3
Sprache
Die mehr scheinen will als sein
Aufgebläht
Von sang und klanglosen tingelnden
Dinglosen Dingwörtern;
Schwabbelnde Gallerte
Quillt sie aus den öffentlichen Mündern
Und Mündungen tropft von
Den Lippen der Liebenden
Trieft aus Radios
Triumphiert.

4
Nichtssagend und blutleer und kraftlos
Ein Kind des Landes finde ich sie
Darniederliegend.

5
Und hebe sie auf
Und nehme sie an mich: Die beste mir
Der nichts besseres hat
Und ein Vermögen dem der durch nichts sonst
Zu leben vermag
Als durch sie.

1 Fassen sie zusammen, in welchem Zustand die deutsche Sprache in Günter Kunerts Gedicht »Meine Sprache« vom lyrischen Ich gesehen wird. Inwiefern ist sie für das Ich ein »Vermögen«?

Sprache – Denken – Wirklichkeit

1 Nehmen Sie Stellung zu der Überschrift der Hühnerkarikatur. Beschreiben Sie, was sie über den »Standpunkt« in einem Gespräch aussagt, und überlegen Sie sich eigene Situationen, in denen daraus Missverständnisse entstehen.

2 Kann der Mensch ohne Sprache denken? Entstand zuerst das (abstrakte) Denken oder die Sprache im Sinne von Bas Böttcher? Stellen Sie Ihre Position grafisch dar.

3 Beschreiben Sie, warum das lyrische Ich in Rainer Maria Rilkes Gedicht »Angst vor der Menschen Wort« hat?

4 Fassen Sie Immanuel Kants Überlegungen zu »Erfahrung« und »Begriff« in eigene Worte. Welche Bedeutung haben seine Überlegungen für das Verhältnis von Sprache und Denken?

5 Vier Augen sehen mehr als zwei. Aber auch: Zwei Gehirne denken effektiver als eins? Positionieren Sie sich zu diesen Aussagen und und notieren Sie, in welchen Situationen gemeinsames Denken förderlich oder auch hinderlich sein kann.

6 In welchen Situationen fördert gemeinsames Denken / Arbeiten den Prozess, wann kann Teamwork möglicherweise auch blockieren?

Two stupid chickens

Und glaube ich, die Sprache existiert bloß einfach so in der Welt, dann existiert vielleicht viel mehr die Welt bloß in der Sprache. Das macht die Sprache – die Macht der Sprache.

Bas Böttcher

Rainer Maria Rilke

Ich fürchte mich so vor der Menschen Wort 1897

Ich fürchte mich so vor der Menschen Wort.
Sie sprechen alles so deutlich aus:
Und dieses heißt Hund und jenes heißt Haus,
und hier ist Beginn, und das Ende ist dort.
Mich bangt auch ihr Sinn, ihr Spiel mit dem Spott,
sie wissen alles, was wird und war;
kein Berg ist ihnen mehr wunderbar;
ihr Garten und Gut grenzt grade an Gott.

Ich will immer warnen und wehren: Bleibt fern.
Die Dinge singen hör ich so gern.
Ihr rührt sie an: sie sind starr und stumm.
Ihr bringt mir alle die Dinge um.

Immanuel Kant

Kritik der reinen Vernunft 1787

Auszug aus der Vorrede zur zweiten Auflage

[…] Weil ich aber bei diesen Anschauungen, wenn sie Erkenntnisse werden sollen, nicht stehen bleiben kann, sondern sie als Vorstellungen auf irgendetwas als Gegenstand beziehen und diesen durch jene bestimmen muss, so kann ich […] annehmen, […], die Gegenstände oder, welches einerlei ist, die Erfahrung, in welcher sie allein (als gegebene Gegenstände) erkannt werden, richte sich nach diesen Begriffen, so sehe ich sofort eine leichtere Auskunft, weil Erfahrung selbst eine Erkenntnisart ist, die Verstand erfordert, dessen Regel ich in mir, noch ehe mir Gegenstände gegeben werden, mithin a priori voraussetzen muss, welche in Begriffen a priori ausgedrückt wird, nach denen sich also alle Gegenstände der Erfahrung notwendig richten und mit ihnen übereinstimmen müssen. […]

Verhältnis von Sprache und Denken

Heinrich von Kleist

Über die allmähliche Verfertigung der Gedanken beim Reden 1805/06

Wenn du etwas wissen willst und es durch Meditation nicht finden kannst, so rate ich dir, mein lieber, sinnreicher Freund, mit dem nächsten Bekannten, der dir aufstößt, darüber zu sprechen.

Es braucht nicht eben ein scharf denkender Kopf zu sein, auch meine ich es nicht so, als ob du ihn darum befragen solltest; nein! Vielmehr sollst du es ihm selber allererst erzählen. Ich sehe dich zwar große Augen machen, und mir antworten, man habe dir in frühern Jahren den Rat gegeben, von nichts zu sprechen, als nur von Dingen, die du bereits verstehst. Damals aber sprachst du wahrscheinlich mit dem Vorwitz, andere, ich will, dass du aus der verständigen Absicht sprechest, dich zu belehren, und so könnten, für verschiedene Fälle verschieden, beide Klugheitsregeln vielleicht gut nebeneinander bestehen. Der Franzose sagt, l'appetit vient en mangeant, und dieser Erfahrungssatz bleibt wahr, wenn man ihn parodiert, und sagt, l'ideé vient en parlant. Oft sitze ich an meinem Geschäftstisch über den Akten, und erforsche, in einer verwickelten Streitsache, den Gesichtspunkt, aus welchem sie wohl zu beurteilen sein möchte. Ich pflege dann gewöhnlich ins Licht zu sehen, als in den hellsten Punkt, bei dem Bestreben, in welchem mein innerstes Wesen begriffen ist, sich aufzuklären. Oder ich suche, wenn mir eine algebraische Aufgabe vorkommt, den ersten Ansatz, die Gleichung, die die gegebenen Verhältnisse ausdrückt, und aus welcher sich die Auflösung nachher durch Rechnung leicht ergibt. Und siehe da, wenn ich mit meiner Schwester davon rede, welche hinter mir sitzt, und arbeitet, so erfahre ich, was ich durch ein vielleicht stundenlanges Brüten nicht herausgebracht haben würde. Nicht, als ob sie es mir, im eigentlichen Sinn, sage; denn sie kennt weder das Gesetzbuch, noch hat sie den Euler, oder den Kästner studiert. Auch nicht, als ob sie mich durch geschickte Fragen auf den Punkt hinführte, auf welchen es ankommt, wenn schon dies Letzte häufig der Fall sein mag. Aber weil ich doch irgendeine dunkle Vorstellung habe, die mit dem, was ich suche, von fern her in einiger Verbindung steht, so prägt, wenn ich nur dreist damit den Anfang mache, das Gemüt, während die Rede fortschreitet, in der Notwendigkeit, dem Anfang nun auch ein Ende zu finden, jene verworrene Vorstellung zur völligen Deutlichkeit aus, dergestalt, dass die Erkenntnis, zu meinem Erstaunen, mit der Periode fertig ist. Ich mische unartikulierte Töne ein, ziehe die Verbindungswörter in die Länge, gebrauche auch wohl eine Apposition, wo sie nicht nötig wäre, und bediene mich anderer, die Rede ausdehnender, Kunstgriffe, zur Fabrikation meiner Idee auf der Werkstätte der Vernunft, die gehörige Zeit zu gewinnen. Dabei ist mir nichts heilsamer, als eine Bewegung meiner Schwester, als ob sie mich unterbrechen wollte; denn mein ohnehin schon angestrengtes Gemüt wird durch diesen Versuch von außen, ihm die Rede, in deren Besitz es sich befindet, zu entreißen, nur noch mehr erregt, und in seiner Fähigkeit wie ein großer General, wenn die Umstände drängen, noch um einen Grad höher gespannt. In diesem Sinne begreife ich, von welchem Nutzen Molière seine Magd sein konnte; denn wenn er derselben, wie er vorgibt, ein Urteil zutraute, das das seinige berichten konnte, so ist dies eine Bescheidenheit, an deren Dasein in seiner Brust ich nicht glaube. Es liegt ein sonderbarer Quell der Begeisterung für denjenigen, der spricht, in einem menschlichen Antlitz, das ihm gegenübersteht; und ein Blick, der uns einen halb ausgedrückten Gedanken schon als begriffen ankündigt, schenkt uns oft den Ausdruck für die ganze andere Hälfte desselben. [...]

Benjamin Lee Whorf

Wie der Name einer Sache unser Verhalten beeinflusst 1963

Auf einen Aspekt dieses Problems stieß ich schon, bevor ich bei Sapir studierte. Es geschah auf einem Gebiet, das nach der üblichen Auffassung wenig mit Linguistik zu tun hat. Im Zuge meiner beruflichen Arbeit für eine Feuerversicherungs-Gesellschaft unternahm ich es, viele hundert Berichte über die Umstände bei Schadensfällen zu analysieren. Es ging mir dabei zunächst um die äußeren, physikalischen Umstände, um defekte Leitungen, Vorhandensein oder Fehlen von Lufträumen zwischen metallenen Kaminröhren und Holz usw. Ich dachte mit keinem Gedanken daran, dass sich noch ganz andere Momente als bedeutsam erweisen könnten. Es wurde dennoch bald deutlich, dass nicht nur die physikalische Situation als solche eine Rolle spielte. In manchen Fällen waren die Bedeutung der betreffenden Situation für die beteiligten Menschen sowie das aus dieser Bedeutung resultierende Verhalten der Menschen entscheidende Faktoren.

Der Faktor der Bedeutung war da am deutlichsten, wo es sich um eine sprachliche Bedeutung handelte, die an einem Namen oder an einer sprachlichen Beschreibung hing, die man gewöhn-

1 Erläutern Sie die Kerngedanken Heinrich von Kleists. Belegen Sie Ihre Deutungsansätze jeweils am Text.

2 Verfassen Sie nach dem Muster des Textes von Kleist einen kurzen Text, in den Sie verschiedene Beispiele aus Ihrer eigenen Lebenswelt integrieren.

3 Ziehen Sie aus Kleists Text Schlussfolgerungen für Ihr eigenes Lernverhalten. Notieren Sie drei Vorsätze bzw. Strategien in Anlehnung an Kleist, die Ihnen für Ihren eigenen Lernprozess sinnvoll erscheinen.

Heinrich von Kleist (1777–1811) ging nach seiner Schulausbildung zunächst zum Militär, das er aber 1799 aus Abneigung wieder verließ, um dann ein paar Semester zu studieren und danach eine Arbeit im preußischen Wirtschaftsministerium zu beginnen, da er sich verlobt hatte. Nachdem er sich stark mit Kant und dessen These, dass es keine objektive Erkenntnis geben könne, beschäftigt hatte (»Kantkrise«), wandte er sich dem Ideal des Lebens in der Natur zu, was zur Lösung seiner Verlobung führte. Kleist reiste viel, kehrte aber immer wieder nach Deutschland zurück, begann eine Laufbahn als Finanzbeamter, die er aber auch wieder beendete. Zunehmend vereinsamt beging er mit einer Freundin zusammen Selbstmord. Zu seinen bekanntesten Werken gehören die Dramen »Der zerbrochene Krug«, »Penthesilea«, »Das Kätchen von Heilbronn«, »Prinz Friedrich von Homburg« sowie die Novellen / Erzählungen »Das Erdbeben in Chili, »Die Marquise von O...«, »Michael Kohlhaas« und »Die Verlobung in St. Domingo«.

lich für jene Situation verwendete, in der dann der Schaden entstand. Man wird sich zum Beispiel in der Umgebung eines Lagers von sogenannten »Benzin-Tonnen« meist in einer ganz bestimmten Weise verhalten, nämlich sehr vorsichtig. Ohne besondere Instruktionen verhält man sich dagegen in der Nähe eines Lagers von Tonnen, die als »leere Benzintonnen« bezeichnet werden, leicht anders – nachlässig: Man raucht vielleicht und wirft sogar Zigarettenstummel einfach weg. Und doch sind die »leeren« Tonnen vielleicht noch gefährlicher, weil sie explosive Dämpfe enthalten. Physikalisch ist die Situation voller Gefahr. Ihre sprachliche Analyse oder Auffassung aber verwendet nach einer regelmäßigen Analogie das Wort »leer«, das für sich allein (also bei Fehlen besonderer zusätzlicher Instruktionen) immer eine Abwesenheit von Gefahr suggeriert. [...]

Die oben gegebenen Beispiele beschränken sich in ihrem linguistischen Material auf einzelne Wörter, Formulierungen und Zusammenhangsschemata von begrenztem Bereich. Wenn man sieht, wie schon durch diese das Verhalten in bestimmte Bahnen gelenkt wird, so drängt sich der Verdacht auf, der Zwang, den die großen Strukturierungen durch die grammatischen Kategorien ausüben, werde noch sehr viel weiter reichen. Unter grammatischen Kategorien verstehen wir etwas wie Mehrzahl, Geschlecht und ähnliche Klassifikationen (belebt, unbelebt etc.), die Tempora, Aktiv, Passiv und andere Verbformen, Klassifikationen nach der Art der »Redeteile« und solche Unterscheidungen wie die, ob eine gegebene Erfahrung mittels eines einheitlichen Morphems durch ein flektiertes Wort oder mit einer syntaktischen Verbindung bezeichnet wird. Eine Kategorie wie die Anzahl (Einzahl oder Mehrzahl) enthält den Versuch der Interpretation einer ganzen Erfahrungsordnung, ja, gewissermaßen der Welt oder der Natur. Die Kategorie bestimmt sozusagen, wie die Erfahrung aufgegliedert werden soll, welcher Erfahrungsgegenstand als »einer« und welche Gegenstände als »mehrere« zu bezeichnen sind. Es ist wegen des Hintergrundcharakters solcher Kategorien sehr schwer, die Reichweite ihres Einflusses abzuschätzen. Dazu kommt noch die Schwierigkeit, von der eigenen Sprache, die doch eine tiefe Gewohnheit und ein kulturelles non est disputandum ist, den nötigen Abstand für eine objektive Beurteilung zu gewinnen. Nehmen wir aber eine ganz andersartige Fremdsprache, so geht es uns mit ihr wie mit der Natur: Wir examinieren sie durch die »Brille« unserer eigenen Sprache. Oder aber wir finden schon die Aufgabe des Auflösens der rein morphologischen Schwierigkeiten so gigantisch, dass sie alles andere zu verschlingen scheint. Dennoch: Wenn das Problem auch schwer ist, es ist lösbar. Und der beste Weg führt über eine exotische Sprache. Bei deren Erforschung werden wir nämlich, ob wir wollen oder nicht, aus unseren eingefahrenen Gleisen gedrückt. Und dann entdecken wir im Spiegel der exotischen Fremdsprache unsere eigene Sprache neu. [...]

1 Vergleichen Sie Benjamin Lee Whorfs Ansichten mit denen von Kleist. Stellen Sie Ihre Ergebnisse in einer Tabelle dar.

2 Whorf führt am Beispiel der Anzahl vor, wie grammatische Kategorien unsere Wahrnehmung steuern. Stellen Sie analoge Überlegungen zum grammatischen Geschlecht an.

3 Interviewen Sie Lerner einer Fremdsprache oder mehrsprachige Schüler/-innen und Lehrer/-innen zu Whorfs Aussage, dass wir »im Spiegel der exotischen Fremdsprache unsere eigene Sprache neu« entdecken (Z. 93 ff.). Gestalten Sie anschließend ein Plakat.

4 Erarbeiten Sie stichpunktartig die Kritik von Alex Rühle am Vorgehen mancher Linguisten. Ordnen Sie dann den einzelnen Kritikpunkten Textbelege zu und untersuchen Sie die Stichhaltigkeit von Rühles Argumentation.

Axel Rühle

Qanik, wenn er liegt, Aput, wenn er fällt 2007

Inuit kennen zwei Wörter für Schnee – die restlichen 50 sind nur Legende.

Es fing alles so harmlos an. Der Anthropologe Franz Boas unterfütterte seine These von der Komplexität angeblich »primitiver« Sprachen Anfang des 20. Jahrhunderts mit dem Satz, die Eskimos hätten vier Wortstämme für Schnee.

Es vergingen 40 Jahre, am Polarkreis schneite es, die Inuits wussten nichts von Boas' Gerede und sagten »Sieh an, es schneit«, jahraus, jahrein.

Dann aber kam der Linguist Benjamin Whorf und schrieb in einem Anfall von Philo-Inuitismus: »Wir haben für verschiedene Arten von Schnee nur einen Begriff. Für einen Eskimo wäre dieser Oberbegriff undenkbar! Die sprachsensiblen Eskimos hätten sieben Begriffe für Schnee. Mindestens.«

Seither scheint jeder, der diesen Unsinn vom anderen abschrieb, immer noch eins draufgelegt zu haben. Geben Sie bei Google die Begriffe »Eskimos Wörter Schnee« ein und schon kommen haufenweise Belege für die Unausrottbarkeit dieses Mythos. So beginnt »Lehrer online« die »Unterrichtseinheit Schnee« mit dem Satz: »Die oftmals aus Unkenntnis als Eskimos bezeichneten Inuits kennen etwa 50 Wörter für Schnee.« Die »Wissen & Bildung«-Seite des Bayerischen Rundfunks behauptet, auf Inuit gebe es mehr als zehn Wörter für Schnee, im Grönländischen seien es sogar fast 50.« Die New York Times schrieb 1984 gar, es seien hundert Ausdrücke.

David Crystal

Zur Verhältnisbestimmung zwischen Sprache und Denken 1995

Es scheint offenkundig, dass zwischen Sprache und Denken die engste Beziehung bestehen muss: Wie unsere alltäglichen Erfahrungen nahelegen, wird ein Großteil unseres Denkens durch die Sprache erleichtert. Aber sind beide identisch? Ist es möglich, ohne Sprache zu denken? Oder schreibt uns die Sprache die Bahnen vor, in denen wir denken können? Solche zunächst unkompliziert anmutenden Fragen haben Generationen von Philosophen, Psychologen und Linguisten beschäftigt. Sie stellen fest, dass sich dahinter Probleme von äußerster Vielschichtigkeit verbergen. Einfache Antworten darauf gibt es mit Sicherheit nicht, doch können wir zumindest die wesentlichen Faktoren bestimmen, auf die sich die Komplikationen zurückführen lassen. [...]

Wie eng aber ist nun die Verbindung zwischen Sprache und Denken? Diese Frage betrachtet man meist anhand von zwei Extremen. Auf der einen Seite steht die Hypothese, dass Sprache und Denken zwei vollkommen getrennte Dinge darstellen, wobei das eine vom anderen abhängig sei. Die andere Extremposition behauptet die Identität von Sprache und Denken – rationales Denken ohne Sprache wäre demnach unmöglich. Die Wahrheit liegt wahrscheinlich irgendwo zwischen diesen beiden Polen.

Die erste Position lässt zwei Möglichkeiten zu: Entweder ist die Sprache vom Denken abhängig oder das Denken von der Sprache. Der herkömmlichen und landläufigen Auffassung zufolge gilt Ersteres, d.h. erst kommen die Gedanken, dann werden sie in Worte gefasst. Diese Sichtweise zeigt sich in metaphorischen Ausdrücken, wonach z.B. Gedanken »in Worte gekleidet« werden oder die Sprache das »Werkzeug des Denkens« sei. In Bezug auf den Spracherwerb wird diese Ansicht häufig vertreten. Demnach entwickeln Kinder vor dem Spracherwerb eine Reihe kognitiver Fähigkeiten.

Die andere Möglichkeit, wonach die Art der Sprachverwendung die Bahnen diktiert, in denen der Mensch zu denken in der Lage ist, wird ebenfalls weithin verfochten. Shelley brachte sie auf die eindrucksvolle Formel: »Er gab dem Menschen Sprache, die schuf den Gedanken, der das Universum misst?« (Der entfesselte Prometheus; deutsch von Rainer Kirsch). Auch diese Ansicht wird im Bereich der Spracherwerbsforschung vertreten, und zwar mit dem Argument, dass die frühesten Konfrontationen mit Sprache den wesentlichen Einfluss auf Art und Weise ausüben, wie Begriffe erlernt werden. Ihren einflussreichsten Ausdruck findet diese Position jedoch in der Sapir-Whorf-Hypothese.

Noch eine dritte These findet heute viele Anhänger. Sie besagt, dass Sprache und Denken voneinander abhängig seien – was nicht heißen soll, dass sie identisch wären. Die Identitätstheorie, wonach z. B. das Denken nichts anderes sei als innere Vokalisierung, wird heute nicht mehr vertreten. Es gibt zu viele Ausnahmen, als dass sich solch eine starre Position halten ließe: Denken wir nur an die zahlreichen Intelligenzleistungen, zu denen wir ohne Sprache in der Lage sind, von der Erinnerung an eine Bewegungsabfolge bei Spiel und Sport bis zur Vergegenwärtigung unseres täglichen Arbeitswegs vor dem geistigen Auge. Dass Bilder und Modelle hilfreich für die Problemlösung sind und gelegentlich bessere Wirkung zeigen als rein verbale Problemdarstellungen, wird heute kaum bestritten.

Andererseits sind Beispiele dafür erheblich seltener als die Fälle, wo Sprache offenbar das wichtigste Mittel für die Realisierung erfolgreicher Denkabläufe darstellt. Sieht man Sprache und Denken als voneinander abhängig an, dann erkennt man damit die Sprache als regulären Teil des Denkprozesses und gleichzeitig das Denken als notwendige Voraussetzung für das Sprachverständnis an. Es geht dabei nicht darum, ob das eine Vorrang vor dem anderen hat: Beide sind wesentlich, wenn wir Verhalten erklären wollen. Auch hier hat man Metaphern gesucht, um diese Vorstellung zu verdeutlichen. So wurde die Sprache mit der Wölbung eines Tunnels verglichen, das Denken mit dem Tunnel selbst. Doch die komplexe Struktur und Funktion von Sprache spotten solcher simpler Analogien.

David Crystal (*1941) ist ein britischer Linguist, der u. a. an der University of Wales lehrt, an der er Ehrenprofessor ist. Er beschäftigt sich unter anderem mit dem Sprachensterben, Sprache im Internet und dem Englischen als Weltsprache. Außerdem arbeitet er mit seiner Firma an Anwendungen für das Online-Marketing, die auf seiner rechtlich geschützten semantischen Taxonomie aufbauen.

1 Ermitteln Sie die von David Crystal dargestellten Positionen zum Verhältnis von Sprache und Denken. Stellen Sie die verschiedenen Perspektiven in einem Schaubild dar (z.B. Tabelle). Positionieren Sie sich selbst innerhalb dieses Schaubildes und begründen Sie Ihre Entscheidung.

George Orwell
Kleine Grammatik 1948

Dieser Text steht am Ende von Orwells Roman »1984« und beschreibt das Funktionsprinzip der Neusprache, die im beschriebenen totalitären Staat geschaffen wurde.

Die Neusprache war die in Ozeanien eingeführte Amtssprache und zur Deckung der ideologischen Bedürfnisse des Engsoz erfunden worden. Sie hatte nicht nur den Zweck, ein Ausdrucksmittel für die Weltanschauung und geistige Haltung zu sein, die den Anhängern des Engsoz allein angemessen war, sondern darüber hinaus jede Art anderen Denkens auszuschalten. Wenn die Neusprache erst ein für allemal angenommen und die Altsprache vergessen worden war (etwa im Jahre 2050), sollte sich ein unorthodoxer – d.h. ein von den Grundsätzen des Engsoz abweichender – Gedanke buchstäblich nicht mehr denken lassen, wenigsten insoweit Denken eine Funktion der Sprache ist.

Der Wortschatz der Neusprache war so konstruiert, dass jeder Mitteilung, die ein Parteimitglied berechtigterweise machen wollte, eine genaue und oft sehr differenzierte Form verliehen werden konnte, während alle anderen Inhalte ausgeschlossen wurden, ebenso wie die Möglichkeit, etwa auf indirekte Weise das Gewünschte auszudrücken. Das wurde teils durch die Erfindung neuer, hauptsächlich aber durch die Ausmerzung unerwünschter Worte erreicht und indem man die übrig gebliebenen Worte so weitgehend wie möglich jeder unorthodoxen Nebenbedeutung entkleidete.
Ein Beispiel hierfür: Das Wort »frei« gab es zwar in der Neusprache noch, aber es konnte nur in Sätzen wie »Dieser Hund ist frei von Flöhen« oder »Dieses Feld ist frei von Unkraut« angewandt werden. In seinem alten Sinn von »politisch frei« oder »geistig frei« konnte es nicht gebraucht werden, dass es diese politische oder geistige Freiheit nicht einmal mehr als Begriff gab und infolgedessen auch keine Bezeichnung dafür vorhanden war. [...]

1 Beschreiben Sie, wie laut George Orwell die »Neusprache« die Gesellschaft beeinflussen soll. Von welchem Verhältnis zwischen Sprache und Denken wird hier ausgegangen?

Farben, wie sie von Frauen benannt werden	Farben, wie sie Männer benutzen
Maraschinokirsche Cayennepfeffer	Rot
Kastanienbraun – Pflaume – Aubergine – Weintraube – Orchidee – Lavendel – Nelke – Erdbeere – Blasengummi – Magenta – Lachs	Lila
Mandarine – Melone	Orange
Banane – Zitrone	Gelb
Honigtau – Limone – Frühling – Klee – Farn – Moos – Flora – Meerschaum	Grün
Gischt – Krickente – Himmel – Türkis	Blau

2 Lesen Sie die gegenübergestellten Begriffe in der Tabelle vor dem Hintergrund der Ausführungen von Whorf und Crystal.

3 Lesen Sie die Transkription aus dem Programm des Comedians Mario Barth (S. 95). Beschreiben Sie, wie darin Sprache dargestellt wird.

Liebe Männer, nur mal so als Tipp: Der Satz »Du bist genau wie deine Mutter« is tödlich, darfst du nich sagen. Ick hab den grade gesagt, den Satz, der lag mir noch auf der Zunge, wollt'n packen, da war er schon in ihrem Ohr. Hör mal, da ging dat los ...« (vgl. S. 95, Z. 64ff.) *Mario Barth*

Jan Neumann

Tim und die Antworten auf nichts 2012

Warum macht es Spaß in der Nase zu bohren? Warum streitet man sich mit seinem besten Freund? Warum ist meine Lieblingsfarbe meine Lieblingsfarbe? Warum bin ich überhaupt auf der Welt? Tims Zettelsammlung wächst auch bei Uri jeden Tag weiter. Und Tim wird immer verzweifelter. Auf keine einzige Frage hat er bisher eine Antwort gefunden. […]

»Was wünscht du dir?«, fragt Uri Tim später auf dem Heimweg von der Pizzeria, in der sie gegessen haben.

»Ich hätte gerne noch ein Buch«, sagt Tim. »Tausend Bücher, das wäre nicht ohne, oder?«

»Na ja«, sagt Ina, »es kommt drauf an, was drinsteht, oder?«

»Ja«, sagt Tim, und überlegt, was in dem Buch drinstehen müsste. »Antworten. Ein Buch, in dem all das steht, was in den anderen Büchern nicht drin steht.«

»Das stelle ich mir ziemlich langweilig vor«, meint Ina. »Wenn man alle Antworten auf alles weiß, dann hat man ja nichts mehr, worüber man nachdenken kann.«

»Ja«, sagt Uri. »Ein gelöstes Rätsel ist halb so spannend wie eines, das man noch nicht gelöst hat.« […]

»Was macht ihr denn hier?«, freut sich Tim.

»Na, du hast doch heute Geburtstag«, brummt Herr Moll.

»Und wir haben da was, das wir dir geben müssen«, ergänzt Ina.

»Das war eine Idee von Uri«, fügt Herr Pjotr hinzu. »Also sind wir nur die Überbringer.«

Und er überreicht Tim feierlich ein Päckchen. Tim wickelt das Geschenk aus. »Ein Buch!« jubelt er.

»Dein tausendstes«, sagt Herr Pjotr. Und das das stimmt, es ist Tims tausendstes Buch. Tim betrachtet es neugierig. Der Buchumschlag ist blank und weiß. Er schlägt es auf, aber innen ist es auch weiß und leer.

»Da steht ja gar nichts drin!«, sagt Tim und schaut fragend in die Runde.

»Dann kannst du was hineinschreiben«, erwidert Ina lächelnd.

»Ich?«

»Klar!«, ruft Herr Pjotr. »Alle klugen Männer schreiben Bücher.«

»Und was soll ich da reinschreiben?«, fragt Tim. »Vielleicht alles, was du weißt«, sagt Herr Moll. »Ich weiß gar nicht viel«, sagt Tim bescheiden. »Außer, dass es vieles gibt, was man nicht erklären kann.«

»Dann schreib doch das rein«, schlägt Herr Pjotr vor.

»Ja«, sagt Tim. Und genau das macht er gerade.

Andreas Steinhöfel

Rico, Oskar und die Tieferschatten 2008

Rico ist ein »tiefbegabter« Junge aus Berlin, der Schwierigkeiten mit der Orientierung hat, rechts und links nicht immer auseinanderhalten kann, dessen Gedanken im Kopf immer wieder wild durcheinander rollen, wenn er es gar nicht brauchen kann, und der sich vor allem häufig über Erwachsene und ihre seltsamen Wörter wundert. Manchmal schreibt er ein Wort dann auf eine Karte, damit er es sich besser merken kann. Gerade hat er endlich sein Ferientagebuch abgeschlossen.

»So, das war's. Ab jetzt gibt es Ferien für das Ferientagebuch. Ich muss mich erstmal ausruhen, damit die Bingomaschine [in meinem Kopf] wieder in Ordnung kommt. Den ganzen letzten Teil habe ich mit der Hand geschrieben, in das Heft, um das ich Mama gebeten habe. Nächste Woche […] muss ich alles noch in den Computer übertragen, wegen der Rechtschreibung.

> Orthografie:
> Heißt Rechtschreibung in kompliziert. Es ist kein Wunder, dass ich Schwierigkeiten damit habe, weil rechts drin vorkommt. Es muss also auch eine Linksschreibung geben. Möge Gott mich davor beschützen!

Ich muss mich beeilen, gleich gibt's nämlich Abendessen, […].

1 Formulieren Sie das Problem, vor dem Tim in Jan Neumanns Buch trotz seiner 999 Bücher steht, und übertragen Sie es auf die heutige Wissensgesellschaft.

2 In Andreas Steinhöfels Buch definiert Rico »Rechtschreibung« auf seine ganz eigene Weise. Aufgrund welcher für ihn logischen Schlussfolgerung besteht für ihn Orthographie aus zwei großen Bereichen? Nennen Sie weitere Beispiele.

Das linguistische Relativitätsprinzip und seine Erweiterungen

Wenn man davon ausgeht, dass es auf der einen Seite ein denkendes Subjekt gibt und auf der anderen Seite eine Welt, die außerhalb des Denkens existiert, dann stellt sich die folgende Frage: »Wie kommt das Subjekt zur Erkenntnis der außerhalb seines Denkens existierenden Welt?«

Eine Antwort auf diese Frage haben viele Philosophen versucht. Immanuel Kant beispielsweise meint in seiner »Kritik der reinen Vernunft« (1781) dass der Einzelne aus der Welt zunächst verschiedene, unstrukturierte Sinneseindrücke empfängt, die dann durch das Denken strukturiert werden. Der Verstand leistet damit die eigentliche Erkenntnisarbeit. Johann Gottfried Herder wendete dagegen in seiner »Metakritik der reinen Vernunft« (1799) ein, dass das Denken auf die Sprache angewiesen sei, um die Einsichten artikulieren zu können. Das bedeutet, dass man nur das denken kann, was auch sprachlich formulierbar ist.

Ab dem Ende des 18. Jahrhunderts kam die Frage auf, ob nicht die Sprache zwischen dem denkenden Individuum und der Außenwelt stehen würde. Diese Auffassung wird auch im folgenden Text vertreten.

Benjamin Lee Whorf (1897–1941) war amerikanischer Linguist, hatte aber ursprünglich Chemie studiert und arbeitete sein Leben lang bei einer Versicherungsgesellschaft. Aus Interesse begann er zu frühen (mittel-) amerikanischen Sprachen, z. B. der Maya, zu forschen und studierte Linguistik bei seinem Mentor Edward Sapir. Bekannt wurde er für seine Ideen zur Beeinflussung des Denkens durch die Sprache, dem linguistischen Relativitätsprinzip.

Benjamin Lee Whorf

Das linguistische Relativitätsprinzip 1963

Nehmen wir zum Beispiel mal an, es gebe eine menschliche Art, die aufgrund eines physiologischen Defekts nur die Farbe Blau sehen kann. Die Menschen dieser Art würden wohl kaum in der Lage sein, die Regel zu erkennen und zu formulieren, dass sie nur Blau sehen. Der Terminus »Blau« hätte für sie keinen Sinn. Ihre Sprache würde gar keine Termini für Farben enthalten. Und die Wörter, mit denen sie ihre verschiedenen Blauempfindungen bezeichnen würden, entsprächen unseren Wörtern »hell, dunkel, weiß, schwarz« etc., nicht aber unserm Wort »blau«. Um die Regel oder Norm »Wir sehen nur Blau« erfassen zu können, müssten sie gelegentlich und ausnahmsweise auch Momente haben, in denen sie andere Farben sehen. Das Gesetz der Schwerkraft beherrscht unser Leben als eine Regel ohne Ausnahme, und es bedarf eigentlich keiner besonderen Feststellung, dass ein physikalisch völlig unvorgebildeter Mensch von dieser Tatsache keinerlei Bewusstsein hat. Der Gedanke eines Universums, in dem sich Körper anders verhalten als auf der Oberfläche der Erde, käme ihm gar nicht. Wie die blaue Farbe für jene angenommenen Menschen, so ist das Gravitationsgesetz für den unvorgebildeten Menschen Teil seines Hintergrundes und nicht etwas, das er von diesem isolierend abhebt. Das Gesetz konnte daher erst formuliert werden, als man die fallenden Körper unter dem Aspekt einer weiteren astronomischen Welt sah, in der sie sich auf orbitalen Bahnen oder da- und dorthin bewegen.

Als die Linguisten so weit waren, eine größere Anzahl von Sprachen mit sehr verschiedenen Strukturen kritisch und wissenschaftlich untersuchen zu können, erweiterten sich die Vergleichsmöglichkeiten. Phänomene, die bis dahin als universal galten, zeigten Unterbrechungen, und ein ganz neuer Bereich von Bedeutungszusammenhängen wurde bekannt. Man fand, dass das linguistische System (mit anderen Worten, die Grammatik) jeder Sprache nicht nur ein reproduktives Instrument zum Ausdruck von Gedanken ist, sondern vielmehr selbst die Gedanken formt, Schema und Anleitung für die geistige Aktivität des Individuums ist, für die Analyse seiner Eindrücke und für die Synthese dessen, was ihm an Vorstellungen zur Verfügung steht. Die Formulierung von Gedanken ist kein unabhängiger Vorgang, der im alten Sinne dieses Wortes rational ist, sondern er ist beeinflusst von der jeweiligen Grammatik. Er ist daher für verschiedene Grammatiken mehr oder weniger verschieden. Wir gliedern die Natur an Linien auf, die uns durch unsere Muttersprache vorgegeben sind. Die Kategorien und Typen, die wir aus der phänomenalen Welt herausheben, binden wir nicht einfach in ihr – etwa weil sie jedem Beobachter in die Augen springen; ganz im Gegenteil präsentiert sich die Welt in einem kaleidoskopartigen Strom von Eindrücken, der durch unseren Geist organisiert werden muss – das heißt aber weitgehend: von dem linguistischen System in unserem Geist. Wie wir die Natur aufgliedern, sie in Begriffen organisieren und ihnen Bedeutungen zuschreiben, das ist weitgehend davon bestimmt, dass wir an einem Abkommen beteiligt sind, sie in dieser Weise zu organisieren, einem Abkommen, das für unsere Sprachgemeinschaft gilt und in den Strukturen unserer Sprache kodifiziert ist. Dieses Übereinkommen ist natürlich nur ein implizites und unausgesprochenes, aber sein Inhalt ist absolut obligatorisch; wir können überhaupt nicht sprechen, ohne uns der Ordnung und Klassifikation des Gegebenen zu unterwerfen, die dieses Übereinkommen vorschreibt.

Diese Tatsache ist für die moderne Naturwissenschaft von großer Bedeutung. Sie besagt, dass kein Individuum Freiheit hat, die Natur mit völliger Unparteilichkeit zu beschreiben, sondern eben, während es sich am freiesten glaubt, auf bestimmte Interpretationsweisen beschränkt ist, die relativ größte Freiheit hätte in dieser Beziehung ein Linguist, der mit sehr vielen äußerst verschiedenen Sprachsystemen vertraut ist. Bis heute findet sich noch kein Linguist in einer solchen Position. Wir gelangen daher zu einem neuen Relativitätsprinzip, das besagt, dass nicht alle Beobachter durch die gleichen physikalischen Sachverhalte zu einem gleichen Weltbild geführt werden, es sei denn, ihre linguistischen Hintergründe sind ähnlich oder können in irgendeiner Weise auf einen gemeinsamen Nenner gebracht werden. [...]

Dieser ziemlich überraschende Schluss wird nicht so deutlich, wenn wir unsere modernen europäischen Sprachen miteinander vergleichen, und vielleicht zur Sicherheit noch Latein und Griechisch dazu nehmen. Unter diesen Sprachen herrscht eine Einstimmigkeit der Grundstrukturen, die auf den ersten Blick der natürlichen Logik recht zu geben scheint. Die Einhelligkeit besteht jedoch nur, weil diese Sprachen alle indoeuropäische Dialekte sind, nach dem gleichen Grundriss zugeschnitten und historisch überkommen aus dem, was vor sehr langer Zeit eine Sprachgemeinschaft war; weil die modernen Dialekte am Bau einer gemeinsamen Kultur beteiligt sind; und weil viele der intellektuelleren Züge dieser Kultur sich aus dem linguistischen Hintergrund des Lateinischen und des Griechischen herleiten. Diese Sprachgruppe erfüllt daher die spezielle Bedingung des mit »es sei denn« beginnenden Nebensatzes in der Formel des linguistischen Relativitätsprinzips am Ende des vorhergehenden Absatzes. Aus dieser Sachlage ergibt sich auch die Einstimmigkeit der Weltbeschreibung in der Gemeinschaft der modernen Naturwissenschaftler. Es muss aber betont werden, dass »alle modernen indoeuropäisch sprechenden Beobachter« nicht das Gleiche ist wie »alle Beobachter«. Wenn moderne chinesische oder türkische Naturwissenschaftler die Welt in den gleichen Termini wie die westlichen Wissenschaftler beschreiben, so bedeutet dies aber natürlich nur, dass sie das westliche System der Rationalisierung in toto übernommen haben, nicht aber dass sie dieses System von ihrem eigenen muttersprachlichen Gesichtspunkt aus mit aufgebaut haben.

Deutlicher wird die Divergenz in der Analyse der Welt, wenn wir das Semitische, Chinesische, Tibetanische oder afrikanische Sprachen unseren eigenen gegenüberstellen. Bringen wir gar die Eingeborenensprachen Amerikas hinzu, wo sich einige Tausend Jahre lang Sprachgemeinschaften unabhängig voneinander und von der alten Welt entwickelt haben, dann wird die Tatsache, dass Sprachen die Natur in vielen verschiedenen Weisen aufgliedern, unabweisbar. Die Relativität aller begrifflichen Systeme, das unsere eingeschlossen, und ihre Abhängigkeit von der Sprache werden offenbar. [...]

Im vorhergehenden Artikel über »Naturwissenschaft und Linguistik« habe ich auf eine Täuschung über das Sprechen hingewiesen, der wir alle unterliegen. Es ist die Annahme, das Sprechen geschehe völlig frei und spontan, es drücke lediglich aus, was immer wir es gerade ausdrücken lassen wollen. Diese Illusion resultiert aus der folgenden Tatsache: Die zwingenden Formen in unserem scheinbar freien Redefluss herrschen so völlig autokratisch, dass Sprecher und Zuhörer von ihnen unbewusst gebunden sind wie von Naturgesetzen. Die Strukturphänomene, die man gar nicht oder bestenfalls sehr ungenau wahrnimmt – so wie die winzigen Stäubchen in der Luft des Raumes. Besser noch kann man sagen, alle Sprechenden unterliegen linguistischen Strukturen – ungefähr so, wie alle Körper der Schwerkraft unterliegen. Die autonomen, unwillkürlichen Strukturschemata der Sprache sind nicht für alle Menschen die gleichen, sondern in jeder Sprache andere. Sie bilden die formale Seite der jeweiligen Sprache oder ihre Grammatik. [...]

Natürlich wurde die Naturwissenschaft durch die Grammatik nicht verursacht, sondern nur sozusagen gefärbt. Sie entstand im Bereich dieser Sprachgruppe, das heißt, sie entstand im Zuge von historischen Ereignissen, die Handel, Messung, Industrie und technische Erfindungen in einem Teil der Welt anregten, in dem diese Sprachen herrschten.

Die Teilhaber an einer gegebenen Weltansicht sind sich der idiomatischen Natur der Bahnen, in denen ihr Sprechen und Denken verläuft, nicht bewusst. Sie sind völlig mit ihnen zufrieden und betrachten sie als logische Notwendigkeiten. Kommt aber ein Außenseiter, ein Mensch, der an eine ganz andere Sprache und Kultur gewöhnt ist, oder etwa ein Wissenschaftler aus einer späteren Epoche, die eine etwas veränderte Sprache des gleichen Grundtyps benutzen, so erscheint ihm nicht alles, was für die Teilhaber an jener gegebenen Weltansicht logisch und notwendig ist, ebenfalls als logisch und notwendig. [...] Die Wissenschaft hat neue sprachliche Formulierungen der alten Fakten gewonnen, und nun, da wir uns an den neuen Dialekt gewöhnt haben, sind gewisse Züge des alten nicht mehr bindend für uns.

1 Schreiben Sie die Basisthesen von Benjamin Lee Whorf auf. Unterteilen Sie dann den Text in Sinnabschnitte und erläutern Sie, wie das Thema strukturell und stilistisch entfaltet wird.

2 Verfassen Sie einen persönlichen Brief an Whorf, in dem Sie Ihre eigene Position zum Ausdruck bringen. Vergleichen Sie Ihre Ergebnisse in der Gruppe.

Ilka Lehnen-Beyel

Wie Sprache das Denken formt 2004

Ohne Worte für Zahlen kann das Gehirn keine numerischen Zusammenhänge erfassen.

Die Muttersprache prägt die Wahrnehmung und die Denkstruktur eines Menschen viel stärker als bislang angenommen. So können Menschen, die mit einer Sprache ohne Zahlen aufwachsen, auch gedanklich eine unterschiedliche Anzahl von Gegenständen nicht unterscheiden. Das entdeckte der amerikanische Verhaltensforscher Peter Gordon bei der Beobachtung des Volksstamms der Pirahã am brasilianischen Amazonas. In der Sprache dieser fast völlig isoliert lebenden Menschen gibt es lediglich die Zahlwörter »eins«, »zwei« und »viele«. Der Wissenschaftler von der Columbia-Universität in New York beschreibt seine Studie in der Fachzeitschrift Science.

Bereits Ende der dreißiger Jahre des vergangenen Jahrhunderts stellte der Sprachwissenschaftler Benjamin Lee Whorf die Theorie auf, dass die erlernte Sprache einen extrem starken Einfluss auf die kognitiven Fähigkeiten eines Menschen hat. Bestimmte Denkkonzepte, so seine These, sind demnach überhaupt nicht zugänglich, wenn die Sprache dafür keinen Ausdruck kennt. Kritiker sind jedoch der Ansicht, es gebe bislang keinen Beweis für eine so starke Prägung.

Ein solcher Beweis könnte Peter Gordon jetzt jedoch gelungen sein. Er zeigte einigen Pirahã eine Reihe von Gegenständen und bat sie, genauso viele Gegenstände vor sich hinzulegen. Während die Indianer bei bis zu drei Objekten praktisch keine Fehler machten, konnten sie bei mehr als sechs Gegenständen nicht unterscheiden, ob sechs, acht oder zehn Objekte vor ihnen lagen. Die einzige Ausnahme bildete ein Test, bei dem die zu zählenden Gegenstände nicht in einer gleichmäßigen Reihe, sondern mit unterschiedlich großen Abständen voneinander angeordnet waren: Hier gelang den Pirahã, auch sieben, acht oder neun Objekte richtig einzuschätzen.

Das Konzept korrekter, separater Zahlen ist den Pirahã völlig unbekannt und für sie auch nicht fassbar, schließt Gordon aus diesen Versuchen. Sie müssen nach Ansicht des Forschers jedoch ein grobes Schätzsystem haben, denn die Verteilung der falschen Antworten bei größeren Mengen von Gegenständen war nicht dem Zufall überlassen. Das gute Abschneiden bei den ungleichmäßig angeordneten Objekten lasse sich wahrscheinlich damit erklären, dass sich durch die Anordnung kleinere Gruppen von Gegenständen gebildet hätten, die dann wieder in das »eins-zwei-viele«-Schema passten.

1 Erklären Sie, inwiefern der von Ilka Lehnen-Beyel beschriebene Fall des Volksstamms der Pirahã ein Beweis für Whorfs linguistisches Relativitätsprinzip darstellt.

Dieter E. Zimmer

Wiedersehen mit Whorf 1986

Wie ist es der Whorf-Hypothese ergangen? Nicht gut. Die Sprachen unterscheiden sich nicht willkürlich. Bei etwa gleicher Distanz zu den Dingen wird die gegenständliche Welt von allen auch etwa gleich aufgeteilt. Ähnliche kognitive Prozesse führen dazu, dass unter ähnlichen Umständen auch ähnliche Konzepte gebildet werden. Wo diese benannt werden und damit zu Begriffen gerinnen, entsteht kein Babel. Auf der Ebene der konkreten Benennung sind die Sprachen recht gut ineinander übersetzbar. Nimmt man hinzu, dass entweder universale kognitive Prozesse oder ein für alle gleiches genetisches Programm auch Grammatiken erzeugen, die sich auf einer tieferen Ebene gleichen, so scheint ausreichend dafür gesorgt, dass sich Menschen verschiedener Sprachen nicht allzu sehr missverstehen müssen, dass nicht jeder hoffnungslos in seine Sprache eingeschlossen ist und sich keinem Sprecher einer anderen Sprache je mitteilen kann. Wir alle ordnen die Welt nach den gleichen, sozusagen natürlichen Prinzipien, unsere Sprachen spiegeln die Ordnung und unterscheiden sich in dieser Hinsicht auch nicht erheblich. Dass Kulturen einzelne Lebensbereiche mehr oder weniger fein differenzieren, je nachdem, wie wichtig sie für sie sind, bedeutet nicht, dass ihre Angehörigen verschieden wahrnähmen und verschieden dächten. Einem alten Wissenschaftsgerücht zufolge soll der Eskimo Wörter über Wörter für die verschiedenen Schneearten haben, der Europäer aber nur eins, eben Schnee. Das Gerücht irrt. Die Eskimosprache bescheidet sich mit zwei Wortstämmen, einem für den fallenden und einem für den liegenden Schnee. Und sobald der Europäer sich für Schnee zu interessieren beginnt, stehen ihm durchaus weitere differenziertere Wörter zur Verfügung: Flocken, Firn, Harsch, Pulver, Sulz ... Whorfs Vermutung, der Eskimo fände den Generalbegriff Schnee »fast undenkbar«, war nicht nur vage, sondern falsch. Nicht die Sprache nämlich bestimmt, welche Ober- und Unterkategorien ein Einzelner oder ein Volk bilden kann, sondern etwas anderes: der Bedarf.

Dass jedoch alle Sprachen die konkrete Welt ähnlich klassifizieren, nach ähnlichen Prinzipien, jedoch ausschnittweise hier mehr, dort weniger differenziert, bedeutet nicht, dass auch bei abstrakteren Begriffen eine solche Übereinstimmung bestehen muss. Konkrete Begriffe strukturieren unsere Wahrnehmungen, abstrakte Begriffe sind die Bausteine unserer Interpretation. Welche gebildet werden, wie sie voneinander so abgesetzt werden, worauf sie sich erstrecken, mit welchen Nebenbedeutungen sie geladen werden, welche Gefühlsvaleurs ihnen zuteilwerden – darüber befinden nicht so sehr die Verbindlichkeiten unserer kognitiven Mechanismen, sondern mehr die gewundenen Entwicklungen und Zufälle der Kulturgeschichte, die hinter einer gewachsenen Sprache steht. Kein Übersetzer muss befürchten, in irgendeiner Sprache keinen Begriff für »Wasser« oder »Auge« oder »Baum« anzutreffen. Bei »Sicherheit«, »Empörung«, »Urteil« kann er diese Gewissheit nicht haben. Bei »Instanz«, »Parameter«, oder »Aufklärung« kann er, wenn er in die Sprache einer fernen Kultur übersetzt, von vornherein sicher sein, dass er sehr wahrscheinlich kein Äquivalent vorfinden wird und sich mit notdürftigen Umschreibungen behelfen muss. [...]

Whorfs Hypothese ist also nicht rundheraus falsch. Aber erst recht ist sie nicht rundheraus richtig. Je stärker sie formuliert wird, desto falscher scheint sie zu werden. Ganz sicher hilft die Sprache dem Denken ganz ungemein. Indem ein Konzept mit einem Wort belegt wird, wird es zu einer Art Gegenstand: Es existiert, auch wenn es gerade nicht gedacht wird, es erhält Dauer, man kann damit sehr leicht hantieren, ganze Gefüge von Konzepten zu neuen Aussagen zusammenstellen, man kann mit einem Wort ein Konzept in seinem Geist hervorrufen, man kann seine eigenen Konzepte mit anderen Menschen austauschen. Im Experiment wurde gezeigt, dass umfangreiche logische Probleme besser gelöst werden, wenn man während der Arbeit an ihnen alle seine Denkschritte verbalisiert. Die Erfindung der Sprache hat die denkerischen Möglichkeiten des Menschen gewiss potenziert. Und nur sprachlich gefasste Gedanken sind mitteilbar; alle anderen gehen mit dem, der sie denkt, zu Grunde. Die Sprache hält ihre Sprecher nicht gefangen; denken lässt sich auch, wofür die Sprache keine bequemen oder gar keine Mittel zur Verfügung stellt. Aber wofür fertige Ausdrucksmittel bereitstehen, lässt sich leichter denken; und wofür es sehr geläufige Ausdrucksmittel gibt, am allerleichtesten.

Wenn verschiedene Sprachen nicht zu einem völlig verschiedenen Denken führen, so vor allem darum, weil sie alle auf einem ähnlichen Fundament ruhen. Die Grundbegriffe für die konkrete Welt und wahrscheinlich auch die Grundregeln ihrer grammatischen Verknüpfung sind für alle sehr ähnlich. Hier, bei den fundamentalen Kategorisierungen, werden alle Sprachen von ähnlichen kognitiven Mechanismen geformt. So treiben die Sprachen nie allzu weit auseinander: Verständigung bleibt möglich. Bei den abstrakten Begriffen aber kann sie schon sehr schwierig sein. Und die Bedeutungsnuancen, die den Begriffen durch die Kulturgeschichte ihrer Benutzer zugewachsen sind, sind oft schlechthin unübersetzbar. In einem sehr eingeschränkten Sinn hatte Whorf also Recht.

Alles dies sind keine klaren, handlichen, endgültigen Wahrheiten. Eher sind es die Reflexe erster tastender Versuche, nicht durch reine Introspektion und Spekulation, sondern erstmals mit den Methoden kontrollierter Empirie in den unwegsamen Dschungel unseres Geistes vorzudringen, dorthin, wo sich Worte und Gedanken der Benennbarkeit und dem Bewusstsein entziehen. Erst seit wenigen Jahrzehnten sind die kognitiven Wissenschaften dabei, etwas Licht in diese überaus undurchschaubaren Verhältnisse zu bringen. Wenn auch das meiste unaufgeklärt bleibt, so haben sie gar nicht so wenig geschafft. Noch vor dreißig Jahren wäre eine plakative Parole wie »Sprache bestimmt das Denken« schlechthin unüberprüfbar gewesen. Ronald Langacker schrieb einmal: »Die Beziehung zwischen Sprache und Denken zu analysieren ist ein wenig, als versuchte man eine Wolke zu umarmen.« Er selber hoffte, davon mit mehr als einer Hand voll Nebeldunst zurückgekommen zu sein.

1 »Whorfs Hypothese ist also nicht rundheraus falsch. Aber erst recht ist sie nicht rundheraus richtig.« Fassen Sie in Stichpunkten zusammen, welche Aspekte des linguistischen Relativitätsprinzips laut Dieter E. Zimmer bis heute stützen bzw. bestätigen und wo Einschränkungen nötig sind.

2 Verfassen Sie eine textgebundene Erörterung zum Text von Dieter E. Zimmer und legen Sie die Argumentationsstruktur des Textes dar. Berücksichtigen Sie in Ihren Ausführungen auch die verwendeten rhetorischen Mittel und überlegen Sie, wie diese zur Meinungsbildung beitragen.

3 Beschreiben Sie, welche Verständigungsschwierigkeiten es zwischen unterschiedlichen Sprachgemeinschaften laut Whorf und Zimmer gibt. Sammeln Sie dazu Beispiele für sprachlich und / oder kulturell bedingte Verständigungsprobleme, die Sie aus Ihrem Alltag kennen.

4 Diskutieren Sie, ob bzw. unter welchen Voraussetzungen – ausgehend vom linguistischen Relativitätsprinzip – echte Verständigung auf einer internationalen Tagung von Wissenschaftlern möglich ist.

Gültigkeit der Hypothese

Whorf legte in seiner Theorie fest, dass seiner Ansicht nach einerseits das Denken durch die Sprache bestimmt und ihre Möglichkeiten durch das sprachliche Denken eingeschränkt werden. Zum anderen drückt jede Sprache Inhalte auf so einzigartige Weise aus, dass sie nicht problemlos in eine andere Sprache übertragbar sind. Als Beispiel führt Whorf die Sprache eines nordamerikanischen Stamms an, in der es für alles Fliegende – außer Vögeln – nur einen einzigen Begriff und auch keine unterschiedlichen Tempusformen gibt. Zwei Sachverhalte, die europäische Sprecher als sehr ungewöhnlich und sicher auch als sehr hinderlich beurteilen. Terminabsprachen mit einem Hopi-Indianer scheinen dadurch fast zum Scheitern verurteilt.

Die Sapir-Whorf-Hypothese erscheint in ihrer strengen Auslegung heute als unwahrscheinlich. Wohl aber geht man davon aus – und das ist dieser Hypothese zu verdanken – dass die Sprache das Denken beeinflusst.

Kommunikation

1 »Kommunikation ist alles.« Notieren Sie, mit wie vielen Menschen Sie gestern kommuniziert haben. Welche dieser Kommunikationssituationen würden Sie als gelungen bzw. nicht gelungen bezeichnen? Suchen Sie nach Gründen dafür.

2 Welche Faktoren sind dafür verantwortlich, dass es zu Missverständnissen in Kommunikationssituationen kommt? Beziehen Sie sich dabei auf die Zitate von Gide und Nixon.

3 »Reden ist Silber, Schweigen ist Gold.« Sammeln Sie jeweils zwei Situationen, für die Ihrer Meinung nach diese Regel zutrifft bzw. nicht zutrifft.

4 Beschreiben Sie, in welchem Verhältnis die beiden Frauen auf dem Foto zueinander stehen könnten und verfassen Sie ein kurzes Gespräch zur Abbildung. Diskutieren Sie die unterschiedlichen Gesprächsverläufe.

»So geht es oft mit einer Unterhaltung: Nach einer Weile vergeblicher Auseinandersetzung merkt man, dass man gar nicht von derselben Sache gesprochen hat.«
André Gide (1869–1951),
französischer Schriftsteller

»Ich weiß, dass Sie glauben zu begreifen, was ich Ihrer Meinung nach gesagt haben soll, aber ich bin nicht sicher, ob Ihnen klar ist, dass das, was Sie gehört haben, nicht das ist, was gemeint war.«
Richard Nixon (1913–1994),
37. Präsident der USA von 1969–1974

1 Ordnen Sie den 16 abgebildeten Gesichtern passende Gefühle oder Gedanken zu. Diskutieren Sie Ihre Ergebnisse. Überlegen Sie, warum Mimik und Gestik für die Verständigung so wichtig sind.

Lutz Hübner

Ehrensache 2005

Schauspiel. Erste Szene

Kobert (Polizeipsychologe), **Cem** (19 Jahre, Lehrling)

Kobert Ich heiße Kobert.

Cem nickt.

Kobert Ich möchte mich mit dir unterhalten. Willst du, dass ich dich sieze?

Cem schüttelt den Kopf.

Cem Unterhalten.

Kobert Ich werde dir ein paar Fragen stellen. Du musst nicht antworten. Das ist dir überlassen. Du kannst auch von dir aus erzählen.

Cem Und was soll das?

Kobert Ich werde ein Gutachten über dich schreiben. Für das Gericht.

Cem Ein Zeugnis oder was?

Kobert Nein, ein Gutachten.

Cem Damit ich verurteilt werden kann?

Kobert Es soll dem Gericht helfen, eine Entscheidung zu fällen.

Cem nickt.

Cem Also wenn du sagst, ich bin verrückt, dann komme ich zu den Bekloppten oder was?

Kobert So ein Gutachten soll helfen zu verstehen, was passiert ist.

Cem Ja, ist schon klar, das habe ich kapiert.

Kobert Schön, also fangen wir an.

[...]

Cem Denkst du jetzt, der ist irgendwie aggressiv? [...]

Kobert Ich denke noch gar nichts und bin nicht gegen dich, ich werte nicht, ich weiß nicht, oder? Dafür müssen wir uns kennen lernen.

Cem nickt.

Cem Jetzt kommen die Fragen nach meiner Kindheit, oder?

Kobert Ach ja?

Cem Das ist immer so, in den Filmen. [...]

Kobert Willst du denn über deine Kindheit sprechen? Oder über deine Familie?

Cem Ich habe gesagt, dass das in den Filmen so ist. Hörst du mir nicht zu? Das ist kein Film, oder?

Kobert Nein.

[...]

2 Überlegen Sie sich vor dem Hintergrund des Textes »Ehrensache« verschiedene Kommunikationssituationen, in denen gerade das unterschiedliche Sprachvermögen von Kommunikationspartnern dazu führt, dass bestimmte Positionen im Gespräch zugewiesen werden.

3 Welche Mittel stehen Ihnen zur Verfügung, um ein Gespräch zu beginnen und/oder zu beenden?

Klassische Kommunikationstheorien

Was ist Kommunikation?

Kommunikation (lat. communicatio »Mitteilung« […]) […] Der Ausdruck »K[ommunikation]« wird insbesondere eingesetzt, um Zwecke oder Funktionen der (Verwendung von) Spr[ache] oder, semiot[isch] gefasst, von (sprachl.) Zeichen zu erfassen. […] Das Konzept der K[ommunikation] […] [dient] dazu, die interaktionale Qualität von Spr[ache] bzw. sprachl[ichen] Zeichen zu bestimmen. Als eine oder die zentrale Aufgabe von Spr[ache] bzw. Sprachverwendung wird die Mitteilung von Informationen, die ein Sprecher einem Hörer vermittelt, angesehen. […] Eine aus einer »Quelle« (source) stammende »Information« oder Nachricht wird von einem »Sender« (transmitter) als Signal durch einen »Kanal« (channel) an einen »Empfänger« (receiver) übermittelt, der das »Bestimmungsziel« (destination) der Nachricht ist; der Übertragungsprozess kann im Kanal durch »Rauschen« (noise) gestört werden. Dieses für den Prozess der Nachrichtenübertragung unmittelbar einleuchtende Modell wurde auf das menschl[iche] Verständigungshandeln insgesamt übertragen und zum Teil als Grundmodell u. a. auch für die Literatur eingesetzt […]. […]

Eine Schülerin betritt morgens das fast schon voll besetzte Klassenzimmer, schlurft mit gesenktem Blick zu ihrem Platz, lässt sich auf ihren Stuhl fallen und nuschelt einer Klassenkameradin in der Bank vor ihr »kein' Bock« zu. Plötzlich dreht sich ihr Sitznachbar zu ihr um und blafft: »Kannst dich gerne woanders hinsetzen, wenn du mich jetzt schon nicht mehr packst.«

Hier liegt offensichtlich ein Missverständnis vor. Der Sitznachbar glaubt, die Aussage der Schülerin »kein' Bock« würde sich auf ihn beziehen. Und in der Tat, könnte sie mit »kein' Bock« die Schule, den frühen Schulbeginn und / oder das Fach der ersten Stunde meinen. Die lasche Körperhaltung, die langsame Bewegung durch das Klassenzimmer und der gesenkte Blick würden dafür sprechen. In diesem Fall hätte der Sitznachbar, der diese Aussage offensichtlich auf sich bezogen hat, die Situation missverstanden.

Vielleicht hat er aber auch Recht und die unmotivierte Körperhaltung resultiert wirklich daraus, dass das Mädchen ihn nicht sehen wollte. Für diese Annahme spricht die unmittelbare, genervte Reaktion des Nachbarn, man könnte sogar über einen vorangegangenen Streit spekulieren. Klar ist: Ohne weitere Informationen über den Kontext lässt sich die Situation nicht eindeutig auflösen.

Anhand dieses Beispiels lassen sich einige zentrale Aspekte menschlicher Kommunikation aufzeigen, z. B. dass Äußerungen von anderen Menschen immer (fehl)interpretiert werden können und dass auch die Körperhaltung sowie Mimik und Gestik, also nonverbale Signale, eine wichtige Rolle spielen. Dies wird auch in der Definition deutlich.

1 Lesen Sie die Definition des Begriffs »Kommunikation« und erklären Sie »die interaktionale Qualität von Sprache« in Ihren eigenen Worten. Stellen Sie das beschriebene Kommunikationsmodell von der »Quelle« bis zum »Bestimmungsziel« grafisch dar. Sie können dazu die nebenstehende Skizze vervollständigen.

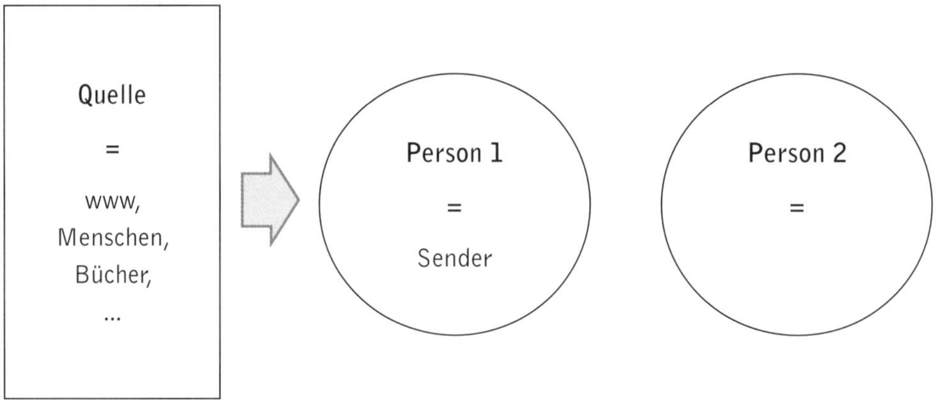

Gabriele Wohmann
Ein netter Kerl 1978

Ich habe ja so wahnsinnig gelacht, rief Nanni in einer Atempause. Genau wie du ihn beschrieben hast, entsetzlich.

Furchtbar fett für sein Alter, sagte die Mutter. Er sollte vielleicht Diät essen. Übrigens, Rita, weißt du, ob er ganz gesund ist?

Rita setzte sich gerade und hielt sich mit den Händen am Sitz fest. Sie sagte: Ach, ich glaub schon, daß er gesund ist. Genau wie du es erzählt hast, weich wie ein Molch, wie Schlamm, rief Nanni. Und auch die Hand, so weich.

Aber er hat dann doch auch wieder was Liebes, sagte Milene, doch, Rita, ich finde, er hat was Liebes, wirklich.

Na ja, sagte die Mutter, beschämt fing auch sie wieder an zu lachen; recht lieb, aber doch gräßlich komisch. Du hast nicht zuviel versprochen, Rita, wahrhaftig nicht. Jetzt lachte sie laut heraus. Auch hinten im Nacken hat er schon Wammen, wie ein alter Mann, rief Nanni. Er ist ja so fett, so weich, so weich! Sie schnaubte aus der kurzen Nase, ihr kleines Gesicht sah verquollen aus vom Lachen.

Rita hielt sich am Sitz fest. Sie drückte die Fingerkuppen fest ans Holz.

Er hat so was Insichruhendes, sagte Milene. Ich find ihn so ganz nett, Rita, wirklich, komischerweise.

Nanni stieß einen winzigen Schrei aus und warf die Hände auf den Tisch; die Messer und Gabeln auf den Tellern klirrten.
Ich auch, wirklich, ich find ihn auch nett, rief sie. Könnt ihn immer ansehn und mich ekeln. Der Vater kam zurück, schloß die Eßzimmertür, brachte kühle nasse Luft mit herein. Er war ja so ängstlich, daß er seine letzte Bahn noch kriegt, sagte er. So was von ängstlich.

Er lebt mit seiner Mutter zusammen, sagte Rita. Sie platzten alle heraus, jetzt auch Milene. Das Holz unter Ritas Fingerkuppen wurde klebrig. Sie sagte: Seine Mutter ist nicht ganz gesund, so viel ich weiß.

Das Lachen schwoll an, türmte sich vor ihr auf, wartete und stürzte sich dann herab, es spülte über sie weg und verbarg sie: lang genug für einen kleinen schwachen Frieden. Als erste brachte die Mutter es fertig, sich wieder zu fassen.

Nun aber Schluß, sagte sie, ihre Stimme zitterte, sie wischte mit einem Taschentuchklümpchen über die Augen und die Lippen. Wir können ja endlich mal von was anderem reden.

Ach, sagte Nanni, sie seufzte und rieb sich den kleinen Bauch, ach ich bin erledigt, du liebe Zeit. Wann kommt die große fette Qualle denn wieder, sag, Rita, wann denn? Sie warteten alle ab.

Er kommt von jetzt an oft, sagte Rita. Sie hielt den Kopf aufrecht.

Ich habe mich verlobt mit ihm.

Am Tisch bewegte sich keiner. Rita lachte versuchsweise und dann konnte sie es mit großer Anstrengung lauter als die anderen, und sie rief: Stellt euch das doch bloß mal vor: mit ihm verlobt! Ist das nicht zum Lachen!

Sie saßen gesittet und ernst und bewegten vorsichtig Messer und Gabeln.

He, Nanni, bist du mir denn nicht dankbar, mit der Qualle hab ich mich verlobt, stell dir das doch mal vor!

Er ist ja ein netter Kerl, sagte der Vater. Also höflich ist er, das muß man ihm lassen.

Ich könnte mir denken, sagte die Mutter ernst, daß er menschlich angenehm ist, ich meine, als Hausgenosse oder so, als Familienmitglied. Er hat keinen üblen Eindruck auf mich gemacht, sagte der Vater.

Rita sah sie alle behutsam dasitzen, sie sah gezähmte Lippen. Die roten Flecken in den Gesichtern blieben noch eine Weile. Sie senkten die Köpfe und aßen den Nachtisch.

Originale Rechtschreibung

1 Am Ende von Gabriele Wohmanns Erzählung sitzen alle stumm und ohne Blickkontakt am Tisch. Erklären Sie, aus welchen Gründen die Kommunikation hier zum Ende gekommen ist.

2 Überlegen Sie, wer zu Beginn der Erzählung die Dynamik des Gesprächs bestimmt. Welches Bild vom Mann prägt die erste Hälfte des Gesprächs?

Paul Watzlawick

Kommunikationsaxiome 1969

[…] Verhalten hat vor allem eine Eigenschaft, die so grundlegend ist, dass sie oft übersehen wird: Verhalten hat kein Gegenteil oder um dieselbe Tatsache noch simpler auszudrücken: Man kann sich nicht nicht verhalten. Wenn man also akzeptiert, dass alles Verhalten in einer zwischenpersönlichen Situation Mitteilungscharakter hat, d. h. Kommunikation ist, so folgt daraus, dass man, wie immer man es auch versuchen mag, nicht nicht kommunizieren kann. Handeln oder Nichthandeln, Worte oder Schweigen haben alle Mitteilungscharakter: Sie beeinflussen andere und diese anderen können ihrerseits nicht nicht auf diese Kommunikation reagieren und kommunizieren damit selbst. Es muss betont werden, dass Nichtbeachtung oder Schweigen seitens des anderen dem eben Gesagten nicht widerspricht. Der Mann im überfüllten Wartesaal, der vor sich auf den Boden starrt, teilt den anderen mit, dass er weder sprechen noch angesprochen werden will, und gewöhnlich reagieren seine Nachbarn richtig darauf, indem sie ihn in Ruhe lassen. […]

Wenn man untersucht, was jede Mitteilung enthält, so erweist sich ihr Inhalt vor allem als Information. Dabei ist es gleichgültig, ob diese Information wahr oder falsch, gültig oder ungültig oder unentscheidbar ist. Gleichzeitig aber enthält jede Mitteilung einen weiteren Aspekt, der viel weniger augenfällig, doch ebenso wichtig ist – nämlich einen Hinweis darauf, wie ihr Sender sie vom Empfänger verstanden haben möchte. Sie definiert also, wie der Sender die Beziehung zwischen sich und dem Empfänger sieht, und ist in diesem Sinn seine persönliche Stellungnahme zum anderen. Wir finden somit in jeder Kommunikation einen Inhalts- und einen Beziehungsaspekt. […]

Wenn Frau A auf Frau B's Halskette deutet und fragt: »Sind das echte Perlen?«, so ist der Inhalt ihrer Frage ein Ersuchen um Information über ein Objekt. Gleichzeitig definiert sie damit auch – und kann es nicht nicht tun – ihre Beziehung zu Frau B. Die Art, wie sie fragt (der Ton ihrer Stimme, ihr Gesichtsausdruck, der Kontext usw.), wird entweder wohlwollende Freundlichkeit, Neid, Bewunderung oder irgendeine Einstellung zu Frau B ausdrücken. B kann ihrerseits nun diese Beziehungsdefinition akzeptieren, ablehnen oder eine andere Definition geben, aber sie kann unter keinen Umständen – nicht einmal durch Schweigen – nicht auf A' s Kommunikation antworten. Für unsere Überlegung wichtig ist die Tatsache, dass dieser Aspekt der Interaktion zwischen den beiden nichts mit der Echtheit der Perlen zu tun hat (oder überhaupt mit Perlen), sondern mit den gegenseitigen Definitionen ihrer Beziehung, mögen sie sich auch weiter über Perlen unterhalten. [...]

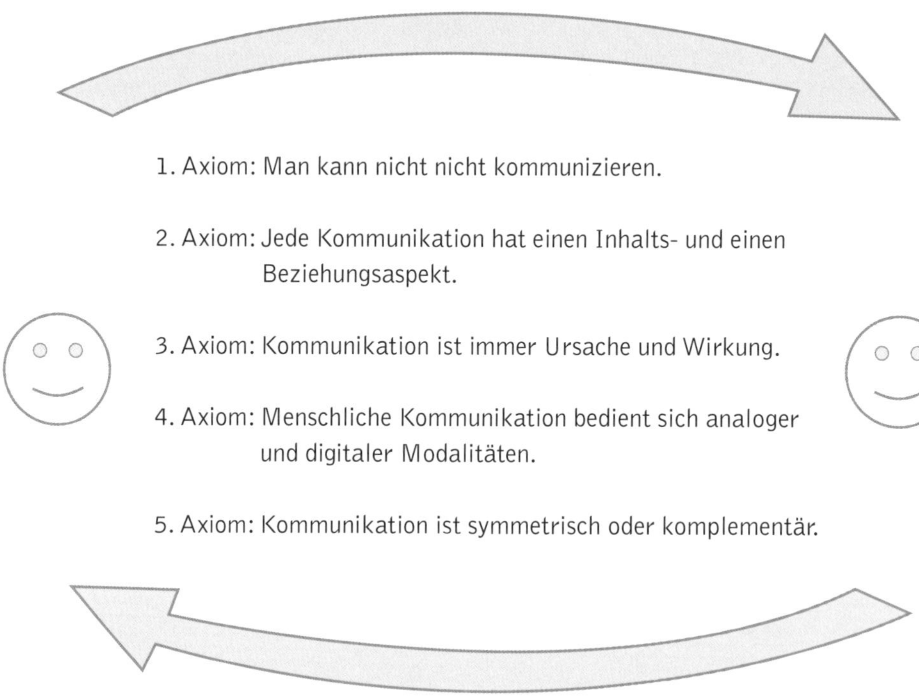

Kommunikationsaxiome

1 Erläutern Sie das Axiom »Man [kann] nicht nicht kommunizieren.« Diskutieren Sie, welche Folgen sich daraus für das Verhalten des Einzelnen in der Gruppe und für das Verhalten der Gruppenmitglieder gegenüber einem Einzelnen ergeben.

2 Erläutern Sie den Inhalts- und den Beziehungsaspekt nach Paul Watzlawick. Finden Sie Beispiele dafür, dass der Inhalts- und der Beziehungsaspekt in Widerspruch zueinander stehen können.

3 Formulieren Sie jedes Axiom in eigenen Worten und finden Sie für jedes je eine Beispielsituation.

4 Analysieren Sie die Klassenzimmer-Szene des Einführungstextes anhand der Axiome von Watzlawick.

Friedemann Schulz von Thun
Beziehungsbotschaft 1981

Schauen wir uns die »Nachricht« genauer an. Für mich selbst war es eine faszinierende »Entdeckung«, die ich in ihrer Tragweite erst nach und nach erkannt habe, dass ein und dieselbe Nachricht stets viele Botschaften gleichzeitig enthält. Dies ist eine Grundtatsache des Lebens, um die wir als Sender und Empfänger nicht herumkommen. Dass jede Nachricht ein ganzes Paket mit vielen Botschaften ist, macht den Vorgang der zwischenmenschlichen Kommunikation so kompliziert und störanfällig, aber auch so aufregend und spannend.

Um die Vielfalt der Botschaften, die in einer Nachricht stecken, ordnen zu können, möchte ich vier seelisch bedeutsame Seiten an ihr unterscheiden. Ein Alltagsbeispiel:

Der Mann (= Sender) sagt zu seiner am Steuer sitzenden Frau (= Empfänger): »Du, da vorne ist grün!« – Was steckt alles drin in dieser Nachricht, was hat der Sender (bewusst oder unbewusst) hineingesteckt, und was kann der Empfänger ihr entnehmen?

1. Sachinhalt (oder: Worüber ich informiere)

Zunächst enthält die Nachricht eine Sachinformation. Im Beispiel erfahren wir etwas über den Zustand der Ampel – sie steht auf Grün. Immer wenn es »um die Sache« geht, steht diese Seite der Nachricht im Vordergrund – oder sollte es zumindest. Auch im Augenblick übermittle ich in diesem Kapitel an den Leser zahlreiche Sachinformationen. Sie erfahren hier Grundlagen der Kommunikationspsychologie. – Dies ist jedoch nur ein Teil von dem, was sich gegenwärtig zwischen mir (dem Sender) und ihnen (den Empfängern) abspielt. Wenden wir uns daher dem zweiten Aspekt der Nachricht zu:

2. Selbstoffenbarung (oder: Was ich von mir selbst kundgebe)

In jeder Nachricht stecken nicht nur Informationen über die mitgeteilten Sachinhalte, sondern auch Informationen über die Person des Senders. Dem Beispiel können wir entnehmen, dass der Sender offenbar deutschsprachig und vermutlich fahrtüchtig ist, überhaupt, dass er wach und innerlich dabei ist. Ferner: dass er es vielleicht eilig hat usw. Allgemein gesagt: In jeder Nachricht steckt ein Stück Selbstoffenbarung des Senders. Ich wähle den Begriff der Selbstoffenbarung, um damit sowohl die gewollte Selbstdarstellung als auch die unfreiwillige Selbstenthüllung einzuschließen.

Diese Seite der Nachricht ist psychologisch hochbrisant, wie wir sehen werden. Auch während Sie dieses jetzt lesen, erfahren Sie nicht nur Sachinformationen, sondern auch allerhand über mich, Schulz von Thun, den Autor. Über meine Art, Gedanken zu entwickeln, bestimmte Dinge wichtig zu finden. Würde ich Ihnen dieses mündlich vortragen, könnten Sie aus der Art, wie ich mich gäbe, vielleicht Informationen über meine Fähigkeiten und meine innere Befindlichkeit entnehmen. Der Umstand, dass ich – ob ich will oder nicht – ständig auch Selbstoffenbarungsbotschaften von mir gebe, ist mir als Sender wohl bewusst und bringt mich in Unruhe und in Bewegung. [...]

3. Beziehung (oder: Was ich von dir halte und wie wir zueinander stehen)

Aus der Nachricht geht ferner hervor, wie der Sender zum Empfänger steht, was er von ihm hält. [...] Allgemein gesprochen: Eine Nachricht senden heißt auch immer, zu dem Angesprochenen eine bestimmte Art von Beziehung auszudrücken. Streng genommen ist dies natürlich ein spezieller Teil der Selbstoffenbarung. Jedoch wollen wir diesen Beziehungsaspekt als davon unterschiedlich behandeln, weil die psychologische Situation des Empfängers verschieden ist: Beim Empfang der Selbstoffenbarung ist er ein nicht selbst betroffener Diagnostiker (»Was sagt mir deine Äußerung über dich aus?«), beim Empfang der Beziehungsseite ist er selbst »betroffen« (oft im doppelten Sinn dieses Wortes). Genaugenommen sind auf der Beziehungsseite der Nachricht zwei Arten von Botschaften versammelt.

Zum einem solche, aus denen hervorgeht, was der Sender vom Empfänger hält, wie er ihn sieht. In dem Beispiel gibt der Mann zu erkennen, dass er seine Frau für hilfebedürftig hält.

Zum anderen enthält die Beziehungsseite aber auch eine Botschaft darüber, wie der Sender die Beziehung zwischen sich und dem Empfänger sieht (»so stehen wir zueinander«). Wenn jemand einen anderen fragt: »Na, und wie geht es in der Ehe?« – dann enthält diese Sach-Frage implizit auch die Beziehungsbotschaft: »Wir stehen so zueinander, dass solche (intimen) Fragen durchaus möglich sind.« – Freilich kann es sein, dass der Empfänger mit dieser Beziehungsdefiniton nicht einverstanden ist, die Frage für deplaziert und zudringlich hält. Und so können wir nicht selten erleben, dass zwei Gesprächspartner ein kräftezehrendes Tauziehen um die Definition ihrer Beziehung veranstalten. Während also die Selbstoffenbarungsseite (vom Sender aus betrachtet) Ich-Botschaften enthält, enthält die Beziehungsseite einerseits Du-Botschaften und andererseits Wir-Botschaften.

Was spielt sich jetzt, während Sie diesen Text lesen, auf der Beziehungsseite der Nachricht ab? Indem ich überhaupt diesen Beitrag geschrieben und veröffentlicht habe, gebe ich zu erkennen, dass ich Sie hinsichtlich unseres Themas für informationsbedürftig halte. Ich weise Ihnen die Rolle des Schülers zu. Indem Sie lesen (und weiterlesen), geben Sie zu erkennen, dass Sie eine solche Bezie-

1 Bringen Sie in Gruppenarbeit auf einem Plakat die vier Aspekte bzw. Bereiche von Kommunikation bzw. Botschaften zur Darstellung.

hung für den Augenblick akzeptieren. Es könnte aber auch sein, dass Sie sich durch meine Art der Entwicklung von Gedanken »geschulmeistert« fühlen. Dass Sie bei sich denken: »Mag ja ganz richtig sein, was der da schreibt (Sachseite der Nachricht), aber die dozierende Art fällt mir auf den Wecker!« [...]

4. Appell (oder: Wozu ich dich veranlassen möchte)

Kaum etwas wird »nur so« gesagt – fast alle Nachrichten haben die Funktion, auf den Empfänger Einfluss zu nehmen. In unserem Beispiel lautet der Appell vielleicht: »Gib ein bisschen Gas, dann schaffen wir es noch bei grün!« Die Nachricht dient also (auch) dazu, den Empfänger zu veranlassen, bestimmte Dinge zu tun oder zu unterlassen, zu denken oder zu fühlen.
Dieser Versuch, Einfluss zu nehmen, kann mehr oder minder offen oder versteckt sein – im letzteren Falle sprechen wir von Manipulation. Der manipulierende Sender scheut sich nicht, auch die anderen drei Seiten der Nachricht in den Dienst der Appellwirkung zu stellen. Die Berichterstattung auf der Sachseite ist dann einseitig und tendenziös, die Selbstdarstellung ist darauf ausgerichtet, beim Empfänger eine bestimmte Wirkung zu erzielen (z. B. Gefühle der Bewunderung oder Hilfsbereitschaft); und auch die Botschaften auf der Beziehungsseite mögen von dem heimlichen Ziel bestimmt sein, den anderen »bei Laune zu halten« (etwa durch unterwürfiges Verhalten oder durch Komplimente). Wenn Sach-, Selbstoffenbarungs- und Beziehungsseite auf die Wirkungsverbesserung der Appellseite ausgerichtet werden, werden sie funktionalisiert, d. h. spiegeln nicht wider, was ist, sondern werden zum Mittel der Zielerreichung. [...]

1 Führen Sie ein Rollenspiel mit dem Satz »In der Klasse ist es zu laut.« durch. Einer von Ihnen übernimmt die Schülerrolle, ein anderer – in der Lehrerrolle – reagiert in Anlehnung an die Theorie von Schulz von Thun in unterschiedlicher Weise darauf. Diskutieren Sie das Ergebnis.

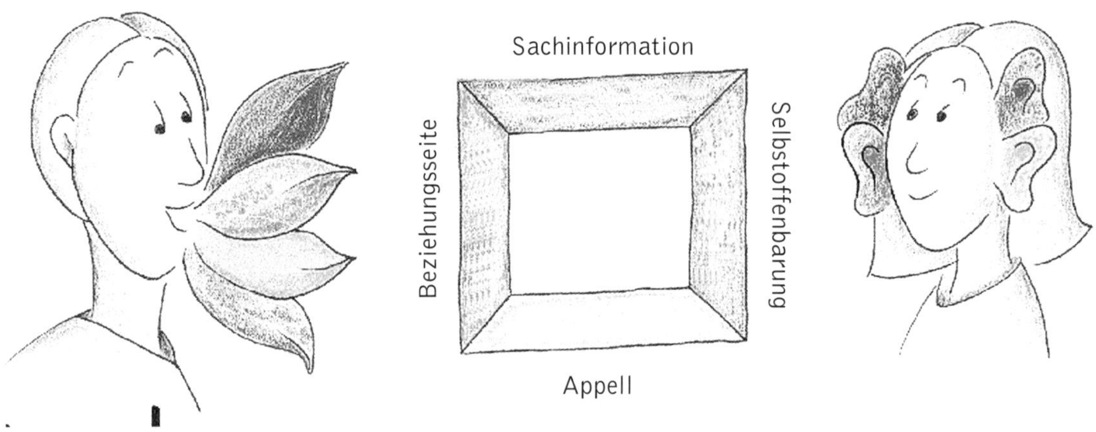

Ralf Dahrendorf

Soziale Position und Rolle 1958

Zu jeder Stellung, die ein Mensch einnimmt, gehören gewisse Verhaltensweisen, die man von dem Träger dieser Position erwartet: zu allem, was er ist, gehören Dinge, die er tut und hat: zu jeder sozialen Position gehört eine soziale Rolle. Indem der Einzelne soziale Positionen einnimmt, wird er zur Person des Dramas, das die Gesellschaft, in der er lebt, geschrieben hat. Mit jeder Position gibt die Gesellschaft ihm eine Rolle in die Hand, die er zu spielen hat. Durch Positionen und Rollen werden die beiden Tatsachen des Einzelnen und der Gesellschaft vermittelt: dieses Begriffspaar bezeichnet homo sociologicus, den Menschen der Soziologie, und es bildet daher das Element soziologischer Analyse.

Von den beiden Begriffen der Position und der Rolle ist der der Rolle bei weitem der wichtigere: die Unterscheidung beider ist dennoch nützlich. Während Positionen nur Orte in Bezugsfeldern bezeichnen, gibt die Rolle uns die Art der Beziehungen zwischen den Trägern von Positionen und denen anderer Positionen desselben Feldes an.

Soziale Rollen bezeichnen Ansprüche der Gesellschaft an die Träger von Positionen, die von zweierlei Art sein können: einmal Ansprüche an das Verhalten der Träger von Positionen (Rollenverhalten), zum anderen Ansprüche an sein Aussehen und seinen »Charakter« (Rollenattribute).

Weil Herr Schmidt Studienrat ist, sind von ihm gewisse Attribute und ein gewisses Verhalten verlangt [...]. Obwohl die soziale Rolle, die zu einer Position gehört, uns nicht verraten kann, wie ein Träger dieser Position sich tatsächlich verhält, wissen wir doch, wenn wir mit der Gesellschaft, die diese Rolle definiert, vertraut sind, was von ihrem Spieler erwartet wird.

Soziale Rollen sind Bündel von Erwartungen, die sich in einer gegebenen Gesellschaft an das Verhalten der Träger von Positionen knüpfen.

2 »Kommunikation gelingt dann am besten, wenn alle Beteiligten die an sie gerichteten Rollenerwartungen voll erfüllen.« Beurteilen Sie diesen Satz kritisch im Hinblick auf die Beziehung zwischen Eltern und Kindern und beziehen Sie in Ihre Argumentation die Ausführungen Dahrendorfs mit ein.

Mario Barth

Kommunikation zwischen Frau und Mann 2009

Transkript

»[...] Die streiten schon ganz anders – ne – da unterscheidet sich der Mann von der Frau kom-plett. Ein Mann streitet ... viel knapper. Der kommt nach Hause, brüllt eine Viertelstunde rum (*ajahajah*), setzt sich auf der (sic!) Couch und atmet durch (*lautes Durchatmen*) [...]. Feierabend.

Nein. Nein, bei einer Frau doch nicht. Nein. Ne Frau streitet stundenlag, stundenlang (*bock-bock-bock-bock*), zwölf Stunden (*bock*), dass du als Mann da sitzt und dir denkst: »Boah, warum haut die mir nicht einfach auf die Fresse.« Ne, neee, (*Lachen*) bei Frauen ist das wat anderes. Frauen fangen ja auch nen Streit schon ganz anders an, die fangen mit ner Frage an: Du kommst nach Hause, denkst dir nichts Böses, da steht die im Flur und sagt »Schatz, bist du eigentlich der Meinung, dass ich fett geworden bin?«

Ou, jetzt is uffpassen anjesagt. Ick sach: »Na, ick finde nich.«

»Aha.« Sofort kommt »Aha, du findest nich. Wer findets das denn dann?«

Ick sach: »Wie, wat. Wie, wat, ick ... wes ick nich, ick nich. Also ick hab ja gesacht, ick findes nicht.«

Sagt se: »Ja du ... ja du hast ja jesacht, DU findest nicht. Da wird ja wohl ... irgendeiner wird's ja wohl finden. [...] du liebst ihn auch viel mehr. Kannst ja mit deinem besten Freund zusammenziehen, du liebst mich gar nisch mehr.«

Und irgendwann sag ich: »Schatz, natürlich liebe ich dich. Aber... Du bist das einzige was ich habe, ich liebe nur dich.«

Sagt 'se: »Nein, du liebst mich nich mehr.«

»Schatz, natürlich... natürlich liebe ich dich.«

»NEIN, DU LIEBST MICH NICH.« Ich sach: »Schatz, ich lieb' dich wie am ersten Tag.«

»Siehste, nix hat sich verändert.«

Also, da sieht man, es is ejal, was du sagst. Du kannst als Mann nur verlieren. Denkste: »Ok, die fühlt sich nich geliebt, nimmste sie in' Arm.« Will ... will grade zu ihr gehen, steh zehn Zentimeter vor ihr, steh ich vor ihr, will sie grad in' Arm nehmen ...

»PACK MICH NICH AN! – FASS MICH NICH AN!«

Ich denke: »Was is jetz los?«

»Du hast doch grad gesagt, du fühlst dich nicht geliebt.«

Ich sag: »Ich muss dich doch –«

»PACK MICH NICH AN!«

Denke: »Ok, alles klar, die fühlt sich ..., die will nich ..., die fühlt sich nich wohl. Fasste sie nich an.« Wir Männer sind da einfühlsam. Ick sach: »Okay, ja, dann machste auf Zuhörer. Setz ick mich da hin, sag: »Schatz, komm, ich bin da, kannst loslegen, gib mal Gas.« Boah, dann fängt die an! »(*bock-bock-bock; Nachahmung von Hühnergackern*) [...] Denk ich: »Boah, zuhören ... dat is ... zuhören. Und irgendwann hats mir gereicht, hab ich jesacht: »Weste wat? Du bist genau wie deine Mutter.« Oh oh oh, hör mal, dann ging det erst richtig los. Liebe Männer, nur mal so als Tipp, der Satz »Du bist genau wie deine Mutter« is tödlich, darfst du nich sagen. Ick hab den grade gesagt, den Satz, der lag mir noch auf der Zunge, wollt'n packen, da war er schon in ihrem Ohr. Hör mal, da ging dat los:

»Ich bin genau wie meine Mutter, das is ja toll! Wie kommste darauf, so über meine Familie zu reden? Meine Mutter is gar nich so schlimm wie ich!«

Das ... das is auch schön, wenn die Frauen da plötzlich sich selbst da so reinreiten, ne ... Und sie dann noch irgenwann merken, dass sie aufgrund ihrer Argumentation gar nich mehr weiterkommen. Die schießen sich grade selber ins Knie. Das is ner Frau scheißegal. Irgendwann kommt sowieso:

»Das is ja egal, du verstehst mich sowieso nich.«

Das ist dann noch die Ausrede. [...] Ne Frau is gar nich mehr berechenbar, das is nich böse, was die da macht. Um Gottes Willen, die steht jetzt mit dem Rücken zur Wand und argumentiert eigentlich nur noch des Argumentierens willen. Und nich mehr, um eine Lösung des Streits herbeizuführen. Das is... das is egal. Wir Männer verlieren. Egal, was du machst, du verlierst. Et (sic!) is quasi ein Wechselspiel zwischen Gut und Böse. Liebe Männer, dat ... dat is nich böse gemeint! Eine Frau ist nicht bösartig! [...]

Und wenn ihr gar nicht mehr könnt, nehmt ihr's Telefon, ruft die beste Freundin an, drückt ihr einfach das Telefon ans Ohr und dann quatscht die mit der besten Freundin – stundenlang. [...]

Das sind Frauen. Wir Männer sind halt so, wir Männer spielen gerne Carrera-Bahn und Frauen telefonieren. So is das halt. Nich böse gemeint! Alles nur Spaß! [...]«

1 Auf den ersten Blick werden die sozialen Rollen »(Ehe-)Frau/Freundin« und »(Ehe-) Mann/ Freund« bei Mario Barth geradezu klischeehaft erfüllt. Trotzdem funktioniert die Kommunikation nicht. Erklären Sie diesen Umstand unter Bezugnahme auf Schulz von Thuns Text.

2 Recherchieren Sie die Begriffe des »role taking« und »role making«. Analysieren Sie auf dieser Basis das Transkript von Mario Barth.

3 Vergleichen Sie die Kommunikationssituationen zwischen Mann und Frau bei Mario Barth mit der in Wolfgang Borcherts »Das Brot« (S. 96).
Nutzen Sie zum Vergleich Kategorien wie z. B. Redeanteil Mann / Frau, Konfliktauslöser, Verhältnis von Mann und Frau etc. und ergänzen Sie mit eigenen Kategorien. Legen Sie dazu eine Tabelle an, in die Sie Ihre Ergebnisse eintragen.

Wolfgang Borchert
Das Brot 1946

Plötzlich wachte sie auf. Es war halb drei. Sie überlegte, warum sie aufgewacht war. Ach so! In der Küche hatte jemand gegen einen Stuhl gestoßen. Sie horchte nach der Küche. Es war still. Es war zu still und als sie mit der Hand über das Bett neben sich fuhr, fand sie es leer. Das war es, was es so besonders still gemacht hatte: sein Atem fehlte. Sie stand auf und tappte durch die dunkle Wohnung zur Küche. In der Küche trafen sie sich. Die Uhr war halb drei. Sie sah etwas weißes am Küchenschrank stehen. Sie machte Licht. Sie standen sich im Hemd gegenüber. Nachts. Um halb drei. In der Küche. Auf dem Küchentisch stand der Brotteller. Sie sah, dass er sich Brot abgeschnitten hatte. Das Messer lag noch neben dem Teller. Und auf der Decke lagen Brotkrümel. Wenn sie abends zu Bett gingen, machte sie immer das Tischtuch sauber. Jeden Abend. Aber nun lagen Krümel auf dem Tuch. Und das Messer lag da. Sie fühlte, wie die Kälte der Fliesen langsam an ihr hochkroch. Und sie sah von dem Teller weg.

»Ich dachte, hier wäre was«, sagte er und sah in der Küche umher.

»Ich habe auch was gehört«, antwortete sie und dabei fand sie, dass er nachts im Hemd doch schon recht alt aussah. So alt wie er war. Dreiundsechzig. Tagsüber sah er manchmal jünger aus. Sie sieht doch schon alt aus, dachte er, im Hemd sieht sie doch ziemlich alt aus. Aber das liegt vielleicht an den Haaren. Die machen dann auf einmal so alt. »Du hättest Schuhe anziehen sollen. So barfuß auf den kalten Fliesen. Du erkältest dich doch.«

Sie sah ihn nicht an, weil sie nicht ertragen konnte, dass er log. Dass er log, nachdem sie neununddreißig Jahre verheiratet waren.

»Ich dachte, hier wäre was«, sagte er noch einmal und sah wieder so sinnlos von einer Ecke in die andere, »ich hörte hier was. Da dachte ich, hier wäre was.«

»Ich hab auch was gehört. Aber es war wohl nichts.« Sie stellte den Teller vom Tisch und schnippte die Krümel von der Decke.

»Nein, es war wohl nichts«, echote er sicher.

Sie kam ihm zu Hilfe: »Komm man. Das war wohl draußen. Komm man zu Bett. Du erkältest dich doch. Auf den kalten Fliesen.«

Er sah zum Fenster hin. »Ja, das muss wohl draußen gewesen sein. Ich dachte, es wäre hier.«

Sie hob die Hand zum Lichtschalter. Ich muss das Licht jetzt ausmachen, sonst muss ich nach dem Teller sehen, dachte sie. Ich darf doch nicht nach dem Teller sehen. »Komm man«, sagte sie und machte das Licht aus, »das war wohl draußen. Die Dachrinne schlägt immer bei Wind gegen die Wand. Es war sicher die Dachsrinne. Bei Wind klappert sie immer.«

Sie tappten beide über den dunklen Korridor zum Schlafzimmer. Ihre nackten Füße platschten auf den Fußboden.

»Wind ist ja«, meinte er. »Wind war schon die ganze Nacht.« Als sie im Bett lagen, sagte sie: »Ja, Wind war schon die ganze Nacht. Es war wohl die Dachrinne.«

»Ja, ich dachte, es wäre in der Küche. Es war wohl die Dachrinne.« Er sagte das, als ob er schon halb im Schlaf wäre.

Aber sie merkte, wie unecht seine Stimme klang, wenn er log. »Es ist kalt«, sagte sie und gähnte leise, »ich krieche unter die Decke. Gute Nacht.«

»Nacht«, antwortete er und noch: »Ja, kalt ist es schon ganz schön.«

Dann war es still. Nach vielen Minuten hörte sie, dass er leise und vorsichtig kaute. Sie atmete absichtlich tief und gleichmäßig, damit er nicht merken sollte, dass sie noch wach war. Aber sein Kauen war so regelmäßig, dass sie davon langsam einschlief.

Als er am nächsten Abend nach Hause kam, schob sie ihm vier Scheiben Brot hin. Sonst hatte er immer nur drei essen können.

»Du kannst ruhig vier essen«, sagte sie und ging von der Lampe weg. »Ich kann dieses Brot nicht so recht vertragen. Iss du man eine mehr. Ich vertrag es nicht so gut.«

Sie sah, wie er sich tief über den Teller beugte. Er sah nicht auf. In diesem Augenblick tat er ihr leid. »Du kannst doch nicht nur zwei Scheiben essen«, sagte er auf seinen Teller.

»Doch. Abends vertrag ich das Brot nicht gut. Iss man. Iss man.«

Erst nach einer Weile setzte sie sich unter die Lampe an den Tisch.

1 Fassen Sie das Handlungsgeschehen in Wolfgang Borcherts Kurzgeschichte »Das Brot« in eigenen Worten zusammen.

2 Analysieren Sie die Situation in »Das Brot« unter dem Aspekt »Gespräch«. Mögliche Aspekte:
- Gesprächsanlass und Geplantheit,
- räumliche und zeitliche Umstände,
- Verhältnis und Zusammenstellung der Gesprächspartner zueinander,
- Grad der Spontaneität des Gesprächs,
- Rolle von nicht-sprachlichem Handeln.

Nonverbale Kommunikation

Wise Guys
Nonverbale Kommunikation 2008

Zu mancher Zeit an manchem Ort ist jegliches gesproch'ne Wort
je ein gesproch'nes Wort zu viel. Schweigen hat mehr Stil.

Lädt dich deine Traumfrau ein,
zum ersten Mal bei ihr zu sein
und zieht dich nach dem dritten Wein
am Hemd ins Schlafzimmer hinein,
dann kannst du große Reden schwingen,
kannst einen langen Vortrag bringen,
von Liebe und so schönen Dingen,
mit Worten, die fantastisch klingen.
Doch besser wär in diesem Falle schon
die Wahl von

Nonverbaler Kommunikation.
Nonverbale Kommunikation.

Willst du in 'ne Kneipe gehn,
in der nur Fans aus Schalke stehn,
empfehle ich dir ganz extrem
von manchen Dingen abzuseh'n:
Sage nie, auch wenn's so ist:
»Schalke spielt den letzten Mist!«
und dass du Fan von Dortmund bist.
Es sei denn, du bist Masochist.
Denn sonst bekommst du garantiert als Lohn
'ne Ladung

Nonverbale Kommunikation ...
Ein Austausch ganz besondrer Sorte:
Gefühle zeigen ohne Worte!

Wenn du auf der Bühne bist
und denkst, dass es jetzt lässig ist,
aus Euphorie beim Singen
von vorn ins Publikum zu springen;
wenn dann die Leute, die da stehn,
plötzlich auseinandergehn,
und, anstatt schön mitzumachen,
laut über den Aufprall lachen.
Dann hast du Recht: Das ist 'ne Art von Hohn
in Form von

Nonverbaler Kommunikation ...
Schmeißt jemand nach dir mit 'ner Torte,
ist das ein Statement ohne Worte.

»Nonverbale Kommunikation«. Text: Daniel Dickopf.

1 Fassen Sie die unterschiedlichen Aspekte nonverbaler Kommunikation aus dem Songtext der Wise Guys zusammen. Verfassen Sie eine eigene Strophe.

2 Beschreiben Sie eine Situation, in der nonverbale und verbale Kommunikation möglicherweise nicht übereinstimmen.
Stellen Sie die Situation auf einem Plakat dar und suchen Sie auch nach Bildern, auf denen die Situation noch einmal verdeutlicht wird.

Hein Retter

Aspekte nonverbaler Kommunikation 1999

Körpersprache ist – im Sinne Watzlawicks – analoge Kommunikation und spielt im menschlichen Sozialverhalten eine wichtige Rolle. Wenn wir menschliches Sozialverhalten verstehen wollen, müssen wir dieses nonverbale System aufschlüsseln. Die nonverbalen Signale senden wir teils bewusst, teils unbewusst. Sie geben so Auskünfte über uns an die Umwelt. Diese Signale sind sehr vielfältig, sie können von einzelnen Körperteilen (Kopfbewegung, Gesichtsausdruck, Handbewegung) oder vom gesamten Körper (Körperhaltung, Körperbewegung) ausgehen, die verbale Kommunikation begleiten (Tonfall) oder das Erscheinungsbild (Kleidung, Schmuck) betreffen.

Wir übermitteln unseren emotionalen Zustand, unsere Einstellung zu zwischenmenschlichen Beziehungen oder unterstützen gerade Geäußertes. Jeder Bereich kann weiter unterteilt werden, wie z. B. die verschiedenen Erscheinungsformen des Blicks: der Blick während des Zuhörens, während des Redens, die Länge von flüchtigen Blicken, die Öffnung der Augen, die Pupillengröße usw. Diese Techniken werden heute in der Werbung und der Politik angewendet, begegnen uns aber auch im privaten wie im öffentlichen Leben. Ziel jedes Menschen sollte es sein, diese Mechanismen zu erkennen und zu verstehen, um Manipulationen von Seiten Dritter zu erkennen und entsprechend gegenzuwirken.

Interessant ist auch, dass manche Bereiche der Körpersprache über alle Kulturen hinaus recht ähnlich sind und selbst in der Tierwelt zu finden sind (bestimmte Gesichtsausdrücke oder Körperhaltungen), andere hingegen stark gesellschaftlich bezogen sind (insbesondere symbolische Gesten). Die nonverbale Sprache ist abbildhaft und unmittelbar; sie ist einerseits sehr viel ungenauer und schwieriger zu interpretieren als verbale Kommunikation, deren lexikalische Bedeutung gut zu entschlüsseln ist. Die verbale Sprache ist relativ gut steuerbar und kontrollierbar für den Sender. Demgegenüber ist die nonverbale Sprache nur zu einem gewissen Teil durch den Willen steuerbar und weite Teile sind unbewusster Ausdruck der eigenen Gefühle, die der Empfänger wahrnehmen kann, dem Sender aber weitgehend verborgen bleiben.

1 Hein Retter beschreibt, dass viele Aspekte nonverbaler Kommunikation vom Sender kaum bewusst gesteuert werden können. Diskutieren Sie, welche Aspekte nonverbaler Kommunikation mehr, welche weniger vom Sender direkt steuerbar sind. Sie können dazu folgendes Schaubild erweitern. Diskutieren Sie anschließend Ihre Einschätzungen.

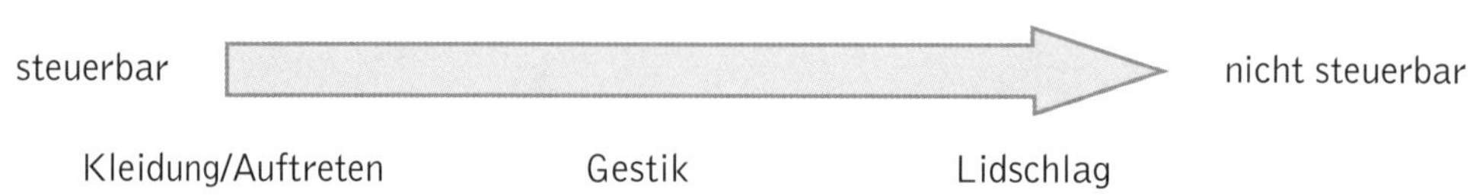

Dieter E. Zimmer

Körpersprache 1966

Auch wenn wir den Mund halten, spricht der Körper weiter.

[...] Der Eindruck, den die Körpersprache macht, ist mächtig: Worte haben es schwer, ihn zu dementieren. Da die Körpersprache auch schwerer bewusst zu beherrschen ist als die verbale, sind die Botschaften der Körpersprache oft wahrer. Und eben weil sie sich dem Willen weitgehend entzieht, und zwar das Aussenden wie der Empfang der Signale gleichermaßen, erscheint sie uns selbstverständlicher, irrationaler, wird sie einfach bewusst weit weniger bemerkt als die Sprache der Wörter. Sie regelt aufs feinste unseren Verkehr untereinander. Erving Goffman meinte geradezu: »Die Beherrschung und das Verständnis einer gemeinsamen Körpersprache ist ein Grund dafür, eine Ansammlung von Individuen als Gesellschaft zu bezeichnen.« [...]

Körpersprache und allerlei Missverständnisse

Etwas spricht aus uns, indem es uns die Miene mimisch verzieht, die Arme gestisch bewegt, den ganzen Körper zu einem komplexen Signal formt. Was ist dieses Es? Welches ist die Tiefe, die da aus uns spricht?

Die Bedeutung seiner Körpersprache hat den Menschen schon seit langem fasziniert. Vor gut zweihundert Jahren, 1775, löste der Zürcher Pfarrer Johann Caspar Lavater mit seinen »Physiognomischen Fragmenten zur Beförderung der Menschenkenntnis und Menschenliebe« geradezu eine Modewelle aus. Er ging aus von der richtigen Vermutung, dass die ruhige und bewegte »Oberfläche des Menschen«, von ihm Physiognomie genannt, etwas Wahres über ihn verrät; verrannte sich dann aber in den Aberglauben, sie verrate nichts anderes als die moralische Qualität. »Je moralisch besser: desto schöner. Je moralisch schlimmer: desto hässlicher.« [...]

Einen wissenschaftlich haltbaren Ansatz brachte erst Darwins Evolutionstheorie – seit Kopernikus' Lehre, die mit dem Glauben an die Erde als den Mittelpunkt des Universums aufräumte, die größte Umwälzung im Selbstverständnis der Menschheit überhaupt und in ihren Konsequenzen noch längst nicht bewältigt. Darwin selber widmete eines seiner späteren Werke dem »Ausdruck der Gemütsbewegungen bei dem Menschen und den Tieren« (1872). Er stellte für die

2 Dieter E. Zimmer beschreibt in seinem Text mehrere Beispiele für ritualisierte Körpersprache. Notieren Sie diese und sammeln Sie weitere Beispiele (auch aus anderen Kulturkreisen und Epochen, z. B. Begrüßungsgesten). Stellen Sie anschließend Gemeinsamkeiten und Unterschiede fest.

3 Vergleichen Sie die Botschaft entblößter Zähne und des direkten In-die-Augen-Blickens bei Menschen, Hunden, Katzen, Affen und Pferden. Stellen Sie Ihre Ergebnisse in einer Tabelle dar.

elementaren Ausdrucksbewegungen der Gefühle die Frage richtig, indem er davon ausging, dass sie als stammesgeschichtliche Anpassungen zu verstehen seien; nur war Darwins Anschauungsmaterial noch viel zu karg, sein Studienbereich zu eng, als dass er gleich das erschöpfende Standardwerk hätte schreiben können.

Auf der Jagd nach Menschenverhalten

Erst die heutige Verhaltensforschung, die Ethnologie, die ein Zweig der Biologie ist, hat den Faden wiederaufgenommen und vor allem in den letzten zehn, fünfzehn Jahren einen ganzen Berg von Erkenntnissen auch über das körpersprachliche Verhalten zu tage gefördert, über die nichtverbale Kommunikation unserer Art.

[Ritualisierte Körpersprache]

Eine verbreitete Grußgebärde, besonders im militärischen Bereich, ist die Bewegung der Hand zum Kopf. Sie dürfte zurückgehen auf die Gebärde des mittelalterlichen Ritters, mit der er den Helm seiner Rüstung absetzte, ehe er sich freundlich mit jemandem unterhalten konnte. Aus dem Helmabnehmen wurde ein Hutziehen, eine zackige Bewegung der Hand ans Käppi und ein legerer ziviler Schlenker der Hand in Richtung Kopf. Anders gesagt: Der Handgruß ist ein ritualisiertes Hut- oder Helmabnehmen.

In diesem Sinn lässt sich das lehrerhafte Drohen mit dem Zeigefinger als ein ritualisierter Stockhieb bezeichnen. Der Schlag der Faust auf den Tisch ist eine ritualisierte Verprügelung des Gegners. Das Achselzucken ist das ritualisierte Abschütteln einer Last. [...]

Der Kuss (der auch bei Schimpansen als Geste der Zuneigung vorkommt) ist ein schon von unseren vormenschlichen Ahnen aus der Kinderaufzucht abgeleitetes und im folgenden ritualisiertes Mund-zu-Mund-Füttern, bei dem ursprünglich das Muttertier seinen Jungen vorgekaute Nahrung in den Mund schob. [...]

Das vermutlich universale verneinende Kopfschütteln ist entweder, wie schon Darwin annahm, eine ritualisierte Brustverweigerung des satten Säuglings oder das ritualisierte Abschütteln eines lästigen Gegenstandes. Das nicht ganz so universale bejahende Kopfnicken ist eine angedeutete ritualisierte Beschwichtigungs- und Unterwerfungsgeste: Ja, sieh, mein Blick weicht deinem nach unten aus, mein Kopf senkt sich demütig; damit ist unser ritualisierter Disput hoffentlich rituell entschieden – kurz, du hast recht.

Auch nichterbliche, rein »kulturell« tradierte Verhaltensweisen haben also eine Tendenz, sich im Dienste der Signalwirkung mit der Zeit abzuschleifen und zu verdeutlichen. Ihre ursprüngliche Bedeutung kann dabei ganz in Vergessenheit geraten. Unsere Körpersprache bewahrt einen Teil unserer kollektiven (genetischen wie kulturellen) Vergangenheit, der uns als Individuen längst in Vergessenheit geriet.

Erik Orsenna

Die Grammatik ist ein sanftes Lied 2004

[...] Als Erstes piekste mich irgendein spitzer Gegenstand in die Kopfhaut, als hätte ich Läuse, was seit letztem Januar nicht mehr der Fall gewesen war. Dann streichelte ein weiches, gleichmäßiges Geräusch mein Trommelfell [...]. Schließlich blähte ein frischer Geruch meine Nasenflügel, der Duft von Salz und feuchter Erde. In meinem benebelten Kopf rechnete ich zusammen: eine lebendige Haut + ein lebendiges Ohr + eine lebendige Nase = eine lebendige Jeanne.

Dieser tollen Neuigkeit (ich hatte den Schiffbruch überlebt) folgte auf dem Fuß ein unheimlicher Schrecken (was mochte Thomas zugestoßen sein?). Langsam, ganz langsam, öffnete ich die Augen. Da war er, dieses Monster von einem Bruder, er saß ruhig am Strand und war damit beschäftigt, ohne jede Eleganz an seiner Hose herumzufummeln. Das Schicksal seiner Schwester interessierte ihn nicht im Geringsten. Der Sturm hatte ihn nicht verändert: Er war immer noch eine Niete! Er bewegte die Lippen, sicher wollte er mich wie gewöhnlich beschimpfen. Aber er brachte nichts heraus, keinen Ton. Ich glaubte natürlich, er wolle sich über mich lustig machen. Und ich bereitete eine meiner üblichen Antworten vor. Aber mir erging es wie ihm, nichts: absolute Leere im Mund. Wir sahen einander betreten an. Unsere Verzweiflung war jetzt ebenso groß wie noch vor einem Augenblick unser Glück über unser wundersames Überleben.

Sprachlos. Der Sturm hatte uns alle unsere Wörter entrissen. [...]

1 Die Geschwister Jeanne und Thomas aus Erik Orsennas Text haben zwar ihre Sprache verloren, schaffen es im weiteren Verlauf des Buches aber dennoch, sich miteinander zu verständigen.
Überlegen Sie, wie eine solche Kommunikation vonstattengehen könnte und wovon deren Gelingen abhängt.
Beziehen Sie Ihre Aussagen auf das Kommunikationsmodell von Schulz von Thun (S. 93 f.).

Rhetorik

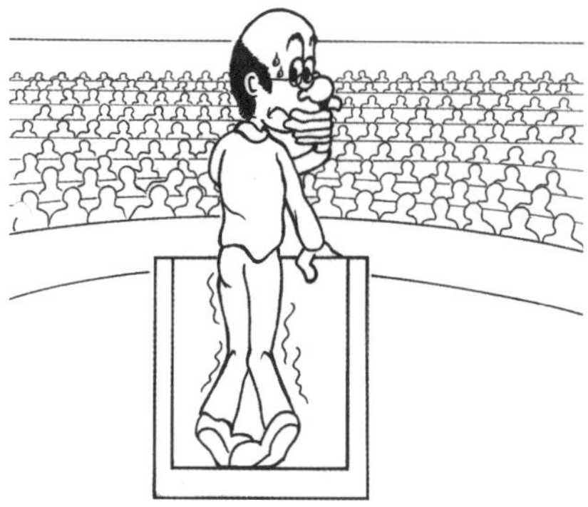

RHETORIK TRAINING
– Mehr Schlagfertigkeit, mehr Erfolg –

Rhetoriktraining ist die Basis für Ihre beruflichen Ziele!

Präsentationen, Fachtagungen und Vorträge bei Kunden verunsichern Sie? Sie wollen effektiv und abwechslungsreich präsentieren, Gehör finden und überzeugen?

In unseren Workshops erhalten Sie das Werkzeug für Ihren Erfolg und unsere professionellen Rhetorik- und Kommunikationstrainer machen Sie fit für jeden Anlass. Sie werden angeleitet von den Grundlagen bis hin zu individuellen Trainingssituationen auf der Basis Ihres Berufsalltags und lernen anhand theoretischer Anleitungen, praxisbezogener Aufgaben, Rollenspiele und interaktiver Trainingseinheiten.

Warum erleichtert Ihnen ein solcher Workshop den Alltag?

- Sie können Argumentationen überzeugend aufbauen und Präsentationen ansprechend strukturieren.
- Sie reagieren souverän auf Störungen, Kritik und fesseln Ihre Zuhörer.
- Sie überzeugen durch Ihre Inhalte.
- Sie unterstreichen Ihre Darlegungen durch gezielten Einsatz von Körpersprache.
- Sie kennen Strategien gegen Nervosität.

Als führendes Trainingsinstitut bieten wir Ihnen unsere Erfahrung für Ihren Erfolg.

Erweitern Sie nachhaltig Ihre kommunikativen Fähigkeiten mit der Unterstützung unserer Trainer. Kontaktieren Sie uns noch heute und erklimmen Sie so die erste Stufe Ihrer persönlichen Karriereleiter!

trainer@rhetorikstudium.de

»Eine gute Rede hat einen guten Anfang und ein gutes Ende – und beide sollten möglichst dicht beieinander liegen.«
Mark Twain (1835 – 1910), amerikanischer Schriftsteller

Rednerpositionen

1 Nennen Sie drei Gründe, die Menschen dazu bewegen könnten, sich für einen Rhetorikkurs anzumelden.

2 Was macht für Sie eine spannende Rede / einen guten Redner aus? Schreiben Sie in Stichpunkten auf.

3 Überlegen Sie, in welcher Unterrichtsstunde Ihnen zuletzt langweilig war und notieren Sie dazu mindestens zwei inhaltliche Gründe sowie zwei weitere Gründe, die präsentationsbedingt waren.

4 Stellen Sie sich vor: Sie befinden sich auf dem 70. Geburtstag Ihrer Großmutter und wurden ausgewählt, eine Rede nach dem Hauptgang zu halten. Verfassen Sie für diese Situation eine kleine Rede und tragen Sie sie Ihren Mitschülerinnen und Mitschülern vor. Bewerten Sie Ihre Reden wechselseitig.

Rhetorik in der Antike

Eine ganze Reihe kultureller, geisteswissenschaftlicher und auch sprachlicher Traditionen Europas stammt aus der Antike, deren Mythos bedeutend von Johann Joachim Winckelmann geprägt wurde: »Der einzige Weg für uns, groß, ja, wenn es möglich ist, unnachahmlich zu werden, ist die Nachahmung der Alten.« Eine dieser Traditionen, in der bis heute auf die Antike zurückgegriffen wird, ist die Rhetorik.

Ihr Beginn wird im antiken Griechenland vermutet. Je mehr Macht in den Stadtstaaten auf die Volksversammlung überging, desto wichtiger wurde es für die einzelnen »Politiker«, das Plenum durch geschicktes Argumentieren und überzeugende Darstellung von der eigenen Position zu überzeugen. Die Redekunst wurde vor allem von der Schule der Sophisten gelehrt, deren Ruf aber Schaden nahm, da sie behaupteten – unabhängig von der Rechtmäßigkeit des Anliegens – ein Plenum von jeglicher These überzeugen zu können.

In der griechischen, aber auch in der römischen Antike gehörte die Rhetorik zur klassischen Ausbildung und es entstanden mehrere Bücher, darunter eine Schrift von Aristoteles, in der er verschiedene Redetypen unterschied:
- Gerichtsrede (*genos dikanikon/genus iudicale*),
- Lobrede (*genos epainos/genus demonstrativum*) und
- politische Rede (*genos symbouleutikon / genus deliberativum*).

Durch die lateinische Gelehrtentradition blieb diese Einteilung mit wenigen Ergänzungen bis ins 19. Jahrhundert bestehen.

Jürgen Möller
Theoretische Grundlagen der antiken Rhetorik 2011

Fachbegriffe zur antiken Rhetorik
Rhetorik, die Kunst der Rede, war bereits in der Antike von großer Bedeutung.

Aus dieser Zeit stammen auch detaillierte Anleitungen zum Erlernen der Rhetorik, die zu den sogenannten »Sieben Freien Künsten« (*septem artes liberales*) gehörte und an den Schulen und Universitäten gelehrt wurde. Maßgebliche Bedeutung erlangten bis weit in das 19. Jahrhundert hinein insbesondere die Vorschriften der römischen Redner Cicero (106–43 v. Chr.) und Quintilian (35–100 n. Chr.).

Insgesamt war die Redekunst einer strengen Einteilung nach Gattungen sowie genauen Vorschriften bezüglich des Aufbaus unterworfen, die zusammenfassend als »Pflichten des Redners« (*officia res oratoris*) bezeichnet werden.

Aristoteles (384–322 v. Chr.) unterteilt die Redegattungen nach der Haltung, die das Publikum der Rede gegenüber einnimmt. Verhält es sich genießend, so liegt eine Festrede (genos epainnos/genus demonstrativum) vor. Wird das Publikum aufgefordert, über eine vergangene Handlung zu urteilen, handelt es sich um eine Gerichtsrede (genos dikanikon/genus iudicale). Bezieht sich die Entscheidung des Zuhörers auf ein zukünftiges Geschehen, liegt eine politische Rede (genos symbouleutikon/genus deliberativum) vor.

Die Pflichten des Redners (officia oratoris)
- Inventio (Auffindung des Stoffes und der Argumente)
- Dispositio (Anordnung des Stoffes). Hierbei mussten die vorgegebenen Redeteile beachtet werden:
  1. Exordium (Einleitung)
  2. Narratio (Erklärung des Sachverhalts)
  3. Argumentatio (Beweisführung)
  4. Peroratio/Conclusio (Schluss, Schlussfolgerung)
- Elocutio (Formulierung und Stil): Hierzu zählten neben der Niederschrift auch die Ausschmückung der Rede durch rhetorische Figuren.
- Memoria (Auswendiglernen): Reden wurden in der Antike grundsätzlich völlig frei vorgetragen.
- Actio (Vortrag der Rede)

Die folgenden Auszüge stammen aus einer Rede des römischen Staatsmanns Cicero (106–43 v. Chr.), die dieser im Jahr 70 v. Chr. hielt:

Vielleicht wundert sich manch einer von euch [...] oder von den Zuhörern über mich: Habe ich doch schon so viele Jahre lang öffentliche Rechtssachen und Prozesse nur in der Weise betrieben, dass ich so viele verteidigte, aber niemanden angriff, und jetzt weiche ich plötzlich von meinem Grundsatz ab und lasse mich zu einer Anklage herbei. [...]

Nachdem ich Quästor in Sizilien gewesen war [...], da hinterließ ich, als ich aus dieser Provinz zurückkehrte, bei allen Siziliern ein dauerndes freundliches Andenken an meine Quästur und an mich selbst, so blieb es nicht aus, dass sie zwar den größten Beistand in ihren zahlreichen früheren Schutzherren, zugleich aber auch in mir einige Hilfe für ihr Ergehen zu besitzen glaubten. Die kamen jetzt, ausgeplündert und heimgesucht, wie sie waren, allesamt häufig in öffentlichem Auftrage zu mir: Ich möge die Sache und Verteidigung ihrer gesamten Existenz übernehmen. [...]

Dennoch willst du dich ihnen gegen ihren erklärten Willen aufdrängen? Dennoch in einer dir fremden Sache das Wort führen? Dennoch die verteidigen, die lieber von allen verlassen als von dir verteidigt sein wollen? Sie hegen noch eine winzige Hoffnung auf den Rest ihrer Habe, die sich auf die strenge des Gesetzes und des Gerichtshofes gründet – warum suchst du sie ihnen gewaltsam zu entreißen? Warum drängst du dich gegen den erklärten Willen derer ein, denen das Gesetz vor allem helfen möchte? [...]

Ihr dürft daher überzeugt sein [...]: Man hat von Quintus Caecilius noch nie eine besondere Meinung gehabt, und auch in diesem Verfahren braucht man nichts von ihm zu erwarten, er ist weder bestrebt, einen früher erworbenen Ruf zu erhalten, noch seine Aussichten für die Zukunft zu verbessern; da wird er diese Sache nicht gar zu streng, nicht gar zu genau, nicht gar zu gewissenhaft führen. [...]

Es ist daher eure Pflicht [...], den Mann zu bestimmen, von dem ihr annehmen dürft, dass er der Bedeutung dieses Falles und Verfahrens durch Zuverlässigkeit, Umsicht, Klugheit und Ansehen am ehesten gerecht zu werden vermöge. [...]

1 Ordnen Sie die Abschnitte von Ciceros Rede den klassischen Redeteilen zu.

2 Recherchieren Sie zu den bei Jürgen Möller dargestellten drei Redegattungen und erstellen Sie zu jeder eine eigene Kurzbeschreibung mit jeweils zwei Beispielen.

3 Begründen Sie, zu welcher Redegattung Ciceros Text Ihrer Meinung nach gehört, und erläutern Sie, wodurch sich diese von den anderen Gattungen unterscheidet.

4 Nehmen Sie ein Fernsehprogramm zur Hand und sammeln Sie, welche unterschiedlichen Reden / Redegattungen und verschiedenen Zielsetzungen Ihnen im Abendprogramm der verschiedenen Sender begegnen. Kommentieren Sie Ihre Ergebnisse.

5 Für die Antike stellte die Rede ein »Gesamtkunstwerk« dar. Welche Pflichten eines »antiken« Redners spielen auch heute noch eine Rolle?

6 Inwiefern wird die Leichenrede des Perikles Ihren Erwartungen an eine Trauerrede gerecht? Setzen Sie sich kritisch damit auseinander und begründen Sie Ihr Urteil.

Leichenrede des Perikles 431/30 v. Chr.

(überliefert von Thukydides)

Von welcher Grundhaltung aus wir dazu kamen, dank welcher Verfassung und durch welche Sinnesart unsere Macht erstand, das will ich zunächst klarlegen, ehe ich zum Preis dieser Toten komme; denn in der gegenwärtigen Stunde, glaube ich, ist es doch sicher nicht unpassend, darüber zu sprechen, und für die ganze Versammlung, Bürger und Fremde, nützlich, davon zu hören.

Die Staatsverfassung, die wir haben, richtet sich nicht nach den Gesetzen anderer, viel eher sind wir selbst für manchen ein Vorbild, als dass wir andere nachahmten. Mit Namen heißt sie, weil die Staatsverwaltung nicht auf wenige, sondern auf die Mehrheit ausgerichtet ist, Demokratie. Es haben nach den Gesetzen in den persönlichen Angelegenheiten alle das gleiche Recht, nach der Würdigkeit aber genießt jeder – wie er eben auf irgendeinem Gebiet in Ansehen steht – in den Angelegenheiten des Staates weniger aufgrund eines regelmäßigen Wechsels in der Bekleidung der Ämter, sondern vielmehr aufgrund seiner Tüchtigkeit den Vorzug. Ebenso wenig wird jemand aus Armut, wenn er trotzdem für die Stadt etwas leisten könnte, durch seine unscheinbare Stellung daran ge-hindert. Frei leben wir als Bürger im Staat und frei vom gegenseitigen Misstrauen des Alltags [...].

Wie ungezwungen wir aber auch unsere persönlichen Dinge regeln, so hüten wir uns doch im öffentlichen Leben, allein aus Furcht, vor Rechtsbruch – in Gehorsam gegen Amtsträger und Gesetze, hier vor allem gegen solche, die zum Nutzen der Unterdrückten erlassen sind, und die ungeschriebenen, deren Übertretung nach allgemeinem Urteil Schande bringt. [...]

Wir unterscheiden uns auch in der Sorge um das Kriegswesen von unseren Feinden. Wir gewähren jedem Zutritt zu unserer Stadt, und niemals verwehren wir durch Fremdenaustreibungen jemandem etwas Wissens- oder Sehenswertes, dessen unverhüllte Schau etwa dem Feind nützen könnte; denn wir bauen weniger auf Rüstung und Überraschung als auf unseren eigenen zur Tat entschlossenen Mut. [...]

Alles in allem: Wenn wir eher mit unbeschwertem Sinn als sorgenvoller Mühe und nicht so sehr in gesetzgebotener als vielmehr wesensentsprungener Tapferkeit bereit zum Wagnis sind, so haben wir davon nur Vorteil: Künftige Not macht uns nicht vorher schon Sorge, und ist sie da, zeigen wir uns nicht weniger wagemutig als solche, die sich immer abmühen. Hierin verdient unsere Stadt Bewunderung und noch in anderem.

Wir lieben die Kunst mit maßvoller Zurückhaltung, wir lieben den Geist ohne schlaffe Trägheit; Reichtum dient uns der rechten Tat, nicht dem prunkenden Wort, und seine Armut einzugestehen ist für niemanden schmählich, ihr nicht zu entrinnen durch eigene Arbeit gilt als schmählicher. Mit derselben Sorgfalt widmen wir uns dem Haus- wie dem Staatswesen, und ist auch jeder von uns seinen eigenen Arbeiten zugewandt, so zeigt er doch im staatlichen Leben ein gesundes Urteil. [...]

Aber auch dadurch zeichnen wir uns aus, dass wir kühnen Mut und kluge Überlegung bei allem, was wir anfassen, in uns vereinen, während die anderen Unkenntnis verwegen, Überlegung bedenklich macht. Die größte Seelenstärke sprechen wir mit Recht denen zu, die das Furchtbare und das Angenehme am klarsten erkennen und gerade deshalb keiner Gefahr ausweichen. Auch in den Fragen des edlen Betragens unterscheiden wir uns von den meisten: Nicht indem wir Wohltaten empfangen, sondern leisten, gewinnen wir

Freunde; zuverlässiger ist ja der Wohltäter, da er sich den schuldigen Dank des Beschenkten durch Freundschaft erhält, der Schuldner aber ist gleichgültiger, da er weiß, dass er seine Leistung nicht als Dank, sondern als Schuld abstattet. Wir allein sind gewohnt, nicht aus Berechnung des Vorteils, sondern im sicheren Vertrauen auf unsere Freiheit jemandem zu helfen.

Zusammenfassend sage ich, dass unsere Stadt im Ganzen die Schule von Hellas sei und dass jeder einzelne Bürger, wie ich glaube, bei uns in vielseitigster Weise und in spielerischer Anmut seine ihm eigene Art entfalte. Dass dies nicht Prunk mit Worten für den Augenblick ist, sondern Wahrheit der Tatsachen, beweist die Macht der Stadt, die wir dank unserer Eigenschaften errungen haben. [...]

Für eine solche Stadt, die sie nicht verlieren wollten, sind diese hier in edlem Kampf gefallen, und von den Überlebenden ist wohl keiner, der nicht für sie Mühen ertragen will. [...]

So habe auch ich in einer Rede nach dem Brauch gesagt, was ich für angemessen hielt. Durch die Tat wurden die Bestatteten schon jetzt geehrt, andererseits wird die Stadt ihre Söhne auf öffentliche Kosten bis zum Mannesalter aufziehen und so den Toten und den Hinterbliebenen einen wertvollen Kranz für solche Kämpfe aussetzen; denn wo die edelsten Preise den mannhaften Sinn lohnen, in der Stadt leben auch die besten Bürger.

Nun beklagt eure Angehörigen und dann geht.

Unbekannter Autor

An einen Freund o.J.

Der Schmerz war groß als ich von dir hörte. Alles in mir schrie »NEIN! Das kann nicht sein, das darf nicht sein. Nicht du!« Als ich vor deinem Grab stand, wusste ich »es ist wahr, du lebst nicht mehr«.

Was ist passiert? Die alten Freunde sind sprachlos und zucken nur ratlos mit den Schultern.

In der Schule hab ich dich bewundert. Du konntest Zahlen im Kopf berechnen, von denen ich keine Vorstellung hatte wie sie geschrieben aussehen und auch sonst konnte man dir schlecht etwas vormachen, du wusstest einfach zu viel. Du warst hochintelligent, vielseitig begabt – wirktest aber irgendwie weltfremd. Du bist nie mit weggegangen – sondern mit dem Fahrrad zur Kirchengemeinde diner Eltern in die übernächste Stadt gefahren. Freiwillig?

Nach außen hast du selbstbewusst gewirkt. Aber warst du es auch?

Als wir uns im Sommer nach dem Abitur wiedersahen, hattest du dich total verändert. Aus dem unauffälligen, braven Jugendlichen war ein auffallend lebenslustiger Mann geworden.

Deinen Hunger nach Leben hast du mit Reisen durch die Welt gestillt, oft den Wohnsitz gewechselt und alles ausprobiert was sich dir bot. Du hast immer viel erzählt – von großen und kleinen Abenteuern. Doch ich hatte immer das Gefühl das du nicht glücklich bist, zufrieden mit dem was du tust.

Im Sommer vor drei Jahren haben wir das letzte Mal miteinander gesprochen. Du wolltest »dein Leben neu ordnen«. Diese Aussage hat mich nicht erstaunt, denn das hast du in den letzten Jahren oft gesagt und bist dann zu einem neuen Abenteuer, zu einem neuen Lebensansatz losgezogen.

Du warst immer rätselhaft und voller Widersprüche. Keiner weiß was mit dir los war und warum du gegangen bist. Du bist ein Rätsel geblieben – sogar in deinem Tod.

Du wolltest frei sein, warst hungrig nach dem Leben und wolltest doch nur irgendwo zu Hause sein – ohne Zwänge und strenge Redgeln. Du wolltest geliebt werden, um deiner Selbst Willen – ohne Wenn und Aber. Du warst dein Leben lang auf der Suche und bist doch niemals angekommen.

Jetzt bist du frei.

Wer dich vermisst? Ich vermiss' dich!

1 Vergleichen Sie die Trauerrede »An einen Freund« mit der »Leichenrede des Perikles« hinsichtlich der folgenden Aspekte:
- Informationen über den / die Verstorbenen,
- Reaktion der Hinterbliebenen,
- Ziele der Rede und Wirkung.

2 Vergleichen Sie, welche Rolle die Rhetorik in der Antike, im Mittelalter und in der Neuzeit spielt. Ergänzen Sie dazu Ihr Wissen durch Recherche über Mittelalter und Neuzeit im Internet.

Aktuelle Bedeutung der Rhetorik

Loriot
Der Vampyr 1988

Meine Damen und Herren!
Haben Sie sich schon einmal Gedanken darüber gemacht, daß es in unserem Wohlstandsstaat eine notleidende Bevölkerungsgruppe gibt, an der sogar die Reformpläne einer sozialistischen Regierung vorübergegangen sind?

Der Vampyr gehört in der Bundesrepublik zu einer Minderheit. Als Wähler ist er somit uninteressant. Noch vor wenigen Jahren in aller Munde, ist er heute nahezu in Vergessenheit geraten. Was wird für alternde oder unverschuldet in Not geratene Vampyre getan? Nichts! Im Gegenteil: Wir werden unter Mißachtung des Grundgesetzes in der freien Ausübung unserer Lebensgewohnheiten vorsätzlich behindert. Es sind Fälle bekannt, in denen unbescholtene Vampyre öffentlicher Verfolgung ausgesetzt wurden, weil sie nächtlichen Straßenpassanten, in netter Form, Blut entnommen hatten. Ein gesunder Vampyr benötigt pro Nacht ein bis zwei Liter frisches Damen- oder Herrenblut. Dafür verzichtet er aber auch auf Teigwaren, Obst, Käse und Gemüse.

Durch die ablehnende Haltung der Bevölkerung greifen schwere Depressionen und Ernährungsschäden gerade unter jugendlichen Vampyren in erschreckendem Maße um sich. Allein in Rheinland-Pfalz waren im Jahre 1970 mehr als 2000 Vampyre zwischen zwei- und dreihundert Jahren bettlägerig.

Was ist das für ein Staat, der in jedem Jahr Milliarden für die Rüstung ausgibt und keinen Tropfen Blut für seine Vampyre übrig hat. Da stimmt doch was nicht!

Es ist kurz vor 12. Wir wenden uns an die Öffentlichkeit. Wer spendet Blut, Särge, warme Decken und Zahnersatz? Wer nimmt junge Vampyre in den Ferien auf? Wer schnell hilft, hilft doppelt. Geldspenden erbeten auf Postscheckkonto Baden-Baden 22648.

Patrick Grünhag
Abiturrede 2012

Sehr geehrte Damen und Herren, liebe Abiturientinnen und Abiturienten,
meine Trauer am heutigen Abend kennt keine Grenzen. Ich bedauere jede Pflanze, jedes Tier, jeden Menschen auf dem gesamten Planeten zutiefst. Doch am meisten bedauere ich uns, liebe Abiturientinnen und Abiturienten. Wir hatten doch so viel vor in unseren Leben, hatten alle unsere Träume und Wünsche. Wir wollten hinaus in die weite Welt wandern, die afrikanische Armut bekämpfen, millionenschwere Manager werden.

Dafür haben wir in den letzten zwölf Jahren so viel geleistet. Anfangs haben wir rechnen, lesen und schreiben gelernt. Später beschäftigten wir uns lieber mit der Bravo, Pickeln und Alkopops. Und zum Schluss, in der gymnasialen Oberstufe – dem Olymp des Schülerlebens – sind wir zu absoluter Höchstform aufgelaufen. […]

Sie sehen, wir, der 481. Jahrgang des Gymnasiums […] sind wirklich ein besonderer Jahrgang. Ein ganz besonderer Jahrgang. Und da liegt leider das Problem. Denn wir sind der letzte Jahrgang.

Die Maya haben es vorausgesagt, am 21. Dezember diesen Jahres um Punkt 0 Uhr wird eine gewaltige Flut den Planeten überschwemmen und unsere gesamte Zivilisation auslöschen. […]

Nein, nein, nein. So darf man nicht denken. Wir alle haben schon fast zwanzig Jahre Lebenszeit hinter uns. Zwölf davon in der Schule. Acht […] [hier]. Und es war eine wunderschöne Zeit. Wir haben zahlreiche Freundschaften geschlossen, uns gegenseitig die Hausaufgaben abschreiben lassen und sind im Rahmen von Austauschprogrammen gemeinsam in fremde Länder gereist. Wir haben uns bei der ersten Sechs bei den Mitschülern ausgeheult […] und mit ihnen über den ersten Ex gelästert. Wir haben die Schulpausen erst spielend auf dem Pausenhof, dann lässig auf den Heizungen herumlungernd und später im Rauchereck verbracht. […]

Jeder Einzelne von uns hat seine ganz eigene Sicht auf die vergangene Schulzeit, aber ich denke, ich hoffe, dass auch jeder Einzelne von uns in dieser Zeit des Abschieds mit einem guten Gefühl zurückblicken kann auf die zurückliegenden Jahre.

Doch genau jetzt, zur Zeit des Abschieds, gilt es auch die Vergangenheit kritisch zu betrachten und sich vor Augen zu führen, was denn alles schief gelaufen ist in dieser Zeit. Auch ich komme um diesen Punkt nicht herum, und bitte insbesondere die Schulleitung um Gehör. Sie haben zwar Glück und müssen sich aufgrund des Weltuntergangs schon bald nicht mehr mit den nervigen Anliegen von Oberstufenschülern beschäftigen, doch wenn sie Einsicht zeigen und sich die Kritik zu Herzen nehmen sollten, dann könnten Sie die letzten Monate wenigstens mit gutem Gewissen verbringen.

Meine Damen und Herren, sehen sie sich bitte einmal um in diesem Raum. Betrachten Sie all die schicken jungen Männer in ihren Anzügen und die hübschen jungen Frauen in ihren eleganten Kleidern. Sehen diese jungen Menschen aus, als bedurften sie eines Sittenbeauftragten, eines Schulhaus-Sheriffs, der penibel darauf achtet, dass

1 Lesen Sie sich Loriots Rede mehrfach durch und bereiten Sie sie für einen Vortrag vor. Bedenken Sie, das Gesagte überzeugend und wirkungsvoll zu betonen und durch Körpersprache zu unterstreichen. Orientieren Sie sich dabei auch an den Kriterien auf S. 105.

2 Beschreiben Sie möglichst genau, warum Loriots Rede komisch wirkt. Belegen Sie Ihre Aussagen anhand des Textes.

3 Untersuchen Sie folgende Aspekte in Loriots Rede (s. auch S. 105).
a) Formulieren Sie die Einleitung in einen Aussagesatz um. Vergleichen Sie mit dem Original. Welche Unterschiede in der Wirkung können Sie feststellen? Diskutieren Sie diese.
b) Beschreiben Sie die Ausarbeitung des zweiten Textabschnitts. Wie werden die unterschiedlichen Positionen dargestellt? Welche sprachlichen Mittel (*Wortwahl, rhetorische Figuren*) fallen Ihnen auf?
c) Untersuchen Sie die sprachliche Gestaltung des Redeschlusses. Erläutern Sie die Wirkung der eingesetzten sprachlichen Mittel.

in den Schulgängen und Pausenhöfen nicht zu viel geknutscht, geflucht und gesimst wird? Nein [...] Leider fühlten wir uns des Öfteren von oberster Stelle übergangen. Einige wenige aus unseren Reihen, vor allem die Schüler- und Oberstufensprecher, standen sicherlich in regelmäßigem Austausch mit dem Direktorat, doch die breite Masse, immerhin über 100 Schülerinnen und Schüler, blieb bei diesen Gesprächen außen vor. [...]

Auch das Einmischen in unsere Planungen bezüglich des Abiturstreichs und des Abiturmottos führte zu viel Misstrauen seitens der Schülerschaft. [...] Muss man wirklich die gesamte Planung vorlegen und mit Verboten und Drohungen vom Abbruch der Aktion bis hin zum Lehrerboykott der heutigen Veranstaltung rechnen? [...] Ich bin der Meinung, es gab in den vergangenen zwei Jahren weitaus wichtigere Probleme in der Oberstufe mit denen man sich zuerst hätte beschäftigen sollen.

Wie kann es zum Beispiel sein, dass an unserer Schule im letzten Schuljahr, wenige Monate vor den schriftlichen Abiturprüfungen, der Mathematik-Unterricht wochenlang ausfiel beziehungsweise nur als Vorlesungsbetrieb im vollkommen überfüllten Vortragsaal stattfand? [...] Ja, das Gymnasium soll uns auf die Universität vorbereiten, aber doch nicht auf diese Weise.

[...] ich bitte Sie höflich darum, nehmen Sie unsere Kritikpunkte auf und setzen Sie sich selbst das Ziel, diese Probleme anzugehen [...].

Bevor ich zum Ende komme, möchte ich uns bei all der Feierlaune auch ermahnen, an diejenigen zu denken, die heute Abend leider nicht ihr Abiturzeugnis entgegennehmen durften. Diese Leute sind nicht etwa weniger intelligent als wir, sie waren nicht zu faul oder zu unmotiviert. Viele von ihnen starteten ihre Schullaufbahn nicht unter denselben Voraussetzungen, wie die Mehrheit der hier Versammelten sie glücklicherweise vorgefunden haben. Manche hatten einfach Pech. Unser Bildungssystem macht es vielen jungen Menschen, vor allem Kindern von bildungsfernen Familien nicht einfach, soweit zu kommen, wie wir es nun geschafft haben. [...].

Zum Schluss möchte ich ein großes Dankeschön aussprechen. Ich möchte mich bedanken bei der gesamten Schulfamilie vom Hausmeister bis zu den Sekretärinnen für ihre Unterstützung auf unserem langen Weg zum Abitur. [...]

Liebes Lehrerkollegium, liebe Schulleitung, lassen Sie uns diesen besonderen Abend genießen in der Gewissheit, dass wir nicht die letzten Schülerinnen und Schüler waren, die Sie auf Ihrem langen Weg zum Abitur begleiten werden.

Denn wie lautet ein berühmtes lateinisches Sprichwort? »Errare humanum est«. »Irren ist menschlich«. Und die Maya waren schließlich auch nur Menschen.
Dankeschön!

Beurteilungskriterien für die Rederhetorik

Ausdrucksseite (formale rhetorische Verhaltensweisen)	Inhaltsseite (inhaltliche Gestaltung und Aufbau der Rede)
optische Kriterien (Körpersprache)	rationale Kriterien (kognitiv)
– Blickkontakt – Mimik und Gestik – Körperhaltung und Atmung – Umgang mit Hilfsmitteln (Stichwortzettel, Demonstrationshilfen)	– Themenbezug (Inhalte, Informationen) – Sachanknüpfung (roter Faden) – Sachkenntnisse – Problemdimensionierung – Gliederung und Gliederungssignale
akustische Kriterien (Sprechausdruck)	emotionale Kriterien (affektiv; Stil »to pull«)
– Artikulation – Stimmklang – Melodieführung – Sprechtempo und Sprechfluss – Lautheit und Dynamik – Sprechpausen – Sprechzeit	– Signale für eigene Betroffenheit, Identität ... – Perspektivenübernahme – Bilder/Beispiele/Erzählstücke/Visionen – Humor und Ironie
sprachliche Kriterien (Sozial-Sprache)	volitive Kriterien (aktivierend; psychomotorische Motivation; Stil »to push«)
– Wortwahl (Hauptwörter, Fremdwörter, ich/man, Floskeln) – Satzbau (lang/kurz, aktivisch/passivisch) – Sprach- und Stilebene (Dialekt, Fachsprache, Slang)	– persönliche Ziele und Intention – Zeichen sozialen Gestaltungswillens – Argumentation – Neuigkeitswert Stil – Verstärkungen – Erinnerung schaffende Zeichen

1 Analysieren Sie anhand der »Beurteilungskriterien für die Rederhetorik« die Abiturrede. Diskutieren Sie unterschiedliche Möglichkeiten und Wirkungen und tragen Sie abschließend im Plenum zwei unterschiedliche Präsentationen vor.

2 Arbeiten Sie anhand der »Beurteilungskriterien für die Rederhetorik« und der »Pflichten des Redners« nach Aristoteles (S. 101) eine Rede zu einem Thema Ihrer Wahl.

3 Tragen Sie sich Ihre ausgearbeiteten Reden in Kleingruppen oder im Plenum vor. Geben Sie sich dabei jeweils untereinander Rückmeldungen, was gut gelungen ist.
Formulieren Sie außerdem Tipps für Aspekte der Reden, die noch verbessert werden können.

Rhetorische Mittel

Fachbegriff/ rhetorische Figur	Erklärung	Beispiel
Allegorie	Sinnbild für einen abstrakten Begriff	Justitia als Frau mit verbundenen Augen; Waage und Schwert als Sinnbild für Gerechtigkeit
Alliteration	Wiederkehr des gleichen Anlauts bei mehreren aufeinander folgenden Wörtern	Milch macht müde Männer munter
Anakoluth	grammatisch fehlerhafte Satzkonstruktion; Satzbruch	Es ist zwar teurer, und es ist klein.
Anapher	Wiederholung mindestens eines Wortes am Vers- oder Satzanfang	Es zu kämmen gegen den Strich/ Es zu paaren widernatürlich / Es nackt zu scheren (M.L. Kaschnitz, Ein Gedicht)
Antithese	Gegenüberstellung gegensätzlicher Aussagen	Tages Arbeit – abends Gäste Saure Wochen – frohe Feste (J.W. von Goethe)
Aposiope	Satzabbruch	Ich glaube –
Apostrophe	Form der Anrede: Abwendung vom Publikum, Hinwendung zu anderen Ansprechpartnern	Ihr Götter, steht mir bei!
Assonanz	Reim nur der Vokale, nicht der ganzen Silbe	Romanzen vom Rosenkranz (C. Brentano)
Asyndeton/asyndetische Reihung (Gegenteil: Polysyndeton)	Aneinanderreihung ohne beiordnende Konjunktion	Falschgeldprägen, Lichtausknipsen, Zähneputzen, Totschießen. (G. Grass, Die Blechtrommel)
Chiasmus	kreuzweise bzw. spiegelbildartige Stellung von Satzgliedern	Die Kunst ist lang! Und kurz ist unser Leben. (J.W. Goethe, Faust I)
Ellipse	unvollständiger Satz	Wohin gehst du? – Nach Hause.
Epipher	Wiederholung des gleichen Worts/der gleichen Wörter am Schluss parallel gesetzter Wortgruppen oder Sätze	Ich sah auf dich und weinte nicht. Der Schmerz / schlug meine Zähne knirschend aneinander; / ich weinte nicht. Mein königliches Blut / floss schändlich unter unbarmherz'gen Streichen; / ich sah auf dich und weinte nicht. (F. Schiller)
Euphemismus	Untertreibung, mildender oder beschönigender Ausdruck	ein kleines Problem statt einer schwierigen Situation
Hyperbel	Übertreibung	blitzschnell; das dauert ja eine Ewigkeit
Inversion	Umstellung von Wörtern im Gegensatz zur üblichen Syntax	Einen Krimi lese ich gern.
Ironie	das Gegenteil wird von dem gesagt, was gemeint ist	Ich finde es prima, dass du heute wieder zu spät kommst.
Klimax	Höhepunkt; steigernde Reihung	Heute back' ich, morgen brau' ich, übermorgen hol' ich der Königin ihr Kind. (Rumpelstilzchen)
Litotes	Verneinung oder Abschwächung des Gegenteils	nicht hässlich statt schön; nicht übel statt gut
Metapher	Bedeutungsübertragung in der Beziehung der Ähnlichkeit; sprachliches Bild	Mauer des Schweigens; Licht der Wahrheit; Durchbohrt hat mich der Läst'rung giftiger Speer. (F. Schiller)

Metonymie	Ersetzung eines Wortes durch ein anderes , das mit ihm in einer logischen Verbindung steht	Das Weiße Haus meldet ... statt Der amerikanische Präsident ...
Neologismus	Wortneuschöpfung	schwerschwarz (G. Grass, Die Blechtrommel)
Onomatopoesie	Lautmalerei	grrrrmpft!; knistern und knastern
Oxymoron	Verbindung zweier sich widersprechender Begriffe	bittersüß; schwarze Milch (P. Celan)
Paradoxon	(scheinbarer) Widerspruch	Die Tragödie des Alters ist nicht alt zu sein, sondern jung. (O. Wilde)
Parallelismus	Wiederholung derselben Wortstellung bei nebeneinander gereihten Satzgliedern oder Sätzen	Heiß ist die Liebe, kalt ist der Schnee. Wie ist das Wetter, wie ist die See?
Parenthese	Einschub	
Personifikation	Vermenschlichung von Tieren, Gegenständen oder abstrakten Begriffen	Väterchen Frost; die Sonne lacht
Pleonasmus	überflüssige Verbindung von Wörtern mit gleicher Bedeutung zur Verstärkung	schwarzer Rappe; weißer Schimmel
Polysyndeton (Gegenteil: Asyndeton)	Reihung von beiordnenden Konjunktionen	Und es wallet und siedet und brauset und zischt. (F. Schiller, Der Taucher)
Prämisse	Grundannahme, auf der weitere Überlegungen aufbauen	Ich glaube an den Menschen und das heißt, ich glaube an seine Vernunft! (B. Brecht, Leben des Galilei)
Reputatio	Vorwegnahme eines möglichen Einwands, der sogleich widerlegt wird	Sie werden sagen, dass ..., aber ...
rhetorische Frage	Frage, auf die keine Antwort erwartet wird oder deren Antwort bereits feststeht	Möchten Sie gerne mehr Geld?
Suggestivfrage	Frage, die eine bestimmte Auslegung durch den Zuhörer nahe legt	Könnte es vielleicht sein, dass Ihnen Hausarbeiten lästig sind?
Syllogismus	Logische Denkfigur, bei der aus zwei Prämissen ein Schluss gezogen wird	Stimmbänder sind notwendig, um sprechen zu können. Fische haben keine Stimmbänder. Also können Fische nicht sprechen.
Symbol	ein konkretes Zeichen für ein bestimmtes Handeln oder einen bestimmten Gegenstand	Kreuz als Symbol des christlichen Glaubens; Taube als Symbol für Frieden; Stopp-Schild
Synästhesie	Vermischung verschiedener Sinneseindrücke	heiße Musik; schreiende Farben
Synekdoche	Bezeichnung, die einen Teil für das Ganze setzt (pars pro toto) oder das Ganze durch einen Teil wiedergibt (totum pro parte)	Wir flehen um ein wirtlich Dach (für gastfreundliches Haus) (F. Schiller)
Tautologie	Doppelaussage, mindestens zweigliedrig, oft synonym zu Pleonasmus gebraucht	nackt und bloß; einzig und allein; heiter und froh
Vergleich	bildhafter Hinweis auf einen anderen Bereich	Er ist schlau wie ein Fuchs.

Hugo Ball
Wolken 1916

elomen elomen lefitalominal
wolminuscalo
baumbala bunga
acycam glastula feirofim flinsi

elominuscula pluplubasch
rallalalaio

endremin saxassa flumen flobollala
fellobasch falljada follidi
flumbasch

cerobadadrada
gragluda gligloda glodasch
gluglamen gloglada gleroda glandridi

elomen elomen lefitalominal
wolminuscalo
baumbala bunga
acycam glastala feirofim blisti
elominuscula pluplusch
rallabataio

1 Bereiten Sie Hugo Balls Gedicht es als emotionale Rede vor. Versuchen Sie dabei, allein durch die Art Ihres Vortrags eine bestimmte Wirkungsweise zu erzielen, z. B. *freudig, begeistert, langweilig, ängstlich, bedrohlich* oder *traurig*.

Tipp: Gliedern Sie das Gedicht in eine Einleitung, einen Hauptteil und einen Schluss. Berücksichtigen Sie dabei: Tempo, Pausen, Betonung, Lautstärke, Stimmführung, etc.

Überlegen Sie, wie Sie das Gesagte durch Ihre Körpersprache unterstreichen können. Besonders wirkungsvoll ist es, wenn Sie die letzten Zeilen auswendig vortragen.

2 Diskutieren Sie anschließend die unterschiedlichen Vorträge und formulieren Sie Verbesserungsvorschläge.

Helmut Schmidt
Dankesrede zur Verleihung des Millenium-Bambi 2011

[…] Wir haben Grund zur Dankbarkeit. Als bevölkerungsreichste Nation in der Europäischen Union und als ökonomisch stärkstes Land im Euroraum haben wir zugleich die Pflicht uns der empfangenen Solidarität würdig zu erweisen. Indem wir solidarisch sind mit unseren Nachbarn und mit unseren Partnern.

Wir Deutschen müssen weiterhin eine Gesinnung der guten Nachbarschaft pflegen. Bedenken Sie immer wieder, dass die Franzosen und die Polen seit eintausend Jahren unsere Nachbarn sind. Und sie werden es auch am Ende dieses 21. Jahrhunderts sein. Sie werden immer unsere Nachbarn sein. Und ein Gleiches gilt für die Holländer, für die Tschechen, für die Dänen, es gilt für alle unsere direkten und indirekten Nachbarn.

Deutschland hat mehr Nachbarn als alle anderen Völker in Europa. Herr Burda, Sie haben Recht, wenn Sie mir geschrieben haben, dass ich die Bedeutung der den Deutschen aus ihrer Geschichte erwachsenen Verantwortung, Verantwortung für das friedliche Zusammenleben der europäischen Völker, immer betont habe. Das möchte ich auch heute Abend wiederholen. Denn eine friedliche Nachbarschaft, die bleibt für uns Deutsche der entscheidend wichtige Teil aller unserer Pflichten.

Das gemeinsame öffentliche Wohl der europäischen Nationen, muss die Maxime unseres eigenen Handelns sein.

Bushido

Dankesrede zur Bambi-Verleihung 2011

Es hat mich schon ein wenig erstaunt, 2011, zu erfahren, als ich sozusagen mit dem Bambi, äh, belohnt werden sollte, dass es immer noch so viele Menschen gibt, die anscheinend so viel bessere Sachen hätten machen können, außer sich jetzt darüber aufzuregen oder darüber zu diskutieren, ob ich ihn verdient habe oder nicht.

Ob ich ihn verdient habe – man weiß es nicht genau. [...]

Ich möchte darüber gar nicht diskutieren, und ich möchte mich auf gar keinen Fall rechtfertigen. Ich möchte mich nicht schönreden. Ich möchte das, was ich getan habe und wofür ich einstehe, auch überhaupt gar nicht jetzt mit Ihnen diskutieren.

Mir geht es eigentlich um was anderes. Um mich brauchen Sie sich keine Sorgen machen. Wenn hier jemand sagt, dass ich keine zweite Chance verdient habe, dann ist das sein gutes Recht. [...] Sie können sagen, dass sie mich nicht mögen und dass ich es nicht verdient habe, aber im Endeffekt wird nix passieren. Wenn sie nicht dafür bereit sind, Leute zu akzeptieren, zu respektieren und vor allem zu tolerieren, die eventuell in einigen Dingen vielleicht ihre eigene Meinung nicht besonders übereinstimmt. [...] Es geht eher darum, dass ich gelernt habe, dass das, was ich gemacht habe, falsch war. (*Beifall.*)

Und es ist mir auch vollkommen egal, wer hier in diesem Raum sagt, ich hab keine zweite Chance verdient. Es interessiert mich nicht.

Lassen Sie uns lieber an die Menschen denken, die eventuell davon profitieren könnten, wenn Sie mich vielleicht akzeptieren und vielleicht in Ihre Bemühungen einschließen, ein bisschen mehr Toleranz oder vielleicht ein bisschen mehr Verständnis zu schaffen, denn: Integration fängt nicht nur bei der Sprache an.

Alle reden darüber, man muss Deutsch lernen, dann ist man sofort integriert, das ist Schwachsinn. Ich kann Deutsch, eigentlich, kurz nach meiner Geburt hab ich damit angefangen. Und ich glaub, ich kann es heute ganz gut. Trotzdem denken immer noch manche Leute, ich bin nicht integriert. Warum? [...]

Zum Beispiel »Schau nicht weg« war eine Aktion, bei der ich teilgenommen habe, warum? Ja, weil man mich gefragt hat. [...] Warum hab ich nicht mehr getan in der Öffentlichkeit? Weil ich nicht gefragt wurde. Ist das Toleranz, ist das Integration, wenn man mich nicht, als vielleicht jemand, der Kontakt zu Menschen hat, die Sie vielleicht in Ihrem Leben noch nie gesehen haben, einfach nicht benutzt wird, beziehungsweise nicht eingebunden wird in die Bemühungen, einfach ein besseres Deutschland zu schaffen?

Ich bin Deutscher. Ich hab mich nie fremd gefühlt in diesem Land. Ich liebe dieses Land. Wir leben in einem wunderschönen Land. Wir haben sehr viel Perspektive in diesem Land.

Und ich glaube, wir Deutsche, die die Möglichkeit haben, sollten eine Menge von unseren Reserven und unserer Energie an die Leute weiterleiten, die es vielleicht noch nicht so sehen wie ich. [...]

Es ist nicht aller Tage Abend. Und Sie können's immer noch gerne versuchen. Und wenn Sie an meiner Tür klopfen, dann werd ich Ihnen die Tür aufmachen. Ich werde Ihnen die Tür nicht vor der Nase zumachen. [...]

1 Analysieren Sie die Dankesreden von Preisverleihungen anhand der »Beurteilungskriterien für die Rederhetorik« (S. 105) und schreiben Sie abschließend zu einem der Texte eine kurze Bewertung. Im Internet können Sie weitere Dankesreden betrachten und analysieren.

2 Recherchieren Sie die sehr kontroversen Reaktionen auf die Rede von Bushido bei der Bambi-Verleihung 2011 und verfassen Sie eine eigene Stellungnahme, die Sie in der Klasse vortragen.

3 Recherchieren Sie Songtexte von Bushido (vor allem vor 2010) und stellen Sie die darin angesprochenen Inhalte seiner Bambi-Rede gegenüber. Erörtern Sie im Anschluss, ob die Proteste gegen den »Integrations-Bambi« für ihn gerechtfertigt sind. Nehmen Sie im Anschluss selbst Stellung.

Sprache als Instrument politischer Interessen

1 Gliedern Sie die Rede Wilhelms II. und geben Sie den Abschnitten passende Überschriften. Erarbeiten Sie aus dem Text, welches Verständnis von Bildung, Kunst und Politik diese Rede zeigt und wie Wilhelm II. dies sprachlich gestaltet.

2 Erläutern und überprüfen Sie die Äußerungen der Mutter Wilhelms II. im Hinblick auf seine Rede zur Fahnenübergabe. Berücksichtigen Sie dabei insbesondere die historische Situation.

Kaiser Wilhelm II.
Porträt von Max Kroner, 1890

Wilhelm II.

Rede bei der Fahnenübergabe 1911

Ich habe beschlossen, der Prima statt der Fahne, die meine Eltern gestiftet haben, als Ich Schüler war, und die ein Opfer der Zeit geworden ist, eine neue sticken zu lassen. [...]

Sie beschäftigen sich mit dem Studium der Antike. Legen Sie dabei den Hauptwert nicht auf die Einzelheiten des politischen Lebens; denn diese Verhältnisse haben sich so geändert, dass sie nicht mehr auf die Jetztzeit übertragen werden können. Wohl mögen Sie an manchen großen Gestalten und Charakteren des Altertums sich erfreuen, doch einen besonderen Vorzug hat das Griechentum, den kein anderes Volk aufzuweisen hat: Die Harmonie, an der es unserer Zeit so sehr fehlt, zeigt das Griechenvolk in der Kunst, im Leben, in den Bewegungen, in den Kostümen, ja sogar in den Systemen der Philosophie und in der Behandlung ihrer Probleme. Ganz besonders empfehle Ich Ihnen zu lesen, was Chamberlain in der Einleitung zu seinen »Grundlagen des 19. Jahrhunderts« über diesen Punkt in trefflicher Weise sagt.

Und dann vor allem treiben Sie vaterländische Geschichte und lernen Sie das Elend unseres Volkes in den letzten Zeiten des Mittelalters, in den Kämpfen zwischen Staat und Kirche und zwischen den Fürsten und den Streit der Konfessionen im 30-jährigen Kriege kennen, wo unser Volk zerstampft wurde und verbraucht im Dienste fremder Völker und Dynasten, mit denen seine Interessen gar nichts zu tun hatten, bis auf den großen Zusammenbruch zur Zeit Napoleons.

Erst 1870 hat den einheitlichen germanischen Staat uns wiedergebracht. Und wenn Sie ins politische Leben eintreten, halten Sie den Blick aufs Ganze gerichtet, unbeirrt durch die Partei, denn diese schiebt ihre Interessen vor die des Vaterlandes und zieht häufig einen Vorhang zwischen Sie und das Vaterland. Und wenn Sie das politische Treiben zu verwirren droht, so rate Ich Ihnen, für einige Zeit sich zurückzuziehen, sei es auf Reisen, sei es auf einem Spaziergang, und die Natur auf sich wirken zu lassen. Kehrt man dann zurück, so hat man einen freieren Blick über die realen Verhältnisse. Wenn die Wogen einmal über Ihnen zusammenschlagen, wenn so manche Erscheinungen der modernen Kunst und Literatur verwirrend und niederziehend wirken, so können Sie immer wieder sich emporrichten an jenen Idealen des Altertums.

Sie stehen vor dem Abgang zur Hochschule. Da möchte Ich Ihnen noch einen Rat geben, den Sie nicht scherzhaft auffassen sollen, sondern der Mir bitterer Ernst ist. Der Alkohol ist eine Gefahr für unser Volk, die Mir, glauben Sie es, Mir große Sorge macht. Ich führe 23 Jahre die Regierung und weiß aus den Schriftstücken, die Mir durch die Hand gehen, wie viele Verbrechen durch den Alkohol herbeigeführt werden. Richten Sie den Blick auf ein Nachbarland; die Amerikaner sind uns hierin weit voraus. Auf den Universitäten dort wird Tüchtiges geleistet, wovon man sich auch hier überzeugen kann, da so viele Studenten von dort zu uns kommen. Dort sehen Sie bei den Vereinigungen und bei den großen akademischen Festen, z. B. bei Einführung eines Rektors, auf der ganzen Tafel keinen Wein; es geht auch da ohne.

Wenn Sie die Universität beziehen, stählen Sie Ihren Körper durch Sport, auch durch den Kampf mit dem Rapier, was Ich keinem übel nehmen werde, durch Rudern, aber suchen Sie keinen Rekord aufzustellen, wer die größte Menge geistiger Getränke verschlingen kann. Das sind Sitten, die aus einer anderen Zeit stammen. Wenn Sie in den Korps und Verbindungen in diesem Sinne wirken wollen, werde Ich Ihnen dankbar sein. Wir haben jetzt andere Aufgaben als früher und müssen nationalökonomische und finanzielle Kenntnisse uns aneignen. Denn es gilt, Deutschland seine Stellung in der Welt, besonders auf dem Weltmarkte, zu wahren. Dazu müssen wir alle fest zusammenhalten.

Hiermit übergebe Ich Ihnen die Fahne. Der Primus omnium, so nehme Ich an, wird sie tragen und es als eine Ehre ansehen, dass er der Erste ist, der sie trägt.

Victoria Adelaide Marie Luise of Great Britain and Ireland (Mutter Wilhelms II.)

Brief an Queen Victoria 1891

Wenn ich den Schatten eines Einflusses hätte, würde ich Wilhelm anflehen, keine öffentlichen Reden mehr zu halten, denn sie sind zu schrecklich, und nichts mehr in Bücher und unter Fotografien zu schreiben – es lässt einem das Haar zu Berge stehen. Hier in Berlin ist man an diese äußerst merkwürdigen Äußerungen gewöhnt und hält sie für seinen besonderen Stil, dem man am besten keine große Wichtigkeit beilegt – man führt ihn auf Unwissenheit und kindliche Raschheit zurück; nur einige der besten Zeitungen üben eine milde Kritik, erheben Einwände und geben Ratschläge.

Joseph Goebbels

Rede im Berliner Sportpalast 18.02.1943

Meine deutschen Volksgenossen und Volksgenossinnen! Parteigenossen und Parteigenossinnen! Es ist jetzt knapp drei Wochen her, dass ich das letzte Mal bei Gelegenheit der Verlesung der Proklamation des Führers zum Zehnjahrestag der Machtergreifung von dieser Stelle aus zu Ihnen und zum deutschen Volke gesprochen habe. Die Krise, in der sich unsere Ostfront augenblicklich befindet, stand damals auf dem Höhepunkt. Wir hatten uns im Zeichen des harten Unglücksschlages, von dem die Nation im Kampf um die Wolga betroffen wurde, am 30. Januar dieses Jahres zusammengefunden zu einer Kundgebung der Einheit, der Geschlossenheit, aber auch der festen Willenskraft, mit den Schwierigkeiten, die dieser Krieg in seinem vierten Jahre vor uns auftürmt, fertig zu werden.

Es war für mich und wohl auch für Sie alle erschütternd, einige Tage später zu erfahren, dass die letzten heldenhaften Kämpfer von Stalingrad, gerade in dieser Stunde durch die Ätherwellen mit uns verbunden, an unserer erhebenden Sportpalast-Kundgebung teilgenommen haben. [...] Welche Verpflichtung aber schließt diese Haltung auch für uns alle, insbesondere aber für die deutsche Heimat, in sich ein. Stalingrad war und ist der große Alarmruf des Schicksals an die deutsche Nation. Ein Volk, das die Stärke besitzt, ein solches Unglück zu ertragen und auch zu überwinden, ja, daraus noch zusätzliche Kraft zu schöpfen, ist unbesiegbar. Das Gedächtnis an die Helden von Stalingrad soll also auch heute bei meiner Rede vor Ihnen und vor dem deutschen Volke eine tiefe Verpflichtung für mich und für uns alle sein. [...]

Ich habe nun heute zu dieser Versammlung einen Ausschnitt des ganzen deutschen Volkes im besten Sinne des Wortes eingeladen. Vor mir sitzen reihenweise deutsche Verwundete von der Ostfront, Bein- und Armamputierte – (*starker Beifall*), Bein- und Armamputierte mit zerschossenen Gliedern, Kriegsblinde, die mit ihren Rote-Kreuz-Schwestern gekommen sind, Männer in der Blüte ihrer Jahre, die vor sich ihre Krücken stehen haben. Dazwischen zähle ich an die fünfzig Träger des Eichenlaubes und des Ritterkreuzes (*stürmische Heilrufe und Beifall*): eine glänzende Abordnung unserer kämpfenden Front! (*Heilrufe, Beifall*) Hinter ihnen erhebt sich ein Block von Rüstungsarbeitern und -arbeiterinnen aus den Berliner Panzerwerken. (*Heilrufe, starker Beifall*) Wieder hinter ihnen sitzen Männer aus der Parteiorganisation, Soldaten aus der kämpfenden Wehrmacht, Ärzte, Wissenschaftler, Künstler, Ingenieure und Architekten, Lehrer, Beamte und Angestellte aus den Ämtern und Büros: eine stolze Vertreterschaft unseres geistigen Lebens in all seinen Schichtungen, dem das Reich gerade jetzt im Kriege Wunder der Erfindung und des menschlichen Genies verdankt.

Über das ganze Rund (*Beifall*) des Sportpalastes verteilt sehe ich Tausende von deutschen Frauen. (*Bravo-Rufe, Beifall*) Die Jugend ist hier vertreten und das Greisenalter. Kein Stand, kein Beruf und kein Lebensjahr blieb bei der Einladung unberücksichtigt. Ich kann also mit Fug und Recht sagen: Was hier vor mir sitzt, ist ein Ausschnitt aus dem ganzen deutschen Volke an der Front und in der Heimat, – stimmt das? (*Stürmische Rufe: »Ja!« Anhaltender Beifall*) Allerdings – Juden sind hier nicht vertreten! (*Starker Beifall, Zurufe*)

Ihr also, meine Zuhörer, repräsentiert in diesem Augenblick für das Ausland die Nation! Und an euch möchte ich zehn Fragen richten, die ihr mit dem deutschen Volke vor der ganzen Welt, insbesondere aber vor unseren Feinden, die uns auch in dieser Stunde an ihrem Rundfunk zuhören, beantworten müsst! Wollt ihr das? (*Stürmische Rufe: »Ja!«*)

Hörtext-Link und Bild zur Rede von Goebbels:
Datenbank mit der Goebbels-Rede zum Download: http://archive.org/details/JosephGoebbels-Sportpalastrede/
Über 100min lange Videoaufzeichnung: http://www.youtube.com/watch?v=jimW_8gRnVk
(Quelle: http://de.wikipedia.org/w/index.php?title=Datei:Bundesarchiv_Bild_183-J05235,_Berlin,_Gro%C3%9Fkundgebung_im_Sportpalast.jpg&filetimestamp=20081209211127)
(Quelle: http://www.lehrer-online.de/goebbelsrede.php

Berliner Sportpalast, 18.02.1943

Die Engländer behaupten, das deutsche Volk habe den Glauben an den Sieg verloren. (*Stürmische Rufe: »Nein!«, »Nie!«, »Niemals!«*) Ich frage euch: Glaubt ihr mit dem Führer und mit uns an den endgültigen, totalen Sieg der deutschen Waffen? (*Stürmische Rufe: »Ja!« Starker Beifall, Sprechchöre: »Sieg Heil! Sieg Heil!«*) Ich frage euch: Seid ihr entschlossen, dem Führer in der Erkämpfung des Sieges durch dick und dünn und unter Aufnahme auch der schwersten persönlichen Belastungen zu folgen? (*Stürmische Rufe: »Ja!« Starker Beifall, Sprechchöre: »Sieg Heil!«, »Wir grüßen unsern Führer!«*)

Zweitens: Die Engländer behaupten, das deutsche Volk sei des Kampfes müde. (*»Nein!«,*

Berliner Sportpalast, 18.02.1943

»Pfui!«) Ich frage euch: Seid ihr bereit, mit dem Führer, als Phalanx der Heimat hinter der kämpfenden Wehrmacht stehend, diesen Kampf mit wilder Entschlossenheit und unbeirrt durch alle Schicksalsfügungen fortzusetzen, bis der Sieg in unsern Händen ist? (*Stürmische Rufe: »Ja!« Starker Beifall*)

Drittens: Die Engländer behaupten, das deutsche Volk hat keine Lust mehr, sich der überhandnehmenden Kriegsarbeit, die die Regierung von ihm fordert, zu unterziehen. (*Pfui-Rufe*) Ich frage euch: Soldaten, Arbeiter und Arbeiterinnen, seid ihr und ist das deutsche Volk entschlossen, wenn der Führer es einmal in der Notzeit befehlen sollte, zehn, zwölf, wenn nötig vierzehn und sechzehn Stunden täglich zu arbeiten und das Letzte für den Sieg herzugeben? (*Stürmische Rufe: »Ja!« Starker Beifall*)

Viertens: Die Engländer behaupten, das deutsche Volk wehrt sich gegen die totalen Kriegsmaßnahmen der Regierung. (*Rufe: »Nein!«*) Es will nicht den totalen Krieg, sagen die Engländer, sondern die Kapitulation! (*Stürmische Rufe, u. a.: »Igitt.«, »Pfui!«*)

Ich frage euch: Wollt ihr den totalen Krieg? (*Stürmische Rufe: »Ja!«, Starker Beifall*) Wollt ihr ihn (*»Wir wollen ihn!«*), wenn nötig, totaler und radikaler, als wir ihn uns heute überhaupt erst vorstellen können? (*Stürmische Rufe: »Ja!« Beifall*)

Fünftens: Die Engländer behaupten, das deutsche Volk hat sein Vertrauen zum Führer verloren! (*Stürmische Empörung und Pfui-Rufe, lang anhaltender Lärm*) Ich frage euch – (*Sprechchöre: »Führer befiehl, wir folgen!« Heilrufe*), ich frage euch: Vertraut ihr dem Führer? (*Rufe, u. a. »Ja!«*) Ist eure Bereitschaft, ihm auf allen seinen Wegen zu folgen und alles zu tun, was nötig ist, um den Krieg zum siegreichen Ende zu führen, eine absolute und uneingeschränkte? (*Lebhafte Rufe »Ja!«*)

Ich frage euch als Sechstes: Seid ihr von nun ab bereit, eure ganze Kraft einzusetzen und der Ostfront, unsern kämpfenden Vätern und Brüdern, die Menschen und Waffen zur Verfügung zu stellen, die sie brauchen, um den Bolschewismus zu besiegen? Seid ihr dazu bereit? (*»Ja!«, starker Beifall, Zurufe*)

Ich frage euch als Siebentes: Gelobt ihr mit heiligem Eid der Front, dass die Heimat mit starker, unerschütterlicher Moral hinter der Front steht und ihr alles geben wird, was sie zum Siege nötig hat? (*»Ja!«, Starker Beifall*)

Ich frage euch achtens: Wollt ihr, insbesondere ihr Frauen selbst, dass die Regierung dafür sorgt, dass auch die letzte Arbeitskraft auch der Frau der Kriegführung zur Verfügung gestellt wird (*Rufe weiblicher Stimmen: »Ja!«*) und dass die Frau überall da, wo es nur möglich ist, einspringt, um Männer für die Front frei zu machen? Wollt ihr das? (*Stürmische Rufe, insbesondere weiblicher Stimmen: »Ja!« Starker Beifall*)

Ich frage euch neuntens: Billigt ihr, wenn nötig, die radikalsten Maßnahmen gegen einen kleinen Kreis von Drückebergern und Schiebern (*stürmische Rufe: »Ja!«, starker Beifall, Zurufe*), die mitten im Kriege Frieden spielen wollen und die Not des Volkes zu eigensüchtigen Zwecken ausnutzen? (*»Aufhängen!«, Geschrei*) Seid ihr damit einverstanden (*»Jawohl!«*), dass, wer sich am Kriege vergeht, den Kopf verliert? (*Stürmische Rufe: »Ja!« Starker Beifall*)

Und nun frage ich euch zehntens und zuletzt: Wollt ihr, dass, wie das nationalsozialistische Parteiprogramm das vorschreibt, gerade im Kriege gleiche Rechte und gleiche Pflichten vorherrschen (*»Ja!«*), dass die Heimat die schwersten Belastungen des Krieges solidarisch auf ihre Schultern nimmt und dass sie für Hoch und Niedrig und Arm und Reich in gleicher Weise verteilt werden? Wollt ihr das? (*Stürmische Rufe: »Ja!« Stürmischer Beifall*)

Ich habe euch gefragt und ihr habt mir eure Antwort nicht vorenthalten. Ihr seid ein Stück Volk. Durch euren Mund hat sich die Stellungnahme des Volkes vor der Welt manifestiert. (*»Wir haben nichts gegen ...!«*) Ihr habt unsern Feinden das zugerufen, was sie wissen müssen, damit sie sich keinen Illusionen und falschen Vorstellungen hingeben. (*Zwischenruf*) [...]

Wenn wir je treu und unverbrüchlich an den Sieg geglaubt haben, dann in dieser Stunde der nationalen Besinnung und der inneren Aufrichtung. Wir sehen ihn greifbar nahe vor uns liegen, – wir müssen nur zufassen! Wir müssen nur die Entschlusskraft aufbringen, alles seinem Dienste unterzuordnen; das ist das Gebot der Stunde! Und darum lautet von jetzt ab die Parole: Nun, Volk, steh auf und Sturm, brich los! (*Stürmische Heilrufe und Beifall, Rufe: »Unser Gauleiter – Sieg Heil! Sieg Heil! Sieg Heil!« Heilrufe; das Deutschlandlied wird intoniert*)

John F. Kennedy

1 Goebbels-Rede im Sportpalast:

a) Beurteilen Sie die Einleitung von Goebbels Rede über die militärische Lage des deutschen Reichs. Fassen Sie Ihre Ergebnisse stichpunktartig zusammen.

b) Welche Beziehung besteht zwischen dem Redner und den Zuschauern? Arbeiten Sie Stellen im Text heraus, die darüber Auskunft geben, und diskutieren Sie diese in der Gruppe.

c) Benennen Sie vier rhetorische Mittel, die Goebbels in seiner Rede verwendet. Beschreiben Sie deren Wirkung bei den Zuhörern und bewerten Sie, inwieweit er damit seine Ziele unterstreicht.

d) Lesen Sie im Kapitel »Sprachnot nach 1945« den Auszug aus Victor Klemperers LTI (*lingua tertii imperii*) (S. 150f.) und analysieren Sie, inwiefern sich Klemperers Beobachtungen an der Rede von Goebbels belegen lassen.

Rede vor dem Schöneberger Rathaus
26.06.1963

Meine Berliner und Berlinerinnen!
Ich bin stolz, heute in Ihre Stadt zu kommen als Gast Ihres hervorragenden Regierenden Bürgermeisters, der in allen Teilen der Welt als Symbol für den Kampf und den Widerstandsgeist West-Berlins gilt. Ich bin stolz, auf dieser Reise die Bundesrepublik Deutschland zusammen mit Ihrem hervorragenden Herrn Bundeskanzler besucht zu haben, der während so langer Jahre die Politik bestimmt hat nach den Richtlinien der Demokratie, der Freiheit und des Fortschritts. Ich bin stolz darauf, heute in Ihre Stadt in der Gesellschaft eines amerikanischen Mitbürgers gekommen zu sein, General Clay, der hier tätig war in der Zeit der schwersten Krise, durch die diese Stadt gegangen ist, und der wieder nach Berlin kommen wird, wenn es notwendig werden sollte.

Vor zweitausend Jahren war der stolzeste Satz, den ein Mensch sagen konnte, der: »Ich bin ein Bürger Roms!« Heute ist der stolzeste Satz, den jemand in der freien Welt sagen kann: »Ich bin ein Berliner!« Wenn es in der Welt Menschen geben sollte, die nicht verstehen oder die nicht zu verstehen vorgeben, worum es heute in der Auseinandersetzung zwischen der freien Welt und dem Kommunismus geht, dann können wir ihnen nur sagen, sie sollen nach Berlin kommen. Es gibt Leute, die sagen, dem Kommunismus gehöre die Zukunft. Sie sollen nach Berlin kommen! Und es gibt wieder andere in Europa und in anderen Teilen der Welt, die behaupten, man könne mit den Kommunisten zusammenarbeiten. Auch sie sollen nach Berlin kommen! Und es gibt auch einige wenige, die sagen, es treffe zwar zu, dass der Kommunismus ein böses und ein schlechtes System sei; aber er gestatte es ihnen, wirtschaftlichen Fortschritt zu erreichen. Aber lasst auch sie nach Berlin kommen!

Ein Leben in der Freiheit ist nicht leicht und die Demokratie ist nicht vollkommen. Aber wir hatten es nie nötig, eine Mauer aufzubauen, um unsere Leute bei uns zu halten und sie daran zu hindern, woanders hinzugehen. Ich möchte Ihnen im Namen der Bevölkerung der Vereinigten Staaten, die viele Tausende Kilometer von Ihnen entfernt auf der anderen Seite des Atlantiks lebt, sagen, dass meine amerikanischen Mitbürger sehr stolz darauf sind, mit Ihnen zusammen selbst aus der Entfernung die Geschichte der letzten 18 Jahre teilen zu können. Denn ich weiß nicht, dass jemals eine Stadt 18 Jahre lang belagert wurde und dennoch lebt mit ungebrochener Vitalität, mit unerschütterlicher Hoffnung, mit der gleichen Stärke und mit der gleichen Entschlossenheit wie heute West-Berlin.

Die Mauer ist die abscheulichste und die stärkste Demonstration für das Versagen des kommunistischen Systems. Die ganze Welt sieht dieses Eingeständnis des Versagens. Wir sind darüber keineswegs glücklich, denn, wie Ihr Regierender Bürgermeister gesagt hat, die Mauer schlägt nicht nur der Geschichte ins Gesicht, sie schlägt der Menschlichkeit ins Gesicht. Durch die Mauer werden Familien getrennt, der Mann von der Frau, der Bruder von der Schwester; Menschen werden mit Gewalt auseinandergehalten, die zusammen leben wollen.

Was von Berlin gilt, gilt von Deutschland: Ein echter Friede in Europa kann nicht gewährleistet werden, solange jedem vierten Deutschen das Grundrecht einer freien Wahl vorenthalten wird. In 16 Jahren des Friedens und der erprobten Verlässlichkeit hat diese Generation der Deutschen sich das Recht verdient, frei zu sein, einschließlich des Rechts, die Familien und die Nationen in dauerhaftem Frieden wieder vereint zu sehen im guten Willen gegen jedermann. Sie leben auf einer verteidigten Insel der Freiheit.

Aber Ihr Leben ist mit dem des Festlandes verbunden, und deswegen fordere ich Sie zum Schluss auf, den Blick über die Gefahren des Heute hinweg auf die Zukunft des Morgen zu richten: über die Freiheit dieser Stadt Berlin, über die Freiheit Ihres Landes hinweg auf den Vormarsch der Freiheit überall in der Welt, über die Mauer hinweg, auf den Tag des Friedens in Gerechtigkeit. Die Freiheit ist unteilbar und wenn auch nur einer versklavt ist, dann sind nicht alle frei.

Aber wenn der Tag gekommen sein wird, an dem alle die Freiheit haben und Ihre Stadt und Ihr Land wieder vereint sind, wenn Europa geeint ist und Bestandteil eines friedvollen und zu höchsten Hoffnungen berechtigten Erdteils, dann können Sie mit Befriedigung von sich sagen, dass die Berliner und diese Stadt Berlin 20 Jahre lang die Front gehalten haben. Alle freien Menschen, wo immer sie leben mögen, sind Bürger dieser Stadt West-Berlin, und deshalb bin ich als freier Mann stolz darauf, sagen zu können: Ich bin ein Berliner!

1 Gliedern Sie John F. Kennedys Rede vor dem Schöneberger Rathaus und fassen Sie den Inhalt in Stichpunkten zusammen.

2 Informieren Sie sich über die politische Lage, in der Kennedy seine Rede gehalten hat.

3 Untersuchen Sie die Argumentationsstruktur des Hauptteils in Kennedys Rede und nehmen Sie zur Qualität der Argumente Stellung.

John F. Kennedy bei seiner Rede vor dem Schöneberger Rathaus am 26.06.1963

Angela Merkel

Rede zum 20. Jahrestag des Mauerfalls auf der Bösebrücke 09.11.2009

Lieber Joachim Gauck, lieber Herr Bundestagspräsident – ich weiß nicht, wo der Regierende Bürgermeister verblieben ist, aber ich habe ihn schon gesehen –, lieber Michail Gorbatschow, lieber Lech Wałesa, liebe Freunde, Bürgerrechtler, Zeitzeugen,

Ich freue mich, dass wir heute, wenn auch nicht ganz in solch geordneter Form wie bei normalen diplomatischen Empfängen, dafür aber ähnlich der Situation, wie sie am 9. November 1989 war, uns hier wieder auf dieser Brücke treffen können. [...]

Angela Merkel am 09. 11. 2009 auf der Bösebrücke

Es war uns ein Bedürfnis, in dieser Runde, wenn ich das so sagen darf, heute an dieser Stelle einmal zusammenzukommen – zusammenzukommen, um uns gemeinsam zu freuen über das, was am 9. November möglich geworden ist. Das war ja das Ergebnis einer langen Geschichte von Unfreiheit und vom Kampf gegen die Unfreiheit. Wir waren nicht die Ersten in Deutschland, aber wir waren mit dabei, als der Kalte Krieg ein Ende nahm.

Es ist mir eine ganz besondere Freude und auch Ehre, dass ich in unser aller Namen Lech Wałesa hier willkommen heißen darf. Solidarność war eine mutige Erhebung, die die damaligen kommunistischen Herrscher ja auch deshalb so getroffen hat, weil sie aus der Arbeiterschaft heraus kam. Die, die sich immer als die führende und herrschende Klasse bezeichnet haben, haben in Polen plötzlich selbst ihre Geschicke in die Hand genommen, zusammen mit vielen Intellektuellen. Das war für uns alle eine unglaubliche Ermutigung. Es hat dann aber noch lange gedauert, bis auch in anderen Ländern der Sozialismus, Kommunismus – wie auch immer man das nennen will – zusammengebrochen ist. Die, die als Erste über die Grenze gingen, waren ja nicht unbedingt die, die sich schon als Erste für deren Öffnung eingesetzt hatten. Viele andere hatten dafür schon vieles erlebt.

Ich freue mich, dass heute – ich kann das immer nur pars pro toto sagen – zum Beispiel Wolf Biermann unter uns ist. Wir wissen alle noch – jedenfalls Menschen in meinem Alter –, wie das war, als er ausgebürgert wurde. Man hatte ja der DDR vieles zugetraut, aber dass man einen Sänger, der außer Landes fuhr, einfach nicht wieder reinlässt, hatte damals, ich sage es ganz ehrlich, zumindest meine Fantasie überschritten. Es war dann so, dass immer mehr von denen, die kluge, mutige Köpfe waren, teilweise genötigt wurden, das Land zu verlassen und das teilweise auch aus freien Stücken getan haben, um nicht völlig zu verkümmern. Andere sind unter widrigsten Bedingungen geblieben. [...]

Aber bevor das Glück der Freiheit kam, haben viele auch gelitten. Wenn es etwas gibt, was ich bedauerlich finde im Zuge der letzten 20 Jahre, dann ist es, dass wir lange gebraucht haben, diese Form von Unrecht als solches anzuerkennen und auch ein Stück weit wieder gutzumachen. [...]

Wir haben einen unter uns, dem es von seiner Position her nicht in die Wiege gelegt war, dass er heute 20 Jahre nach dem Mauerfall hier steht. Denn Generalsekretär der KPdSU gewesen zu sein, war nicht gleichbedeutend damit, mit dem Fall der Berliner Mauer identifiziert zu werden. Aber spätestens als Sie, lieber Michail Gorbatschow, zum 40. Jahrestag der DDR hier waren, aber eigentlich schon, als die Zeitschrift »Sputnik« und anderes hier verboten wurde, da wussten wir, in der Sowjetunion tut sich was. Und wir wussten auch immer, letztlich muss sich dort etwas tun, damit sich bei uns noch mehr ändern kann. Sie haben das möglich gemacht. Sie haben mutig die Dinge geschehen lassen. Das war viel mehr, als wir erwarten konnten. Ein herzliches Dankeschön dafür und danke, dass Sie heute bei uns sind.

Meine Damen und Herren, hier an diesem historischen Ort sollen auch die immer wieder an die Geschehnisse erinnert werden können, die damals noch gar nicht geboren oder kleine Kinder waren. Sie sind inzwischen aus der Schule raus, sie studieren. Menschen meines Alters verfolgen mit großer Freude, wie selbstbewusst diese jungen Menschen aufwachsen, dass man nicht mehr unterscheiden kann, ob sie aus dem Osten oder aus dem Westen kommen, wie eine neue Generation heranwächst, die eingebettet ist in die europäische Union und der die Welt ein Stück mehr offensteht, als das für viele hier der Fall war, die hier heute auf dieser Brücke versammelt sind. Ich glaube, ich spreche im Namen der allermeisten: Es hat sich gelohnt, dafür zu kämpfen und einzutreten.

1 Angela Merkels Vortrag zum Mauerfalljubiläum: Wie geht die Bundeskanzlerin auf die Adressaten ihrer Rede ein und mit welchen Mitteln versucht sie, ihre Zuhörer für sich einzunehmen? Skizzieren Sie Ihre Ergebnisse.

Und deshalb ist dies ein schöner Tag für uns. Wenn wir heute in Deutschland diesen Tag feiern und heute Abend auch am Brandenburger Tor zusammen sind, dann ist das nicht nur ein Feiertag für die Deutschen, dann ist das auch ein Feiertag für ganz Europa, dann ist das ein Feiertag für alle Menschen, die mehr Freiheit haben – auch in Russland und in vielen Teilen der Welt. Wir sagen einfach danke dafür, dass viele uns auf diesem Weg geholfen haben. Herzlichen Dank.

Konrad Weiß

Ich schäme mich 1992

Ich schäme mich. Ich schäme mich, Deutscher zu sein. Ich schäme mich, in einem Land zu leben, das eine Mauer der Gewalt, der Gefühllosigkeit, der Selbstsucht um sich baut. Ich schäme mich, in einem Land zu leben, in dem Menschen Beifall klatschen, wenn Menschen angegriffen, verletzt, vertrieben werden. Ich schäme mich, Mitbürger von Feiglingen zu sein, die Frauen und Kinder schlagen und drangsalieren, die Jagd auf jene Menschen machen, die bei uns Zuflucht und Hilfe suchen oder anders sind.

Weder die unbewältigte Vergangenheit noch die Deformierungen aus 60 Jahren Diktatur dürfen als Entschuldigung dafür dienen, dass Menschen wie Tiere über Menschen herfallen. Diese Fremdenfeindlichkeit so vieler Deutscher ist eine Unmenschlichkeit, die unentschuldbar ist.

Haben wir Ostdeutschen aus 40 Jahren Unterdrückung und Eingesperrtsein wirklich nichts anderes gelernt als Ausgrenzen, Aussperren und Ausstoßen? Und ist die westdeutsche Demokratie nach 40 Jahren wirklich so verkommen, dass sie sich nicht mehr zu wehren weiß?

Jeder und jede in unserem Land muss unsere Demokratie verteidigen. Das beginnt mit scheinbaren Kleinigkeiten, die aber so viel Mut, Wachheit und Zivilcourage erfordern. Denn es braucht Mut, dem Taxifahrer oder dem Kollegen, der von »Kanaken« spricht oder fremdenfeindliche Witze erzählt, über den Mund zu fahren. Und es braucht genauso Mut, denen entgegenzutreten, die Polizisten als »Bullen« beschimpfen oder sie bei ihrer Arbeit zum Schutz von Mitbürgerinnen und Mitbürgern behindern. Es braucht Courage, nicht wegzusehen oder sich davonzuschleichen, wenn Menschen Menschen beleidigen und misshandeln oder wenn Steine und Brandflaschen geworfen werden. Es braucht Courage, dem Nachbarn, der zum Sturm auf Ausländer Beifall klatscht, in aller Eindeutigkeit zu sagen, was man von ihm hält.

Eine der Ursachen des Unheils, das wieder über Deutschland gekommen ist, ist die Bejahung von Gewalt. Die Barbarei der Rechtsradikalen wird aus den vielen kleinen Gewalttätigkeiten gespeist, an die wir uns gewöhnt haben und die wir fast widerstandslos hinnehmen. Wir haben es nur ungenügend gelernt, Konflikte gewaltfrei zu bewältigen, im Kleinen ebenso wie im Großen. Wir dulden die Gewalt im Straßenverkehr und die Gewalt der Erwachsenen gegen die Kinder. Wir akzeptieren, dass Gewalt gegen Frauen als Kavaliersdelikt angesehen wird. Wir nehmen die vielfältigen, die verbalen oder handgreiflichen Gewalttätigkeiten gegen Minderheiten und Andersdenkende gedankenlos hin. Wir dulden unter dem Vorwand, die Freiheit der Kultur zu schützen, dass uns und unseren Kindern unentwegt die scheußlichsten Gewalttaten vorgeführt werden. Es ist die Saat dieser Gewalt, die nun aufgeht.

Unsere Demokratie, unser Land können wir nur durch eine große Koalition der Menschlichkeit vor dem Rückfall in Barbarei und Totalitarismus bewahren. Diejenigen, die heute »Neger aufklatschen«, werden morgen uns und unsere Familien foltern und töten. Sie werden, wenn wir sie gewähren lassen, nicht danach fragen, ob wir Sozialdemokraten oder Kommunisten, ob wir christliche oder liberale Demokraten, ob wir Grüne oder Bürgerrechtler sind. Wir werden uns gemeinsam in ihren Vernichtungslagern wiederfinden, wie es 1933 geschah, wenn wir sie gewähren lassen.

1 Greifen Sie sich zwei Reden heraus (S. 114–118) und stellen Sie sie in einer Tabelle nach folgenden Kriterien gegenüber:
- (politischer) Anlass der Rede
- Publikum
- Verhältnis des Redners zum Publikum
- Hauptintention des Redners (und zwei diese besonders stützende rhetorische Mittel)
- Bewertung der Rede aus Ihrer Perspektive (ca. zwei Sätze)

2 Beschreiben Sie, mit welchen sprachlichen Mitteln das Publikum in Konrad Weiß' Rede einbezogen wird, sodass sich jeder Zuhörer mitschuldig fühlt. Nehmen Sie persönlich zu den Vorwürfen Stellung, die Weiß indirekt jedem Zuhörer macht.

3 Untersuchen Sie, wie Weiß die Formulierung »Ich schäme mich« sprachlich einsetzt und welche Wirkung er dadurch erzielt.

Sprache und Medien

Hey Lisi, sitz noch in der Schule. Nachher Shopping? Will neue Hose :-) *mb cu*

Die heutigen Kommunikationsmittel erlauben es dem modernen Staatsbürger, sich über alles zu informieren, ohne irgendetwas zu verstehen.
Nicolás Gómez Dávila

Medienwandel, Sinneswandel, Kulturwandel und schließlich Sprachwandel gehen Hand in Hand.
Michael Giesecke

Durch den Beruf kommt in sprachlicher Hinsicht jeweils derjenige sprachliche Bereich zur Geltung, der für die Korrespondenten auch im beruflichen Alltag von Wichtigkeit ist. Dadurch ergeben sich sprachliche Einflüsse von der Kanzleisprache, der Juristensprache, der Sprache des Handels, eventuell auch der Sprache der Literatur.
Harald Burger

1 Beschreiben Sie, was die Sprache einer SMS von der eines Briefs unterscheidet.

2 Nehmen Sie Stellung: Warum stören Fehler in SMS und privaten Mails oft nicht?

3 Beschreiben Sie das Zusammenspiel von Slogan und Bild in der REWE-Werbung.

»Die gute Presse« von 1847

Erklärungstext auf wiki-commons: »In der Karikatur *Die gute Presse* von 1847 aus unbekannter Feder steht der Krebs für Rückschritt, der Spiegel des Krebses für die Rückwärtsgewandtheit, der Maulwurf für Blindheit, Kerzenlöscher für Dunkelheit, die Schere und Stift für Zensur, die Rute für Drangsal, die Augen für Überwachung, die Kinder für den bevormundeten Bürger, der Schafskopfspolizist für die Dummheit der Staatsmacht und der Spitz für die Spitzelei. Die Karikatur erschien in der Zeitschrift Leuchtturm. Die Bildunterschrift lautet: »Süße heilige Censur; lass uns gehn auf deiner Spur; Leite uns an deiner Hand Kindern gleich; am Gängelband!«

1 Wie können Medien unsere Welt »modellieren«, geschieht das nicht in erster Linie umgekehrt? Diskutieren Sie mit Ihren Mitschülerinnen und Mitschülern.

2 Begründen Sie, warum Werbeplakate gezielt auch Schreib- bzw. Silbentrennungsfehler zu Werbezwecken verwenden.

Die deutsche Sprache unter dem Einfluss der Medien

Grundlagen

Sprache und Medien

Fehlertoleranz

Die »Verschandelung« der Sprache durch fehlerhafte Verwendung in den »neuen« Medien (Internet, Fernsehen, Rundfunk ...) ist immer wieder Gegenstand von Diskussionen. Dabei wird oft ein negatives Bild der neuen im Vergleich zu den klassischen (Print-) Medien entworfen. Im Gegensatz zu den neuen Medien würden in den klassischen Medien die Normen des Hochdeutschen geachtet.

Besonders interessant sind sprachliche Neuerungen im Kontext des Internets und in der Werbung. Beim Verfassen von E-Mails beispielsweise ist zu beobachten, dass die Fehlertoleranz höher ist als bei handschriftlichen Texten (z. B. fehlerhafte Orthografie, elliptische Satzkonstruktionen etc.). Dies liegt teilweise daran, dass E-Mails im privaten Bereich oft aus der Vorstellung eines Gesprächs heraus verfasst werden und damit konzeptionell mündlich sind.

Abkürzungen und Emoticons

Charakteristisch für Handy-, Twitter- oder Facebooknachrichten sind besonders viele Abkürzungen. Ursprünglich lässt sich dies auf die technischen Möglichkeiten des Mediums zurückführen, da früher in einer einfachen SMS nur 160 Zeichen zur Verfügung standen, in denen möglichst viel Information untergebracht werden sollte. Konventionalisierte Abkürzungen sind ein gutes Mittel zur Komprimierung, erhöhen aber auch die Schnelligkeit beim Schreiben (siehe Liste von Abkürzungen [Netzjargon]: *http://de.wikipedia.org/wiki/Liste_der_Abk%C3%BCrzungen_%28Netzjargon%29*).

Neben Abkürzungen werden auch Emoticons verwendet, um das Fehlen der Mimik auszugleichen. Schreibt z. B. eine Person im Chat »das geht gar nicht, sowas kommt nicht in die Tüte«, würde man das als klare Absage auf eine zuvor gestellte Frage ansehen. Stünde aber das Emoticon ;-) dahinter (zwinkerndes Gesicht), dann ist klar, dass es sich um Ironie handelt.

Neil Postman

Der Einfluss der Medien auf die Urteilsbildung 1985

Man [darf], wie ich meine, vernünftigerweise annehmen, dass die in einer Kultur verfügbaren Kommunikationsmedien einen beherrschenden Einfluss auf die Orientierung der intellektuellen und sozialen Bestrebungen innerhalb dieser Gesellschaft haben.

Die Sprache ist natürlich der primäre, unentbehrliche Modus des kommunikativen Austauschs. Sie hat uns zu Menschen gemacht und lässt uns Menschen bleiben, sie definiert geradezu, was *humanitas* bedeutet. Das besagt nicht, dass es, wenn es andere Kommunikationsmittel nicht gäbe, allen Menschen gleichermaßen leicht fiele, über dieselben Dinge auf dieselbe Weise zu sprechen. Wir wissen, dass strukturelle Unterschiede zwischen den Sprachen zu Unterschieden in dem führen, was man als »Weltanschauung« bezeichnen könnte. Wie die Menschen über Zeit und Raum, über Gegenstände und Vorgänge denken, das ist deutlich von den grammatischen Eigenschaften ihrer individuellen Sprache abhängig. Deshalb können wir nicht davon ausgehen, dass wir alle die gleichen Vorstellungen über den Aufbau der Welt hegen. Um wie viel größer jedoch die Unterschiede zwischen den »Weltanschauungen« verschiedener Kulturen sind, kann man ermessen, wenn man sich die Vielzahl und Vielfalt der Instrumente zum kommunikativen Austausch vor Augen führt, die nicht auf Wörter gestützt sind. Kultur ist zwar ein Produkt der Sprache; aber von jedem Kommunikationsmedium wird sie neu geschaffen, von der Malerei und den Hieroglyphen ebenso wie vom

Alphabet und vom Fernsehen. Wie die Sprache selbst, so begründet auch jedes neue Medium einen bestimmten, unverwechselbaren Diskurs, indem es dem Denken, dem individuellen Ausdruck, dem Empfindungsvermögen eine neue Form zur Verfügung stellt. [...]

Mein Buch [handelt] davon, wie unser eigener Stamm einen tief greifenden, gefahrvollen Wandel von der Magie des Schreibens hin zur Magie der Elektronik durchläuft. Ich möchte zeigen, dass sich mit der Einführung einer neuen Technik, etwa des Schreibens oder der Uhr, in einer Gesellschaft nicht nur die Fähigkeit der Menschen, die Zeit festzuhalten, erweitert, dass sich mit ihr vielmehr auch ihre Denkweise und natürlich der Inhalt ihrer Kultur umformt.

Das meine ich, wenn ich das Medium als Metapher bezeichne. In der Schule lernen wir ganz richtig, dass die Metapher eine Vorstellung von einem Ding vermittelt, indem sie es mit etwas anderem vergleicht. Und durch die Kraft ihrer Anschaulichkeit prägt sie uns diese Vorstellung so fest ein, dass wir uns das eine ohne das andere nicht vorstellen können – das Licht ist eine Welle, die Sprache ein Baum, Gott ein weiser, ehrwürdiger Mann, der Geist eine dunkle, vom Wissen erhellte Höhle. Und wenn diese Metaphern nicht mehr taugen, dann müssen wir notwendigerweise andere, tauglichere finden. Das Licht besteht aus Teilchen, die Sprache ist ein Fluss, Gott eine Differentialgleichung (wie Bertrand Russell behauptet hat), der Geist ein Garten, der bestellt sein will. [...]

Wenn wir uns über die Natur und über uns selbst austauschen, dann tun wir dies in allen möglichen »Sprachen« deren Verwendung uns möglich und praktisch erscheint. Wir sehen die Natur, die Intelligenz, die menschliche Motivation oder die Ideologie nicht so, wie sie sind, sondern so, wie unsere Sprachen sie uns sehen lassen. Unsere Sprachen sind unsere Medien. Unsere Medien sind unsere Metaphern. Unsere Metaphem schaffen den Inhalt unserer Kultur. [...]

Ich begnüge mich mit der Feststellung, dass ein wichtiges neuartiges Medium die Diskursstruktur verändert, und zwar indem es bestimmte Anwendungsformen des Intellekts fördert, bestimmte Definitionen von Intelligenz und Weisheit bevorzugt und nach einer bestimmten Art von Inhalten verlangt – kurz, indem es neue Formen von Wahrheit und Wahrheitsäußerung hervorbringt. Ich wiederhole, dass ich in dieser Frage kein Relativist bin, denn ich bin überzeugt davon, dass die vom Fernsehen erzeugte Epistemologie nicht nur der auf dem Buchdruck beruhenden unterlegen, sondern dass sie auch gefährlich und vernunftwidrig ist.

Ich bin, zweitens, der Auffassung, dass die epistemologische Verschiebung, die ich hier angedeutet habe [...] nicht jeden und nicht alles erfasst hat (und vielleicht auch nie erfassen wird). Während einige alte Medien (z.B. die Bilderschrift und illuminierte Handschriften) zusammen mit den von ihnen begünstigten Institutionen und Wahrnehmungsgewohnheiten tatsächlich verschwinden, werden andere Formen des kommunikativen Austauschs stets erhalten bleiben, zum Beispiel Sprechen und Schreiben. Die Epistemologie neuer Austauschformen, etwa des Fernsehens, übt also keinen gänzlich unangefochtenen Einfluss aus. [...]

Wir haben, wie ich glaube, insofern eine »kritische Masse« erreicht, als die elektronischen Medien den Charakter unserer symbolischen Umwelt entscheidend und unwiderruflich verändert haben. Wir gehören heute einer Kultur an, deren Informationen, deren Ideen und deren Epistemologie vom Fernsehen und nicht vom gedruckten Wort geformt werden. Gewiss, es gibt noch Leser, und es werden zahlreiche Bücher veröffentlicht, doch man bedient sich des Gedruckten und des Lesens nicht auf die gleiche Weise wie früher – nicht einmal in den Schulen, die man für die letzten Bastionen des gedruckten Wortes gehalten hat. Wer glaubt, Fernsehen und Buchdruck könnten nebeneinander bestehen, der täuscht sich, denn Koexistenz setzt ein Gleichgewicht der Kräfte voraus. Hier aber gibt es kein Kräftegleichgewicht. Der Buchdruck ist heute nur noch eine Restepistemologie, und er wird es bleiben, bis zu einem gewissen Grad gestützt vom Computer sowie von Zeitungen und Zeitschriften, die freilich der Fernsehmattscheibe immer ähnlicher werden. [...]

Ich behaupte, dass eine auf dem Fernsehen beruhende Epistemologie die öffentliche Kommunikation und die sie umgebende Landschaft verschmutzt; ich behaupte nicht, dass sie alles verschmutzt.

1 Erarbeiten Sie, wie Neil Postman das Verhältnis zwischen Medien und Urteilsbildung bestimmt.

2 Diskutieren Sie Postmans These, dass eine Urteilsbildung, die vom Fernsehen geprägt ist, »nicht nur der auf dem Buchdruck beruhenden unterlegen, sondern dass sie auch gefährlich und vernunftwidrig ist.« (Z. 89 ff.)

Jörg Kilian
Parlando 2006

In computervermittelten privaten Plauderchats werden schriftsprachliche Texte produziert, doch sind diese Texte [...] nur medial schriftsprachlich, konzeptionell hingegen der Mündlichkeit verpflichtet [...]. Das heißt, die Schreiberinnen und Schreiber konzipieren ihre Texte so, als befänden sie sich in einer nähesprachlichen Face-to-Face-Gesprächssituation, als stünden sie einander gegenüber. Das Kommunikationsmedium ist zwar die Schrift, doch folgt die Sprachplanungsstrategie Regularitäten der dialogisch gesprochenen Sprache. Die Schreiberinnen und Schreiber bringen dazu grammatische und lexikalische Formen der gesprochenen Sprache ins Schriftbild, um eben diese sprachliche Nähe mit Mitteln der Schrift zu erzeugen, mitunter zu inszenieren.

Peter Sieber hat für dieses Spannungsfeld zwischen medialer Schriftlichkeit und konzeptioneller Mündlichkeit den Begriff des »Parlando«-Schreibens in die Forschung eingeführt. Dabei deutet er »Parlando« vor dem Hintergrund seiner Untersuchungen anhand von Maturaarbeiten [...] als »Indiz für einen soziokommunikativen Sprachwandel« (Sieber 1998, S. 181). »Parlando«, so führt er aus, sei »eine Gegenbewegung zur verstärkten Stellung der Distanzsprache in der Schriftlichkeit [...], die ihren Ursprung weniger in sprachlichen als vielmehr in sozialen Veränderungen hat« (Sieber 1998, S. 181). [...] Ausschlaggebend für das Genre des privaten Plauderchats sind bestimmte redekonstellative Merkmale, vornehmlich die Inszenierung eines arbeitsentlasteten, natürlichen, spontanen »Gesprächs« einander mehr oder weniger Bekannter über einen virtuellen Gartenzaun [...]. Die Kommunikationstechnik erlaubt es nämlich, die zeitliche Zerdehnung der schriftsprachlichen Kommunikationsakte (wie sie z. B. beim Brief bestehen) annähernd aufzuheben. Vornehmlich in privaten Chats hat dies dazu geführt, dass eine nähesprachliche, formal dialogische Schriftlichkeit, eben: eine besondere Art »Parlando«, Einzug in das (teil)öffentliche Sprachleben hielt, um im privaten Dialog auch noch die räumliche Trennung weg- und die Bekanntheit und Vertrautheit mit dem anderen herzuinszenieren.

1 Fassen Sie den Text von Jörg Kilian in Thesen zusammen. Recherchieren Sie in diesem Zusammenhang die folgenden Begriffe: *Ideogramm, Inflektiv, Akronym, phonetische Schreibung*. Erstellen Sie aus Ihren Ergebnissen ein ansprechendes Handout.

2 Stellen Sie in einer Tabelle Situationen gegenüber, in denen Sie entweder auf Papier schreiben oder ein neues Medium nutzen. Verfassen Sie jeweils eine kurze Begründung.

Neue Textsorten

Werbesprache

In allen Medien muss die Art der Sprachverwendung zur Informationsdarstellung reflektiert werden, da hier durch gezieltes Weglassen / Betonen eine Vorselektion und Gewichtung der Inhalte vorgenommen wird. So auch in der Werbung. Vorrangiges Ziel jeder Werbung ist es, die Aufmerksamkeit potenzieller Kunden und deren Neugier für das Produkt zu wecken, wobei hier nach verschiedenen Kundengruppen (Privatkunden, Geschäftskunden) und Anbietergruppen (Einzelhandel, Hersteller) unterschieden wird. Durch die Kombination von Bild- und Sprachelementen entsteht das Marken- oder auch Produktimage, durch das das Produkt Wiedererkennungswert erhält. Werbung verfolgt vier grundlegende Ziele, die in der sogenannten AIDA-Formel zusammengefasst werden:

A attention: Aufmerksamkeit erregen (z. B. Farben, Tiere)
I interest: Interesse wecken (z. B. Witz, Geschichte)
D desire: Verlangen nach dem Produkt erzeugen (rational durch Informationen und emotional durch das Darstellen des Produkts als Prestige- und Statusobjekt)
A action: Kaufhandlung anregen

Folgende Merkmale von Werbetexten lassen sich feststellen: Offene und positive Formulierungen, bildhafte Darstellung (v. a. Häufung von Adjektiven), Verwendung von Reim und Rhythmus, vage Formulierung der Inhalte und die Neigung zum Nominalstil. Außerdem werden bevorzugt kurze Aussagesätze verwendet, die umso häufiger unvollständig sind, je textärmer eine Werbung ist. Auch die Slogans sind tendenziell prägnant, kurz und häufig elliptisch, z. B. Ich liebe es (McDonald's), Hoffentlich Allianz versichert (Allianz), Vorsprung durch Technik (Audi), Brille: Fielmann (Fielmann).

3 Suchen Sie sich ein Werbeplakat aus, das ihnen spontan auffällt und sie persönlich anspricht. Notieren Sie dann zum einen, wie die AIDA-Formel umgesetzt ist, und zum anderen, wie hier ein Wiedererkennungswert für die Marke / das Produkt geschaffen wird.

4 Fassen Sie die Merkmale eines Werbetextes in eigenen Worten zusammen und ergänzen Sie Ihre Übersicht mit dem Text »Werbesprache« von Nina Janich (s. Seite 128 f.). Analysieren Sie dann anhand dieses Kriterienkatalogs die Texte und Slogans auf der gleichen Seite.

Fernsehwerbung kann auf Bilder zurückgreifen, Rundfunkanstalten müssen ohne Bild auskommen, haben aber alles Vertonbare zur Verfügung. Für Radio und Fernsehen gilt dasselbe wie für die Zeitungen: Die Vielfalt der Beiträge ist so groß, dass kaum einheitliche Kriterien eines Radio- oder Fernsehstils benannt werden können.

In der Rundfunkwerbung ist das wichtigste limitierende Element die Aufnahmefähigkeit des Zuhörers: eine klare Gliederung, kurze Abschnitte und sehr deutliches, nicht zu zügiges Sprechen sind wichtige Kriterien für gute Radiowerbung.

SMS- und Twitter-Sprache

13:00: Anna
BIN WIEDER IN BERLIN. WAS MACHSTN HEUT NOCH SO? MÜSSTE DRINGEND WAS ERZÄHLEN… LG ANNA

13:10: Tina
Hi. Cool J Muss noch Zimmer aufräumen *WÜRG* Kann erst später.

13:13: Anna
MHM. PASST SCHON . MELD DICH EINFACH.

13:15: Tina
OK.

17:50: Tim
Also jetzt bin ich aba ma voll gespannt, wie das Rennen ausgeht.

17:51: Lukas
Ik ma erst. Bin für Vettel.

17:52: Tim
Ebenso.

17:55: Lukas
JAAAAAAAAAAAAAAAAAAAA! GEIL! Det is alles nich zu glauben!!!!!!!!!! J J

17:56: Tim
Kommal wieder runter. Gehnwer was Trinken? Bei Edi?

17:57: Lukas
Jo. Bin unterwegs. Bis denne, tschö!

1 Lesen Sie die Merkmalstabelle zur SMS- und Twittersprache und analysieren Sie dann anschließend die beiden Textauszüge auf S. 123 / 124 nach diesen Kriterien. Verwenden Sie eine eigene SMS (oder suchen Sie eine aus dem Internet), anhand derer Sie die Kriterienliste kritisch prüfen.
Nehmen Sie ggf. in der Tabelle Ergänzungen und Streichungen vor und diskutieren Sie diese in der Klasse.

2 Legen Sie eine Tabelle nach dem Muster unten an und suchen Sie weitere Beispiele.

3 Analysieren Sie das Titelblatt einer Boulevardzeitung in Bezug auf Merkmale konzeptioneller Mündlichkeit.

In der Sprachwissenschaft unterscheidet man zwischen medialer und konzeptioneller Mündlichkeit bzw. Schriftlichkeit. »Medial« meint dabei den Unterschied zwischen grafischer und akustischer Realisation, »konzeptionell« die gewählte Ausdrucksweise und damit die Nähe entweder zur Schriftsprache oder der mündlichen Sprache.

Eine politische Rede zum Beispiel wird mündlich vorgetragen und ist damit medial mündlich. Allerdings wird eine solche Rede vorab sicherlich schriftlich formuliert: Sie verfügt über eine bestimmte Gliederung, längere Sätze usw. Dies bedeutet, dass sie konzeptionell schriftlich ist.

Umgekehrt verhält es sich beispielsweise mit der SMS. So wird sie zwar ins Handy oder Smartphone getippt (und ist damit medial schriftlich), allerdings weist sie mehr Merkmale des mündlichen Sprachgebrauchs auf (z. B. umgangsspraliche Wendungen oder unvollständige Sätze). Sie ist also konzeptionell mündlich.

medial mündlich	**medial schriftlich**
konzeptionell mündlich	SMS
konzeptionell schriftlich	Predigt

1 Ermitteln Sie Gemeinsamkeiten / Unterschiede zwischen persönlichem Gespräch, SMS, Telefonat, Schreiben eines Briefs und Twitter-Eintrags. Welche Qualitäten zeichnen die unterschiedlichen Formen aus? Welche haben mehr Nähe zur Mündlichkeit, welche mehr zur Schriftlichkeit? Stellen Sie Ihre Ergebnisse tabellarisch dar.

2 Wie wirken nach Peter Schlobinskis Meinung die neuen Medien auf die deutsche Sprache? Notieren Sie, welche Wortbildungsmuster der Sprachwissenschaftler nennt.

3 Suchen Sie in Ihrem Alltag Beispiele für »medienbedingte« neue Wortbildungen und testen Sie, wie stark diese schon in die deutsche Sprache eingebunden sind, indem Sie versuchen Adjektive / Substantive / Verben zu bilden und zu flektieren, z. B. *podcasten – Podcast – Podcats – podgecastet – gepodcastet.*

4 Beschreiben Sie, für welche Phasen der digitalen Entwicklung »@«, »e« und »i« laut Schlobinski stehen.

Vom @ über das e zum i 2007

Das Netz verändert auch unsere Sprache. Was sagt der Linguist dazu? Ein Gespräch über die Entwicklungsphasen neuer Medien.

Peter Schlobinski ist Professor für deutsche Literatur und Sprache an der Universität Hannover und beschäftigt sich seit 1998 in dem Projekt sprache@web mit linguistischen Analysen neuer Medien.

DIE ZEIT Die Cebit konfrontiert uns jedes Jahr mit neuen Modebegriffen aus der IT-Welt. Was hält der Linguist zum Beispiel von Podcasting?

Peter Schlobinski Das ist ein so genanntes Koffer- oder Portmanteau-Wort. Der Begriff geht auf »Alice hinter den Spiegeln« zurück, und bezeichnet die Verschmelzung von mindestens zwei Wörtern zu einem Neuwort, dessen Bedeutung sich von seinen Bestandteilen unabhängig macht. Also wie bei einem Koffer, der erst durch das Zusammenschnappen der beiden Klappen seine eigene Form bekommt. In Podcasting steckt der iPod drin und das Broadcasting. Oder bei Weblog das Web und das Logbook. Das ist ein normaler Wortbildungsprozess, der im Deutschen allerdings nicht besonders häufig vorkommt.

ZEIT Und was sagen uns iPod und iPhone?

Schlobinski Das Interessante ist, dass das »i« davor steht, ohne Bindestrich und kleingeschrieben. Das ist zunächst mal eine Erkennungsmarke für Apple. In Foren wird jetzt diskutiert, wofür das »i« eigentlich steht. Erste Assoziation: Internet, zweite Assoziation: intelligent. Ich finde besonders interessant, dass hier das »i« eine Assoziation zum interaktiven und multimodalen sogenannten Web 2.0 weckt – so wie früher der Klammeraffe @ für den E-Mail-Verkehr stand und das »e« in E-Commerce, E-Learning oder ähnlichen Wortbildungen für die elektronische Kommunikation im Netz. Also, um es platt zu sagen: Die Entwicklung vom Klammeraffen über das »e« zum »i« markiert Entwicklungsphasen des Internets und die Zeichen erhalten dabei einen symbolischen Gehalt. […]

ZEIT Die Modebegriffe drücken also etwas aus. Verändern sie auch unser Denken?

Schlobinski Wir wissen, dass mit bestimmten Sachverhalten auch bestimmte Begriffe verbunden sind. Das lernen wir per Konvention und wenden es an – egal, ob wir die Begriffe ableiten können oder nicht. Eine bestimmte Art des Denkens ist damit sicherlich nicht verbunden. iPhone, Klammeraffe oder das Bloggen sind Begriffe, deren Bedeutung ganz im Wittgenstein'schen Sinne in ihrem Gebrauch liegt. Und nur, weil wir es dabei vor allem mit Anglizismen zu tun haben, wird noch lange nicht muttersprachliches, deutsches Denken verändert, was auch immer deutsches Denken sein mag.

ZEIT Amerikanische Begriffsbildungen transportieren keine amerikanische Kultur?

Schlobinski Gucken wir mal auf den Pausenhof einer Grundschule. Da tippen Zehnjährige, die noch gar kein Englisch gelernt haben, »cu« oder »4u« in ihre SMS. Die wissen gar nicht, dass das eine Abkürzung für das Englische »see you« oder »for you« ist und einen anglophonen kulturellen Hintergrund hat. Sie haben cu und 4u als Formeln kennen gelernt und gebrauchen sie völlig richtig. Oder besuchen wir einen Chatroom. Da steht ständig »lol«. Wer weiß schon, dass das eigentlich »laughing out loud« heißt? Die meisten Jugendlichen ganz bestimmt nicht. Trotzdem benutzen sie die englische Abkürzung im richtigen Kontext. Mit lateinischen oder französischen Fremdwörtern ging es uns früher nicht anders.

ZEIT Nur dass die Begriffe der Google-Generation häufig auf Markennamen zurückgehen.

Schlobinski Ja, Google ist zum Beispiel weltweit eine derart starke Marke, dass sie schon alle Schritte durchgemacht hat vom Substantiv über das Verb »googeln« bis hin zur Verbindung mit Präfixen wie »ergoogeln«. Und das nicht nur im Deutschen. Im Japanischen heißt es zum Beispiel »guguru« oder »guugurusuru«. In China sind mit »gege« (Lied zur Ernte) und »guge« (Skelett) zwei Homonyme unter Internet-Nutzern verbreitet, die allerdings nicht verbal gebraucht werden. Der erste Begriff wird auch im chinesischen Google-Logo mit den entsprechenden Schriftzeichen […] verwendet. […]

Die Fragen stellte Dirk Asendorpf

Bärbel Körzdörfer

Jungs auf Skype 2010

Victor und Jens sind Freunde, aber ganz unterschiedlich. Während Victor aus gutem Haus stammt, eine Schwester hat, immer gut angezogen, mit neuester Technik ausgestattet und nur ein mäßiger Schüler ist, sind Jens Eltern nicht reich. Er ist Einzelkind, lebt in einem winzigen Zimmer, ist Klassenbester und froh, überhaupt einen uralten PC zu haben. Denn den braucht er, um mit Victor zu skypen. Als dieser in ein Internat geschickt werden soll, will Jens auch abhauen.

Jens hab mich bei der apotheke im eppendorfer weg beworben. Die suchen jemanden, der nachmittags die medikamente ausfährt. einziges problem: man muss mindestens 16 sein, wegen der rezeptpflichtigen pillen und so. und mir fehlen da mal eben 3 jahre. aber das haben die zum glück nicht gemerkt und einen ausweis hatte ich natürlich nicht mit

Victor ich bin mit einem betrüger befreundet! :-o

Jens klappe! heute wollen die sich schriftlich melden. wenn's klappt, mach ich jeden nachmittag 2 bis 3 stunden botendienst. [...] hoffentlich haut das hin ...

Victor mann, lass das mit dem pillen-kurier. ich leih dir das geld

Jens nee, das will ich nich

Victor wieso nicht? mein onkel aus berlin hat mit zur taufe ein sparkonto eröffnet. er zahlt immer was ein an meinem geburtstag & weihnachten. ich glaube, ich hab ihn vor drei jahren das letzte mal gesehen. ich weiß noch nicht mal, wie viel geld auf diesem konto ist. Wir könnten es plündern, das würd keiner merken ...

Jens thx, man! du bist echt cool, aber das will ich nicht. ich kann dir das doch gar nicht zurückzahlen [...] nee, lass mal stecken

Victor mann, du bist mein abf

Jens ???????

Victor abf – aller bester freund ... human meier! ist doch logo!

[...]

Victor hey, cool! es hat geklappt. du hast den job! Ich wusste, dass sie dir die 16 abkaufen. du siehst eben immer total fertig aus. lol

Jens haha. aber wo krieg ich ne unterschrift her?

Victor hm, was steht da? erziehungsberechtiger? mann, ich erzieh dich doch seit dem kindergarten. [...] seit 10 jahren sag ich dir, was geht und was nicht. oder? i know me there out

Jens aber nur, wenn es um sandburgen, hockey und klamotten geht ...

Victor @= bring den wisch morgen mit in die schule. ich unterschreibe

Jens ok, papa. bis morgen

[...]"

(S. 12–16)

Jens hab mit meiner oma über die sache geredet. sie meint, es sei keine gute idee, einfach abzuhauen

Victor sag mal, geht's noch? wie kannst du deiner Oma erzählen, was ich vorhabe? you have not more all cups in the board!

Jens glaubst du, meine oma macht sich jetzt auf, sucht eure luxusbude an der alster auf, klingelt und sagt: wissen sie, frau neumann-sulendorf, ihr sohn will sich vom acker machen???? *vogelzeig* du kennst sie doch

Victor was denkst du denn, was sie jetzt machen wird? @=

Jens nichts! Meine oma würde sowas niemals machen. du weißt doch, dass ich sie jede woche besuche und ihr erzähle, was so los ist. sie weiß alles über mich. schon komisch, mit ihr kann ich viel besser reden als mit meinem alten. vielleicht liegt es aber auch daran, dass sie sich nicht einmischt. sie verbietet mit nix. sie ist einfach da und hört zu. du solltest sie kennenlernen! sie ist so eine art yoda oder dumbledore. alt und weise!

Victor und wenn sie doch mit meinen Eltern redet?

Jens entspann dich! oma weiß noch nicht mal, wie du mit nachnamen heißt

Victor na gut *grummel* [...]

(S. 78–79)

1 »Übersetzen« Sie ungefähr zehn Zeilen aus Bärbel Körzdörfers Textauszug in Standardsprache und fassen Sie die vorgenommenen Änderungen in Stichpunkten zusammen. Verwenden Sie – wo möglich – entsprechende Fachbegriffe.

2 Vergleichen Sie die Jugendsprache, die im Roman »Jungs auf Skype« verwendet wird, mit Arbeitsmaterial aus Schulbüchern und den Ausdrücken, die Sie selbst verwenden. Beurteilen Sie die Aufarbeitung der Jugendsprache in Roman und Schulbuch kritisch.

1 Fassen Sie zusammen, was die Gruppe *Wise Guys* unter »Denglisch« verstehen und wie sie sich dazu positionieren. Nehmen Sie selbst Stellung.

Wise Guys

Facebook 2012

Ich habe 44 Freunde, alles ist in Butter.
Darunter auch ein Kumpel und der Nachbar meiner Mutter.
Und heut' ist wieder einer dieser wundervollen Tage.
Ich bekomm' 'ne brandneue Freundschaftsanfrage.
Ich glaub', das ist das Mädel von der Supermarktkasse.
Klar, dass ich mir die nicht entgehen lasse.
Ist doch super, wenn man in der großen Stadt
möglichst viele Freunde hat

Ich weiß genau, wann Tom seine Meerschweinchen füttert
und welche Szene welches Films die Liese so erschüttert.
Ich kenne Tines Zimmer im Urlaub in Tirol
und weiß, ihr kleiner Sohn fühlt sich grade nicht so wohl.
Melina hat aktuell 'n bisschen Langeweile,
Olli sucht verzweifelt seine Nagelfeile.
Das sind Information' und das is' ja das Nette,
die ich sonst nicht hätte.

Bevor ich morgens schnell bei Facebook reinguck,
hab ich keine Ahnung wie's mir geht.
Bevor ich morgens schnell bei Facebook reinguck,
weiß ich nicht, ob sich die Welt noch dreht.

Ich hab endlich mal Kontakt zu meinem Bruder und dem Neffen.
Ich brauche die nicht mal in Echt zu treffen.
Ich merke, dass ich mich mit vielen besser versteh',
seit ich sie jetzt gar nicht mehr persönlich seh'.
Doch ich bin über alles bestens informiert.
Ich weiß dass Susi online gegen Walfang protestiert.
Ne was ist das schön auf 'ne Demo zu gehn,
ohne vom Sofa aufzustehen.

Bevor ich morgens schnell bei Facebook reinguck,
hab ich keine Ahnung wie's mir geht.
Bevor ich morgens schnell bei Facebook reinguck,
weiß ich nicht, ob sich die Welt noch dreht.

Ich schau mir auch so gern alle Fotos an:
Mein Versicherungsvertreter am Ballermann,
blau, oben ohne mit 'ner Tüte in der Hand.
Ich hab den zuerst gar nicht wiedererkannt.

Bevor ich morgens schnell bei Facebook reinguck,
hab ich keine Ahnung wie's mir geht.
Bevor ich morgens schnell bei Facebook reinguck,
weiß ich nicht, ob sich die Welt noch dreht.

Bevor ich morgens schnell bei Facebook reinguck,
hab ich keine Ahnung wie's mir geht.
Bevor ich morgens schnell bei Facebook reinguck,
weiß ich nicht, ob sich die Welt noch dreht.

»Facebook«. Text: Daniel Dickopf.

Nick Hornby
Slam 2008

Der Teenager Sam ist ein besessener Skater. Als er Alicia kennen lernt, kann er zunächst nicht glauben, dass sie sich wirklich für ihn interessiert, da sie eigentlich eine Nummer zu groß für ihn ist. Das Glücksgefühl hält aber nicht lange an. Alicia wird schwanger.

Im Internet findet man massenhaft Zeug über Teenagerschwangerschaften. Klar, es gibt über alles massenhaft Zeug im Internet. Das ist ja das Tolle daran. Egal, welches Problem man hat, irgendwo steht was darüber, und man fühlt sich nicht so allein. Wenn deine Arme plötzlich grün sind und du dich mit Leuten deines Alters unterhalten möchtest, die auch grüne Arme haben, findest du schon die richtige Website. Falls ich zu dem Schluss käme, dass ich Sex nur mit schwedischen Mathelehrerinnen haben könnte, würde ich bestimmt eine Website für schwedische Mathelehrerinnen finden, die ausschließlich Sex mit achtzehnjährigen Engländern haben wollen. Bei näherem Nachdenken war es also keine ganz so große Überraschung, dass dort alles, was man zum Thema Teenager und Schwangerschaft wissen wollte, zu finden war. Als Teenager ein Kind zu kriegen ist was anderes, als grüne Arme zu haben. Wir kommen öfter vor.

Auf den meisten Seiten, die ich fand, standen einfach bloß Klagen von Jugendlichen wie mir. Das konnte ich ihnen nun wirklich nicht vorwerfen, denn es gab ja auch genug Anlass zur Klage. Sie beklagten sich, weil sie nicht wussten, wo sie wohnen sollten, sie hatten kein Geld, keine Arbeit und keine Möglichkeit, Arbeit zu finden, weil sie niemanden hatten, der auf ihre Kinder aufpasste, ohne dafür mehr Geld zu verlangen, als sie verdienen würden. Ich war nicht oft froh, aber als ich diese Sachen las, war ich froh. Unsere Eltern würden uns nie rausschmeißen.

Und dann stieß ich auf dieses Büchlein mit Fakten über Teenagerschwangerschaften, von denen einige aus der Feder des Premierministers stammten. Es waren größtenteils Binsenweisheiten – zum Beispiel, dass die meisten Teenager aus Versehen schwanger werden, ACH NEE!!! Und einige waren witzig – etwa, dass einer von zehn Jugendlichen sich nicht erinnern kann, ob er am Vorabend Sex gehabt hat oder nicht, was einigermaßen unglaublich ist, wenn man mal darüber nachdenkt. Ich denke, das bedeutet, dass einer von zehn Jugendlichen sich am Abend davor so zugeknallt hat, dass er nicht mehr weiß, was passiert ist. Ich glaube nicht, dass damit gemeint ist, dass sie einfach vergesslich sind, so als wüsste man nicht mehr, ob man seinen Sportbeutel dabeihat. Ich war drauf und dran, damit zu meiner Mum zu rennen. Ihr wisst schon, so à la: »Mum, ich weiß, ich hätte es besser gelassen, aber wenigstens konnte ich mich am nächsten Tag dran erinnern.« Ich erfuhr, dass England bei Teenagerschwangerschaften in Europa am schlechtesten abschnitt, was übrigens heißt, dass wir die meisten davon haben. Ich brauchte eine Weile, um es zu schnallen. Einen Moment dachte ich, es wäre andersrum gemeint, dass unsere Schwangerschaftsrate bei Jugendlichen die niedrigste wäre und der Premierminister wollte, dass wir uns mehr Mühe geben.

Und ich erfuhr, dass nach, was weiß ich, fünfzehn Jahren oder so achtzig Prozent aller jugendlichen Väter keinerlei Kontakt mehr zu ihren Kindern haben. Achtzig Prozent! Acht von zehn! Vier von fünf! Das bedeutete, dass die Chancen gut standen, dass ich in fünfzehn Jahren nichts mehr mit Roof zu tun haben würde. Das kam nicht in die Tüte!

1 In Nick Hornbys »Slam« sucht Sam im Internet Informationen zum Thema »Teenagerschwangerschaften«. Auf welche Schwierigkeiten stößt er dabei? Schreiben Sie stichpunktartig auf.

2 Erstellen Sie »Richtlinien zur Internetrecherche«. Vergleichen Sie die Ergebnisse mit Ihren Mitschülerinnen und Mitschülern und ergänzen Sie Ihre Ausführungen.

1 Diskutieren Sie kritisch die Gefahren des »second life«. Als zusätzliches Material können Sie z. B. folgende Texte heranziehen:
- »Als World of Warcraft zum Leben wurde« (*http://www.sueddeutsche.de/digital/online-sucht-als-world-of-warcraft-zum-leben-wurde-1.1170611*)
- Das Selbsthilfeportal betroffener Eltern: *www.rollenspielsucht.de*
- »Hilfe für Therapeuten« (http://www.dradio.de/dkultur/sendungen/ewelten/1459624/%3Cbr%20/%3E)
- »Reale Suchtgefahr fürs virtuelle Ich« (http://www.heise.de/newsticker/meldung/Reale-Suchtgefahr-fuers-virtuelle-Ich-191632.html)

2 Vergleichen Sie die Risiken des »second life« mit der Position, die Stefan Niggemeier vertritt (siehe unter *http://www.faz.net/aktuell/feuilleton/cybergesellschaft-das-wahre-leben-im-netz-11447755.html*). Fassen Sie zusammen:
- In welchem Verhältnis stehen für ihn reale und virtuelle Freundschaften?
- Warum behauptet er, dass es gar nicht so viele »Internetsüchtige« gibt, wie immer behauptet?
- Warum hält er die strikte Trennung von analoger und virtueller Welt für »sinnlos«?

Zwischen Virtualität und Realität – von second life bis chatroulette

Neben der Wirklichkeit hat sich im Internet eine zweite Wirklichkeit aufgebaut, die der realen Welt täuschend ähnlich sein kann. Ein Beispiel hierfür ist »second life«, ein Spiel im Internet, das dazu dient, für eine Figur (Avatar) ein Leben aufzubauen – mit unendlich vielen Möglichkeiten. Die Avatare haben in dieser Welt Beruf, Familie, Freizeit, Freunde etc. Ursprüngliches Ziel dieser und anderer Spiele war die enge Vernetzung und die Kommunikation der Mitglieder, die sich in der Rolle ihres Avatars ausprobieren können, indem sie beispielsweise eine Lesung veranstalten oder ein Konzert organisieren. Viele Nutzer testen auch andere Lebensstile/-entwürfe und treffen für ihren Avatar Entscheidungen, die sie sich im realen Leben vielleicht nie zutrauen würden.

Neben diesen und vielen anderen spielerischen Anwendungen gibt es aber auch Simulationen, die zum Training von Grenzschutzbeamten, Soldaten und Piloten eingesetzt werden. Hier werden reale Umgebungen programmiert und dann mit den technischen Geräten kombiniert, zu deren Handhabung ausgebildet werden soll.

Ein weiteres Phänomen ist Chatroulette, eine Art anonyme Kennenlernbörse. Ohne Anmeldung kann sich der Nutzer einwählen und wird zufällig (daher Roulette) mit irgendeinem anderen Nutzer des Programms verbunden. Mit ihm oder ihr kommuniziert er dann anonym per Video oder gewöhnlichem Chat. Gefallen das Gespräch oder der Gesprächspartner nicht mehr, hat jeder Beteiligte die Möglichkeit, den anderen mittendrin wegzuklicken. Ehemalige Gesprächspartner sind nicht mehr auffindbar.

Eine Szene aus »second life«

Sprache und Werbung

Oliviero Toscani

Die Werbung ist eine materialistische Religion, eine Monstrosität 1996

Die Werbung gaukelt uns das Himmelreich vor, zu dessen Erlangung wir keine andere Anstrengung auf uns nehmen müssen, als es zu kaufen. Sie verspricht uns das Paradies auf Raten. Sie bietet uns jeden Tag göttliche Erscheinungen. Sie sakralisiert die alltägliche profane Welt, die sie in einer feierlichen Kommunion mit wunderbaren Produkten verklärt. Wie die Religion, beutet auch die Werbung die Schuldgefühle all derer aus, die es nicht verdient haben, das Reich der Auserwählten des Konsums zu betreten. Werbung ist das Gegenteil von Liebe. Sie verspricht alles, schenkt aber nichts. Die Werbung ist der Katechismus der Konsumreligion. Ihre dümmliche Bilderwelt. Ihr Glaubensbekenntnis. Sie verkauft uns die Glückseligkeit wie einst die Kirche den »Ablass« (was dann ja bekanntlich zur Reformation führte). [...]

Die Werbung ist ein fantasieloses Messbuch, ohne jeglichen Sinn für Dramaturgie oder das Mysterium der menschlichen Existenz. Sie ist eine materialistische Religion, eine Monstrosität. Für Christen ist das Paradies nicht von dieser Welt, das angekündigte Reich Gottes ersteht erst nach vielen Jahrhunderten des Nachdenkens und der guten Taten. Die Werbung ihrerseits verwechselt Wunder mit Kaufkraft, die Fresken der Sixtinischen Kapelle mit sexy Katalogen, Kirchenmusik mit globusumspannender Muzak, den Traum eines besseren Lebens mit dem dümmlichen Paradies der »Frische des Lebens«, die Pietà mit Püppchen. [...]

»In hoc signo vinces«, in diesem Zeichen wirst du siegen – dieser Satz, diese Inschrift auf dem Kreuz, das Kaiser Konstantin, nachdem es ihm vor der Schlacht gegen Maxentius erschienen war, auf seine Standarte malen und dann vor seiner Armee hertragen ließ, war vielleicht der Urvater aller Werbeslogans.

»In diesem Zeichen wirst du siegen«, Coca-Cola scheint das der ganzen Welt zu verkünden und stützt sich dabei auf das politische Image der USA, die heute als die einzige Großmacht der Welt gilt. [...] Der gewinnbringende amerikanische Optimismus liefert Coca-Cola die strategischen Grundlagen für eine Werbeschlacht, die es mit der des Christenheeres und ihres Schlachtrufes aufnehmen kann. Diese Strategie, die sogar im Iran greift, rollt das Schlachtfeld des Handels auf wie bei einem Baseballmatch und nutzt die intellektuelle Trägheit einerseits und andererseits den Aktivismus im Management, einer Welt, die verspielt und erwachsen zugleich ist. Dieses alkoholfreie Getränk ist nicht nur ein Durstlöscher. Es ist zum triumphalen und magischen Klischee geworden, das uns verkündet: »Coca-Cola ist mehr.«

Kreuz, Hakenkreuz, Coca-Cola – hier schließt sich der Kreis der Geschichte der Werbung. Von der Kirche hat sie die Reklame für das Himmelreich, das Paradies auf Erden, die Wunder, die heiligen Jungfrauen auf Hochglanzpapier, die wundersame Brotvermehrung, die Symbolkraft der universellen Logos und die Idee einer organisierten Kampagne ausgeliehen. Von der kommunistischen wie auch der nationalsozialistischen Propaganda hat sie die Inszenierung der gesunden, schönen, überlegenen, futuristischen und immer lächelnden Übermenschen übernommen, die alle anderen ausgrenzt. Mit Coca-Cola kolonialisiert sie die Erde kraft ihrer glückseligen Bilderwelt und der durch sie ausgelösten wollüstigen demokratischen Schauer. Sie muss nicht einmal groß erläutern, überreden oder Ideen verkünden, es genügt, überall die Logos hinzuklatschen und uns zu hypnotisieren mit den erotischen Inszenierungen und Klischees. Die Ikone ersetzt das Wort. Das Bild ist zur Wahrheit geworden. Eine physische Manifestation jenseits der Worte. Es hängt ganz davon ab, welches Bild man wählt!

1 Testen Sie Ihr Wissen in einem Quiz über Werbeslogans: *http://www.spiegel.de/quiztool/quiztool-58341.html*

2 Erklären Sie, warum Oliviero Toscani die Werbung mit einer »materialistischen Religion« gleichsetzt und was für ihn im Gegensatz dazu eine »echte« Religion ausmacht.

3 Erläutern Sie, was Toscani damit meint, wenn er im Bezug auf die Marke »Coca-Cola« sagt, dass »das Bild [...] zur Wahrheit geworden« und ein »magische[s] Klischee« entstanden ist.

Coca Cola Truck

1 Beschreiben Sie, welche Assoziationen mit den Produkten die Werbeplakate (vgl. auch S. 116/117) nach dem Text von Toscani auslösen wollen.

2 Benennen Sie die rhetorischen Figuren aus folgenden Werbeslogans und beschreiben Sie deren Wirkung:
- *Gut, besser, Paulaner.* (Paulaner);
- *Quadratisch, praktisch, gut.* (Ritter Sport);
- *Da weiß man, was man hat.* (Persil);
- *Gutfried ist gut für mich.* (Gutfried-Geflügelwurst);
- *Halber Preis fürs ganze Volk.* (Bahncard);
- *Wir. Dienen. Deutschland.* (Bundeswehr)

3 Recherchieren Sie die Plakate zu folgenden drei Slogans von »Brot für die Welt« und analysieren Sie das Zusammenspiel von Slogan und Bild:
- *Weniger ist leer.*
- *Krisenherd.*
- *Gib dem Hunger einen Korb.*

Longchamps

Nina Janich

Werbesprache 2001

Manipulation oder Information?

Spätestens seit der Diskussion über unterschwellige Werbung [...] liest und hört man immer wieder, dass Werbung manipuliere, mit den Emotionen und verborgenen Wünschen der Verbraucher spiele, sie suggestiv zu etwas eigentlich Ungewolltem bewege und alles in allem doch schmerzlich ihren Auftrag der Verbraucherinformierung vernachlässige. Auch wenn die Legende von der unterschwelligen Werbung inzwischen widerlegt ist [...], findet sich doch besonders in sprachwissenschaftlichen Arbeiten der Vorwurf, die Werbung vernachlässige ihren Informationsauftrag zugunsten einer Verbraucherverführung [...]. [...]

Werbewissenschaftliche Arbeiten gehen dagegen häufig von einem Informationsgehalt in der Werbung aus und untersuchen die Art der Verarbeitung beim Rezipienten, warnen gar vor einer drohenden Informationsüberlastung [...]. Wieder andere konstatieren, Werbung könne per se nicht informieren: »Informative Werbung ist eine contradictio in adjecto.« (Lindner 1977, S.122)

Diese Diskrepanz kommt durch verschiedene Auffassungen von »Information« zustande. Denken die einen an Information im Sinne von umfangreicheren, sachlichen Angaben über Produkteigenschaften [...], so liegt den werbewissenschaftlichen Arbeiten meist ein informationstheoretischer Begriff zugrunde, der alle optischen und akustischen Reize als zu verarbeitende Informationen versteht. [...]

Wer an Werbung den Anspruch erhebt, sie müsse mit dem Ziel größtmöglicher Markttransparenz umfassend über das Produkt informieren, verkennt Wesen und Ziel der Werbung [...]. Werbung dient nicht und diente nie der marktwirtschaftlichen Aufklärung, sondern ist ein Instrument, um den Umsatz zu erhalten oder zu steigern. [...]

Information in der Werbung gibt es also in eingeschränktem Maß (z.B. über Preise, Inhaltsstoffe, technische Details) – sie ist aber immer ausgesprochen selektiv und zweckorientiert und oft kombiniert mit nur scheinbar informativen Angaben, die näherer Nachprüfung nicht standhalten (weil sie zum Beispiel nichts Besonderes, sondern etwas Selbstverständliches benennen) [...].

Statt vor Manipulation zu warnen, vergleichbare Information einzufordern und nichtinformative Werbung moralisch zu verurteilen, könnte sprachwissenschaftlich begründete Aufklärung darin liegen, möglichst wertungsfrei die werbesprachlichen Überzeugungsstrategien zu beschreiben, den intentionalen Charakter von Werbung zu betonen, die Inszeniertheit ihrer Sprache bewusst zu machen und auf die Selektivität und Subjektivität der Produktinformationen hinzuweisen. Der emanzipierte Umgang mit Werbung aber muss Sache des Rezipienten selbst sein, der nicht so hilflos manipulierbar ist, wie es in sprachwissenschaftlichen Interpretationen mitunter unterstellt wird [...].

Ganz im Gegenteil ergeben sich ganz neue Interpretationsmöglichkeiten, wenn man davon ausgeht, dass den Werbetreibenden bewusst ist, dass auch die Verbraucher wissen, dass die Werbung vor allem den Zweck hat, Wünsche zu wecken und Produkte zu verkaufen. [...]

Dass Werbung Strategien nutzt, die rein auf emotionale Wirkung bedacht sind und tief sitzende Wünsche und Ängste ansprechen, dass scheinbar wissenschaftliche Fachwörter auftauchen, die sich bei genauerem Hinsehen als Wirtschöpfungen ohne konkrete Bedeutung entpuppen (z.B. »probiotisch«), oder dass Angaben informativ wirken, aber nichts Neues bieten oder ungenau sind und daher verschleiernde Funktion haben, soll nicht abgestritten werden [...]. Es wird aber dafür plädiert, Werbung nicht unkritisch und vorschnell wegen mangelnder Information den Vorwurf von Manipulation und Irreführung zu machen, sondern die gewählten Mittel aus der Perspektive ihrer Zweckorientierung zu bewerten [...]. [...]

Rhetorik in der Werbung

[...]

a) Rhetorischer Textaufbau

Die antike Rhetorik stellt einen differenzierten Regel- und Empfehlungsapparat zum Abfassen persuasiv erfolgreicher Texte zur Verfügung, indem sie über Redegattungen und Intentionen bzw. Aufgaben des Autors, die jeweils angemessene Ermittlung und Gliederung der Redegegenstände sowie über die sprachlichen Umsetzungsmöglichkeiten belehrt.

An Redegattungen sind für die Werbung vor allem die Lobrede (*genus demonstrativum*), allenfalls noch die Beratungsrede (*genus deliberativum*) interessant. Zu den Aufgaben des Redners bzw. seinen Zielen zählen das Belehren (*docere*), das Beweisen (*probare*), das Für-Sich-Gewinnen (*conciliare*), das Erfreuen (*delectare*), das emotionale Bewegen (*movere*) und das Anstacheln (*concitare*) – größtenteils Funktionen, die sich unterschiedlich stark ausgeprägt auch in der Werbung finden lassen.

Die Rhetorik lehrt nun nicht nur, wie ein Text aufgebaut und sprachlich gestaltet sein sollte, sondern auch, wie man bei der Textproduktion sinnvoll vorzugehen habe [...]:

Die *inventio* ist der erste Schritt, nämlich das Sammeln von Gedanken und Argumenten, die zum Thema, dem Publikum und der Redeintention passen, d.h. die angemessen und publikumswirksam erscheinen. In der *dispositio* soll zu einer wirksamen Anordnung dieser Argumente gefunden werden, was Hand in Hand mit der *elocutio*, der sprachlichen Ausgestaltung stattfindet. In den nächsten Schritten, der *memoria* und der *actio*, wird die äußerlich fertige Rede dann eingeübt und mit Blick auf eine wirksame Präsentation geprobt. Besonders für *dispositio* und *elocutio* stellt die Rhetorik eine ganze Reihe von Hilfen und Regeln bereit: zum Redeschema bzw. Textaufbau einerseits (*dispositio*), zu sprachlichen Qualitätskriterien (*elocutio*) andererseits, zu denen Angemessenheit in Bezug auf den Redegegenstand (*aptum*), Sprachrichtigkeit (*puritas*), Klarheit und Verständlichkeit (*perspicuitas*) und die Ästhetik des sprachlichen Ausdrucks (*ornatus*) zählen. Zum ornatus gehören beispielsweise die rhetorischen Figuren [...].

Werbetexter folgen dieser Anleitung normalerweise zumindest im ersten Teil – dem Auffinden, Ordnen und der sprachlichen wie bildlichen Ausgestaltung der Argumente [...]. Inwieweit allerdings die sprachlichen Qualitätskriterien der *elocutio* für den Sonderfall der Lobrede, wie er in der Werbung vorliegt, Geltung haben, ist zu diskutieren. Zwar würde die Werbung sicher nicht an Wirkungskraft verlieren, wenn sie sich prinzipiell an die rhetorischen Gestaltungstugenden halten würde, doch folgen manche Anzeigen und Spots auch durchaus einer Strategie, die zum Beispiel die Sprachrichtigkeit bewusst verletzt (z.B. Verona Feldbusch in einem Spot für die Auskunft von Telegate: *Da werden sie geholfen!*) oder statt Verständlichkeit auf *obscuritas* (Unverständlichkeit) bzw. *ambiguitas* (Mehrdeutigkeit) setzt, zum Beispiel durch Einsatz von Fach- und Pseudofachsprache bzw. Sprachspielen [...].

Das Redeschema der *dispositio*, d.h. die Anleitung zu einem optimalen Aufbau eines persuasiven Textes, ist in seiner Grundform viergliedrig: *exordium – narratio – argumentatio – peroratio* [...]:

1 Wählen Sie ein Werbeplakat und analysieren Sie es anhand des Textes von Nina Janich.

2 Werbesprache in der Kritik: Janich fasst zusammen, welche Fehler bisher bei der Kritik von Werbesprache oft begangen wurden. Fassen Sie diese zusammen und schreiben Sie dann eine eigene Werbekritik zu einem Plakat oder Clip Ihrer Wahl.

3 Sammeln Sie je einen Beleg für Sprachmanipulation in Politik, Werbung und einem anderen Bereich. Tragen Sie Ihre Ergebnisse in Form eines Kurzreferats vor.

a) Das **exordium** ist der Redeanfang, in dem die Kontaktaufnahme mit dem Publikum erfolgt: Die Aufmerksamkeit soll geweckt (*attentum parare*) und das Publikum positiv gestimmt werden (*captatio benevolentiae*), z. B. indem sich der Redner als besonders glaubwürdig erweist. Die Funktion des exordium übernimmt in der Werbeanzeige zumeist die Schlagzeile, oft in Kombination mit dem Bild. Elemente, die der captatio benevolentiae dienen, können allerdings im Text oder im Spotaufbau immer wieder eingestreut sein (z. B. wenn ein Fachmann oder der Firmengründer als Sprecher auftreten).

b) Die **narratio**, die oft mit der **argumentatio** verschmilzt, umfasst die Schilderung eines Sachverhaltes/des Rede- bzw. Textthemas. Die argumentatio dagegen bezeichnet den Abschnitt der Rede, in dem die Argumente pro und kontra vorgebracht werden. In der Werbung lassen sich narratio und argumentatio dann trennen, wenn der Fließtext in eine Produktvorstellung und -beschreibung sowie in die Aufzählung von Kaufargumenten (wie z. B. Anwendungsmöglichkeiten) zerfällt. Häufig wechseln sich jedoch beschreibende und argumentative Textteile ab bzw. sind wirksam miteinander kombiniert.

c) Die **peroratio** ist der Redeschluss, in dem das Vorherige wirksam wiederholt und zusammengefasst wird, um die Emotionen der Zuhörer zu wecken. Der peroratio entspricht in der Werbung im Prinzip der Slogan, auch wenn er zumeist nicht als inhaltliche Zusammenfassung einer einzelnen Werbeanzeige, sondern eher als eine prägnante Formulierung der anzeigenübergreifenden Werbebotschaft angesehen werden muss [...].

Zusammenhänge zwischen rhetorischem Redeschema und Anzeigenaufbau sind bislang erst ansatzweise Thema der Forschung gewesen [...]. Studien zum rhetorischen Aufbau des Fernsehspots fehlen ganz. [...]

Werbung und Werbesprache in der Kritik

Die König-Brauerei wirbt in allen Medien mit dem Slogan »König Pilsener, das König der Biere.« Diese unmögliche grammatische Konstruktion tut nicht nur weh, sondern sie stellt einen Tiefschlag gegen die deutsche Sprache dar. Bitte teilen Sie mir mit, was sie davon halten, wie so etwas erklärbar ist und warum es von den Medien überhaupt angenommen wird.

(Schriftliche Anfrage bei der Sprachberatung der Gesellschaft für deutsche Sprache e. V. in Wiesbaden, zitiert nach: Sprachdienst 4, 1999, S. 155).

Diese Anfrage bei einem deutschen Sprachberatungsdienst ist ein Beispiel für die verbreitete so genannte laienlinguistische Kritik (= Sprachkritik von Laien) an der Werbesprache. (Die Antwort der Sprachberatung beginnt bezeichnenderweise auch mit der Aussage: »Die gleiche Frage wurde uns schon mehrfach gestellt; ganz offensichtlich bewegt »das König« die Gemüter der Nation.«) [...]

Werbesprache ist in jedermanns Alltag so präsent, dass sie für viele als Spiegel des allgemeinen Sprachgebrauchs (oder sogar als dessen negatives »Vorbild«) gilt und deswegen ganz besonders genau beobachtet wird. Neben grammatischen Regelverstößen (*Da werden sie geholfen, Das König der Biere, Deutschlands meiste Kreditkarte, Überallster, Ich gebe alles – ausser (sic!) meine Schuhe*) und irregulären Wortbildungen (*unkaputtbar, durchschnupfsicher, frischwärts, festnetzgünstig*) stehen in letzter Zeit wieder vor allem die Anglizismen im Zentrum der allgemeinen Aufmerksamkeit und Kritik (laienlinguistisch besonders angegangen vom Verein deutsche Sprache e. V., vgl. *www.vds.de*).

Die Sprachwissenschaft hat sich bislang allerdings kaum in diese Diskussion eingeschaltet bzw. die vorhandenen sprachkritischen Äußerungen von Sprachwissenschaftlern sind zum größten Teil schon älteren Datums [...].

Eine sprachwissenschaftlich fundierte Sprachkritik muss jedoch im Unterschied zu laienlinguistischer Kritik angeben können, nach welchen Kriterien und mit welcher Begründung sich einzelne sprachliche Phänomene zum Beispiel in der Werbung als negativ bewerten lassen ([...]). Diese Kriterien müssen sich in ihrem Geltungsanspruch nicht zuletzt an der spezifischen Kommunikationssituation (Persuasionsabsicht, Adressaten- und Medienspezifität, Besonderheiten der Rezeptionssituation) orientieren. Außerdem sollte bei einer sprachkritischen Untersuchung von Werbesprache nicht von vornherein ausgeschlossen werden, dass möglicherweise auch »Gutes« nachweisbar ist (wie z. B. das kreative Spiel mit der Sprache und damit auch die Demonstration sprachlicher Möglichkeiten; [...]).

Ein weiteres methodisches Problem, das sich in bisheriger Werbesprachenkritik bisher gezeigt hat [...] und das zu vermeiden ist, wenn man über vortheoretische Alltagsbemerkungen hinauskommen will, ist die Vermischung von Sprachkritik und Sachkritik: Wie in Werbung geschrieben und gesprochen wird, ist zu unterscheiden von Urteilen über das Phänomen Werbung selbst und über ihre Persuationsabsicht.

Wissenschaftlich fundierte sprachkritische Auseinandersetzungen mit Werbesprache fehlen also weitgehend. [...]

Ob und inwieweit aber die Werbesprache gerade bei Jugendlichen möglicherweise eine Vorbildfunktion in der Weise einnimmt, dass sie spielerisch oder zitierend nachgeahmt wird und durch die Art ihrer Sprachverwendung grammatische Laxheit oder ein englisch-deutsches Sprachgemisch begünstigt [...], ist noch nicht wirklich geklärt.

Werbung ist jedoch nicht nur in sprachlicher Hinsicht Zielscheibe von Kritik [...]. Kritisiert wird Werbung auch in Bezug auf ihre Rolle im marktwirtschaftlichen System oder hinsichtlich des von ihr vertretenen und propagierten Weges einerseits, der in ihr aufscheinenden Stereotypisierung andererseits. Neben ihrer sprachlichen Gestalt und der möglichen Einflussnahme auf den alltäglichen Sprachgebrauch geht es noch weit öfter um ihre Bedeutung in und für die Gesellschaft. Das hat zwar nicht unmittelbar etwas mit Sprachwissenschaft zu tun, sollte aber besonders bei der Ergebnisinterpretation sprachwissenschaftlicher Werbeforschung doch eine Rolle spielen:

- Da gibt es einmal die Kritik am Phänomen Werbung an und für sich, die sich als eine Kritik am herrschenden Wirtschaftssystem äußert [...].
- Andere kritisieren zwar nicht die Existenz von Werbung an und für sich, aber ihre derzeitige Form. So weist z.B. Ulrich Eicke (1991) der Werbung in einem idealen Konzept der sozialen Marktwirtschaft eine aufklärerische und informierende Aufgabe zu, die sie seiner Ansicht nach in der heutigen Form der weitgehend emotionalen Markenartikelwerbung nicht erfülle und aufgrund der tatsächlich nicht mehr vorhandenen Produktunterschiede, über die man informieren könnte, auch gar nicht erfüllen könne [...]. Er kritisiert vor allem die Verharmlosung der suggestiven Wirkung der Werbung, die trotz ihrer (selten eingestandenen) Manipulationsabsicht immer noch als Verbraucher-»Information« hingestellt werde. Gerade durch den Glauben an den selbstbestimmten, aufgeklärten Verbraucher oder die Schutzbehauptung, Werbung habe heute doch vorwiegend Kunst- und Kultcharakter, könne die Werbung ungestört ihr persuasives Potenzial entfalten [...].
- Eine dritte Richtung von Werbekritik ist die Frage nach den Werten, die in der Werbung (nicht selten in der Form von Stereotypen und Klischees) vertreten werden, nach ihrer Angemessenheit und ihrem Einfluss auf das Wertebild der Gesellschaft. Zur Veranschaulichung zwei Anzeigenbeispiele aus dem SPIEGEL-Heft vom Oktober 2000: Die Uhrenmarke RADO Switzerland wirbt mit einer jungen und schönen Witwe in Schwarz, die – während sie pflichtschuldig eine Träne vergießt – leise in sich hineinlächelt. Eine Zeitskala, die über dem Bild liegt, verzeichnet zwei Punkte: 8:00 h Mann verloren – 15.00 h reich geworden. Dazu der Slogan Time changes everything. Except a Rado«. Auch wenn die Anzeigenmacher das Klischee der lustigen Witwe vielleicht nur benutzen wollten, um der Vergänglichkeit mancher Beziehungen (die von ihnen vielleicht sogar kritisch gesehen wird) die Unvergänglichkeit ihrer Uhr gegenüberzustellen, so ist das hier vermittelte Menschenbild doch nicht besonders sympathisch und moralisch sicher zweifelhaft. Da eine solche Haltung in der Anzeige nicht explizit kritisiert wird, kann sie von eher oberflächlichen Lesern durchaus als Identifikationsangebot verstanden werden. VW dagegen wirbt mit dem Foto einer ernst blickenden, jungen Farbigen für die Generation Golf mit dem darunter stehenden Zitat: »Ich habe keine Vorurteile gegenüber Menschen mit einer anderen Hautfarbe. Viele meiner Freunde sind Deutsche.« Hier versucht ein Unternehmen, über die Werbung mittels einer Verschiebung der Perspektive einen Beitrag für mehr Toleranz zu leisten (und sich dabei natürlich zugleich auf der Höhe der Zeit zu zeigen, da Fremdenhass in Deutschland derzeit ein politisch brisantes Thema ist).

Welches Menschenbild vertritt die Werbung? Kann dies überhaupt so differenziert sein, wie es der gesellschaftlichen Realität angemessen wäre?

Elke Hermann [...] kommt zu dem Schluss:

»Werbung arbeitet nicht mit einem einzigen Menschenbild. Jeder Spot orientiert sich an anderen Visionen von Menschen. Dabei ist entscheidend, welche Konzeption zu dem Bild passt, das ein Unternehmen von sich und seinen Produkten vermitteln will. Je nachdem, wie ganzheitlich der Auftraggeber seine Unternehmenspolitik sieht, wird auch das Bild vom Menschen im konkreten Werbespot eindimensional oder vielschichtig ausfallen. Demnach kann man nicht sagen, dass das Menschenbild der Werbung grundsätzlich defizitär ist. Gemeinsam ist den neuen Sinnentwürfen, dass sie dezentral, flexibel, auf bestimmte Gruppen bezogen und nur für kurze Zeit verbindlich sind. Zum einen zeichnen sie damit ein Bild der pluralen Gesellschaft, in der das Angebot an Lebensentwürfen unüberschaubar geworden ist; zum anderen taugen sie nicht als Orientierungsgrößen für die langfristige Konzeption einer sinnerfüllten Existenz.« (Hermann 1999, S. 89)

Die Konsequenzen dürften aber nicht nur Vorwürfe gegen die Medien und die werbenden Unternehmen sein. Auch das Publikum selbst trage Verantwortung: Der Medienpädagogik und verschiedenen Institutionen wie nicht zuletzt der Kirche falle daher die Aufgabe zu, die Rezipienten in einer zunehmend von Medien geprägten Welt zu kritikfähigen Menschen zu erziehen und ihnen die oft fehlende Orientierung zu bieten [...].

1 Grenzen Sie die Begriffe Persuasion, Manipulation und Propaganda voneinander ab.

2 Beschreiben Sie zwei Situationen in Ihrem privaten Umfeld, in denen Sie selbst schon einmal sprachmanipulierendem Verhalten begegnet sind.

Medienkritik

Neue Medien: Chancen und Gefahren

Social Media wie Facebook, Twitter, Jappy oder XING haben einen hohen gesellschaftlichen Stellenwert. Wissenschaftliche Studien zeigen, dass insbesondere die sogenannten »digital natives«, also Jugendliche und junge Erwachsene, die mit den neuen Medien aufwachsen, einen großen Teil ihrer Freizeit in den Social Media verbringen. Sicher: Kommunikation ist dadurch um einiges vereinfacht worden. Alte Freunde lassen sich leichter finden, Informationen können schneller verbreitet und eingeholt werden, geschäftliche Kontakte sind rasch geknüpft. Allerdings werden auch Nachteile sichtbar. Dies mussten viele Menschen schon am eigenen Leib erfahren …

1 Recherchieren Sie, welche sprachlichen Bedingungen bei Twitter herrschen und vergleichen Sie diese mit SMS und Chatforen (vgl. S 121 ff.).

2 Es wird immer wieder darüber diskutiert, die Benutzung von Social Media in der Arbeit zu verbieten. Erörtern Sie Vor- und Nachteile des Verbots von Twitter/ Facebook/ etc. an Firmencomputern.

3 Der Fall der 16-jährigen Tessa, die unfreiwillig die ganze Facebook-Gemeinschaft zu ihrer Geburtstagsfeier eingeladen hat, ging durch alle Medien. Diskutieren Sie vor diesem Hintergrund das Verhältnis von Facebook-Wirklichkeit zur Realität und beziehen Sie eigene Erfahrungen mit ein.

4 Überlegen Sie: Inwieweit »helfen« SMS, Twitter, etc. dabei, unangenehmen Gesprächssituationen aus dem Weg zu gehen?

5 Im Internet wird häufig offener und auch leichtsinniger kommuniziert als im Alltag. Erörtern Sie diese Entwicklung im Hinblick auf neue Möglichkeiten und Gefahren.

Hans Magnus Enzensberger

Das digitale Evangelium. Propheten, Nutznießer und Verächter 2004

Es hat lange gedauert, bis die Menschheit anfing, sich über Medien, die ihr gegeben waren, den Kopf zu zerbrechen. Erst die Sprache – dann die Grammatik, die Rhetorik, die Linguistik, die Sprachphilosophie; erst die Schrift – dann die Reflexion auf die Schriftlichkeit; erst die Münze – dann die Numismatik. […] Auch über die neueren Medien wurde erst mit gehöriger Verspätung nachgedacht. […]

Woran es freilich nie gefehlt hat, das waren die Warner und die Mahner. Die Kulturkritik ist älter als ihr Name. Sie läßt sich bis in die Antike zurückverfolgen. Platons Höhlengleichnis ist ihr unerreichtes Vorbild. Jedem Medium folgt sie wie ein Schatten der Verdacht des Sinnverlustes und der Uneigentlichkeit. Schwerlich läßt sich das politische Interesse übersehen, das den erhobenen Zeigefinger motiviert. Die Alphabetisierung bedrohte das Informationsprivileg der Gelehrten und Gebildeten, und jedes neue Medium gefährdete in den Augen der Obrigkeit die Moral der Untertanen. Vor der Romanlektüre wurde bereits im achtzehnten Jahrhundert mit denselben Argumenten gewarnt, die heute gegen das Fernsehen ins Feld geführt werden. An Stringenz hat diese Kritik seither nicht gewonnen. Die Geste, mit der sie irgendwelche »Werte« hochhält, erinnert an die des Streifenpolizisten, der dem Verkehrssünder die rote Kelle zeigt. Daß der Medienverkehr auf diese Weise aufgehalten werden könnte, ist unwahrscheinlich, und zwar schon deshalb, weil die Kritik kein nennenswertes Interesse für die Tatsachen aufbringt. Wer beispielsweise behauptet, wir würden uns zu Tode amüsieren, sieht gänzlich vom Terror der Reklame und vom Wiederholungszwang der Programme ab, die wahrhaftig keinerlei Amüsement versprechen […]. Es handelt sich hier um Formen der Medienkritik, die eher der Sphäre der Trivialliteratur als der Wissenschaft zuzurechnen sind. […]

Was aber die Theorie angeht, so hat sie in den letzten Jahrzehnten zum großen Sprung vorwärts angesetzt. […] Daß die Medienpropheten in doppelter Formation auftreten, ist nicht überraschend. Die beiden Fraktionen folgen einem vertrauten religionsgeschichtlichen Muster: auf der einen Seite finden wir die Apokalyptiker, auf der andern die Evangelisten. In mehr als einer Hinsicht hat ja der technische Fortschritt die Nachfolge der Offenbarungstheorie angetreten. […]

Gewöhnlich greifen die technischen Medien nicht nur der Theorie, sondern auch der Praxis vor. Einer der Gründe dafür, daß unter ihren historischen Erfindern so viele, von Gläubigern verfolgt, im Armenhaus starben, liegt darin, daß sie den Gebrauchswert ihrer Werke verkannten, ja, daß er sie gar nicht sonderlich interessierte. Gutenberg hatte keineswegs Postwurfsendungen und Boulevardblätter im Sinn, als er die beweglichen Lettern schuf. Er wollte nur eine schöne Bibel drucken. Bell soll zuerst an Hörgeschädigte gedacht haben, als er auf die Idee der Telephonie kam, und Etienne Marey entwickelte seine Kamera, um die Bewegungsabläufe von Tieren zu untersuchen; Hollywood lag ihm gänzlich fern. Neue Medien sind immer auf der Suche nach unbekannten Bedürfnissen. […]

Wie in früheren Phasen der Mediengeschichte wird es lange dauern, bis sich herausstellt, wozu das Neue in der Lage ist, und wozu nicht. Hoffnungsvoll stimmen in dieser Hinsicht die Zwölfjährigen, von denen viele […] auf eigene Faust ausprobieren, wozu der nagelneue Schrott, der ihnen angeboten wird, am Ende taugen kann. […] Richtig an […] [früheren] [Zukunfts-] Prognosen [zur Medienentwicklung] war allerdings die Unterscheidung zwischen zentral gesteuerten und dezentral verfaßten Medien. Man braucht nur die Extremfälle zu betrachten, um die politische Bedeutung dieses Unterschieds zu begreifen. Auf der einen Seite das Edikt, die Kaiserliche Botschaft, die das Gefälle zwischen Befehl und Gehorsam voraussetzt; auf der anderen Seite der »herrschaftsfreie Diskurs« gleichberechtigter Teilnehmer. In diesem Sinn ist das Netz tatsächlich eine utopische Erfindung: es hat den Unterschied zwischen Sender und Empfänger abgeschafft. Eine zentrale Instanz, die imstande wäre, es zu kontrollieren, existiert nicht mehr. [...]

Während die Web-Pioniere in ihrem elektronischen Idealismus ein Medium für den herrschaftsfreien und kostenlosen Diskurs im Sinn hatten, sah das Kapital in seiner göttergleichen Indifferenz bald die Verwertungschancen, die das Netz ihm nach beiden Seiten hin bot. [...] Seitdem hat die Verschmutzung des Netzes durch die Werbung ständig zugenommen. Auch auf Seiten der Nutzer zeigt die Globalisierung manche ihrer Kehrseiten. Zwar triumphieren auf Tausenden von Homepages Eigenbrötelei und Dissidenz. Keine Nische, kein Mikromilieu, keine Minorität, die im Netz nicht ihre Heimstatt fänden. Die Veröffentlichung, im Gutenberg-Zeitalter ein Privileg weniger, wird zum elektronischen Menschenrecht [...]. Das erklärt die Angst der Macht vor dem Netz in diktatorisch verfaßten Gesellschaften wie Iran oder China. Doch zugleich ist das Internet ein Dorado für Kriminelle, Intriganten, Hochstapler, Terroristen, Triebtäter, Neonazis und Verrückte. Hier finden alle Sekten und alle Kulte ihr gemütliches Auskommen. [...] Da kein Zentrum vorhanden ist, kann sich jeder einbilden, er befinde sich, wie die Spinne in ihrem Netz, im Mittelpunkt der Welt. [...]

Die Verwechslung von bloßen Daten mit sinnvoller Information bringt seltsame Chimären hervor. Ein relativ harmloses Beispiel ist das Lexikon. Man kann mit gutem Grund behaupten, daß die Enzyklopädien je neuer, desto reichhaltiger und unbrauchbarer sind.

Das liegt daran, daß die Kenntnisse, die sie bieten, immer weiter in immer kleinere Lemmata aufgespalten werden, bis die Einträge zu wenigen Bits zusammengeschrumpft sind. An die Stelle des Zusammenhanges tritt das link, das per Mausklick zu einer endlosen Suche nach dem Kontext einlädt. Ebenso problematisch ist die schiere Menge an Material, die im Netz greifbar ist. [...] Natürlich ist auch die vielbeklagte Informationsflut nichts Neues. Den meisten von uns steht schon längst nicht mehr zu wenig, sonder zu viel Input zur Verfügung. Als einzig mögliche Gegenwehr bietet sich eine Ökologie der Vermeidung an, die schon in der Grundschule trainiert werden sollte. Natürlich haben auch die Netzbetreiber das Problem erkannt und immer differenziertere Suchmaschinen entwickelt. [...] Die beste Suchmaschine ist nach wie vor das Gehirn. Ein weiterer Angelpunkt ist der allgemeine, unbeschränkte Zugang zum Netz, zweifellos einer seiner größten Vorzüge. Doch auch er ist mit gravierenden Nachteilen erkauft. Das Internet hat den Begriff des Originals, der schon durch frühere Medien beschädigt war, endgültig liquidiert. Wer der Autor einer E-Mail oder einer Web-Botschaft ist, lässt sich schwerlich ausmachen. Aber mit dem Autor schwindet auch die Autorität. Nicht nur kann jedermann publizieren, jeder kann theoretisch auch in den Text des andern eingreifen, ihn kopieren, ergänzen, umschreiben, plagiieren und fälschen. [...]

Eine [...] Illusion, die fast alle Medienarbeiter hegen, ist der Glaube, dass ihnen die Leute glauben. Auch dieser fatale Irrtum verleitet zur Selbstüberschätzung. Gewiß hat es einmal ein Publikum gegeben, das für glaubwürdig hielt, was schwarz auf weiß zu lesen war.

Aber diese Zeiten sind vorbei. Heutige Zuschauer, Leser, Konsumenten sind in dem Sinn hoffnungslos aufgeklärt, daß sie den Medien gegenüber die Wahrheitsfrage einfach ausklammern. Daraus resultiert eine Skepsis, die unüberwindlich ist. So gut wie jeder Leser der Bildzeitung weiß, daß das Blatt kein Informations-, sondern ein Unterhaltungsmedium ist. Soweit darin überhaupt etwas mitgeteilt wird, ist die Meldung gewöhnlich erfunden oder irrelevant. Das gleiche gilt natürlich für die überwiegende Mehrzahl aller Fernsehprogramme. Werbung gilt sowieso auf den ersten Blick hin als Lüge. [...]

Medien spielen eine zentrale Rolle in der menschlichen Existenz, und ihre rasante Entwicklung führt zu Veränderungen, die niemand wirklich abschätzen kann. Medienpropheten, die sich und uns entweder die Apokalypse oder die Erlösung von allen Übeln weissagen, sollten wir jedoch der Lächerlichkeit preisgeben, die sie verdienen. [...] Wer Cybersex mit Liebe verwechselt, ist reif für die Psychiatrie. Auf die Trägheit des Körpers ist Verlass. Das Zahnweh ist nicht virtuell. Wer hungert, wird von Simulationen nicht satt. Der eigene Tod ist kein Medienereignis. Doch, es gibt ein Leben diesseits der digitalen Welt: das einzige, das wir haben.

Originale Rechtschreibung

1 Arbeiten Sie heraus, wie Hans Magnus Enzensberger zur Medienkritik steht. Berücksichtigen Sie dabei folgende Aspekte:
- Erläutern Sie die Begriffe »Medienevangelisten« und »Medienapokalyptiker«.
- Von welchem Diskurs grenzt sich das Netz ab und welche Folgen impliziert dies?
- Arbeiten Sie die Haltung von Enzensberger zur Datenflut und zu den Folgen des Netzzuganges heraus.
- Welche Haltung hat der »aufgeklärte« Rezipient den Medien gegenüber?

2 Enzensberger bezeichnet Platons Höhlengleichnis (vgl. Z. 15) als Urform der Kulturkritik. Lesen Sie Platons Text (im Netz z. B. unter *http://gutenberg.spiegel.de/ buch/4885/1*) Diskutieren Sie vor diesem Hintergrund, was Enzensberger mit seiner These zum Höhlengleichnis meint.

Heinz Schlaffer

Lesesucht 1986

Es werde zu wenig gelesen, klagen heute die Sachwalter der Kultur. Zweihundert Jahre früher klagten ihre Vorgänger, dass zu viel gelesen werde. Die Klage begleitet den Wandel der Technik: Wie am Ende des 20. Jahrhunderts das (Fern-) Sehen das Lesen verdrängt, so hatte am Ende des 18. Jahrhunderts das Lesen das Hören als Leitform kultureller Kommunikation abgelöst. An solchen Umbrüchen zerbrechen Autoritäten. Die Zunahme des Lesens auf Kosten des Hörens fällt in die Epoche der Aufklärung, der Kritik, der Revolution. Keinen anderen Satz bekam der Leser jener Zeit so oft zu lesen wie die Warnung, nicht zu viel zu lesen. Denn wer las, war mit dem Buch, seinem Urteil, seiner Fantasie allein, entzog sich der Rede des Vaters, des Lehrers, des Pfarrers, des Meisters, des Prinzipals. Hören ist die Wurzel des Gehorsams. Wer las, hörte aber auch nicht mehr die Geräusche der wirklichen Welt; nicht mehr die Stimmen seines Nächsten; er überhörte sogar die Bedürfnisse des eigenen Körpers, »denn das Bedürfnis zu lesen«, erzählt Karl Philipp Moritz in seinem autobiografischen Roman »Anton Reiser« (1785), »ging bei ihm Essen und Trinken und Kleidung vor [...]«. Lesen war für Anton Reiser wie für viele seiner Zeitgenossen zur Sucht geworden, »wie es den Morgenländern das Opium sein mag, wodurch sie ihre Sinne in eine angenehme Betäubung bringen«. Daher fällt die Ablösung des Hörens durch das Lesen gleichzeitig in die Epoche der Empfindsamkeit, der Schwärmerei, der Melancholie.

Eine Veränderung, die so erfolgreich war, muss auch reich an Voraussetzungen und Möglichkeiten sein. Bekannt sind die äußeren Bedingungen der bürgerlichen Lesekultur und Lesewut im 18. Jahrhundert. Förderung des Schulbesuchs, Verbreitung der Lesefähigkeit, Verbilligung des Buchdrucks, Zunahme der Buchproduktion (vor allem der schönen Literatur), Einrichtung von Lesegesellschaften »Lecture-Cabinetten« und Leihbibliotheken.

[...] Im Laufe des 18. Jahrhunderts entsteht in einer breiten bürgerlichen Schicht der neue Typ des profanen Lesers: das »Lesen von Büchern« statt des »Lesens in einem Buch« bestimmt seine Haltung. Die Heilige Schrift, das älteste Buch, hatte autoritative Geltung beansprucht; sie war Gottes Wort und enthielt deshalb die für alle gültige Wahrheit. Dagegen erfährt der neue Leser, der sich den vielen Büchern aussetzt, dass deren jeweiliger Wahrheitsanspruch bereits durch die Pluralität und die sich ständig überholenden, einander kritisierenden Neuerscheinungen relativiert wird. Da dieser Leser sich nur auf einen Bruchteil der auf dem Markt erhältlichen und in Bibliotheken gelagerten Bücher einlassen kann, individualisiert sich seine intellektuelle Biografie schon durch die Selektion des Repertoires, das das Lesevolumen eines einzigen Lebens um ein Vielfaches übersteigt. Bücher, die ihn gewinnen wollen, müssen ihm Einmaliges, Unerhörtes versprechen. Diesen Zwang zur Originalität des Buches nehmen die Autoren in ihre eigene Rolle auf. Sie selbst stellen sich nun – wie exemplarisch in den »Confessions« Rousseaus, in den autobiografischen Gedichten Klopstocks, im angeblich erlebten »Werther«-Roman Goethes – als die neuen, einmaligen Individuen dar, zu denen der Leser ein privates Verhältnis zu unterhalten glaubt. Fiktive Intimität, die die Neugier anregt und den Klatsch nicht ausschließt, soll die realen Distanzen einer literalen Kultur überbrücken.

Solange Texte nur in wenigen, teuren Manuskripten vorhanden sind, ist deren Lektüre an Institutionen gebunden, welche die Manuskripte besitzen und zugleich deren Interpretation und Anwendung kontrollieren: Kirche, Universität, Staat, Rechtsprechung. Die Institutionen legen die Wahrheit fest, auf die hin die Texte auszulegen sind, und legitimieren sich wiederum durch die kanonischen Texte. Es bedarf des Buchdrucks, um auch riskantere, marginale Bücher zugänglich zu machen. Mit ihnen kann sich der Leser zur einsamen, unkontrollierten Lektüre zurückziehen. [...] »Lesesucht« ist an den Roman gebunden. [...]

Die Geschwindigkeit des Sprechens hat enge Grenzen, die des lautlosen Lesens lässt sich bedeutend steigern, zumal wenn die Aufnahme des Inhalts genügt. Eben dies ist bei der Prosa der Fall. Die Möglichkeit des »diagonalen« Lesens hat nicht erst das moderne Management entdeckt, um den Überfluss an Informationen trotz des Mangels an Zeit zu verarbeiten. Komprimierte Lektüre zählt zu jener Art von Fortschritt, deren Kennzeichen die Beschleunigung herkömmlicher Aufgaben ist. Der erste jedoch, der diese Technik entdeckte, war der Romanleser, der langweilige Passagen überfliegt, um möglichst schnell zu den erregenden zu gelangen. [...]

Über seinen Roman vergisst der Leser Stunde und Tag. Von lesend durchwachten Nächten berichten fast alle Autobiografen des 18. Jahrhunderts. In der Nacht verschwimmen die Konturen der Wirklichkeit: Die Kontrollen durch Verstand, Moral, Gesellschaft sind aufgehoben; dem freien Flug der Fantasie steht nichts mehr im Wege.

Die Imagination, durch nächtliche Lektüre erregt, setzt die Ordnung des Tages außer Kraft.

Daher stimuliert die Erzählung vom Verbotenen, von der Übertretung der bürgerlichen Gesetze am stärksten die Lesesucht: [...] Früh schon sorgen sich die Wächter der gesellschaftlichen Ordnung und der bürgerlichen Tugend um die Folgen der »Lesesucht«. Durch sie werde, so warnt Heinrich Zschokke in den »Stunden der Andacht zur Beförderung wahren Christentums.«

1 Heinz Schlaffer skizziert in seinen Ausführungen unterschiedliche Veränderungen durch das Buch und das einsame Lesen. Beantworten Sie folgende Fragen:
- Was wird unter dem Begriff der »Lesesucht« verstanden?
- Welchen Stellenwert hat das Lesen heute? Welche Befürchtungen von damals haben sich bewahrheitet?
- Bewerten Sie unter Berücksichtigung Ihrer Ergebnisse Befürchtungen gegenüber neuen medialen Möglichkeiten.

Niklas Luhmann

Die Realität der Massenmedien 1995

Was wir über unsere Gesellschaft, ja über die Welt in der wir leben, wissen, wissen wir durch die Massenmedien. […] Mit dem Begriff der Massenmedien sollen im Folgenden alle Einrichtungen der Gesellschaft erfasst werden, die sich zur Verbreitung von Kommunikation technischer Mittel der Vervielfältigung bedienen. Vor allem ist an Bücher, Zeitschriften, Zeitungen zu denken, die durch die Druckpresse hergestellt werden; aber auch an fotografische oder elektronische Kopierverfahren jeder Art, sofern sie Produkte in großer Zahl mit noch unbestimmten Adressaten erzeugen. Auch die Verbreitung der Kommunikation über Funk fällt unter den Begriff, sofern sie allgemein zugänglich ist und nicht nur der telefonischen Verbindung einzelner Teilnehmer dient. Die Massenproduktion von Manuskripten nach Diktat wie in mittelalterlichen Schreibwerkstätten soll nicht genügen und ebenso wenig die öffentliche Zugänglichkeit des Raumes, in dem die Kommunikation stattfindet – also nicht: Vorträge, Theateraufführungen, Ausstellungen, Konzerte, wohl aber eine Verbreitung solcher Aufführungen über Filme oder Disketten. […]

Entscheidend ist auf alle Fälle: dass keine Interaktion unter Anwesenden zwischen Sender und Empfängern stattfinden kann. Interaktion wird durch Zwischenschaltung von Technik ausgeschlossen, und das hat weitere Konsequenzen, […]. […] Durch die Unterbrechung des unmittelbaren Kontaktes sind einerseits hohe Freiheitsgrade der Kommunikation gesichert. Dadurch entsteht ein Überschuss an Kommunikationsmöglichkeiten […].

Andererseits sind zwei Selektoren am Werk: die Sendebereitschaft und das Einschaltinteresse, die zentral nicht koordiniert werden können. Die Organisationen, die die Kommunikation der Massenmedien produzieren, sind auf Vermutungen über Zumutbarkeit und Akzeptanz angewiesen. Das führt zur Standardisierung, aber auch zur Differenzierung ihrer Programme, jedenfalls zu einer nicht individuengerechten Vereinheitlichung. Eben deshalb hat aber der einzelne Teilnehmer die Chance, dem Angebot das zu entnehmen, was ihm passt oder was er in seinem Milieu (zum Beispiel als Politiker oder als Lehrer) wissen zu müssen glaubt. […]

Die Realität der Massenmedien, ihre reale Realität, könnte man sagen, besteht in ihren eigenen Operationen. Es wird gedruckt und gefunkt. Es wird gelesen. Sendungen werden empfangen. […] Eine Kommunikation kommt nur zustande, wenn jemand sieht, hört, liest – und so weit versteht, dass eine weitere Kommunikation anschließen könnte. Das Mitteilungshandeln allein ist also noch keine Kommunikation. Dabei ist für Massenmedien (im Unterschied zur Interaktion unter Anwesenden) der aktuell mitwirkende Adressatenkreis schwer bestimmbar. In erheblichem Umfange muss daher eindeutige Präsenz durch Unterstellungen ersetzt werden. Das gilt erst recht, wenn die Umsetzung des Verstehens / Missverstehens in der weiteren Kommunikation innerhalb oder außerhalb des Systems der Massenmedien mitberücksichtigt werden soll. Diese Inkompetenz hat aber den Vorteil, dass rekursive Schleifen – nicht zu eng gezogen werden, dass die Kommunikation sich durch Misserfolge und Widerspruch nicht sofort blockiert, sondern dass sie sich ein geneigtes Publikum suchen und mit Möglichkeiten experimentieren kann. […]

Man kann aber noch in einem zweiten Sinne von der Realität der Massenmedien sprechen, nämlich im Sinne dessen, was für sie oder durch sie für andere als Realität erscheint. In Kantischer Terminologie gesprochen: Die Massenmedien erzeugen eine transzendente Illusion. Bei diesem Verständnis wird die Tätigkeit der Massenmedien nicht einfach als Sequenz von Operationen angesehen, sondern als Sequenz von Beobachtungen, oder genauer: von beobachtenden Operationen. Um dieses Verständnis von Massenmedien zu erreichen, müssen wir also ihr Beobachten beobachten. Um diese Unterscheidung festzuhalten, können wir (immer mit Bezug auf einen Beobachter) von erster Realität und von zweiter Realität (oder: beobachteter Realität) sprechen.

Zwei Texte im Internet:

Hans-Dieter Kübler:
»Medien- und Massenkommunikation: Begriffe und Modelle«
http://www.mediaculture-online.de/fileadmin/bibliothek/kuebler_begriffe/kuebler_begriffe.pdf).

Jörg Friedrich:
»Die Moral des Netzes«
http://www.heise.de/tp/artikel/35/35572/1.html

1 Arbeiten Sie aus Niklas Luhmanns Text heraus, wodurch ein Massenmedium gekennzeichnet ist und mit welchen Schwierigkeiten dieses zu kämpfen hat.

2 Bei Luhmann ist von zwei unterschiedlichen Realitäten die Rede. Benennen und erläutern Sie diese.

3 Lesen Sie den Text »Medien- und Massenkommunikation: Begriffe und Modelle« von Hans-Dieter Kübler (v. a. S. 1 – 17). Vergleichen Sie Küblers Ansicht zu Massenmedien mit der von Luhmann. Stellen Sie Ihre Ergebnisse in Stichpunkten dar.

4 Legen Sie einen Zeitstrahl von der Erfindung des Buchdrucks bis heute an und tragen Sie darauf mithilfe von Küblers Kapitel »Ein kurzer Abriss der Mediengeschichte« die drei Entwicklungsphasen und die Kommunikationsrevolution(en) ein. Ergänzen Sie dann zu jeder der Phasen mindestens drei wichtige Aspekte.

5 Lesen Sie Jörg Friedrichs »Die Moral des Netzes« und erarbeiten Sie Kerngedanken.

Katastrophen und Tabu-Brüche als Unterhaltung im »Nullmedium« Fernsehen

1 Lesen Sie Hans Magnus Enzensbergers Text »Das Nullmedium« und bearbeiten Sie folgende Aufgaben:
a) Was versteht er unter dem Begriff »Nullmedium«?
b) Wie begründet er seine These, dass »alle Klagen über das Fernsehen gegenstandslos sind«?
c) Vergleichen Sie seine Einschätzung der Wirkung des Fernsehens mit der von Neil Postman (S. 118 f.) und erläutern Sie, welche dieser Diagnosen Ihnen einleuchtend erscheint.

2 Setzen Sie die Zitate von Liessmann, Bräunlein, di Lorenzo und Bolz in Beziehung zum Fernsehen als »Nullmedium«.

Hans Magnus Enzensberger

Das Nullmedium 1988

Überhaupt der Zuschauer! Er weiß genau, womit er es zu tun hat. Vor jeder Programm-Illusion ist er gefeit. [...] Weit davon entfernt, sich manipulieren (erziehen, informieren, bilden, aufklären, mahnen) zu lassen, manipuliert er das Medium, um seine Wünsche durchzusetzen. Wer sich ihnen nicht fügt, wird per Tastendruck mit Liebesentzug bestraft, wer sie erfüllt, durch herrliche Quoten belohnt.

Der Zuschauer ist sich völlig darüber im Klaren, dass er es nicht mit einem Kommunikationsmittel zu tun hat, sondern mit einem Mittel zur Verweigerung von Kommunikation, und in dieser Überzeugung läßt er sich nicht erschüttern. Gerade das, was ihm vorgeworfen wird, macht in seinen Augen den Charme des Nullmediums aus. So erklärt sich auch jene Eigenschaft des Fernsehers, die unter jeder anderen Prämisse rätselhaft wäre: seine transkulturelle Reichweite. Ein und dieselbe Serie, ein und derselbe Video-Clip, ein und dieselbe Show entfaltet, unabhängig von allen gesellschaftlichen Voraussetzungen, die gleiche Anziehungskraft in Lüdenscheid, Hongkong und Mogadishu. So unabhängig von jedem Kontext, so unwiderstehlich, so universell kann kein Inhalt sein. In der Nullstellung liegt also nicht die Schwäche, sondern die Stärke des Fernsehens. Sie macht seinen Gebrauchswert aus. Man schaltet das Gerät ein, um abzuschalten. *Originale Rechtschreibung*

Konrad Paul Liessmann

Unterhaltung 2006

Was die allabendlichen Fernsehnachrichten betrifft, gibt es übrigens nur einen Block, der tatsächlich eine Information übermittelt, die für die nahe Zukunft eines fast jeden Zusehers einen Unterschied macht und der deshalb tatsächlich eine Bedeutung hat: der Wetterbericht. Alles andere, so ernst es sein mag, ist Unterhaltung.

Giovanni di Lorenzo

Doppelleben 1997

Einmal war das Thema »Ich führe ein Doppelleben«. Da sitzt ein Pärchen auf der Bühne, das sich kaum artikulieren kann. Die Tragödie: Sie sind verheiratet, er hat eine Geliebte und seine Frau willigt nicht in die Scheidung ein. Also streiten sie sich vor einem Millionenpublikum. Zufällig sitzt auch seine Geliebte im Publikum. Sie wird gefragt: »Wie finden Sie dieses Gespräch?« Und sie antwortet: »Für mich ist seine Frau die größte Schlampe, die es gibt.« Da brüllt die Ehefrau: »Und für mich bist du ein Dreckstück.« Der Moderator geht dazwischen: »Halt, in meiner Sendung gibt es keine Beleidigungen, das lasse ich nicht zu.«

Norbert Bolz

Leiden-Sehen tut wohl 2005

Der Krieg ist der ideale Gegenstand der Massenmedien: Es gibt ständig Neuigkeiten, und alle sind betroffen. Nicht zufällig landen die eigenen Truppen zur Hauptsendezeit. Man ist live dabei und doch in Sicherheit.

Jürgen Bräunlein

Krebs goes Entertainment 2007

Ein [...] Tabubruch [...]: Die Knef war der erste deutsche Star, der aus der eigenen Krankheit publizistisch und finanziell Kapital schlug. [...] Am 17. Januar 2002 interviewte Johannes B. Kerner die sichtlich Angeschlagene [...] per Videoschaltung. Als Hildegard Knef zwei Wochen später starb, wurde das morbide Dokument nochmals gesendet, um den deutschen Weltstar »zu würdigen«. Kein Geheimnis war, dass das ZDF damals von der Konkurrenz beneidet wurde, hatte man doch das letzte Knef-Interview im Kasten. [...]

Millionen von Deutschen saßen virtuell am Sterbebett einer Frau, mit der sie noch nie ein persönliches Wort gesprochen hatten. Doch Nervenkitzel und Voyeurismus wogen schwerer als das scheinbar nicht mehr naheliegende Empfinden, hier etwas zu sehen und zu hören, was nicht in eine anonyme Öffentlichkeit gehört. [...]

Neu ist nicht zuletzt die Kaltschnäuzigkeit, mit der menschliches Siechtum und Sterben zum makabren und inszenierten Teil einer ökonomischen Verwertungskette werden, von der scheinbar alle profitieren. Die Medien, die effektvolle Schlagzeilen produzieren, die Fast-Toten, die in der Stunde ihres Todes für den Nachruhm arbeiten, und die Rezipienten, die all dies schaudernd und doch neugierig konsumieren.

Medienwirklichkeiten

Kurt Tucholsky

Gebet des Zeitungslesers 1929

Zimmer. Der Zeitungsleser im Schlafrock. Auf dem Tisch, auf Stühlen verstreut und zerknüllt, liegen Zeitungen aller Größen. In einer Ecke ein größerer Packen aufeinandergeschichteter Zeitungen. An der Wand quellen aus einem Regal Zeitungen. Die Begleitmusik geht durch alle Möglichkeiten: vom Jazz bis zum Choral.

Du lieber Gott, so hör mein leises Flehen!
Tu auf den Packen hier heruntersehen!
Du lieber Gott, ich pfeif am letzten Loche:
das sind die Zeitungen von einer Woche!
Die muss ich alle, alle lesen:

Vom Bürgerkrieg bei Nord- und Südchinesen;
vom Turnerfest mit Grätsche und mit Kippe;
vom Flaggenstreit in Schaumburg-Lippe;
von Abegg, Lübeck, Ahlbeck, Becker;
von Schnillers Testamentsvollstrecker;
vom Prinz von Wales und von Richard Strauss –
das fliegt mir alles so ins Haus!
Ich kaufs auch noch. Sobald ichs seh,
fixe Idee:
»Acht-Uhr-Abendblatt! Acht-Uhr! B. Z.! Die Nachtausgabe!«

Wo nur eine Zeitung ist, da trabe
ich hin – aus Gier
nach Papier – immer nach Papier –
bleib auf der Straße stehn und lese hier:

Die westliche Ostsee ziemlich bewegt;
Pola Negri endgültig trocken gelegt;
Churchill gestürzt – die Kammer tobt;
der Papst mit Mary Wigman verlobt;
(das ist ihm recht!) – Sturm auf den Azoren;
Ludendorffs Dackel hat seinen Schwanz verloren;
in Grönland Badehosenhausse;
Pallenberg hundertmal in einer Posse;
Verfilmung des Dramas Ain und Kabels;
Prämiierung des kleinsten Damennabels;
Mussolini und das schwarze Hemd seiner Amme –
Nachrichten, Nachrichten, Telegramme, Telegramme,
Telegramme –
Jazz

Was geht denn mich das an?
Das geht mich gar nichts an!
Das geht mich gar nichts an!
[...]

Es regnet Zeitungen

Papier! Papier! Von welchem Riesenbaume
verflattert das in unserm Erdenraume?
Papier! Papier! Genug! Genug des Segens!
Ertränk mich nicht, du Flut des Zeitungsregens!

Marseillaise

Hier sind die Fahnen aller Staaten!
Allons, journaux de la patrie!
Ich kann in Zeitungen schwimmen – in Zeitungen waten –
aber ohne Zeitungen sein: das kann ich nie!
Wie sie mich quälen,
töten beinah –
Und wie sie mir fehlen,
wenn sie nicht da ...!
Was soll mir das? Was hats für einen Sinn?
Mein ganzes Leben ging in Kleinigkeiten hin ...
Am jüngsten Tage des Gerichts,
da werd ich sehn:

4 Paukenschläge

Ich kam zu nichts.
Zerteilt. Zerspielt. Zerspellt. Zerzettelt.
Mein Lebtag hab ich nur um eins gebettelt:
um Ruhe.

Du gabst sie nicht. So muss ich dienen,
als Sklave aller Rotationsmaschinen.

Du lieber Gott, gebleicht ist all mein Haar.
Hier sind die Zeitungen von einem Jahr ...!
Du hast mich ihnen gänzlich preisgegeben –
war das ein Leben – das mein Leben –?

Ich merkte, welche Tageszeit grad war,
nur am »Matin«, »Paris-Midi«, »Le Soir« ...
Bis in die letzten Winkel meines Heims
kam deine »Zeit«, »Le Temps«, die »Times« –
[...]

Es hilft ja nichts.
Du bist ja sicher
selber
abonniert ...
mit ausgestreckten Armen nach oben –

Vorhang

1 Lesen Sie den Text von Kurt Tucholsky. Worin liegt der Gegensatz zwischen dem Titel und den Versen »Was geht denn mich das an? / Das geht mich gar nichts an. / ...«?

2 Warum liest Tucholskys Zeitungsleser überhaupt? Welche Folgen hat das Lesen für ihn? Begründen Sie Ihre Meinung schriftlich.

Medienwirklichkeit Begriff aus dem Journalismus, durch Medien erstellte »Wirklichkeit«, die durch verschiedene Formen der Berichterstattung (z. B. Zeitung, Radio) oder andere Medienprodukte (z. B. Spielfilm) hergestellt wird. Mögliche Inhalte können real, möglich oder auch fiktiv sein.

Florian Rötzer

Irakische Medienwirklichkeiten 2003

Obwohl die US-Truppen bereits in Bagdad stehen, verkündet der irakische Informationsminister im seltsamerweise noch funktionierenden Staatssender unbeirrt permanente Siege und große Verluste bei den Gegnern. All die voreiligen, halbwahren, sich Gerüchten oder Falschmeldungen verdankenden und propagandistisch zu interpretierten Informationen, die trotz der bislang wohl einmalig umfangreichen Berichterstattung durch Hunderte von Reportern und Fernsehteams in und um den Irak zirkulieren, werden von Pressemitteilungen des irakischen Informationsministers haushoch überragt. Als stünde der Feind nicht schon mitten in Bagdad, verkündet Mohammed Saeed al-Sahaf noch immer die triumphalen Siege der irakischen Armee.

Marcus Klöckner

Leitmedien und die Gegenöffentlichkeit des 11.September 2011

War 9/11 wirklich das Ergebnis eines radikal islamistischen Hasses oder handelte es sich um einen Akt von Staatsterrorismus, damit eine eiskalt agierende Machtelite bestimmte tiefenpolitische Ziele erreichen kann? Eine Frage, die unmittelbar nach den Anschlägen vom 11. September aufkam und ein Medienfuror in Bewegung gesetzt hat, den jeder halbwegs rational denkende Journalist nur noch mit Bestürzung verfolgen konnte. […]
Unter dem Vorzeichen, die Öffentlichkeit dringend vor einem falschen Geschichtsbild bewahren zu müssen, griffen hoch reputierte Journalisten zu den brutalsten Waffen, die Sprache zu führen erlaubt: Personen, die sich am politischen Diskurs beteiligen wollten, wurden diffamiert, psychiatrisiert und dehumanisiert. […]

Oberste journalistische Aufgabe wäre es gewesen, durch Professionalität mit den alternativen Lesarten umzugehen, um dann die Thesen der Skeptiker durch einen sauberen Journalismus zu entkräften oder aber, um einen möglichen aus den Thesen zum Vorschein kommenden Wahrheitsgehalt journalistisch angemessen aufzuarbeiten. Stattdessen konnte ein Journalismus beobachtet werden, der Wissen durch Glauben ersetzte und die scheinbar unerschütterliche Überzeugung der eigenen politischen Weltsicht an die Stelle des Prüfens und Hinterfragens treten ließ. […]

Leitmedien übernahmen die Führung in der 9/11-Berichterstattung – viele andere Medien folgten ihnen. Zwar gab es durchaus eigene Recherchen, aber: diese bewegten sich nahezu ausschließlich in einem bestimmten, implizit durch die politischen Verlautbarungen vorgegebenen Rahmen. Ungleich wissenschaftlicher Forschung gab es keine These, die es zu verifizieren oder zu falsifizieren galt. Osama Bin Laden und Al-Qaida waren für den 11. September verantwortlich. Diese These war von Anfang an keine These, sondern ein unhinterfragter Glaubenssatz. Und auf diesen Glaubenssatz bauten Leitmedien ihre Recherchen auf.

Jakob Augstein

Olympische Medienwirklichkeit 2012

Badminton ist offenbar ein komplizierterer Sport als ich dachte und die Regeln von Olympia rätselhafter als das Orakel von Delphi: Jedenfalls habe ich nicht verstanden, warum die drei Teams aus China, Indonesien und Korea unbedingt verlieren wollten um dadurch ihre Chancen auf eine Medaille zu erhöhen. Aber – sei es drum. Dieser Vorgang ist der erste an dieser Olympiade, der mich wirklich interessiert hat. Also suchte ich nach den Spielen im Netz: Es muss lustig sein, dachte ich, Weltklassespielerinnen im Federball dabei zuzusehen, wie sie die Bälle absichtlich ins Netz hauen. Außerdem muss die Stimmung im Stadion auch ganz bemerkenswert gewesen sein: Die Leute haben schnell gemerkt, was da läuft und sind offenbar ausgerastet vor Wut. Auch ungewöhnlich für ein Badminton-Match.
Nur – im Netz findet sich kein einziges Video dieser Spiele. Oder habe ich schon wieder nicht richtig gesucht? Hatten wir nicht gerade einen internationalen Sport-Event, bei dem die gesamte Berichterstattung von vorne bis hinten gesteuert und kontrolliert und gefiltert war? Ist das bei diesen Spielen jetzt auch so? Ist das überhaupt die neue Form von Sport-Journalismus? Sind solche sportlichen Großereignisse nur noch in den Händen von von embedded journalists und jedes Spiel ist einer kleiner Irak-Krieg?
Das interessiert auch den an Sport Uninteressierten. Welcome to virtual reality.

1 Fassen Sie die verschiedenen Textauszüge zum Bereich Medienwirklichkeiten mit jeweils einem Satz zusammen und versuchen Sie, diese schematisch darzustellen.
Wie werden den Autoren zufolge die Nachrichten aufbereitet, um Wirkung entfalten zu können?

Frank Hornig

Fernsehen war gestern 2007

[D]as Web 2.0 ist erwachsen geworden, neben Musik-Clips und verwackelten Home-Videos gibt es nun auch Schweres aus der Politik – und nicht nur das: Professionelle Comedy, Reportagen, Entertainmentshows und Nachrichtenformate machen den konventionellen Sendern Konkurrenz.

In kürzester Zeit schaffte es YouTube auf Platz vier der weltgrößten Web-Seiten, hinzu kommen Clips von Google und Yahoo bis zu deutschen Wettbewerbern wie MyVideo. Millionen von Videos sind entstanden, eine Flut selbstgedrehter Clips schwappt durchs Internet, eine wirre Mischung aus Schwachsinn und Kreativität.

Das Online-Fernsehen kennt keine Struktur und keine Unterteilung in Vorabend, Prime Time und Late-Night-Show. Im Web-TV herrscht pures Chaos, wer sich nicht zwischen sinnfreien Videos verlieren will, braucht vor allem Geduld und ein gutes Gespür. Dennoch verändern die Kurzfilme bereits Politik, Popkultur und Unterhaltungsindustrie. So groß ist inzwischen die Konkurrenz, dass sich etablierte TV-Sender und Entertainmentkonzerne um Vertriebsverträge mit YouTube bemühen – oder wegen Urheberrechtsverletzung vor Gericht ziehen. Auf mehr als eine Milliarde Dollar Schadensersatz verklagte zum Beispiel Viacom den Clipkonzern, weil der zeitweise über 160 000 Viacom-Videos ohne Erlaubnis auf seinen Seiten stehen hatte. Niemand will seinen Inhalt – und sein Publikum – unkontrolliert ans Netz verlieren.

Von »instant entertainment« und »oneminute media« schwärmte auch das Fachblatt »Wired« bereits in einer Titelgeschichte. Fragt sich nur: Gibt es ein Programm der Massen, und, wenn ja, wie sieht es aus? Welche Genres haben sich herausgebildet? Was kommt beim Publikum an? Und wer sind eigentlich die Regisseure im Web-TV? Längst hat sich neben YouTube eine bunte Szene von Anbietern entwickelt. Internet-Seiten wie Blip TV und Veoh in den USA oder Sevenload in Deutschland versprechen bereits eine Art Vollprogramm für den Web-Konsumenten, ein Parallelfernsehen im Netz, das die Formate der konventionellen Sender kopiert, karikiert oder völlig Neues ausprobiert. Dahinter stehen keine mächtigen TV-Anstalten, sondern meist kleine Teams, die – wie im Fall der kanadischen Comedy »Tiki Bar TV« wachsendes Publikum erreichen. Beispiel »Goodnight Burbank«: Die preisgekrönte Web-Show aus Los Angeles ist eine Satire auf Lokalnachrichten im US-TV. [...] »Besser als 99 Prozent des normalen Fernsehprogramms«, urteilte Amerikas größte Zeitung »USA Today«. [...]

Francis Stokes, 34-jähriger Filmemacher aus Kalifornien, will seine Miniserie über die »Gott AG« nach Möglichkeit ans kommerzielle Fernsehen verkaufen. Andere haben das schon geschafft: Die Zeichentrickserie »Lil' Bush« läuft seit kurzem beim US-Sender Comedy Central. Bisher waren die Folgen über George W. Bush als pubertierenden Jungen, der vom Oval Office seines Vaters aus munter Raketen auf »Lil' Kim Jong II« oder »Lil' John Kerry« abschießt, nur auf Handy-Bildschirmen und im Netz zu sehen.

Aus Sicht der Film- und Fernsehindustrie ist das Internet deshalb nicht nur wahlweise Bedrohung oder ein neuer Vertriebskanal, sondern auch ein weltweiter Talentpool, aus dem sich unbegrenzt schöpfen lässt. Vorteil: Die Pilotsendungen werden vom Nachwuchs auf eigene Kosten produziert und im Web umgehend einem globalen Markttest ausgesetzt.

Vor gut anderthalb Jahren versprachen die Pioniere der Generation Web 2.0 eine Demokratisierung der Mediengesellschaft. Wenige Sender viele Empfänger: Das seit Gutenberg geltende Kommunikationsmodell wurde über den Haufen geworfen, aus passiven Konsumenten sollten kreative Produzenten werden, die mit der eigenen Kamera fürs weltweite Publikum senden. [...]

Dennoch sind auch im deutschen Web-TV zunehmend selbst produzierte Sendungen zu finden. »Fernsehen war gestern« lautet der Slogan des You-Tube-Konkurrenten Sevenload. Bislang unbekannte Moderatoren suchen hier ihr Publikum. [...]

Reichweite erlangt, wer originell oder peinlich ist, wer politisiert oder einfach nur eine packende Geschichte erzählt. Das Verschwinden von Zielgruppen ist sicherlich eine der großen Errungenschaften im Internet-TV. Moderatoren werden nicht nach Maßstäben des Privatfernsehens gecastet. Alter, Geschlecht und Aussehen spielen keine Rolle. Statt weichgespülte Sätze vom Teleprompter abzulesen, liefern die neuen Fernsehmacher mitunter Gestotter und halbfertige Gedanken, aber auch Emotionen und Wahrhaftigkeit. Einer der erfolgreichsten YouTube-Stars, Peter Oakley, wäre bei ProSieben wohl nicht mal beim Pförtner vorbeigekommen. Im Internet dagegen schauten sich Menschen schon fast sechs Millionen Mal die Videos des 79-jährigen Witwers aus England an: [...] »geriatric 1927« wurde zum Online-Opa der Weltgesellschaft. Seine Erzählungen haben das Uralt-Genre der mündlichen Überlieferung fürs Web 2.0 neu interpretiert. Fans von Australien bis Amerika lieben seinen höflich-umständlichen Stil, seine Altersweisheiten und halten ihn mit tausenden Video-Grüßen, Textkommentaren und E-Mails beschäftigt.

»Ich bin der glücklichste Mann der Welt«, sagt Oakley, der allein auf dem Land lebt und neben seinem Videoblog auch eine Website mit Forum, Fotos und Musik betreibt, all das sei doch viel »besser, als im Altersheim zu sitzen«, findet er.

1 Arbeiten Sie die Kerninformationen aus dem Text von Frank Hornig heraus und erörtern Sie diese.

2 Welche dieser Erfahrungen haben Sie mit YouTube und vergleichbaren Plattformen? Stellen Sie einige als Kurzreferat dar.

3 Über den Rundfunk sagt Bertolt Brecht: »Man hatte plötzlich die Möglichkeit, allen alles zu sagen, aber man hatte, wenn man es sich überlegte, nichts zu sagen.« Erörtern Sie, inwieweit diese Aussage auf das Internet zutrifft.

Sprachkritik und Sprachnot

1 Die Protagonistin im Lied »Nur ein Wort« der Gruppe *Wir sind Helden* beklagt die Kommunikationsunfähigkeit ihres Partners. Lesen Sie den gesamten Liedtext im Internet nach und nehmen Sie dazu Stellung.

Wir sind Helden
Nur ein Wort 2005

Auszug
[…]
Oh bitte gib mir nur ein Oh
Bitte gib mir nur ein Oh
Bitte gib mir nur ein
Bitte bitte gib mir nur ein Oh
Bitte gib mir nur ein Oh
Bitte gib mir nur ein Oh
Bitte gib mir nur ein
Bitte bitte gib mir nur ein Wort
[…]

2 In Gottfried Benns Gedicht wird das Wort als »erhellend« im wahrsten Sinn des Wortes beschrieben, das aber direkt wieder in »Dunkel« übergeht (2. Strophe). Wie ist diese Passage zu deuten?

Gottfried Benn
Ein Wort 1948

Ein Wort, ein Satz –: aus Chiffren steigen
erkanntes Leben, jäher Sinn,
die Sonne steht, die Sphären schweigen,
und alles ballt sich zu ihm hin.

Ein Wort – ein Glanz, ein Flug, ein Feuer,
ein Flammenwurf, ein Sternenstrich –
und wieder Dunkel, ungeheuer,
im leeren Raum um Welt und Ich.

3 Finden Sie ihr persönliches »Unwort des Jahres / des Monats«. Tauschen Sie sich in Ihrer Lerngruppe aus und einigen Sie sich auf ein gemeinsames »Unwort«.

4 Recherchieren Sie die die Hintergründe zum »Unwortes des Jahres« (vgl. auch S. 75 f.). Nehmen Sie ein Unwort aus der Liste und verfassen Sie eine Jurybegründung für dessen Auswahl.

(Un-)Wörter des Jahres

	Wort des Jahres	Unwort des Jahres
2000	Schwarzgeldaffäre	national befreite Zone
2001	Der 11. September	Gotteskrieger
2002	Teuro	Ich-AG
2003	Das alte Europa	Tätervolk
2004	Hartz IV	Humankapital
2005	Bundeskanzlerin	Entlassungsproduktivität
2006	Fanmeile	freiwillige Ausreise
2007	Klimakatastrophe	Herdprämie
2008	Finanzkrise	notleidende Banken
2009	Abwrackprämie	betriebsratsverseucht
2010	Wutbürger	alternativlos
2011	Stresstest	Döner-Morde
2012	Rettungsroutine	Opfer-Abo

Öffentliche Worte werden Signale für Gewalt oder für Verständigung, für Abschottung oder Öffnung, für Hilfe oder für Vertreibung. Achten wir sehr genau auf unsere Sprache, prüfen wir uns und andere, was bei uns mitschwingt, – damit nicht indirekte Brandsätze zu direkte Brandsätzen ermuntern.
Friedrich Schorlemmer

Nachdem ich halb epileptisch, halb sprachlos in das Handy gestammelt habe, sie möge vor meinem Haus bitte auf keinen Fall stehenbleiben, sondern nach Hause fahren, kommt eine SMS, sie fahre jetzt und habe mich lieb.
Wolfgang Herrndorf

Judith Hermann
Sonja 1998

Sonja redet nie. So gut wie nie. Ich weiß bis heute nichts über ihre Familie, ihre Kindheit, ihre Geburtsstadt, ihre Freunde. Ich habe keine Ahnung, wovon sie lebte, ob sie Geld verdiente oder ob jemand sie aushielt, ob sie berufliche Wünsche hatte, wohin sie wollte, und was. Der einzige Mensch, von dem sie manchmal sprach, war diese kleine, rothaarige Frau, die ich auf ihrem Fest gesehen hatte; sonst erwähnte sie niemanden, erst recht keine Männer, obgleich ich sicher war, dass es genug davon gab.

Wolfgang Herrndorf
Tschick 2010

Wir fuhren einfach nur herum, krochen immer weiter einen Hügel hinauf, und als wir ganz oben waren, war das Feld plötzlich zu Ende. Tschick bremste in letzter Sekunde. Mit der hinteren Hälfte standen wir noch im Korn, mit der Schnauze guckte der Lada in die Landschaft hinaus. Sattgrün und steil abfallend erstreckte sich eine Kuhweide vor uns und gab den Blick frei auf endlose Felder, Baumgruppen und kleine Straßen, Hügel und Hügelketten und Berge und Wiesen und Wald. Auf dem Horizont türmten sich die Wolken. Man sah Wetterleuchten über einem fernen Kirchturm, aber es war totenstill. Der vierte Regentropfen klatschte auf die Scheibe. Tschick stellte den Motor ab. Ich drehte Claydermann aus.

Minutenlang schauten wir einfach nur. Kleinere, hellere Wolken flogen unter den schwarzen hindurch. Blaugraue Schleier liefen über die entfernten Hügelketten, über die näheren Hügelketten. Die Wolken hoben sich und kamen wie eine Walze auf uns zu.

»Independence Day«, sagte Tschick. […] Dann klatschte ein Eimer Wasser auf unsere Frontscheibe und es kam runter wie eine Wand.

1 Beschreiben Sie die Stimmung in dem Text von Judith Hermann, die die Sprachlosigkeit bei der erzählenden Figur auslöst. Inwiefern sind in diesem Textauszug Ursachen für diese Sprachlosigkeit angedeutet?

2 Beschreiben Sie die Stimmung der Situation in Wolfgang Herrndorfs »Tschick« und begründen Sie darauf aufbauend, warum Maik und Tschick sich nicht unterhalten.

3 Entscheiden Sie, ob die Sprachlosigkeit zwischen Maik und Tschick eher als Zeichen einer gut oder einer nur schlecht funktionierenden Kommunikation zu werten ist. Begründen Sie Ihre Meinung am Text.

Sprachnot um 1900

Zwar beschreibt schon Werther in Goethes berühmtem Briefroman die Erfahrung, angesichts überwältigender Eindrücke nicht in der Lage zu sein, geeignete Worte zu finden. Zu einer Zeitsignatur ist Sprachnot aber erst um 1900 geworden. Das Gefühl, mit den eigenen sprachlichen Mitteln nicht alles ausdrücken zu können, ist ein Problem, das um 1900 viele Künstler beschäftigt hat und dem sie mit den Mitteln der Literatur Ausdruck verliehen haben.

1 Diskutieren Sie die Frage, ob literarische Texte ein geeignetes und glaubhaftes Mittel sind, um einer »Sprachnot« oder »Sprachskepsis« Ausdruck zu verleihen.
Beziehen Sie sich dabei besonders auf den Textauszug von Johann Wolfgang von Goethe.

Johann Wolfgang von Goethe

Die Leiden des jungen Werthers 1774

am 10. Mai.

Eine wunderbare Heiterkeit hat meine ganze Seele eingenommen, gleich denen süßen Frühlingsmorgen, die ich mit ganzem Herzen genieße. Ich bin allein und freue mich so meines Lebens in dieser Gegend, die für solche Seelen geschaffen ist wie die meine. Ich bin so glücklich, mein Bester, so ganz in dem Gefühl von ruhigem Dasein versunken, dass meine Kunst darunter leidet. Ich könnte jetzo nicht zeichnen, nicht einen Strich, und bin niemalen ein größerer Maler gewesen als in diesen Augenblicken. Wenn das liebe Tal um mich dampft und die hohe Sonne an der Oberfläche der undurchdringlichen Finsternis meines Waldes ruht und nur einzelne Strahlen sich in das innere Heiligtum stehlen, und ich dann im hohen Grase am fallenden Bache liege und näher an der Erde tausend mannigfaltige Gräschen mir merkwürdig werden. Wenn ich das Wimmeln der kleinen Welt zwischen Halmen, die unzähligen, unergründlichen Gestalten all der Würmchen, der Mückchen näher an meinem Herzen fühle, und fühle die Gegenwart des Allmächtigen, der uns all nach seinem Bilde schuf, das Wehen des Allliebenden, der uns in ewiger Wonne schwebend trägt und erhält.

Mein Freund, wenn's dann um meine Augen dämmert und die Welt um mich her und der Himmel ganz in meiner Seele ruht wie die Gestalt einer Geliebten; dann sehn ich mich oft und denke: Ach, könntest du das wieder ausdrücken, könntest du dem Papier das einhauchen, was so voll, so warm in dir lebt, dass es würde der Spiegel deiner Seele, wie deine Seele ist der Spiegel des unendlichen Gottes. Mein Freund – Aber ich gehe darüber zugrunde, ich erliege unter der Gewalt der Herrlichkeit dieser Erscheinungen.

2 Alle drei Texte von Christian Morgenstern behandeln »Sprachnot« in je eigener Weise. Welcher der drei Texte gefällt Ihnen am besten? Begründen Sie Ihre Auswahl.

Christian Morgenstern

Zwei Aphorismen um 1900

Ein »Wort« ist etwas unendlich Rohes: es fasst Millionen Beziehungen mit einem Griff zusammen und ballt sie wie einen Klumpen Erde. Bald wird die Erde trocken und hart – die Kugel bleibt als rohes, drastisches Ganzes, aber die Millionen Teilchen, daraus sie besteht, sind als solche so gut wie vergessen.

***

Es gibt gar keine Worte, die bloß Worte wären. Sondern jedes Wort ist von vorneherein ein – höchst individuelles – Urteil. Man glaubt, a sei gleich a. Eine vollkommene Ungeheuerlichkeit.

Christian Morgenstern

Worte 1906

Worte sind wie Rettungsringe,
die dem Leben dienen;
auf den tiefen Grund der Dinge
kommst du schwer mit ihnen.

Hugo von Hofmannsthal
Weltgeheimnis 1894

Der tiefe Brunnen weiß es wohl,
Einst waren alle tief und stumm,
Und alle wussten drum.

Wie Zauberworte, nachgelallt
Und nicht begriffen in den Grund,
So geht es jetzt von Mund zu Mund.

Der tiefe Brunnen weiß es wohl,
In den gebückt, begriffs ein Mann,
Begriff es und verlor es dann.

Und redet' irr und sang ein Lied –
Auf dessen dunklen Spiegel bückt
Sich einst ein Kind und wird entrückt.

Und wächst und weiß nichts von sich selbst
Und wird ein Weib, das einer liebt
Und – wunderbar wie Liebe gibt!

Wie Liebe tiefe Kunde gibt! –
Da wird an Dinge, dumpf geahnt,
In ihren Küssen tief gemahnt …

In unsern Worten liegt es drin,
So tritt des Bettlers Fuß den Kies,
Der eines Edelsteins Verließ.

Der tiefe Brunnen weiß es wohl,
Einst aber wussten alle drum,
Nun zuckt im Kreis ein Traum herum.

Hugo von Hofmannsthal wurde im Februar 1874 als Sohn eines Bankiers in Wien geboren. Noch vor seiner Geburt verlor sein Vater durch den Gründerkrach 1873 das gesamte Vermögen, sodass Hofmannsthal immer darauf angewiesen war, sein eigenes Geld zu verdienen.
Da seine Eltern viel Wert auf Bildung legten, wurde er zu Hause unterrichtet und begann danach auf Wunsch seines Vaters ein Jurastudium, das er aber abbrach und stattdessen Französisch studierte. In diesem Fach promovierte und habilitierte er, um danach als freier Schriftsteller zu arbeiten. Bereits ein Jahr später, 1902, entstand sein berühmter Text: »Ein Brief«.
Ab 1906 arbeitete er viel für die Bühne und zusammen mit dem Komponisten Richard Strauss. Als 1929 sein ältester Sohn sich das Leben nahm, starb er auf dem Weg zu dessen Beerdigung an einem Schlaganfall.
Hofmannsthal gilt als einer der wichtigsten Vertreter des Fin de siècle und der Wiener Moderne.

Hugo von Hofmannsthal
Ballade des äußeren Lebens 1895

Und Kinder wachsen auf mit tiefen Augen,
Die von nichts wissen, wachsen auf und sterben,
Und alle Menschen gehen ihre Wege.

Und süße Früchte werden aus den herben
Und fallen nachts wie tote Vögel nieder
Und liegen wenig Tage und verderben.

Und immer weht der Wind, und immer wieder
Vernehmen wir und reden viele Worte
Und spüren Lust und Müdigkeit der Glieder.

Und Straßen laufen durch das Gras, und Orte
Sind da und dort, voll Fackeln, Bäumen, Teichen,
Und drohende und totenhaft verdorrte …

Wozu sind diese aufgebaut? und gleichen
Einander nie? und sind unzählig viele?
Was wechselt Lachen, Weinen und Erbleichen?

Was frommt das alles uns und diese Spiele,
Die wir doch groß und ewig einsam sind
Und wandernd nimmer suchen irgend Ziele?

Was frommts, dergleichen viel gesehen haben?
Und dennoch sagt der viel, der »Abend« sagt,
Ein Wort, daraus Tiefsinn und Trauer rinnt

Wie schwerer Honig aus den hohlen Waben.

1 Lesen Sie die beiden Gedichte von Hugo von Hofmannsthal und und halten Sie Ihre ersten Eindrücke fest. Vergleichen Sie vor diesem Hintergrund die Grundaussage der beiden Gedichte.

2 Markus Fischer schreibt in einem Lexikonartikel über Hofmannsthal: »Das Œuvre Hofmannsthals ist in einem doppelten Sinn Weltliteratur: Es besteht zum einen aus Werken von erhabener Sprachkunst und formvollendeter Schönheit, zum anderen lebt es in und aus dem Dialog mit Literaturen aus der ganzen Welt.«
Nehmen Sie vor dem Hintergrund der beiden Gedichte von Hofmannsthal Stellung zu Fischers Aussage.

Rainer Maria Rilke

Der Lesende 1901

Ich las schon lang. Seit dieser Nachmittag,
mit Regen rauschend, an den Fenstern lag.
Vom Winde draußen hörte ich nichts mehr:
mein Buch war schwer.
Ich sah ihm in die Blätter wie in Mienen,
die dunkel werden von Nachdenklichkeit,
und um mein Lesen staute sich die Zeit.--
Auf einmal sind die Seiten überschienen,
und statt der bangen Wortverworrenheit
steht: Abend, Abend ... überall auf ihnen;
ich schau noch nicht hinaus, und doch zerreißen
die langen Zeilen, und die Worte rollen
von ihren Fäden fort, wohin sie wollen....
Da weiß ich es: über den übervollen
glänzenden Gärten sind die Himmel weit;
die Sonne hat noch einmal kommen sollen.--
Und jetzt wird Sommernacht, soweit man sieht:
Zu wenig Gruppen stellt sich das Verstreute,
dunkel auf langen Wegen gehn die Leute,
und seltsam weit, als ob es mehr bedeute,
hört man das Wenige, das noch geschieht.
Und wenn ich jetzt vom Buch die Augen hebe,
wird nichts befremdlich sein und alles groß.
Dort draußen ist, was ich hier drinnen lebe,
und hier und dort ist alles grenzenlos;
nur daß ich mich noch mehr damit verwebe,
wenn meine Blicke an die Dinge passen
und an die ernste Einfachheit der Massen,--
da wächst die Erde über sich hinaus.
Den ganzen Himmel scheint sie zu umfassen:
der erste Stern ist wie das letzte Haus.

1 Beschreiben Sie die Besonderheit der Situation des lyrischen Ichs in Rainer Maria Rilkes Gedicht »Der Lesende«. Welche Erfahrungen macht es als Lesender?

Rainer Maria Rilke

Duineser Elegien [Die neunte Elegie] 1923

[...]
Aber weil Hiersein viel ist, und weil uns scheinbar
alles das Hiesige braucht, dieses Schwindende, das
seltsam uns angeht. Uns, die Schwindendsten. Ein Mal
jedes, nur *ein* Mal. *Ein* Mal und nicht mehr. Und wir auch
ein Mal. Nie wieder. Aber dieses
ein Mal gewesen zu sein, wenn auch nur *ein* Mal:
irdisch gewesen zu sein, scheint nicht widerrufbar.

Und so drängen wir uns und wollen es leisten,
wollens enthalten in unsern einfachen Händen,
im überfüllteren Blick und im sprachlosen Herzen.
Wollen es werden. – Wem es geben? Am liebsten
alles behalten für immer ... Ach, in den andern Bezug,
wehe, was nimmt man hinüber? Nicht das Anschaun, das hier
langsam erlernte, und kein hier Ereignetes. Keins.
Also die Schmerzen. Also vor allem das Schwersein,
also der Liebe lange Erfahrung, – also
lauter Unsägliches. Aber später,
unter den Sternen, was solls: *die* sind besser unsäglich.
[...]

2 Interpretieren Sie den Auszug aus Rilkes neunter »Duineser Elegie«. Inwiefern wird hier Sprachnot lyrisch verarbeitet?

Hugo von Hofmannsthal

Ein Brief 1902

Dies ist der Brief, den Philip Lord Chandos, jüngerer Sohn des Earl of Bath, an Francis Bacon, später Lord Verulam und Viscount St. Albans, schrieb, um sich bei diesem Freunde wegen des gänzlichen Verzichtes auf literarische Betätigung zu entschuldigen.

Es ist gütig von Ihnen, mein hochverehrter Freund, mein zweijähriges Stillschweigen zu übersehen und so an mich zu schreiben. Es ist mehr als gütig, Ihrer Besorgnis um mich, Ihrer Befremdung über die geistige Starrnis, in der ich Ihnen zu versinken scheine, den Ausdruck der Leichtigkeit und des Scherzes zu geben [...] und meinen, ich bedürfe der Medizin nicht nur, um mein Übel zu bändigen, sondern noch mehr, um meinen Sinn für den Zustand meines Innern zu schärfen. Ich möchte Ihnen so antworten, wie Sie es um mich verdienen, möchte mich Ihnen ganz aufschließen, und weiß nicht, wie ich mich dazu nehmen soll.

Kaum weiß ich, ob ich noch derselbe bin, an den Ihr kostbarer Brief sich wendet; bin denn ich's, der nun Sechsundzwanzigjährige, der mit neunzehn jenen »neuen Paris«, jenen »Traum der Daphne«, jenes »Epithalamium« hinschrieb, diese unter dem Prunk ihrer Worte hintaumelnden Schäferspiele, deren eine himmlische Königin und einige allzu nachsichtige Lords und Herren sich noch zu entsinnen gnädig genug sind? [...]

Und konnte ich, wenn ich anders derselbe bin, alle Spuren und Narben dieser Ausgeburt meines angespanntesten Denkens so völlig aus meinem unbegreiflichen Inneren verlieren, dass mich in Ihrem Brief, der vor mir liegt, der Titel jenes kleinen Traktates fremd und kalt anstarrt, ja dass ich ihn nicht als ein geläufiges Bild zusammengefasster Worte sogleich auffassen, sondern nur Wort für Wort verstehen konnte, als träten mir diese lateinischen Wörter, so verbunden, zum ersten Mal vors Auge?

Allein ich bin es ja doch, und es ist Rhetorik in diesen Fragen, Rhetorik, die gut ist für Frauen oder für das Haus der Gemeinen, deren von unsrer Zeit so überschätzte Machtmittel aber nicht hinreichen, ins Innere der Dinge zu dringen. Mein Innres aber muss ich Ihnen darlegen, eine Sonderbarkeit, eine Unart, wenn Sie wollen eine Krankheit meines Geistes, wenn Sie begreifen sollen, dass mich ein ebensolcher brückenloser Abgrund von den scheinbar vor mir liegenden literarischen Arbeiten trennt, als von denen, die hinter mir sind und die ich, so fremd sprechen sie mich an, mein Eigentum zu nennen zögere. [...] Was ist der Mensch, dass er Pläne macht! [...]

Um mich kurz zu fassen: Mir erschien damals in einer Art von andauernder Trunkenheit das ganze Dasein als eine große Einheit: Geistige und körperliche Welt schien mir keinen Gegensatz zu bilden, ebenso wenig höfisches und tierisches Wesen, Kunst und Unkunst, Einsamkeit und Gesellschaft; in allem fühlte ich Natur, in den Verirrungen des Wahnsinns ebenso wohl wie in den äußersten Verfeinerungen eines spanischen Zeremoniells; in den Tölpelhaftigkeiten junger Bauern nicht minder als in den süßesten Allegorien; und in aller Natur fühlte ich mich selber; wenn ich auf meiner Jagdhütte die schäumende laue Milch in mich hinein trank, die ein struppiger Mensch einer schönen sanftäugigen Kuh aus dem strotzenden Euter in einen Holzeimer niedermolk, so war mir das nichts anderes, als wenn ich, in der dem Fenster eingebauten Bank meines Studio sitzend, aus einem Folianten süße und schäumende Nahrung des Geistes in mich sog. Das eine war wie das andere [...]; überall war ich mitten drinnen, wurde nie ein Scheinhaftes gewahr: Oder es ahnte mir alles wäre Gleichnis und jede Kreatur ein Schlüssel der anderen, und ich fühlte mich wohl den, der im Stande wäre, eine nach der andern bei der Krone zu packen und mit ihr so viele der andern aufzusperren, als sie aufsperren könnte. [...]

Es möchte dem, der solchen Gesinnungen zugänglich ist, als der wohlangelegte Plan einer göttlichen Vorsehung erscheinen, dass mein Geist aus einer so aufgeschwollenen Anmaßung in dieses Äußerste von Kleinmut und Kraftlosigkeit zusammensinken musste, welches nun die bleibende Verfassung meines Inneren ist. Aber dergleichen religiöse Auffassungen haben keine Kraft über mich; sie gehören zu den Spinnennetzen, durch welche meine Gedanken durchschießen, hinaus ins Leere, während so viele ihrer Gefährten dort hangen bleiben und zu einer Ruhe kommen. [...]

Aber, mein verehrter Freund, auch die irdischen Begriffe entziehen sich mir in der gleichen Weise. Wie soll ich es versuchen, Ihnen diese seltsamen geistigen Qualen zu schildern, dies Emporschnellen der Fruchtzweige über meinen ausgereckten Händen, dies Zurückweichen des murmelnden Wassers vor meinen dürstenden Lippen?

Mein Fall ist, in Kürze, dieser: Es ist mir völlig die Fähigkeit abhanden gekommen, über irgendetwas zusammenhängend zu denken oder zu sprechen.

Zuerst wurde es mir allmählich unmöglich, ein höheres oder allgemeineres Thema zu besprechen und dabei jene Worte in den Mund zu nehmen, deren sich doch alle Menschen ohne Bedenken geläufig zu bedienen pflegen.

Ich empfand ein unerklärliches Unbehagen, die Worte »Geist«, »Seele« oder »Körper« nur auszusprechen. Ich fand es innerlich unmöglich, über die Angelegenheiten des Hofes, die Vorkommnisse im Parlament oder was Sie sonst wollen, ein Urteil herauszubringen. Und dies nicht etwa aus Rücksichten irgendwelcher Art, denn Sie kennen meinen bis zur Leichtfertigkeit gehenden Freimut: Sondern die abstrakten Worte, deren sich doch die

Zunge naturgemäß bedienen muss, um irgendwelches Urteil an den Tag zu geben, zerfielen mir im Munde wie modrige Pilze.

Es begegnete mir, dass ich meiner vierjährigen Tochter Catarina Pompilia eine kindische Lüge, deren sie sich schuldig gemacht hatte, verweisen und sie auf die Notwendigkeit, immer wahr zu sein, hinführen wollte, und dabei die mir im Munde zuströmenden Begriffe plötzlich eine solche schillernde Färbung annahmen und so ineinander überflossen, dass ich, den Satz, so gut es ging, zu Ende haspelnd, so wie wenn mir unwohl geworden wäre und auch tatsächlich bleich im Gesicht und mit einem heftigen Druck auf der Stirn, das Kind allein ließ, die Tür hinter mir zuschlug und mich erst zu Pferde, auf der einsamen Hutweide einen guten Galopp nehmend, wieder einigermaßen herstellte.

Allmählich aber breitete sich diese Anfechtung aus wie ein um sich fressender Rost. Es wurden mir auch im familiären und hausbackenen Gespräch alle die Urteile, die leichthin und mit schlafwandelnder Sicherheit abgegeben zu werden pflegen, so bedenklich, dass ich aufhören musste, an solchen Gesprächen irgend teilzunehmen.

Mit einem unerklärlichen Zorn, den ich nur mit Mühe notdürftig verbarg, erfüllte es mich, dergleichen zu hören wie: diese Sache ist für den oder jenen gut oder schlecht ausgegangen; Sheriff N. ist ein böser, Prediger T. ein guter Mensch; Pächter M. ist zu bedauern, seine Söhne sind Verschwender; ein anderer ist zu beneiden, weil seine Töchter haushälterisch sind; eine Familie kommt in die Höhe, eine andere ist am Hinabsinken.

Dies alles erschien mir so unbeweisbar, so lügenhaft, so löcherig wie nur möglich. Mein Geist zwang mich, alle Dinge, die in einem solchen Gespräch vorkamen, in einer unheimlichen Nähe zu sehen: so wie ich einmal in einem Vergrößerungsglas ein Stück von der Haut meines kleinen Fingers gesehen hatte, das einem Brachfeld mit Furchen und Höhlen glich, so ging es mir nun mit den Menschen und Handlungen.

Es gelang mir nicht mehr, sie mit dem vereinfachenden Blick der Gewohnheit zu erfassen. Es zerfiel mir alles in Teile, die Teile wieder in Teile und nichts mehr ließ sich mit einem Begriff umspannen. Die einzelnen Worte schwammen um mich [...]

Seither führe ich ein Dasein, das Sie, fürchte ich, kaum begreifen können, so geistlos, ja gedankenlos fließt es dahin; ein Dasein, das sich freilich von dem meiner Nachbarn, meiner Verwandten und der meisten landbesitzenden Edelleute dieses Königreiches kaum unterscheidet, und das nicht ganz ohne freudige und belebende Augenblicke ist. Es wird mir nicht leicht, Ihnen anzudeuten, worin diese guten Augenblicke bestehen; die Worte lassen mich wiederum im Stich.

[...]

Ich kann nicht erwarten, dass Sie mich ohne Beispiel verstehen, und ich muss Sie um Nachsicht für die Kläglichkeit meiner Beispiele bitten. Eine Gießkanne, eine auf dem Feld verlassene Egge, ein Hund in der Sonne, ein ärmlicher Kirchhof, ein Krüppel, ein kleines Bauernhaus, alles dies kann das Gefäß meiner Offenbarung werden. Jeder dieser Gegenstände und die tausend anderen ähnlichen, über die sonst ein Auge mit selbstverständlicher Gleichgültigkeit hinweg gleitet, kann für mich plötzlich in irgendeinem Moment, den herbeizuführen auf keine Weise in meiner Gewalt steht, ein erhabenes und rührendes Gepräge annehmen, das auszudrücken mir alle Worte zu arm scheinen. [...]

Vergeben Sie mir diese Schilderung, aber denken Sie nicht, dass es Mitleid war, was mich erfüllte. Das dürfen Sie ja nicht denken, sonst hätte ich mein Beispiel ungeschickt gewählt. Es war viel mehr und viel weniger als Mitleid: ein ungeheures Anteilnehmen, ein Hinüberfließen in jene Geschöpfe oder ein Fühlen, dass ein Fluidum des Lebens und Todes, des Traumes und Wachens für einen Augenblick in sie hinübergeflossen ist – von woher? Denn was hätte es mit Mitleid zu tun, was mit begreiflicher menschlicher Gedankenverknüpfung, wenn ich an einem anderen Abend unter einem Nussbaum eine halbvolle Gießkanne finde, die ein Gärtnerbursche dort vergessen hat, und wenn mich diese Gießkanne und das Wasser in ihr, das vom Schatten des Baumes finster ist, und ein Schwimmkäfer, der auf dem Spiegel dieses Wassers von einem dunklen Ufer zum andern rudert, wenn diese Zusammensetzung von Nichtigkeiten mich mit einer solchen Gegenwart des Unendlichen durchschauert, von den Wurzeln der Haare bis ins Mark der Fersen mich durchschauert, dass ich in Worte ausbrechen möchte, von denen ich weiß, fände ich sie, so würden sie jene Cherubim, an die ich nicht glaube, niederzwingen [...].

Es ist mir dann, als bestünde mein Körper aus lauter Chiffren, die mir alles aufschließen. Oder als könnten wir in ein neues, ahnungsvolles Verhältnis zum ganzen Dasein treten, wenn wir anfingen, mit dem Herzen zu denken. Fällt aber diese sonderbare Bezauberung von mir ab, so weiß ich nichts darüber auszusagen [...].

Von diesen sonderbaren Zufällen abgesehen, von denen ich übrigens kaum weiß, ob ich sie dem Geist oder dem Körper zurechnen soll, lebe ich ein Leben von kaum glaublicher innerer Leere und habe Mühe, die Starre meines Innern vor meiner Frau und vor meinen Leuten die Gleichgültigkeit zu verbergen, welche mir die Angelegenheiten des Besitzes einflößen. Die gute und strenge Erziehung, welche ich meinem seligen Vater verdanke, und die frühzeitige Gewöhnung, keine Stunde des Tages unausgefüllt zu lassen, sind es, scheint mir, allein, welche meinem Leben nach außen hin einen

1 Fassen Sie den Inhalt und den Gedankengang des von Hugo von Hofmannsthal verfassten fiktiven »Briefs« von Lord Chandos an Francis Bacon in eigenen Worten zusammen. Machen Sie dabei die verschiedenen Stationen der Entwicklung des Zustands des Schreibens deutlich.

2 Ermitteln Sie die Textpassagen, in denen Lord Chandos seinen »Zustand« beschreibt. Versuchen Sie diese Beschreibungen in eigene Worte zu fassen. Diskutieren Sie: Halten Sie dieses Leiden für heilbar? Welche »Therapie« wäre in Ihren Augen erfolgsversprechend?

3 Durch die Sprachkrise hat sich bei Lord Chandos eine ungewöhnliche Form der Wahrnehmung eingestellt. Stellen Sie dar, um welche Art von Wahrnehmung es sich hierbei handelt. Beachten Sie dabei die Beispiele, die Lord Chandos anführt.

4 Erklären Sie, inwiefern Hofmannsthals Beschreibungen zeitbedingt sind und wo sie eine über die Epoche »Jahrhundertwende« hinausreichende Modernität besitzen.

genügenden Halt und den meinem Stande und meiner Person angemessenen Anschein bewahren. [...]

Ich baue einen Flügel meines Hauses um und bringe es zustande, mich mit dem Architekten hie und da über die Fortschritte seiner Arbeit zu unterhalten; ich bewirtschafte meine Güter, und meine Pächter und Beamten werden mich wohl etwas wortkarger, aber nicht ungütiger als früher finden. Keiner von ihnen, der mit abgezogener Mütze vor seiner Haustür steht, wenn ich abends vorüber reite, wird eine Ahnung haben, dass mein Blick, den er respektvoll aufzufangen gewohnt ist, mit stiller Sehnsucht über die morschen Bretter hin streicht, unter denen er nach Regenwürmern zum Angeln zu suchen pflegt, durchs enge vergitterte Fenster in die dumpfe Stube taucht, wo in der Ecke das niedrige Bett mit bunten Laken immer auf einen zu warten scheint, der sterben will, oder auf einen, der geboren werden soll; dass mein Auge lange an den hässlichen jungen Hunden hängt oder an der Katze, die geschmeidig zwischen Blumenscherben durchkriecht, und dass es unter allen den ärmlichen und plumpen Gegenständen einer bäurischen Lebensweise nach jenem einen sucht, dessen unscheinbare Form, dessen von niemand beachtetes Daliegen oder -lehnen, dessen stumme Wesenheit zur Quelle jenes rätselhaften, wortlosen, schrankenlosen Entzückens werden kann. Denn mein unbenanntes seliges Gefühl wird eher aus einem fernen einsamen Hirtenfeuer mir hervorbrechen als aus dem Anblick des gestirnten Himmels [...]

Und das Ganze ist eine Art fieberisches Denken, aber Denken in einem Material, das unmittelbarer, flüssiger, glühender ist als Worte. Es sind gleichfalls Wirbel, aber solche, die nicht wie die Worte der Sprache ins Bodenlose zu führen scheinen, sondern irgendwie in mich selber, und in den tiefsten Schoß des Friedens.

Ich habe Sie, mein verehrter Freund, mit dieser ausgebreiteten Schilderung eines unerklärlichen Zustandes, der gewöhnlich in mir verschlossen bleibt, über Gebühr belästigt. [...]

Ich fühlte in diesem Augenblick mit einer Bestimmtheit, die nicht ganz ohne ein schmerzliches Beigefühl war, dass ich auch im kommenden und im folgenden und in allen Jahren dieses meines Lebens kein englisches und kein lateinisches Buch schreiben werde: [...] nämlich weil die Sprache, in welcher nicht nur zu schreiben, sondern auch zu denken mir vielleicht gegeben wäre, weder die lateinische noch die englische, noch die italienische oder spanische ist, sondern eine Sprache, in welcher die stummen Dinge zuweilen zu mir sprechen, und in welcher ich vielleicht einst im Grabe vor einem unbekannten Richter mich verantworten werde.

Ich wollte, es wäre mir gegeben, in die letzten Worte dieses voraussichtlich letzten Briefes, den ich an Francis Bacon schreibe, alle die Liebe und Dankbarkeit, alle die ungemessene Bewunderung zusammenzupressen, die ich für den größten Wohltäter meines Geistes, für den ersten Engländer meiner Zeit im Herzen hege und darin hegen werde, bis der Tod es bersten macht.

A.D. 1603, diesen 22ten August.
Phi. Chandos.

Dietmar Wenzelburger

Krise der Erfahrung und der Sprache 2002

Hofmannsthal beschreibt die Erfahrung seiner Schaffenskrise in dem Prosatext »Ein Brief« (1902), dem fiktiven Brief eines Lord Chandos, gerichtet im Jahr 1603 an den Staatsmann, Philosophen und Naturwissenschaftler Francis Bacon (1561–1626). Dieser Text stellt eine wichtige Zäsur in der Geschichte der deutschen Literatur dar und erklärt das Versiegen der lyrischen Produktion Hofmannsthals.

Chandos entschuldigt sich in diesem Brief bei Bacon für den Verzicht auf jede weitere literarische Betätigung. [...] »Mein Fall ist, in Kürze dieser: Es ist mir völlig die Fähigkeit abhanden gekommen, über irgendetwas zusammenhängend zu denken oder zu sprechen.«

Diese Krise stellt nicht nur den traditionellen Anspruch der Literatur in Frage, die disparate Welt der äußeren Wirklichkeit zu einer künstlerischen Totalität zu formen, sondern sie zerstört das grundlegende Vertrauen, durch Benennen der Dinge und durch begriffliche Abstraktion die Vielfalt der Welt ordnen und in einen Sinnzusammenhang bringen zu können. Lord Chandos spürt deshalb »ein unerklärliches Unbehagen«, abstrakte Begriffe wie »Geist« und »Körper« auszusprechen. [...]

Auf der einen Seite wirkt diese Krise zunächst wie ein Dekonstruktionsprozess im Sinne Ernst Machs, durch den die logisch-empirische Weltwahrnehmung aufgelöst wird. Die »Schlüssel« des gewohnten Wahrnehmungs-, Denk- und Sprachsystems, die Analogien und Hierarchien passen nicht mehr. Auf der anderen Seite stellt sich eine neue Ganzheit ein, die allerdings ausschließlich mit dem Erleben eines einzelnen Gegenstandes verbunden ist. An Stelle des »Schlüssels« verwendet Chandos nun den Begriff der »Chiffre«. Nicht mehr das Bewusstsein verfügt über die Fähigkeit des Aufschließens, sondern der erlebende Körper. Aber eine Sprache, die anderen Menschen erklären und darstellen könnte, wie diese »stummen Dinge

1 Überlegen Sie, warum Hofmannsthal für seinen Text die Briefform wählt und diesen Brief ins 17. Jahrhundert datiert. Recherchieren Sie dazu auch in geeigneter Literatur oder im Internet.

2 Analysieren Sie die sprachliche Gestaltung des Briefs und legen Sie dabei besonderes Augenmerk auf die Auswertung der Funktion der Metaphern, Vergleiche und Beispiele.

3 Verfassen Sie einen Antwortbrief an Lord Chandos. Reflektieren Sie darin auch, ob Ihnen das Gefühl der Sprachlosigkeit bekannt ist und welche Faktoren Sie für eine solche Sprachkrise verantwortlich machen.

4 Von zentralem Einfluss für die Verfasstheit der Autoren um 1900 war das Werk Friedrich Nietzsches. Recherchieren Sie zu seinem Werk »Über Wahrheit und Lüge im außermoralischen Sinn« und fassen Sie die Hauptaussagen zusammen.
Welchen Bezug sehen Sie zur Sprachnot um 1900?

zu mir sprechen«, hat Lord Chandos nicht zur Verfügung. Deshalb beschließt er, künftig keine literarischen Werke zu verfassen.

Dass dieser Brief an Francis Bacon gerichtet ist, zeigt, welche Bedeutung Hofmannsthal der darin dargestellten Problematik zuweist, gilt doch Bacon als Begründer des englischen Empirismus und des naturwissenschaftlichen Denkens. Mit diesem Brief erklärt Hofmannsthal das Ende des durch Bacon eingeleiteten Zeitalters und macht somit indirekt deutlich, dass der Naturalismus, der das positivistische und deterministische Denken sogar auf dem Felde der Literatur vertreten hat, eine obsolete, von der Geschichte überholte Strömung darstellt.

Andererseits weist »Ein Brief« weit ins 20. Jahrhundert hinein: Zunächst zeigt sich Hofmannsthals Einsicht in die Eigenart der Chiffre als des dichterischen Bildes, das die moderne Lyrik beherrschen sollte. An die Stelle des klassischen Symbols tritt die Chiffre als vieldeutiges Bild, das nur mehr von der Kenntnis der Erfahrungs- und Sprachwelt des Dichters aus zu entschlüsseln ist. Die poetische Sprache erhält eine Eigenbedeutung, die über die Mitteilungsfunktion weit hinausreicht. Hier kündigt sich für den deutschen Sprachraum die Lyrik einer monologischen und hermetischen Sprache an, die in dem Expressionisten Trakl und in Celan – als Lyriker nach 1945 – herausragende Vertreter finden wird.

Dies hat für die Stellung des Dichters in der Gesellschaft weitreichende Konsequenzen. Denken und Empfinden des Dichters werden dem allgemeinen Lesepublikum unverständlich. Die rätselhafte Sprache legt von dem individuellen Bewusstsein und Darstellungswillen des Autors Zeugnis ab. Während in der Vergangenheit Gebrauchs- und Dichtersprache im Wesentlichen durch die Stilebene unterschieden waren, handelt es sich jetzt um kategorisch voneinander geschiedene Formen der Kommunikation. [...] Die neue Sprache zeigt sich – »vielleicht« – als die Sprache Gottes selbst, der sich allein der nun hermetisch und in Chiffren schreibende Dichter annähern kann.

Mit diesem Verständnis des Schriftstellers greift Hofmannsthal einerseits auf die romantische Tradition zurück, macht aber andererseits verständlich, warum der Schriftsteller bis weit ins 20. Jahrhundert hinein von der Gesellschaft die Stellung einer moralischen Autorität und eines Mahners zugewiesen bekam, der einer höheren, nicht interessegebundenen Wahrheit verpflichtet sei.

Weiterhin zeigt Hofmannsthals »Brief« – die paradoxe Tatsache, dass er Chandos über seine Sprachkrise in literarischer Sprache reden lässt –, dass sprachliche Aussagen auf ihre Gültigkeit hin analysiert werden müssen. Damit haben sich später der Sprachphilosoph Ludwig Wittgenstein und die an der Logik der Naturwissenschaften orientierten Neopositivisten des »Wiener Kreises« beschäftigt. Wittgenstein unterschied in seinem »Tractatus logico-philosophicus« (1921) die Weltbeschreibung vom Welterlebnis. Letzteres sei sprachlich nicht fassbar. Nicht umsonst schließt deshalb die Schrift mit dem Satz »Wovon man nicht sprechen kann, darüber muss man schweigen«.

Schließlich nimmt Hofmannsthal in seinem »Ein Brief« indirekten Bezug auf die Sprachkritik des Wiener Philosophen Fritz Mauthner, der in seinem Werk »Beiträge zu einer Kritik der Sprache« (1901/02) die Ansicht vertritt, dass die tatsächlich gesprochene Sprache als Instrument, die Außenwelt zu erkennen und zu interpretieren, untauglich sei, da ihr prinzipiell die Funktion der Illusionierung und Verstellung eigne. Ähnlich wie Hofmannsthal forderte Mauthner, der heftig gegen den »Wortaberglauben« polemisierte, das selbstdisziplinierte Schweigen angesichts des ohnehin nicht Sagbaren.

1 Worin bestehen die Kernaussagen Dietmar Wenzelsburgers? Wie bewerten Sie diese?

2 Beurteilen Sie, inwieweit das in den Briefen von Lord Chandos und Werther zum Ausdruck kommende Lebensgefühl typisch für die jeweilige Epoche der Entstehung ist.

3 Vergleichen Sie inhaltlich den Chandos-Brief mit den Zitaten der Philosophen Friedrich Nietzsche (1844–1900) und Fritz Mauthner (1849–1923).

Fritz Mauthner

Beiträge 1, 97

Es ist unmöglich, den Begriffsinhalt der Worte auf die Dauer festzuhalten; darum ist Welterkenntnis durch Sprache unmöglich. Es ist möglich, den Stimmungsgehalt der Worte festzuhalten; darum ist eine Kunst durch Sprache möglich, eine Wortkunst, die Poesie.

Friedrich Nietzsche

Über Wahrheit und Lüge

Wir glauben etwas von den Dingen selbst zu wissen, wenn wir von Bäumen, Farben, Schnee und Blumen reden, und besitzen doch nichts als Metaphern der Dinge, die den ursprünglichen Wesenheiten ganz und gar nicht entsprechen. [...] Logisch geht es also jedenfalls nicht bei der Entstehung der Sprache zu [...]

Dadaismus

Beim Dadaismus handelt es sich um eine künstlerisch-literarische Reaktion auf das Phänomen der Sprachskepsis um 1900. Die Bewegung wurde 1916 u.a. von Hugo Ball begründet und zeichnet sich durch eine Ablehnung alles Konventionellen – sowohl in künstlerischer als auch gesellschaftlicher Hinsicht – aus. Tradierte Formen von Kunst bzw. Literatur wurden daher bewusst parodiert, gebrochen, zerstört und entgegen bisheriger Traditionen eingesetzt.

Der Dadaismus wollte eine »Anti-Kunst« schaffen und wehrte sich massiv gegen jede Definition seiner selbst und seiner Art, Kunst zu sehen und zu schaffen. Mit einer bis dahin nicht gekannten Radikalität wurde in der Kunst und Literatur mit den Elementen Zerstörung, Zufall, Collage / Montage und Willkür gearbeitet.

1 Informieren Sie sich auf Basis des Textes und im Internet über Dadaismus. Erläutern Sie vor diesem Hintergrund schriftlich, inwiefern die abgedruckten Texte typisch sind für den Dadaismus.

2 Handelt es sich bei dadaistischer Sprachkunst eher um Sprachnot, Sprachkritik oder Sprachspiel? Begründen Sie Ihre Ansichten schriftlich.

Kurt Schwitters

Seenot 1944

Wenn die Kraniche bellen
Auf den tanzenden Wellen,
Muss das Schifflein zerschellen.

Und die tausende Raketen,
Die beleuchten das täten,
Würden grausam zertreten.

Wer das jemals erlebet,
An den Zähnen erbebet
Und ins Jenseits entschwehöbet!

Sprachnot nach 1945

Günter Eich

Inventur 1945

Dies ist meine Mütze,
dies ist mein Mantel,
hier mein Rasierzeug
im Beutel aus Leinen.

Konservenbüchse:
Mein Teller, mein Becher,
Ich hab in das Weißblech,
Den Namen geritzt.

Geritzt mit diesem
Kostbaren Nagel,
Den vor begehrlichen
Augen ich berge.

Im Brotbeutel sind
ein paar wollene Socken
und einiges, was ich
niemandem verrate.

so dient es als Kissen
nachts meinem Kopf.
Die Pappe hier liegt
zwischen mir und der Erde.

Die Bleistiftmine
lieb ich am meisten:
Tags schreibt sie mir Verse,
die nachts ich erdacht.

Dies ist mein Notizbuch,
dies meine Zeltbahn,
dies ist mein Handtuch,
dies ist mein Zwirn.

Victor Klemperer

LTI (Lingua Tertii Imperii). Notizbuch eines Philologen 1947

Was war das stärkste Propagandamittel der Hitlerei? Waren es Hitlers und Goebbels Einzelreden, ihre Ausführungen zu dem und jenem Gegenstand, ihre Hetze gegen das Judentum, gegen den Bolschewismus? Fraglos nicht, denn vieles blieb von der Masse unverstanden oder langweilte sie in seinen ewigen Wiederholungen. Wie oft in Gasthäusern, als ich noch sternlos ein Gasthaus betreten durfte, wie oft später in der Fabrik während der Luftwache, wo die Arier ihr Zimmer für sich hatten und die Juden ihr Zimmer für sich, und im arischen Raum befand sich das Radio (und die Heizung und das Essen) – wie oft habe ich die Spielkarten auf den Tisch klatschen und laute Gespräche über Fleisch- und Tabakrationen und über das Kino führen hören, während der Führer oder einer seiner Paladine langatmig sprachen, und nachher hieß es in den Zeitungen, das ganze Volk habe ihnen gelauscht.

Nein, die stärkste Wirkung wurde nicht durch Einzelreden ausgeübt, auch nicht durch Artikel oder Flugblätter, durch Plakate oder Fahnen, sie wurde durch nichts erzielt, was man mit bewusstem Denken oder bewusstem Fühlen in sich aufnehmen musste. Sondern der Nazismus glitt in Fleisch und Blut der Menge über durch die Einzelworte, die Redewendungen, die Satzformen, die er ihr in millionenfachen Wiederholungen aufzwang und die mechanisch und unbewusst übernommen wurden. Man pflegt das Schiller-Distichon von der »gebildeten Sprache, die für dich dichtet und denkt«, rein ästhetisch und sozusagen harmlos aufzufassen.

Ein gelungener Vers in einer »gebildeten Sprache« beweist noch nichts für die dichterische Kraft seines Finders; es ist nicht allzu schwer, sich in einer hochkultivierten Sprache das Air eines Dichters und Denkers zu geben.
Aber Sprache dichtet und denkt nicht nur für mich, sie lenkt auch mein Gefühl, sie steuert mein ganzes seelisches Wesen, je selbstverständlicher, je unbewusster ich mich ihr überlasse. Und wenn nun die gebildete Sprache aus giftigen Elementen gebildet oder zur Trägerin von Giftstoffen gemacht worden ist? Worte können sein wie winzige Arsendosen: Sie werden unbemerkt verschluckt, sie scheinen keine Wirkung zu tun, und nach einiger Zeit ist die Giftwirkung doch da.

Wenn einer lange genug für heldisch und tugendhaft: fanatisch sagt, glaubt er schließlich wirklich, ein Fanatiker sei ein tugendhafter Held und ohne Fanatismus könne man kein Held sein. Die Worte fanatisch und Fanatismus sind nicht vom Dritten Reich erfunden, es hat sie nur in ihrem Wert verändert und hat sie an einem Tage häufiger gebraucht als andere Zeiten in Jahren.

Das Dritte Reich hat die wenigsten Worte seiner Sprache selbstschöpferisch geprägt, vielleicht, wahrscheinlich sogar, überhaupt keines. Die nazistische Sprache weist in vielem auf das Ausland

1 Fassen Sie zusammen, warum für die Schriftsteller nach 1945 »das Misstrauen in die Sprache oft geradezu unüberwindbar« war, wie Wolfdietrich Schnurre (S. 151) schreibt.
Wie zeigt sich dies im Gedicht »Inventur« von Günther Eich?

2 Vergleichen Sie die Situation der Schriftsteller nach 1945 mit der um 1900 und halten Sie in einer Tabelle Gemeinsamkeiten und Unterschiede fest.

3 Erläutern Sie die Kritik Victor Klemperers an der Sprachverwendung der Nationalsozialisten.
Diskutieren Sie vor diesem Hintergrund die Frage, vor welche Probleme speziell Schriftsteller zur Zeit des Nationalsozialismus bzw. in der Nachkriegszeit gestellt waren.
Vergleichen Sie Ihre Ergebnisse mit Schnurres »Schreiben nach 1945«.

zurück, übernimmt das meiste andere von vorhitlerischen Deutschen. Aber sie ändert Wortwerte und Worthäufigkeiten, sie macht zum Allgemeingut, was früher einem Einzelnen oder einer winzigen Gruppe gehörte, sie beschlagnahmt für die Partei, was früher Allgemeingut war, und in alledem durchtränkt sie Worte und Wortgruppen und Satzformen mit ihrem Gift, macht sie die Sprache ihrem fürchterlichen System dienstbar, gewinnt sie an der Sprache ihr stärkstes, ihr öffentlichstes und geheimstes Werbemittel.

Das Gift der LTI deutlich zu machen und vor ihm zu warnen – ich glaube, das ist mehr als bloße Schulmeisterei. Wenn den rechtgläubigen Juden ein Essgerät kultisch unrein geworden ist, dann reinigen sie es, indem sie es in der Erde vergraben. Man sollte viele Worte des nazistischen Sprachgebrauchs für lange Zeit, und einige für immer, ins Massengrab legen.

Wolfdietrich Schnurre

Schreiben nach 1945 1945

Der Hunger nach Literatur, nach Kunst war ungeheuer, das Nachholbedürfnis einfach zu groß. Andererseits, wenn ich mich auf Bücher beschränke, waren die Erfahrungen, die man mit der vorhandenen Literatur gemacht hatte, zu deprimierend gewesen, als dass man sich jetzt einfach wieder von Neuem ins so genannte Bewährte hätte stürzen wollen. Man brauchte kein Narkotikum. Man brauchte die Wahrheit. Dass dabei zunächst tabula rasa gemacht worden ist, liegt in der Natur der Sache. Man hat damals lieber »Die Pest« von Camus oder Hemingway-Stories gelesen, als wieder zu Goethes »Wahlverwandtschaften« zu greifen. Was nichts gegen Goethe, aber viel über das Bedürfnis Geschundener sagt.

Was nun das Schreiben anging, so war hier das Misstrauen in die Sprache oft geradezu unüberwindbar. Denn die Sprache war es ja gewesen, die sich zuerst hatte verführen lassen. Und sie war nicht nur zur Soldatenhure, sie war auch zur nazistischen Propagandistin verkommen. Mit dieser Verräterin jetzt Umgang zu haben, war ein arges Geschäft. Man beschränkte sich daher aufs Wesentliche. Ließ kein einziges unklares, gar missbrauchtes Wort in sie ein. Schrieb wie gemeißelt. Sah jedes Urteil als mögliche Denunziation an. Warf mehr Wörter heraus, als man hereinnahm. Klopfte ab. Vollzog Säuretests. Biss sozusagen erst in jedes Wort vor Gebrauch. Der Zunge bekam das nicht. Wohl aber der Schreibe. Sie war nicht gleich wieder lesbar. Aber sie war redlich. Es ließ sich schon wieder einiges sagen in ihr. Man hatte, auf seinen ersten so entstandenen Kurzgeschichten, Gedichten stehend, auf einmal wieder Boden unter den Füßen.

Eugen Gomringer

schweigen 1954

schweigen schweigen schweigen
schweigen schweigen schweigen
schweigen   schweigen
schweigen schweigen schweigen
schweigen schweigen schweigen

Ernst Jandl

Schtzngrmm 1957

schtzngrmm
schtzngrmm
t-t-t-t
t-t-t-t
grrrmmmmm
r-t-t-t
s------c------h
tzngrmmm
tzngrmmm
tzngrmmm
grrrmmmmm
schtzn
schtzn
t-t-t-t
t-t-t-t
schtzngrmm
schtzngrmm
tsssssssssssssssssss
grrt
grrrrrt
grrrrrrrrt
scht
scht
t-t-t-t-t-t-t-t-t
scht
tzngrmm
tzngrmm
t-r-t-t-t-t-t-t-t
scht
scht
scht
scht
scht
grrrrrrrrrrrrrrrrrrrrrrrrrrrr
t-tt

1 Erarbeiten Sie einen gestaltenden Vortrag von Ernst Jandls »schtzngrmm«. Halten Sie die akustischen und visuellen Eindrücke des Gedichts fest.

2 Eugen Gomringers Gedicht eröffnet auch durch die Anordnung eine weitere – bildliche – Inhaltsebene. Beschreiben Sie die Kontroverse, die entsteht, wenn ein Gedicht namens »Schweigen« z. B. in Ihrer Klasse vorgetragen wird. Probieren Sie es aus, um zu Ergebnissen zu kommen. Erörtern Sie den Zusammenhang von »Schweigen« und »nichts aussagen«. Sie können sich z.B. über *http://www.alwinbinder.de/html/textprobe1.html* weiter informieren.

3 Stellen Sie Form und Inhalt in Beziehung zueinander und diskutieren Sie, inwieweit Sie die Darstellungsmittel der Konkreten Poesie bei Gomringer und Jandl für angemessen halten.

Paul Celan

Todesfuge 1948

Schwarze Milch der Frühe wir trinken sie abends
wir trinken sie mittags und morgens wir trinken sie nachts
wir trinken und trinken
wir schaufeln ein Grab in den Lüften da liegt man nicht eng
Ein Mann wohnt im Haus der spielt mit den Schlangen der schreibt
er schreibt wenn es dunkelt nach Deutschland dein goldenes Haar Margarete
er schreibt es und tritt vor das Haus und es blitzen die Sterne er pfeift seine Rüden herbei
er pfeift seine Juden hervor lässt schaufeln ein Grab in der Erde
er befiehlt uns spielt nun zum Tanz

Schwarze Milch der Frühe wir trinken dich nachts
wir trinken dich morgens und mittags wir trinken dich abends
wir trinken und trinken
Ein Mann wohnt im Haus und spielt mit den Schlangen der schreibt
der schreibt wenn es dunkelt nach Deutschland dein goldenes Haar Margarete
Dein aschenes Haar Sulamith wir schaufeln ein Grab in den Lüften da liegt man nicht eng

Er ruft stecht tiefer ins Erdreich ihr einen ihr anderen singet und spielt
er greift nach dem Eisen im Gurt er schwingts seine Augen sind blau
stecht tiefer die Spaten ihr einen ihr andern spielt weiter zum Tanz auf

Schwarze Milch der Frühe wir trinken dich nachts
wir trinken dich morgens und mittags wir trinken dich abends
wir trinken und trinken
ein Mann wohnt im Haus dein goldenes Haar Margarete
dein aschenes Haar Sulamith er spielt mit den Schlangen
Er ruft spielt süßer den Tod der Tod ist ein Meister aus Deutschland
er ruft streicht dunkler die Geigen dann steigt ihr als Rauch in die Luft
dann habt ihr ein Grab in den Wolken da liegt man nicht eng

Schwarze Milch der Frühe wir trinken dich nachts
wir trinken dich mittags der Tod ist ein Meister aus Deutschland
wir trinken dich abends und morgens wir trinken und trinken
der Tod ist ein Meister aus Deutschland sein Auge ist blau
er trifft dich mit bleierner Kugel er trifft dich genau
ein Mann wohnt im Haus dein goldenes Haar Margarete
er hetzt seine Rüden auf uns er schenkt uns ein Grab in der Luft
er spielt mit den Schlangen und träumet der Tod ist ein Meister aus Deutschland

dein goldenes Haar Margarete
dein goldenes Haar Sulamith

1 Informieren Sie sich über Paul Celan und sein Gedicht »Todesfuge«.

2 Tragen Sie das Gedicht »Todesfuge« laut vor. Versuchen Sie dabei den Inhalt und die Stimmung des Textes durch Ihre stimmliche, gestische und mimische Darstellungsweise zu unterstützen.

3 Versuchen Sie eine Deutung des Gedichts auf der Grundlage einer Motivanalyse.
Stellen Sie dazu die Motive des Gedichts in einer Tabelle gegenüber und diskutieren Sie das Ergebnis in Partnerarbeit.
Lösen Sie anschließend einige der Motive, Metaphern und Symbole auf, z. B. »Schwarze Milch der Frühe«, »Grab in den Lüften«, »Tod ist ein Meister aus Deutschland« …

wir	ein Mann
trinken schwarze Milch	wohnt im Haus

Sprachnot in der aktuellen Diskussion

Tim Bendzko
Wenn Worte meine Sprache wär'n 2011

Wenn Worte meine Sprache wär'n
ich hätt dir schon gesagt
in all den schönen Worten
wie viel mir an dir lag
ich kann dich nur ansehen
weil ich dich wie eine Königin verehr
doch ich kann nicht auf dich zugehen
weil meine Angst den Weg versperrt

Mir fehlen die Worte ich
hab die Worte nicht
dir zu sagen was ich fühl'
ich bin ohne Worte ich
finde die Worte nicht
ich hab keine Worte für dich
Mir fehlen die Worte ich
hab die Worte nicht
dir zu sagen was ich fühl'
ich bin ohne Worte ich
finde die Worte nicht
ich hab keine Worte für dich

Wenn Worte meine Sprache wär'n
ich hätt dir schon gesagt
wie gern ich an deiner Seite wär
denn du bist alles, alles was ich hab.
Ich kann verstehen, dass es dir nicht leicht fällt
du kannst nicht hinter die Mauer sehen
aber ich begreife nicht dass es dich so kalt lässt
dir kann der Himmel auf Erden entgehen
der Himmel auf Erden

Mir fehlen die Worte ich
hab die Worte nicht
dir zu sagen was ich fühl'
ich bin ohne Worte ich
finde die Worte nicht
ich hab keine Worte für dich
Mir fehlen die Worte ich
hab die Worte nicht
dir zu sagen was ich fühl'
ich bin ohne Worte ich
finde die Worte nicht
ich hab keine Worte für dich

Du bist die Erinnerung an Leichtigkeit
die ich noch nicht gefunden hab
der erste Sonnenstrahl
nach langem Regen
die, die mich zurück holt
wenn ich mich verloren hab
und wenn alles leise ist, dann ist deine Stimme da

Mir fehlen die Worte ich
hab die Worte nicht
dir zu sagen was ich fühl'
ich bin ohne Worte ich
finde die Worte nicht
ich hab keine Worte für dich
Mir fehlen die Worte ich
hab die Worte nicht
dir zu sagen was ich fühl'
ich bin ohne Worte ich
finde die Worte nicht
ich hab keine Worte für dich
keine Worte für dich
Mir fehlen die Worte ich
hab die Worte nicht
dir zu sagen was ich fühl'
ich bin ohne Worte ich
finde die Worte nicht
ich hab keine Worte für dich
keine Worte

Ich weiß es dir zu sagen wär nicht schwer
wenn Worte meine Sprache wär'n
dir'n Lied zu schreiben wäre nicht schwer
wenn Worte meine Sprache wär'n

1 Tragen Sie in Partnerarbeit abwechselnd die Strophen des Liedes von Tim Bendzko vor.

2 Worin bestehen Ihrer Meinung nach die Kerngedanken des lyrischen Textes?

3 Welche Passage spricht Sie besonders an? Begründen Sie Ihre Ansicht.

Ingeborg Bachmann

Keine Delikatessen 1963/64

Nichts mehr gefällt mir.

Soll ich
eine Metapher ausstaffieren?
mit einer Mandelblüte?
Die Syntax kreuzigen
auf einen Lichteffekt?
Wer wird sich den Schädel zerbrechen
über so überflüssige Dinger –

Ich habe ein Einsehen gelernt
mit den Worten,
die da sind
(für die unterste Klasse)

Hunger
    Schande
                Tränen
und
                                    Finsternis

Mit dem ungereinigten Schluchzen,
mit der Verzweiflung
(und ich verzweifle noch vor
Verzweiflung)
über das viele Elend,
den Krankenstand, die Lebenskosten,
werde ich auskommen.

Ich vernachlässige nicht die Schrift
sondern mich.
Die anderen wissen sich
weißgott
mit den Worten zu helfen.
Ich bin nicht mein Assistent.
Soll ich
einen Gedanken gefangennehmen,
abführen in eine erleuchtete Satzzelle?
Aug und Ohr verköstigen
mit Worthappen erster Güte?
Erforschen die Libido des Vokals,
ermitteln die Liebhaberwerte unserer
Konsonanten?

Muss ich
mit dem verhagelten Kopf,
mit dem Schreibkrampf in der Hand,
unter dreihundertnächtigem Druck
einreißen das Papier,
wegfegen die angezettelten Wortopern,
vernichtend so: ich du und er sie es

wir ihr?

(Soll doch. Sollen die anderen.)

Mein Teil, es soll verloren gehen.

1 Analysieren Sie das Gedicht »Keine Delikatessen« von Ingeborg Bachmann und vergleichen Sie es anschließend thematisch mit Günter Eichs »Inventur« (S. 150). Erläutern Sie in Ihrer Analyse auch den Titel des Gedichts »Keine Delikatessen«

Ingeborg Bachmann

Frankfurter Vorlesungen 1960

Die Realitäten von Raum und Zeit sind aufgelöst, die Wirklichkeit harrt ständig einer neuen Definition, weil die Wissenschaft sie gänzlich verformelt hat. Das Vertrauensverhältnis zwischen Ich und Sprache und Ding ist schwer erschüttert. Das erste Dokument, in dem Selbstbezweiflung, Sprachverzweiflung und die Verzweiflung über die fremde Übermacht der Dinge, die nicht mehr zu fassen sind, in einem Thema angeschlagen sind, ist der berühmte »Brief des Lord Chandos« von Hugo von Hofmannsthal. [...]

Mit einer neuen Sprache wird der Wirklichkeit immer dort begegnet, wo ein moralischer, erkenntnishafter Ruck geschieht, und nicht, wo man versucht, die Sprache an sich neu zu machen, als könnte die Sprache selber die Erkenntnis eintreiben und die Erfahrung kundtun, die man nie gehabt hat. Wo nur mit ihr hantiert wird, damit sie sich neuartig anfühlt, rächt sie sich bald und entlarvt die Absicht. Eine neue Sprache muss eine neue Gangart haben, und diese Gangart hat sie nur, wenn ein neuer Geist sie bewohnt. Wir meinen, wir kennen sie doch alle, die Sprache, wir gehen doch mit ihr um; nur der Schriftsteller nicht, er kann nicht mit ihr umgehen. Sie erschreckt ihn, ist ihm nicht selbstverständlich, sie ist ja auch vor der Literatur da, bewegt und in einem Prozess, zum Gebrauch bestimmt, von dem er keinen Gebrauch machen kann. Sie ist ja für ihn kein unerschöpflicher Materialvorrat, aus dem er sich nehmen kann, ist nicht das soziale Objekt, das ungeteilte Eigentum aller Menschen. Für das, was er will, mit der Sprache will, hat sie sich noch nicht bewährt; er muss im Rahmen der ihm gezogenen Grenzen ihre Zeichen fixieren und sie unter einem Ritual wieder lebendig machen, ihr eine Gangart geben, die sie nirgendwo sonst erhält außer im sprachlichen Kunstwerk. Da mag sie uns freilich erlauben, auf ihre Schönheit zu achten, Schönheit zu empfinden, aber sie gehorcht einer Veränderung, die weder zuerst noch zuletzt ästhetische Befriedigung will, sondern neue Fassungskraft.

Sind wir nicht sehr empfindlich und sehr nüchtern geworden und bis zum Exzess abweisend gegen Sprachrausch einerseits und konservatives Wortbiedermeier andererseits, dies affektiert Kranke und dies affektiert Gesunde, sind wir nicht im Begriff, uns von keinem mehr faszinieren zu lassen? Verlangen wir nicht vielleicht nichts mehr, als ein neues Rechtsverhältnis zwischen der Sprache und dem Menschen herzustellen? [...]

Die Literatur hinter uns, was ist denn das: von Herzwänden geschnittene Worte und tragisches Schweigen, und Brachfelder von zerredeten Worten und Tümpel von stinkendem, feigem Schweigen, und davon zweierlei Art. Und immer winkt und verlockt beides, unser Anteil am Irrtum, der ist ja gesichert, aber unser Anteil an einer neuen Wahrheit, wo beginnt der?

Rolf Dieter Brinkmann

Immer mehr Worte 1962–70

Immer mehr
Worte wachsen über
Nacht der schwarzen Farbe
zu, die ihr Meer
zwischen uns
treibt, darin
wir nicht
ablassen
von der entsetzlichen
Mühsal zu lieben

wenn ich Matrose wär
oder ein Hund mit
einem Anker tätowiert
auf der Stirn, ich
würd hoch auf
dem Meer nach
deinem Mund
suchen

dann müsste die Sprache leicht
sein wie der Tod
und so schnell: es
gibt zuvieles
was ich nicht
sagen kann.

1 Entnehmen Sie dem Auszug aus Ingeborg Bachmanns Frankfurter Vorlesungen, welche Position sie zur Sprache einnimmt. Diskutieren Sie dann, inwiefern sich diese Position im Gedicht »Keine Delikatessen« bemerkbar macht.

2 Bachmann nimmt in ihrer Vorlesung explizit Bezug auf Hofmannsthals »Ein Brief« (S. 145 ff.)«. Erläutern Sie diesen Rückgriff sowohl auf der inhaltlichen als auch auf der sprachlichen Ebene.

3 Vergleichen Sie das Gedicht von Rolf Dieter Brinkmann »Immer mehr Worte« und den Songtext von »Wir sind Helden« (S. 140) inhaltlich miteinander.
Stellen Sie dabei vor allem heraus, welche Rolle die sprachliche Kommunikation für die dargestellten Paarbeziehungen spielt.

4 Recherchieren Sie weitere Songtexte und moderne Gedichte, in denen Sprache thematisiert wird – oder verfassen Sie einen eigenen Text. Diskutieren Sie, welche Bedeutung Gedichte und lyrische Sprache in unserer Zeit haben.

Hans Kruppa

Gegengewicht 1985

Dieses Gedicht ist ein kleines Gegengewicht
auf der Schale der Waage,
auf der immer zu wenig liegt.
Ein Gegengewicht zum Autolärm,
zu überfüllten Wartezimmern,
ein Gegengewicht zu den Nachrichten,
zu Schlagzeilen und Schlagbäumen,
Hochstraßen und Dampfwalzen,
Herzinfarkt und Krebsverdacht.
Ich lege es vorsichtig auf die Waagschale
zu all den andren leichten Dingen ...
Einen Moment erschien es mir,
als hätte sich etwas verändert.

1 Vergleichen Sie Hans Kruppas Gedicht mit »Ein Wort« von Gottried Benn (S. 140).

2 Beschreiben Sie, wie sich die Sprachlosigkeit im Auszug aus Judith Hermanns Erzählung »Rote Korallen« zeigt. Beschreiben Sie, wie die beiden Figuren miteinander umgehen.

Judith Hermann

Rote Korallen 1998

Mein Geliebter war zehn Jahre älter als ich, und er war wie ein Fisch. Er hatte fischgraue Augen und eine fischgraue Haut, er war wie ein toter Fisch, er lag den ganzen Tag auf seinem Bett, kalt und stumm, es ging ihm sehr schlecht, er lag auf dem Bett herum und sagte, wenn überhaupt nur diesen einen Satz: »Ich interessiere mich nicht für mich selbst.« Ist das die Geschichte die ich erzählen will?

Ich weiß es nicht. Ich weiß es nicht wirklich: Mein Geliebter war der Urenkel von Isaak Baruw, und in seinen dünnen Adern floss russisch-deutsches Blut. Isaak Baruw war meiner Urgroßmutter ein Leben lang treu geblieben, aber geheiratet hatte er ihr pommersches Zimmermädchen. [...]

Und also ging ich auf die Beerdigung von Isaak Baruws Enkel und seiner Frau, und an deren Grab stand mein Geliebter und weinte drei graue Tränen. Ich nahm seine kalte Hand in meine, und als er nach Hause ging, ging ich mit ihm. Ich dachte, ich könne ihn trösten mit den Petersburger Geschichten, ich dachte, er könne sie mir erzählen, noch einmal neu.

Aber mein Geliebter sprach nicht. Und er wollte nichts hören, und er wusste auch gar nichts von dem Wintermorgen im Jahr 1905, an dem meine Urgroßmutter den Zug angehalten hatte, damit sein Urgroßvater fliehen konnte, in letzter Sekunde. Mein Geliebter lag also auf seinem Bett herum und sagte, wenn überhaupt, nur diesen einen Satz: »Ich interessiere mich nicht für mich selbst.« Sein Zimmer war kalt und staubig, es ging auf den Friedhof hinaus, auf dem Friedhof läuteten immerzu die Totenglöckchen. Wenn ich mich auf die Zehenspitzen stellte und aus dem Fenster schaute, konnte ich die frisch ausgehobenen Gräber sehen, die Nelkensträuße und die Trauernden. Ich saß oft in einer Ecke des Zimmers auf dem Boden, ich hatte die Knie an den Körper gezogen und pustete sachte die Staubflocken durch den Raum; ich fand es erstaunlich, sich nicht für sich selbst zu interessieren. Ich interessierte mich ausschließlich für mich selbst. Ich betrachtete meinen Geliebten, mein Geliebter betrachtete seinen Körper, als wäre er schon tot, manchmal liebten wir uns feindselig und ich biss ihn in seinen salzigen Mund. Ich hatte das Gefühl, als sei ich dünn und mager, obgleich ich das nicht war, ich konnte so tun, als sei ich nicht ich selbst. Das Licht fiel grün durch die Bäume vor dem Fenster, es war ein wässriges Licht, ein Licht wie es an Seen ist, und die Staubflocken trieben durch das Zimmer wie die Algen und der Tang.

Mein Geliebter war traurig. Ich fragte ihn teilnahmsvoll, ob ich ihm nicht eine kleine, russische Geschichte erzählen sollte, und mein Geliebter antwortete rätselhaft, die Geschichten seien vorbei, er wolle sie nicht hören, und überhaupt solle ich meine eigene Geschichte nicht mit anderen Geschichten verwechseln. Ich fragte: »Hast du denn eine eigene Geschichte?«, und mein Geliebter sagte nein, er habe keine. Aber er ging zweimal in der Woche zu einem Arzt, einem Therapeuten. Er verbot mir, ihn zu begleiten, er weigerte sich, mir etwas über den Therapeuten zu erzählen, er sagte: »Ich spreche über mich. Das ist alles.«, und als ich ihn fragte, ob er darüber sprechen würde, dass er sich nicht für sich selbst interessiere, sah er mich voll Verachtung an und schwieg.

Mein Geliebter schwieg also und sagte diesen Satz, ich schwieg auch und begann über den Therapeuten nachzudenken, mein Gesicht war immer ebenso staubig wie meine nackten Fußsohlen. Ich stellte mir vor, im Zimmer des Therapeuten zu sitzen und über mich zu sprechen. Ich hatte keine Vorstellung davon, worüber ich sprechen sollte. Ich hatte, seitdem ich bei meinem Geliebten war, schon lange nicht mehr wirklich gesprochen, ich sprach kaum mit ihm, und er sprach so gut wie nie mit mir, immer nur sagte er diesen einen Satz, und es gab Augenblicke, in denen ich dachte, die Sprache bestehe einzig und allein aus diesen sieben Worten:

Ich interessiere mich nicht für mich selbst.

Ich begann, sehr viel über den Therapeuten nachzudenken. Ich dachte nur an dieses Sprechen in seinem unbekannten Zimmer, und das war angenehm. [...]

Die Tage waren still und wie unter dem Wasser. Ich saß im Zimmer meines Geliebten, und der Staub webte sich um meine Fußgelenke herum, ich saß, die Knie an den Körper gezogen, den Kopf auf den Knien, ich malte mit dem Zeigefinger Zeichen auf den grauen Fußboden, ich war gedankenverloren in ich weiß nicht was, so gingen Jahre, schien es, ich trieb so fort. Konnte ich darüber sprechen? Von Zeit zu Zeit kam meine Urgroßmutter und klopfte mit knochiger Hand an die Wohnungstür, sie rief, ich solle herauskommen und mit ihr nach Hause gehen, ihre Stimme kam aus dem Staub, der die Tür umsponnen hatte, wie aus weiter Ferne. Ich bewegte mich nicht und antwortete ihr nicht, auch mein Geliebter lag auf seinem Bett und starrte mit toten Augen an die Decke, ohne sich zu rühren. Meine Urgroßmutter rief und lockte mich [...], und erst als ich triumphierend rief: »Du hast mich zu ihm geschickt, jetzt musst du warten, bis es zu Ende ist!«, da ging sie wieder.

Michela Murgia

Accabadora 2011

Der Roman basiert auf der italienisch-sardischen Sage der Accabadora, einer Frau, die das Leben beendet, die Sterbehilfe praktiziert. Maria wird von einer solchen Frau aus dem Dorf wie ein eigenes Kind aufgenommen, doch Bonaria Urrai verschwindet nachts von Zeit zu Zeit. Lange begreift Maria nicht, was vor sich geht.

Maria klappte das Buch zu, ohne ein Lesezeichen hineinzulegen. Als sie sprach, gab sie ihrer Stimme einen absichtlich neutralen Tonfall.

»Nein, er fühlt sich nicht schuldig [*am Tod seines Bruders*]. Er gab Euch die Schuld.«

Bonaria stand regungslos, und ihr Ausdruck änderte sich nicht.

»Mir? Und warum?«

»Er sagt, dass er heute Nacht gesehen hat, wie Ihr in sein Zimmer gegangen seid und ihn mit einem Kissen erstickt habt.«

Wenn es nicht um Nicola gegangen wäre, hätte es beinahe lustig geklungen, und als Maria den Satz aussprach, sah sie ein, dass er jeglicher Logik entbehrte. Es ergab überhaupt keinen Sinn. Und doch lachte Bonaria nicht.

»Hat er dir das gesagt?«

»Ja, genau so hat er es gesagt, aber dann hat er sich übergeben und behauptet, alles nur erfunden zu haben.«

Bonaria Urrai setzte sich vor den Kamin und ordnete die Falten ihres Rocks um ihren Körper, wie die Blütenblätter einer schwarzen Blume. Das Gespräch schien beendet, doch Maria hatte das Gefühl, noch etwas hinzufügen zu müssen.

»Er war ganz außer sich, er wusste nicht, was er sagt ...«

Die Alte wandte das Gesicht zum Kamin und versteckte den Ausdruck ihrer Augen in dieser Abwehrhaltung, die so unüblich für sie war, dass Maria den langen Schatten eines Verdachts in sich aufkeimen spürte, ohne ihn genau benennen zu können. Sie fragte leise: »Wo seid Ihr heute Nacht gewesen?«

Das Schweigen verschluckte die Antwort, und Bonaria meinte nicht, es durchbrechen zu müssen. Sie hielt die Augen weiterhin auf den Kamin gerichtet, auf die rußschwarzen Stämme, verbraucht von einem Winter, der kälter als üblich war. Für Maria sagte ihr Schweigen mehr als ein ganzer Vortrag. [...]

Es kommt zu einem schweren Zerwürfnis und Maria geht für mehrere Jahre aus dem Dorf Soreni fort und will keinen Kontakt. Dann erkrankt Bonaria Urrai schwer und Maria kehrt zurück.

Als nach vier Monaten deutlich wurde, dass sie sich nicht mehr erholen würde, wurde die Alte in einem sogenannten stabilen Zustand entlassen, und die Ärzte erlaubten Maria, sie mit nach Hause zu nehmen, nachdem sie ihr erklärt hatten, wie sie gepflegt werden musste. Das hatte nichts anderes zu bedeuten, als dass Bonaria auf der Schwelle zum Tod stand, doch im ersten Moment weigerte sich Maria, dies zu begreifen, und behandelte sie wie eine Genesende. Sie pflegte sie so hingebungsvoll, dass sich die Fähigkeit Bonarias, die Lippen zu bewegen, nach einigen Wochen so sehr verbesserte, dass sie in der Lage war, einfache Worte zu sprechen und nach den Dingen zu fragen, die sie benötigte. Auch Bonaria Urrai fühlte, dass es zwischen ihnen Dinge gab, die gesagt werden mussten, die jedoch mit großer Wahrscheinlichkeit niemals mehr ausgesprochen werden konnten.

1 Das Schweigen ist im Text »Accabadora« Ursache und Folge eines Geheimnisses. Beschreiben Sie diesen Zusammenhang. Erklären Sie, warum es vermutlich zu dieser Sprachlosigkeit zwischen Maria und ihrer Pflegemutter gekommen ist.

Glossar: Fachbegriffe zur Sprachreflexion

Grundlagen

Sprachwissenschaft Die Sprachwissenschaft (Linguistik) beschäftigt sich mit der Fähigkeit des Menschen zur Kommunikation, dem speziellen Kommunikationssystem einer Sprachgemeinschaft, den Ausdrucksmitteln einer Sprache und dem konkreten Sprachgebrauch. Es gibt in der Sprachwissenschaft verschiedene Forschungsbereiche wie z. B. die *Phonologie*, die *Morphologie*, die *Syntax*, die *Semantik* oder die *Pragmatik*.

Sprachliches Zeichen Ferdinand de Saussure (1857–1913) zufolge ist die Sprache ein geordnetes System, in dem jedes sprachliche Zeichen seine Funktion und seinen Ort hat. Dieser Ort wird durch die Merkmale bestimmt, die das Zeichen in seiner Ausdrucks- und seiner Inhaltsseite von anderen Zeichen unterscheidet. Die *Arbitrarität* ist nach Saussure eines der wichtigsten Merkmale eines sprachlichen Zeichens. Darunter versteht man die Willkürlichkeit der Beziehung zwischen dem Bezeichneten und der Bezeichnung. Die Beziehung beruht allein auf Konvention.

Etymologie Die Etymologie ist eine Disziplin der historisch-vergleichenden Sprachwissenschaft, die den Ursprung und die Geschichte von Wörtern erforscht und deren Form- und Bedeutungsänderungen dokumentiert.

Phonologie Die Phonologie ist die Teildisziplin der Sprachwissenschaft, die sich mit den Eigenschaften von Äußerungen befasst, die für das Lautsystem einer Sprache relevant sind. Die Phonologie ermittelt unter anderem das System der Phoneme. Bei Phonemen handelt es sich um die kleinsten segmentierbaren Einheiten einer Sprache mit unterscheidender Funktion (*H*und – *M*und).

Morphologie Die Morphologie ist die Lehre vom Strukturaufbau der Wörter. Morpheme sind die kleinsten bedeutungstragenden Elemente einer Sprache (*leg*-en). Komplexe Wörter bestehen aus zwei oder mehreren Morphemen. Die Morphologie unterteilt sich in die *Flexionslehre* und in die *Wortbildungslehre*. Achtung: Morpheme sind keine Silben!

Semantik Die Semantik ist ein Teilgebiet der Linguistik, die sich mit der *Bedeutung* von Wörtern und Sätzen beschäftigt. Dabei sind semantische Merkmale die kleinsten bedeutungsunterscheidenden Komponenten, in die sich die Bedeutung von sprachlichen Ausdrücken zerlegen lässt.

Pragmatik Als ein Teilgebiet der Sprachwissenschaft ist die Pragmatik die Theorie der Sprachverwendung. Ihre Kerngebiete sind:

- *Deixis* (eine Bezugnahme auf Personen, Orte und Zeiten im Kontext mithilfe von Ausdrücken wie *ich, du, dort, hier, morgen, heute ...*),
- *Präsupposition* (eine implizite Voraussetzung, eine Bedingung, die erfüllt sein muss, damit ein Satz überhaupt als wahr oder falsch beurteilt werden kann),
- *Implikatur* (ein Bedeutungsaspekt, der aber vom Sprecher nur angedeutet anstatt gesagt wird),
- *Konversationsanalyse* (eine Untersuchung von Gesprächen im Hinblick auf Regeln und Verfahren, mit denen Kommunikationspartner ihre Interaktion praktisch gestalten) und
- *Sprechakt* (s. auch Sprechhandlung, S. 159).

Sprechhandlung Eine Sprechhandlung ist eine sprachliche Äußerung, mit der man eine Handlung vollzieht. Die Handlungsabsicht des Sprechers kann durch entsprechende Verben direkt zum Ausdruck kommen, muss aber oft aus der Situation oder der sprachlichen Form (Satzart, Intonation) erschlossen werden. Eine Sprechhandlung – oft auch synonym mit dem Begriff Sprechakt bezeichnet – besteht aus einem *propositionalen, illokutionären* oder *perlokutionären* Äußerungsakt:
- *propositional*/die *Proposition* bezieht sich auf den Inhalt eines Satzes;
- *illokutionär*/die *Illokution* bringt die Absichten des Sprechers zum Ausdruck;
- *perlokutionär*/die *Perlokution* bezeichnet die Wirkung, die die sprachliche Äußerung auf einen Hörer hat.

Oft versteht man unter Sprechakt aber auch nur den illokutionären Akt, das heißt eine Handlung wie Fragen, Behaupten, Versprechen etc. John L. Austin (1911–1960) ist der Begründer der Sprechakttheorie.

Wortebene

Wort Eine selbstständige sprachliche Einheit, die durch ihre Wortart gekennzeichnet ist und auf die unter anderem phonologische, morphologische, syntaktische und semantische Regeln Bezug nehmen.

Wortbildung Durch die Wortbildung können komplexe bzw. sekundäre Wörter gebildet werden. Bei der Wortbildung spielen **Fugenelemente** eine wichtige Rolle. Hierbei handelt es sich um bedeutungslose, lautlich motivierte Elemente zwischen Konstituenten einer Komposition (z. B. *Schwein – e – braten*) oder Derivation (z. B. *hoffen-t-lich*). Bei der Wortbildung werden **Affixe** (Präfix: *ver*-laufen, Suffix: Mein-*ung*, Zirkumfix: *Ent*-deck-*ung*) verwendet. Affixe sind gebundene, nicht basisfähige Morpheme, d. h., sie können nicht allein stehen.

Flexion Durch die Flexion werden grammatische Wortformen bei flektierbaren Wörtern gebildet.
Deklination bei Nomen/Substantiven bezüglich Genus, Numerus und Kausus. **Konjugation** bei Verben bezüglich *Person, Numerus, Tempus, Genus verbi* und *Modus*. **Komparation** bei Adjektiven: *groß – größer – am größten*.

Silbe Eine Silbe ist – im Unterschied zum Morphem – eine phonologische Einheit, die aus einer bestimmten Folge von Lauten besteht. Sie ist damit die kleinste Lautfolge, die sich bei der Untergliederung des Lautstroms ergibt. Achtung: Silben sind keine Morpheme. Silben im Wort »zerlegen« sind *zer-le-gen*; Morpheme sind *zer-leg-en*.

Lexem Lexeme sind Bausteine des Wortschatzes, das heißt Idiome, Wörter oder Affixe, die im Lexikon angeführt werden. Die Informationen über ein Lexem sind phonologischer, morphologischer, syntaktischer, semantischer und pragmatischer Art.

Wortfamilie Wortfamilien sind lexikalische Paradigma aus wortartverschiedenen Wörtern mit gleichem **Wortstamm**. So haben z. B. die Wörter *fahren, Fahrt, fahrig* den gleichen Wortstamm *fahr*.

Wortfeld Wortfelder umfassen lexikalische Paradigmata aus Wörtern ein und derselben Wortart, die inhaltlich zusammengehören, z. B. das Wortfeld »gehen«: *laufen, rennen, schlurfen* ... Diese Wörter stehen in einer Beziehung zueinander, z. B. Hyperonymie/Hyponymie (Allgemeines – Besonderes) oder Kohyponymie zwischen seinen Gliedern (z. B. Verwandtschaftsbezeichnungen: *Vater, Mutter, Tochter* usw.)

Lautverschiebung Die Lautverschiebung bezeichnet die Umordnung im Phonemsystem einer Sprache. Die »Germanische» oder »Erste Lautverschiebung« führte zur Herauslösung der germanischen Sprachen aus der indoeuropäischen Sprachfamilie, die »Hochdeutsche« oder »Zweite Lautverschiebung« zur Herauslösung des Althochdeutschen aus den germanischen Sprachen.

Denotation – Konnotation Die Denotation ist die Relation zwischen einem sprachlichen Ausdruck und dem, was er bezeichnet.
Im Unterschied dazu handelt es sich bei der Konnotation um allgemeine, sozial und kulturell festgelegte Bedeutungsaspekte, die bei der Verwendung eines Begriffs bewusst oder unbewusst »mitschwingen«.
Die Denotation von »Nacht« ist die Zeitspanne zwischen Aufgang und Untergang der Sonne. Konnotationen dieses Begriffs sind kontextabhängig, z. B. Angst, Einsamkeit, Gefühlskälte, (Un-)Heimlichkeit, Spannung, Zauber ...

Satzebene

Syntax Regeln der Grammatik einer Sprache, die sagen, wie die Wörter zu grammatisch korrekten Sätzen kombiniert werden können.

Satz Ein Satz ist eine Phrase, die mindestens ein Verb enthält und deren Kopf entweder ein finites Verb oder eine Subjunktion ist. Finite Sätze enthalten ein finites Verb, infinite Sätze nur ein infinites Verb. Man unterscheidet Hauptsätze (ein Satz, der nicht in einer anderen Konstituente enthalten ist) und Nebensätze (ein Satz, der in einer anderen Konstituente enthalten ist).

Satzglied Satzglieder sind die größte Gliederungseinheit in Sätzen. Sie bestehen aus Wörtern oder Wortgruppen, die sich nur geschlossen verschieben und als Ganzes ersetzen (und erfragen) lassen. Satzglieder haben eine syntaktische Funktion (z. B. Subjekt, Objekt).

Register Eine für einen bestimmten Kommunikationsbereich charakteristische Sprech- oder Schreibweise, z. B. in Abhängigkeit vom Verhältnis zwischen Sender und Empfänger (familiär, untergeordnet), von der Kommunikationsart (schriftlich, mündlich), vom Kontext (beruflich, privat) oder von der Stellung in der Gesellschaft.

Textebene

Text Bei einem Text handelt es sich um eine relativ abgeschlossene mündliche oder schriftliche Äußerung, die in der Regel aus einer grammatisch und inhaltlich zusammenhängenden Folge von Sätzen besteht. Texte werden von einem Textproduzenten mit einer bestimmten Absicht für einen Textrezipienten verfasst und von diesem auch als Text erkannt und akzeptiert.

Grammatik im Überblick

Grammatische Fachbegriffe im Überblick

Wortarten		
flektierbar durch Konjugation	flektierbar durch Deklination	nicht flektierbar
Verb	Substantiv/Nomen Artikel Adjektiv Pronomen	Präposition Adverb Konjunktion

Sätze		
einfacher Satz	zusammengesetzter Satz	
Hauptsatz (HS)	Satzreihe (Parataxe) Hauptsatz + Hauptsatz HS + HS (+ HS ...)	Satzgefüge (Hypotaxe) Hauptsatz + Nebensatz HS + NS (+ NS ...)

Satzglieder				
Subjekt	Prädikat	Prädikative – adjektivisch – substantivisch	Objekte – Dativobjekt – Akkusativobjekt – Genitivobjekt – Präpositionalobjekt	Adverbiale – Temporaladverbial – Lokaladverbial – Modaladverbial – Kausaladverbial
Attribute (Satzgliedteile)				
attributives Adjektiv, attributives Partizip, Genitivattribut, Präpositionalattribut, unverbundene Apposition, attributives Adverb, attributiver Relativsatz, attributiver Gliedsatz, satzwertiger Infinitiv				

Nebensätze – Formen und Aufgaben	
Formale Ordnung Wie werden Nebensätze eingeleitet?	Inhaltliche (funktionale) Ordnung Welche Nebensätze können statt eines Satzgliedes oder Attributs stehen?
Konjunktionalsatz Relativsatz indirekter Fragesatz uneingeleiteter Nebensatz satzwertige Infinitivgruppe satzwertige Partizipgruppe	Subjektsatz Objektsatz Prädikativsatz Attributsatz Adverbialsätze (Temporalsatz, Lokalsatz, Modalsatz, Kausalsatz, Finalsatz, Konditionalsatz, Konsekutivsatz, Konzessivsatz, Adversativsatz)

Grammatische Fachbegriffe im Einzelnen

Adjektiv Wortart, deklinierbar, charakterisiert Personen, Gegenstände, Geschehen, Eigenschaften und Merkmale (*großer Vogel, rotes Haus.*) Das Adjektiv kann im Satz verwendet werden:
- attributiv: *das schnelle Auto*
- prädikativ: *Das Auto ist schnell.*
- adverbial: *Das Auto fährt schnell.*

Das Adjektiv kann gesteigert werden (Komparation). *Vergleichsstufen* sind
- der Positiv: *schnell*
- der Komparativ: *schneller* und
- der Superlativ: *am schnellsten, das schnellste Auto*

Adjektivattribut Satzgliedteil. Das Adjektivattribut ist ein vorangestelltes Adjektiv. (*Das kleine Mädchen mit der roten Mütze heißt Rotkäppchen.*)

Adverb Wortart, nicht flektierbar, frei verschiebbar im Satz, bezeichnet Umstände eines Geschehens. Nur wenige können gesteigert werden. Das Adverb kann sich beziehen auf
- ein Verb (*Er rennt blindlings über die Straße.*),
- ein Adjektiv (*ein sehr schönes Haus*),
- ein Substantiv (*das Auto dort*),
- einen ganzen Satz (*Hoffentlich regnet es nicht*).

Unterscheidung in
- Lokaladverbien (*abseits, dort, oben, abwärts …*),
- Temporaladverbien (*nachts, gestern, plötzlich, immer …*),
- Modaladverbien (*blindlings, flugs, kurzerhand …*),
- Kausaladverbien (*daher, nämlich, folglich, deswegen …*).

Adverbattribut Satzgliedteil. Das Adverbattribut ist ein hinweisendes Adverb. (*Das Mädchen dort ist Rotkäppchen.*)

Adverbial (auch adverbiale Bestimmung), Satzglied, das wie das Objekt die Satzaussage ergänzt. Unterscheidung in:
- Adverbial der Zeit → temporal: erfragt mit *wann, seit wann, wie lange …* (*Am letzten Tag des Jahres feiern wir.*)
- Adverbial des Ortes → lokal: erfragt mit *wo, wohin, woher …* (*Das Buch liegt auf dem Tisch.*)
- Adverbial des Grundes → kausal: erfragt mit *warum, weshalb …* (*Er fehlt wegen einer Grippe in der Schule.*)
- Adverbial der Art und Weise → modal: erfragt mit *wie, womit, wodurch …* (*Das Auto fährt mit rasender Geschwindigkeit durch die Stadt.*)

Adverbialsatz Nebensatz bzw. Gliedsatz, der anstelle eines Adverbials steht. (*Wir zitterten, weil es kalt war.* – Warum?)

Akkusativ Kasus, 4. Fall bei Adjektiv, Artikel, Pronomen und Substantiv/Nomen (*Ich sehe den Mann, die Frau, das Kind.* – Wen oder was?)

Akkusativobjekt Satzglied; ergänzt die Satzaussage; wird mit *wen* oder *was* erfragt. (*Ich begrüße den glücklichen Leser.*)

Aktiv und **Passiv** Verbformen; drücken verschiedene Blickrichtungen auf einen Sachverhalt aus, d. h. beim Passiv rückt der »Täter« in den Hintergrund. (*Der Arzt untersucht den Patienten.* → Aktiv
Der Patient wird vom Arzt untersucht. → Passiv)

Apposition nachgestellte Beifügung, Attribut; wird vom Bezugswort durch Kommas abgetrennt. (*Rotkäppchen, ein kleines Mädchen, trägt eine rote Mütze.*)

Artikel Wortart, deklinierbar, begleitet vorangestellt das Substantiv/Nomen, zeigt dessen *Genus, Numerus* und *Kasus* an:
- der bestimmte Artikel zeigt bekannte Sachverhalte an (*der Mann*);
- der unbestimmte Artikel kennzeichnet unbekannte Sachverhalte (*ein Mann*).

Attribut Satzgliedteil; bezieht sich auf ein Substantiv/Nomen oder dessen Stellvertreter und bestimmt es näher.
Unterscheidung u. a. in:
- Adjektivattribut (*das griechische Buch*),
- Genitivattribut (*das Buch des Griechen*),
- Adverbattribut (*das Buch hier ist nicht griechisch*),
- Präpositionalattribut (*das Buch von den alten Griechen*),
- Apposition (*das Buch von Homer, dem griechischen Dichter, kennen …*).

…

Attributsatz Nebensatz; mit einer Konjunktion, einem Fragewort oder einem Relativpronomen eingeleitet; steht für ein Attribut. (*Hunde, die bellen, beißen nicht.*)

Aufforderungssatz Satzart; erkennbar am Satzschlusszeichen: ! (*Gib mir den Schlüssel!*)

Ausrufesatz Satzart; erkennbar am Satzschlusszeichen: *! Das kann doch nicht wahr sein!*

Aussagesatz Satzart; erkennbar am Satzschlusszeichen: . (Punkt)

Dativ Kasus, 3. Fall bei Adjektiv, Artikel, Pronomen und Substantiv/Nomen (*Er gibt dem Hund einen Knochen.* – Wem?)

Dativobjekt Satzglied; ergänzt die Satzaussage, wird mit *wem* erfragt. (*Er gab ihr sein Buch. Das Auto gehört meiner Mutter.*)

Deklination Veränderung (Flexion) der Wortformen von Adjektiv, Artikel, Pronomen und Substantiv/Nomen nach Genus, Kasus und Numerus

Demonstrativpronomen hinweisendes Fürwort (*der, dieser, jener, derjenige, derselbe*) mit der Funktion des ausdrücklichen Hinweisens (*dieses Buch*); verweist in Texten auf vorher Genanntes (*Birken, Erlen und Buchen stehen am Straßenrand. Diese Bäume bilden eine schöne Allee.*)

Femininum Genus: weibliches grammatisches Geschlecht

Finalsatz Nebensatz; mit den Konjunktionen *damit, dass* eingeleitet, drückt einen Zweck oder eine Absicht aus. (*Er macht regelmäßig Hausaufgaben, damit er Erfolg hat.*)

Flexion Veränderung (Beugung) der Wortformen; Oberbegriff für *Deklination, Konjugation* und *Komparation*

Fragesatz Satzart; erkennbar am Satzschlusszeichen: *?* (*Gibst du mir den Schlüssel?*)

Futur Zeitform des Verbs; gebildet mit dem Hilfsverb *werden* (*ich werde lesen*)

Genitiv Kasus, 2. Fall bei Adjektiv, Artikel, Pronomen und Substantiv/Nomen (*Der Hund des Nachbarn beisst.* – Wessen?)

Genitivattribut Satzgliedteil; ein Substantiv im Genitiv (*Die Mütze des Mädchens ist rot.*)

Genitivobjekt Satzglied, ergänzt die Satzaussage, wird mit *wessen* erfragt; steht nur nach wenigen Verben wie *gedenken, bezichtigen, bedürfen, sich entledigen* (*Er wird des Diebstahls bezichtigt.*)

Genus, Genera grammatisches Geschlecht; Unterscheidung in *Maskulinum* (männlich), *Femininum* (weiblich), *Neutrum* (sächlich)

Gliedsatz Nebensatz; steht für ein Satzglied. Oft wird die Bezeichnung gleichbedeutend mit *Nebensatz* gebraucht.

Hauptsatz selbstständiger Satz; kann für sich selbst bestehen, ist grammatisch nicht von anderen Sätzen abhängig (*Morgen wird das Wetter schön.*)

Imperativ Aufforderungs-, Befehlsform des Verbs, wird gebildet aus der 2. Person Singular (*geben – gibt → gib!*) oder 2. Person Plural (*gebt!*)

Indefinitpronomen unbestimmtes Fürwort; bezeichnet eine nicht näher bestimmte Menge von Personen oder Gegenständen: *alle, einer, einige, etwas, jeder, jemand, keiner, man, niemand, nichts …* (*Niemand will es getan haben.*)

indirekter Fragesatz Nebensatz; wird durch ein Interrogativpronomen bzw. -adverb (*wer, wann …*) eingeleitet. (*Er weiß nicht, wer er ist.*)

Infinitiv infinite Form (unveränderte Form, Grundform) des Verbs: *gehen, laufen, radeln, ändern*

Infinitiv, satzwertiger Wortgruppe mit einem Infinitiv; hat die Funktion eines Nebensatzes (*Die beiden Freundinnen trafen sich, um gemeinsam zu lernen.*)

Interrogativadverb Adverb; unveränderbar, leitet einen Fragesatz ein. (*Wann kommst du?*)

Interrogativpronomen Fragefürwort; leitet einen Fragesatz ein; Unterscheidung in
- **deklinable Interrogativpronomen** (*wer, wessen, wem, wen, welcher, welche, welches*),
- **indeklinable Interrogativpronomen** (*wann, wie, wo, woran, womit, wozu, weshalb, wohin, warum*). Indeklinable Interrogativpronomen werden auch Interrogativadverbien genannt.

Kausalsatz Nebensatz, wird mit den Konjunktionen *weil, da* eingeleitet, gibt für die Aussage im Hauptsatz einen Grund oder eine Begründung an (*Ich ziehe mich warm an, weil es kalt ist.*)

Kasus, Kasus Fall
1. Fall: Nominativ
2. Fall: Genitiv
3. Fall: Dativ
4. Fall: Akkusativ

Komparation Steigerung des Adjektivs (und Adverbs); Komparativ: erste Steigerungsstufe (*schöner, größer*)

Kompositum, Komposita Wortzusammensetzung; besteht aus zwei selbständigen Wörtern:
- Bestimmungswort (erster Teil)
- Grundwort (zweiter Teil)

(*das Wachs + die Kerze = die Wachskerze*)

Konditionalsatz Nebensatz, wird mit den Konjunktionen *wenn, falls* eingeleitet, drückt die Bedingung eines Geschehens aus. (*Wenn es regnet, wird die Straße nass.*)

Konjugation Flexion (Veränderbarkeit, Beugung) des Verbs (*lachen, lachte, gelacht*)

Konjunktion Wortart, nicht flektierbar, nicht frei verschiebbar im Satz; verbindet Wörter, Satzteile, Sätze:
- **nebenordnende** Konjunktionen (*und, oder, aber, denn, entweder ... oder*) verbinden Wörter (*Geld oder Leben*), Wortgruppen (*Viele Menschen träumen von einem großen Haus und einer weiten Reise.*) und Sätze (*Er ist zwar kein berühmter Star, aber seine Fans mögen ihn.*).
- **unterordnende** Konjunktionen (*dass, weil, nachdem, als, während, nachdem, wenn, obwohl, damit* usw.) verbinden Haupt- und Nebensätze. (*Er fehlt in der Schule, weil er krank ist.*)

Konjunktionalsatz Nebensatz, wird durch eine unterordnende Konjunktion (*dass, weil, obwohl ...*) eingeleitet.

Konjunktiv Modus des Verbs

Konjunktiv I; Modus für
- indirekte Rede (*Der Verteidiger meint, der Angeklagte könne nicht der Täter sein.*)
- Anweisungen (*Man nehme 100 g Mehl.*)
- Wünsche (*Er lebe hoch.*)

Konjunktiv II; Modus des Nichtwirklichen (Irrealis) und Möglichen (Potentialis) für
- irreale Vorstellungen (*Man stelle sich vor, ich wäre nicht geboren.*)
- unerfüllbare Wünsche (*Wäre ich doch nie geboren!*)
- Vermutungen (*Der Angeklagte könnte der Täter sein.*)
- höfliche Bitten (*Könnten Sie mir helfen.*)
- Vorbehalte und Zweifel (*Glaubst du wirklich, der Angeklagte könnte der Täter sein?*)

Konsekutivsatz Nebensatz, wird mit den Konjunktionen *sodass, so ... dass* eingeleitet; beschreibt die Folgen eines Geschehens (*Es regnete so sehr, dass die Keller unter Wasser standen.*)

Konzessivsatz Nebensatz, wird mit den Konjunktionen *obwohl, obgleich, obschon, wenn auch, wenngleich* eingeleitet; wird gebraucht, um Einwänden zu begegnen (*Obwohl es die ganze Nacht geschneit hat, fuhr er mit dem Fahrrad.*)

Lokalsatz Nebensatz, wird mit den Fragewörtern *wo, wohin, woher* eingeleitet; dient zur Angabe eines Ortes oder einer Richtung (*Ich gehe dorthin, wo der Pfeffer wächst.*)

Maskulinum männliches grammatisches Geschlecht

Modalsatz Nebensatz, wird mit den Konjunktionen *indem, (dadurch) dass* eingeleitet; macht Angaben über die Art und Weise des Geschehens.

Modalverben modifizieren vorwiegend ein anderes Sein oder Gesehen (*wollen, sollen, können, dürfen, müssen, mögen*).

Modus, Modi Aussageweise(n) des Verbs:
- **Indikativ:** Grundform
- **Konjunktiv I** und **II:** Möglichkeitsformen
- **Imperativ:** Befehlsform

Nebensatz Teilsatz, der einem anderen Satz (Haupt- oder Nebensatz) untergeordnet ist und für ein Satzglied steht (Gliedsatz); erkennbar z. B. an
- einem Einleitungswort (*Konjunktion, Pronomen, Fragewort*) und an
- der Endstellung des Prädikats. (*Die Tochter lernt am Computer, während der Sohn Fußball spielt.*)

Unterscheidung der Nebensätze nach ihrer
- **formalen Ordnung**
(Wie können Nebensätze eingeleitet werden?):
- Konjunktionalsatz
- Relativsatz
- indirekter Fragesatz
- uneingeleiteter Nebensatz
- satzwertige Infinitivgruppe
- satzwertige Partizipgruppe
- **inhaltlichen (funktionalen) Ordnung**
(Welche Nebensätze können statt eines Satzglieds oder eines Attributs stehen?):
- Subjektsatz
- Objektsatz
- Prädikativ
- Attributsatz
- Adverbialsatz (*Temporal-, Modal-, Kausal-, Final-, Lokal-, Konsekutiv-, Konditional-, Konzessivsatz*)
- **Stellung im Hauptsatz:**
- vorangestellter Nebensatz (*Wenn ich schlafe, träume ich von unmöglichen Begegnungen.*)
- eingeschobener Nebensatz (*Ich träume, wenn ich schlafe, von unmöglichen Begegnungen.*)
- nachgestellter Nebensatz (*Ich träume von unmöglichen Begegnungen, wenn ich schlafe.*)

Neutrum sächliches grammatisches Geschlecht

Nomen, Nomina Wortart; (Hauptwort; auch Substantiv); deklinierbar; wird bestimmt durch *Genus, Numerus* und *Kasus*; bezeichnet abstrakte sowie konkrete Sachverhalte.

Nominativ Kasus, 1. Fall bei Adjektiv, Artikel, Pronomen und Substantiv/Nomen (*Der Vogel fängt den Wurm.* – Wer oder was?)

Numerus, Numeri Zahlform bei Substantiv/Nomen, Adjektiv, Artikel, Pronomen:
- Singular (Einzahl),
- Plural (Mehrzahl).

Objekt Satzglied; ergänzt die Satzaussage; Unterscheidung in Genitiv-, Dativ-, Akkusativ- und Präpositionalobjekt.

Objektsatz Nebensatz (Gliedsatz), steht für das Satzglied Objekt, z. B.
- Akkusativobjekt
(*Peter kennt die Speisenfolge des Restaurants.* → *Peter weiß, welches Gericht im Restaurant zuerst kommt.*)
- Dativobjekt
(*Grete hilft ihrer Freundin.* → *Grete hilft, wem sie helfen will.*)
- Genitivobjekt
(*Sven rühmt sich seiner Klugheit.* → *Sven rühmt sich, dass er klug ist.*)
- Präpositionalobjekt
(*Er erinnert sich an ihre schwarzen Haare.* → *Er erinnert sich, dass sie schwarze Haare hatte.*)

Partizip, Partizipien Mittelwort; wird aus dem Verb gebildet; Unterscheidung in
- **Partizip I** (Infinitiv + -d: *kommen – kommend*)
- **Partizip II** (ge- + Infinitiv: *stellen – gestellt, schwimmen – geschwommen*)

Partizip, satzwertiges Wortgruppe mit einem Partizip, hat die Funktion eines Nebensatzes. (*Vom Gewitter überrascht, wurde er nass.*)

Perfekt Zeitform des Verbs; wird mit dem Präsens der Hilfsverben *sein* und *haben* gebildet. (*ich bin gelaufen, ich habe geweint*)

Personalform des Verbs (*er lacht, wir gehen*)

Personalpronomen persönliches Fürwort; fungiert als Stellvertreter von Substantiven/Nomen; bezeichnet darüber hinaus Rollen im Gespräch und verweist dabei auf den Sprecher (*ich, wir*), auf den oder die Angesprochenen (*du, ihr*) und auf den oder die Besprochenen bzw. das Besprochene (*er/sie/es; sie*)
(*Miriam ist meine beste Freundin. Sie hat mich noch nie belogen.*)

Plural Numerus, Mehrzahl bei Substantiv/Nomen, Adjektiv, Artikel und Pronomen

Plusquamperfekt Zeitform des Verbs; wird mit dem Präteritum der Hilfsverben *sein* und *haben* gebildet. (*er hatte geschlafen, sie war gegangen*)

Possessivpronomen besitzanzeigendes Fürwort; zeigt ein Besitzverhältnis (*mein Auto*) oder eine allgemeine Zugehörigkeit (*mein Verein*) an.

Prädikat Satzglied (Satzaussage); ist immer ein Verb; sagt etwas über das Subjekt aus. Frage: Was geschieht? Es kann einteilig sein (*Der Lehrer korrigiert den Aufsatz.*) oder mehrteilig (*Der Lehrer hat den Aufsatz korrigiert.*).

Prädikatsnomen Satzglied im Nominativ, ergänzt das Subjekt; steht nach den Verben *sein, werden* und *bleiben*; kann aus einem Substantiv (*Er bleibt Klassensprecher.*) oder Adjektiv (*Wasser ist nass.*) bestehen.

Präfix vorangestellter Wortbaustein, verändert die Bedeutung eines Worts:
un-, ur-, miss-, be-, er-, ent-, ver-, zer- ... (*Uropa, uralt; beleben, erleben, verleben*)

Präposition Wortart, nicht flektierbar, nicht frei verschiebbar im Satz; verdeutlicht Beziehungen oder Verhältnisse zwischen Gegenständen, Lebewesen oder Sachverhalten. (*auf dem Tisch, mit meinem Hund, ohne Gefahr*)

Präpositionalattribut Attribut, das mit einer Präposition an das Bezugswort angehängt wird (*Das Mädchen mit der roten Mütze heißt Rotkäppchen.*)

Präpositionalobjekt Satzglied; ergänzt die Satzaussage, wird mit einem Fragewort und einer Präposition erfragt: *auf wen? mit wem?* ... (*Ich warte auf den Bus.*)

Präsens Zeitform des Verbs, kann einen Vorgang oder Zustand auf allen drei Zeitstufen ausdrücken: Unterscheidung in
- **aktuelles Präsens** (*Ich liebe schöne Bücher.*)
- **historisches Präsens** (*Gutenberg revolutioniert um 1450 den Buchdruck.*)
- **generelles Präsens** (*Ich laufe immer zur Arbeit.*)
- **futurisches Präsens** (plus adverbialer Bestimmung: *Morgen fahre ich zur Arbeit.*)
- **dramatisches Präsens** (Wechsel in erzählenden Texten vom Präteritum ins Präsens, um das Erzählte dramatischer zu gestalten: *Er lag still im Dunkeln. Plötzlich hört er ein Knacken ...*)

Präteritum Zeitform des Verbs, drückt ein Geschehen in der Vergangenheit aus. (*wir liefen, sie lernten*)

Pronomen Wortart; Fürwort, begleitet oder ersetzt ein Substantiv/Nomen. Unterscheidung in *Personal-, Possessiv-, Demonstrativ-, Relativ-, Reflexiv-, Indefinit-, Interrogativpronomen.*

Reflexivpronomen rückbezügliches Fürwort, das sich in der Regel auf das Subjekt des Satzes zurück bezieht. (*Ich sehe mich im Spiegel.*)

Relativadverb kann einen Relativsatz einleiten (*wo, wann, wohin, woher, wie, weshalb, weswegen*) Vom Relativpronomen unterscheidet es sich dadurch, dass es die Eigenschaft eines Adverbs hat. (*Der Zeitpunkt, wann er kommt, ist ungewiss.*)

Relativpronomen bezügliches Fürwort (*der ..., welcher ..., wer, was*) leitet einen Nebensatz ein leitet und bezieht sich auf
- ein Substantiv (*Der Arzt, der mich behandelt hat, ist nett.*)
- ein Pronomen. (*Ich tue alles, was du willst.*)

Relativsatz Nebensatz, wird durch ein Relativpronomen (*der, die, das; welche ...*) oder ein Fragewort in Relativfunktion (*was, wo ...*) eingeleitet

Satzarten Ausrufe, Aufforderungs-, Befehls-, Frage-; Aussagesatz

Satzgefüge Verbindung von Haupt- und Nebensatz (*Die Tochter lernt am Computer* [HS], *während der Sohn Fußball spielt* [NS].)

Satzglied Baustein eines Satzes, kann aus einem oder mehreren Wörtern bestehen. Welche Wörter zu einem Satzglied gehören, lässt sich durch die Umstellprobe ermitteln. (*Meiner besten Freundin / schreibe / ich / heute / einen langen Brief.*)

Satzreihe Verbindung von Hauptsätzen (*Die Tochter lernt am Computer und der Sohn spielt Fußball.*)

Singular Numerus, Einzahl bei Substantiv/Nomen, Adjektiv, Artikel und Pronomen

Stammvokal kann sich bei der Wortbildung im Wortstamm verändern (*Berg – Gebirge/hart – härten*)

Subjekt Satzglied (Satzgegenstand), enthält Angaben über Personen, Gegenstände, Sachverhalte, über die im Satz etwas ausgesagt wird. Frage: *Wer* oder *was?* (Nominativ) (*Sie läuft über die Straße.*)

Subjektsatz Nebensatz (Gliedsatz), steht anstelle des Satzglieds Subjekt. (*Dass du kommst, freut mich.*) Wer oder was freut mich?

Substantiv Wortart (Hauptwort; auch Nomen); deklinierbar, bezeichnet Konkretes (*Lebewesen, Gegenstände*) oder Abstraktes (*Liebe, Zuversicht*), wird bestimmt durch *Genus, Numerus*, und *Kasus*

Suffix nachgestellter Wortbaustein (*-ig, -lich, -bar, haft, -los; -heit, -keit, -ung …*) mit dessen Hilfe von Wörtern andere abgeleitet werden können, wobei ein Wortartwechsel stattfindet (*Mut, -ig → mutig; schön, -heit → Schönheit*)

Superlativ höchste Steigerungsstufe des Adjektivs (*die schönsten Blumen, die höchsten Berge*)

Temporalsatz Nebensatz, wird mit den Konjunktionen *als, solange, bis, während, seit, bevor, nachdem* eingeleitet, gibt Auskunft über Zeit und Dauer eines Geschehens (*Als er aus dem Haus ging, regnete es.*)

Tempus, Tempora Zeitform(en) des Verbs: *Präsens, Präteritum, Perfekt, Plusquamperfekt, Futur I, Futur II*; sind nicht mit den Zeitstufen zu verwechseln.

Verb, Verben Wortart, bezeichnet Tätigkeiten (*arbeiten*), Vorgänge (*schwitzen*), Zustände (*liegen*); veränderbar durch Konjugation, wird bestimmt durch *Person, Numerus, Tempus, Genus Verbi* und *Modus*

Unterscheidung in
finite Formen (*er schläft*)
infinite Formen, die nicht konjugiert werden können:
- *Infinitiv* (Grundform) *schlafen*
- *Partizip I* (Mittelwort) *schlafend*
- *Partizip II* (Mittelwort) *geschlafen*

Unterscheidung in
- starke Verben (*gehen – ging – gegangen*)
- schwache Verben (*lachen – lachte – gelacht*)
- Hilfsverben (*haben, sein, werden*)
- Modalverben (*dürfen, können, mögen, müssen, sollen, wollen*)

Das Verb hat
- drei **Zeitstufen**: *Gegenwart, Vergangenheit* und *Zukunft* und
- sechs **Zeitformen** (*Tempora*): *Präsens, Präteritum, Perfekt, Plusquamperfekt, Futur I, Futur II*

Vergleichsstufen Positiv, Komparativ, Superlativ

Wortarten
- veränderbar durch Flexion (Beugung): *Verb* (Konjugation), *Substantiv, Artikel, Adjektiv, Pronomen* (Deklination)
- unveränderbar (nicht flektierbar): *Adverb, Präposition, Pronomen*

Zeitformen (Tempora): *Präsens, Präsens, Präteritum, Perfekt, Plusquamperfekt, Futur I, Futur II*

Zeitstufen Vergangenheit, Gegenwart, Zukunft

Sachregister

Textquellen

Ammon, Ulrich: Deutsch als plurizentrische Sprache (2004), S. 59. Aus: Ulrich Ammon et al. Variantenwörterbuch des Deutschen. Die Standardsprache in Österreich, der Schweiz und Deutschland sowie Liechtenstein, Luxemburg, Ostbelgien und Südtirol. Berlin: walter de Gruyter 2004.

Anders, Günther: Der Löwe (1966), S. 8. Erstdruck in: Die Zeit, 4.März 1966. Und in Günther Anders: Der Blick vom Turm. München: C.H. Beck 1968. S. 7.

Asendorpf, Dirk / Schlobinski, Peter (Interview): Vom @ über das e zum i (2007), S. 122. http://www.zeit.de/online/2007/10/cebit-linguistik-schlobinski. Auch in: Deutsch Oberstufe. Kompetenzen – Themen – Training 11 Bayern. Braunschweig: Schroedel 2009. S. 114–115.

Augst, Gerhard: Spracherwerb – ein faszinierendes Geschehen (1978), S. 35. Spracherwerb von sechs bis sechzehn. Linguistische, psychologische, soziologische Grundlagen. Düsseldorf: Schwann 1978.

Augstein, Jakob: Olympische Medienwirklichkeit (01.08.2012), S. 138. http://www.freitag.de/autoren/jaugstein/olympische-medienwirklichkeit

Bachmann, Ingeborg:
– Keine Delikatessen (1963 / 64), S. 154. Aus: Werke. Bd. 1: Gedichte. München: Piper 1978.
– Frankfurter Vorlesungen (1960), S. 155. München: Piper 1978.

Ball, Hugo: Wolken (1916), S. 108. http://www.zgedichte.de/gedicht_1336.html; aufgerufen am 23.07.2012.

Barth, Mario: Kommunikation zwischen Frau und Mann (Transkript 2009), S. 95. amazon mp3 Download, Mario Barth: Männer und Frauen 2009.

Bendzko, Tim: Wenn Worte meine Sprache wär'n (2011), S. 153. Text: Tim Bendzko. Rückbank Musikverlag, Hamburg.

Benn, Gottfried: Ein Wort (1948), S. 140. Aus: Sämtliche Werke. Stuttgarter Ausgabe. Band VI: Prosa 4. (1951–1956). In Verb. mit Ilse Benn hrsg. von Holger Hof. Klett-Cotta, Stuttgart 2001.

Bichsel, Peter: Der Tisch ist ein Tisch (1986), S. 9f. Aus: Kindergeschichten. Darmstadt: Luchterhand 1986, S. 18–27.

Bolz, Norbert: Leiden-Sehen tut wohl (2005), S. 136. Aus: Blindflug mit Zuschauer. München: Fink 2005. S. 100.

Borchert, Wolfgang: das Brot (1946), S. 96. Aus: Das Gesamtwerk. Mit einem biograph. Nachw. von Bernhard Meyer-Marwitz. Reinbek bei Hamburg: Rowohlt 1949. S. 304–306.

Bräunlein, Jürgen: Krebs goes Entertainment (2007), S. 136. Aus: Das Allerletzte. In: Rheinischer Merkur vom 22.11.2007. S. 19, Kultur.

Brinkmann, Rolf Dieter: Immer mehr Worte (1962–70), S. 155. Aus: Standphotos. Gedichte 1962–1970. Reinbeck bei Hamburg: Rowohlt 1980.

Broschart, Jürgen: Was ist eigentlich »Sprache«? (2007), S. 20. In: Geo Wissen 2007, 33. S. 32–33 (www.uk-online.uni-koeln.de/remarks/d5293/rm2161458.pdf, aufgerufen am 04.04.2013).

Bühler, Karl: Das Organonmodell der Sprache (1934), S. 14. Aus: Sprachtheorie. Die Darstellungsfunktion der Sprache. Stuttgart: G. Fischer 1999. S. 28.

Burger, Harald: Zitat »Durch den Beruf ...« (2005), S. 116. Aus: Mediensprache. Berlin: de Gruyter. 3. Aufl. 2005. S.42–43.

Bushido: Dankesrede zur Bambi-Verleihung (2011), S. 109. http://www.stefan-niggemeier.de/blog/bushido-spricht-klartext/

Celan, Paul: Todesfuge (1958), S. 152. Aus: Mohn und Gedächtnis. München: Deutsche Verlagsanstalt 1952.

Crystal, David: Quelle der Tabelle, S. 17: Cambridge Enzyklopädie der Sprache S. 289; hier gekürzt. Übersetzt von Stefan Röhrich.
– Phasen der frühen Lauterzeugung, S. 33: Tabelle erstellt nach David Crystal: Cambridge Enzyklopädie der Sprache. Übersetzt von Stefan Röhrich. Frankfurt / New York: Campus. S. 236f.
– Zweisprachig aufwachsen (1993), S. 37. Aus: Die Cambridge Enzyklopädie der Sprache. Übersetzt von Stefan Röhrich. Frankfurt / New York: Campus 1993. S. 363.
– Akademien (1995), S. 75. Aus: Cambridge Enzyklopädie der Sprache. Frankfurt New York: Campus. S. 4.
– Zur Verhältnisbestimmung zwischen Sprache und Denken (1995), S. 81. Aus: Die Cambridge Enzyklopädie der Sprache. Übersetzt von Stefan Röhrich. Frankfurt am Main./New York: Campus.

Dahrendorf, Ralf: Soziale Position und Rolle (1958), S. 94. Aus: Homo sociologicus. Ein Versuch zur Geschichte, Bedeutung und Kritik der Kategorie der sozialen Rolle. 16.Auflage. Wiesbaden: VS Verlag 2006.

Dávila, Nicolás Gómez: Zitat »Die heutigen Kommunikationsmittel ...« (2006), S. 116. Aus: Scholien zu einem inbegriffenen Text. Übersetzt von Thomas Knefeli und Rudolf Sigl. Wien: Karolinger 2006.

Dohm, Hedwig: Stimmrecht der Frau (1876), S. 72. http://www.germanhistorydocs.ghi-dc.org/pdf/deu/240_Hedwig%20Dohm_Stimmrecht%20Frauen_58.pdf

Eco, Umberto: Die poetische Funktion der Sprache (1973), S. 15. Aus: Das offene Kunstwerk. Übersetzt von Günter Memmert. Frankfurt / Main: Suhrkamp 1973, S. 105–108.

Eich, Günter: Inventur (1945), S. 150. Aus: Gesammelte Werke. Bd. 1. Frankfurt / Main: Suhrkamp 1991. S. 95f.

Enzenberger, Hans Magnus:
– Das digitale Evangelium. Propheten, Nutznießer und Verächter (2004), S. 132. Aus: Die Elixiere der Wissenschaft. Frankfurt/Main: Suhrkamp 2004. S.75–97. Der ungekürzte Text einsehbar unter http://www.spiegel.de/spiegel/print/d-15376078.html
– Das Nullmedium (1988), S. 136. Aus: Mittelmaß und Wahn. Frankfurt/Main: Suhrkamp 3. Auflage. 1989. S. 100f.

Földes, Csaba: Die deutsche Standardsprache: Fiktion oder Wirklichkeit? (2005), S. 51. Aus: Die deutsche Sprache und ihre Architektur. Aspekte von Vielfalt, Variabilität und Regionalität: variationstheoretische Überlegungen. In: Studia Linguistica XXIV (Acta Universitatis Wratislaviensis No.2743) Wroclaw 2005. S. 37–59.

Gerhardt, Wolfgang: Zitat »Die Flut von Anglizismen ...« (2001), S. 40. In: Welt am Sonntag vom 11.02.2001.

Giesecke, Michael: Zitat »Medienwandel ...« (1992), S. 116. Aus: Sinnenwandel, Sprachwandel, Kulturwandel. Studien zur Vorgeschichte der Informationsgesellschaft. Frankfurt / Main: Suhrkamp 1992 S 13.

Goebbels, Joseph: Rede im Berliner Sportpalast am 18.02.1943, S. 111f.: Aus: Kai Brodersen (Hrsg.): Große Reden. Von der Antike bis heute. Darmstadt: Primus 2002. S. 164–178.

Goethe, Johann Wolfgang von:
– Faust I. (1808). Studierzimmer (V. 1224–1237), S. 25. Erarbeitet von Volker Frederking. (Texte.Medien). Braunschweig: Schroedel 2007. S. 50f.
– Die Leiden des jungen Werthers (1774), S. 142. Erarbeitet von Peter Bekes und Volker Frederking. (Texte.Medien). Braunschweig: Schroedel 2009. S. 23.

Gomringer, Eugen: Schweigen (1954), S. 151. Aus: vom rand nach innen. Die konstellationen. 1951–1995. Gesamtwerke Bd. 1. Wien: Edition Splitter 1995. S. 19.

Göttert, Karl-Heinz: Kanak-Sprak-Poesie (2010), S. 69. Aus: Deutsch. Biographie einer Sprache. Berlin: Ullstein 2010. S. 348–351.

Grimm, Rudolf: Come in and find out (2012), S. 64. http://www.stern.de/wirtschaft/unternehmen/meldungen/anglizismen-come-in-and-find-out-532208.html; aufgerufen am 23.07.2012.

Grünhag, Patrick: Abiturrede (2012), S. 105. http//www.wolfgangheinrich.de/abiturreden / Rede vom St-Anna-Gymnasium Augsburg 2012.

Harsdörffer, Georg Philipp: Die Teutsche Sprache (1651), S. 73. Aus: Albrecht Schöne (Hrsg.): Das Zeitalter des Barock. München: C.H. Beck 1963.

Hartmann von Aue: Mîn dienst (12.Jh.), S. 48. http://www.hs-augsburg.de/~harsch/germanica/Chronologie/12Jh/ Hartmann/har_lio1.html

Haruna, Hadija: Weissu – is krasse Sprache! Jugendliche Migranten mischen das Hochdeutsch auf (2011), S. 67. http://www.fluter.de/de/sprachen/heft/9536/

Heise, Jens: Herder und seine Sprachtheorie (1998), S. 30. Aus: Johann Gottfried Herder. Zur Einführung. Hamburg: Junius Verlag 1998. S. 13, 15, 2ff.

Herder, Johann Gottfried: Abhandlung über den Ursprung der Sprache (1772), S. 28. Aus: Werke in zehn Bänden. Bd. 1: Frühe Schriften 1764–1772. Hrsg. von Ulrich Gaier. Frankfurt/Main: Deutscher Klassiker Verlag 1985. S.695ff.

Hermann, Judith:
– Sonja (1998), S. 141. Aus: Sommerhaus, später. © S. Fischer Verlag GmbH, Frankfurt/Main 1998.
– Rote Korallen (1998), S. 156. Ebd., S. 18–23.

Herrndorf, Wolfgang: Tschik (2010), S. 141. Reinbek bei Hamburg: Rowohlt 13. Auflage 2012. S. 111.

Hoberg, Rudolf: Wird aus Deutsch Denglisch? (2002), S. 63. Aus: Thema Deutsch. Bd. 3: Deutsch – Englisch – Europäisch. Hrsg. von der Duden-Redaktion und der Gesellschaft für deutsche Sprache. Mannheim: Brockhaus 2002.

Hofmannsthal, Hugo von:
– Terzinen über Vergänglichkeit I (1894), S. 15 /
– Weltgeheimnis (1894), S. 143 /
– Ballade des äußeren Lebens (1895), S. 143. Aus: Sämtliche Werke. Kritische Ausgabe. Hrsg. von Eugene Weber. Frankfurt / Main: Fischer 1991. Bd. I.
– Ein Brief (1902), S. 145ff. Aus: Sämtliche Werke. Kritische Ausgabe. Hrsg. von Ellen Ritter. Frankfurt / Main: Fischer 1991. Bd. XXXI, S. 45ff.

Hornby, Nick: Slam (2008), S. 125. Übersetzt von Harald Hellmann und Clara Drechsler. Köln: Kiepenheuer & Witsch 2008. S.274f.

Hornig, Frank: Fernsehen war gestern (2007), S. 139. In: SPIEGEL Special 3/2007. S. 33–35.

Hübner, Lutz: Ehrensache. Schauspiel. (2005), S. 80. © Hartmann & Stauffacher GmbH, Verlag für Bühne, Film, Funk und Fernsehen, Köln. Auch in: SpielRäume. Theaterstücke für junge Leute. Erarbeitet von Gabriela Paule. Braunschweig: Schroedel 2010. S. 111f.

Jandl, Ernst: Schtzngrmm (1957), S. 151. Aus: Poetische Werke. München: Luchterhand 1997.

Quellen

Janich, Nina: Werbesprache (2001), S. 128. Ein Arbeitsbuch. Tübingen: 5., vollständig überarbeitete und erweiterte Auflage 2010. (c) Narr Francke Attempo Verlag GmbH + Co. KG. S. 37–39, 139–141, 229–233.
Kant, Immanuel: Kritik der reinen Vernunft (1787), S. 78. http://gutenberg.spiegel.de/buch/3502/3; aufgerufen am 23.07.2012.
Keller, Rudi:
– Ist die deutsche Sprache vom Verfall bedroht? (1999–2004), S. 53. http://www.phil-fak.uni-duesseldorf.de/uploads/media/Sprachverfall.pdf; aufgerufen am 23.07.2012.
– Sprachwandel – die Theorie der unsichtbaren Hand, (2003), S. 55. Aus: Sprachwandel. Tübingen/Basel: Francke 2003. S. 93, S. 100f., S. 107ff.
Kennedy, John F.: Rede vor dem Schöneberger Rathaus am 26.06.1963, S. 113. Aus: Theodor Pelster: Rede und Rhetorik. Düsseldorf: Schwann 1986. S. 279f.
Kilian, Jörg: Parlando (2006), S. 120. Aus: Standardnorm versus »Parlando« in Schüler/-innen-Chats. S. 75–77. In: Der Deutschunterricht, 5/2006, S. 74–83.
Kleist, Heinrich von: Über die allmähliche Verfertigung der Gedanken beim Reden (1805/06), S. 79. Aus: Sämtliche Werke und Briefe in vier Bänden. Bd. 3. Hrsg. von Klaus Müller-Salget. Frankfurt/Main: Deutscher Klassiker Verlag 1990. S. 534–536.
Klemperer, Victor: LTI. Lingua tertii imperii (1947), S. 150. Notizbuch eines Philologen. Stuttgart: Reclam 2007. S. 25ff.
Klöckner, Marcus: Leitmedien und die Gegenöffentlichkeit des 11. September (2011), S. 138. http://www.heise.de/tp/artikel/35/35430/1.html
Körzdörfer, Bärbel: Jungs auf Sype (2010), S. 123. Köln: Baumhaus 2010. S. 27–29/120–123.
Krischke, Wolfgang: Triebkräfte des sprachlichen Ursprungs heute (2009), S. 56. http://www.faz.net/aktuell/feuilleton/geisteswissenschaften/sprachwissenschaft-vollkommen-nutzlos-fuer-den-unterricht-1844279.html; aufgerufen am 23.07.2012.
Kruppa, Hans: Gegengewicht (1985), S. 156. Aus: Ein bisschen Glück für jeden Tag. Münster: Coppenrath 2007. *www.hans-kruppa.de*
Kunert, Günter: Meine Sprache (1966), S. 77. Aus: Verkündigungen des Wetters. München: Hanser 1966.
Lehnen-Beyel, Ilka: Wie Sprache das Denken formt (2004), S. 86. http://www.wissenschaft.de/wissenschaft/news/244069.html; aufgerufen am 23.07.2012.
Leibniz, Gottfried Wilhelm: Unvorgreiffliche Gedanken, betreffend die Ausübung und Verbesserung der Teutschen Sprache (um 1680), S. 74. Aus: Albrecht Schöne (Hrsg.): Das Zeitalter des Barock. München: C.H. Beck 1963.
Liessmann, Konrad Paul: Unterhaltung (2006), S. 136. Aus: Theorie der Unbildung. Die Irrtümer der Wissensgesellschaft. Wien: Paul Zsolnay 2006.
Lorenzo, Giovanni di (Interview): Doppelleben (1997), S. 136. Aus: Wer in Talkshows geht, kommt darin um. In: MAX Nr. 3/1997. S. 218f.
Loriot: Der Vampyr (1988), S. 104. Aus: Gesammelte Prosa. Zürich: Diogenes 2006.
Luhmann, Niklas: Die Realität der Massenmedien (1995), S. 135. Wiesbaden: Verlag für Sozialwissenschaften 3. Auflage. 2004. S. 9–14.
Mens, Fenja: Wie Kinder sprechen lernen (2007), S. 32. Aus: GeoWissen. Das Geheimnis der Sprache. Nr. 40, 2007, S. 36–40.
Merkel, Angela: Rede zum 20. Jahrestag des Mauerfalls auf der Bösebrücke am 09.11.2009, S. 114. http://www.bundeskanzlerin.de/Content/DE/Rede/2009/11/2009-11-09-boesebruecke-merkel.html; aufgerufen am 23.07.2012.
Mey, Reinhard: Kaspar (1992), S. 18. Musik und Text aus: Ich wollte wie Orpheus singen. Chansons von Reinhard Mey. Bonn/Bad Godesberg: Voggenreiter 1970. Originaltitel: »Sie sagten, er käme von Nürnberg her«. EMI Nobile Musikverlag GmbH, Hamburg
Möller, Jürgen: Theoretische Grundlagen der antiken Rhetorik (2011), S. 101: Aus: EinfachDeutsch. Rhetorik. Braunschweig/Paderborn/Darmstadt: Schöningh 2011. S.29–30. Darin: Cicero. Reden gegen Verres. Band 1. Hrsg. und übersetzt von Manfred Fuhrmann. Zürich: Artemis und Winkler 1995. S. 6–61.
Monroy, Sergio L.: Ausländerkind (1983), S. 39. Aus: Irmgard Ackermann (Hrsg.): In zwei Sprachen leben. Berichte, Erzählungen, Gedichte von Ausländern. München: Deutscher Taschenbuch Verlag 1983, S. 21.
Morgenstern, Christian:
– »im Anfang war-« (o.J.), S. 25. Aus: Gedichte in einem Band. Hrsg. von Reinhard Habel. Frankfurt/Main und Leipzig: Insel 2003. S. 823f.
– Aphorismen/Worte, S. 142. Aus: Stuttgarter Ausgabe des Verlags Urachhaus, hrsg. unter der Leitung von Reinhardt Habel. Band 5: Aphorismen, hrsg. v. Reinhardt Habel. Stuttgart: Urachhaus 1987.
Murgia, Michela: Accabadora (2011), S. 157. Übersetzt von Julika Brandestini. München: Deutscher Taschenbuch Verlag, 2. Auflage 2012. S. 119–120, S. 156.
Neumann, Jan: Tim und die Antworten auf nichts (2012), S. 83. München: mixtvision 2012.
Novak, Helga M.: Meine Sprache (1997), S. 16. Aus: Solange noch Liebesbriefe eintreffen. Gesammelte Gedichte. Hrsg. von Rita Jorek, mit einem Nachwort von Eva Demski. Frankfurt/Main: Schöffling und Co. 1997.
Nützel, Nikolaus: Erst tausend, dann hundert, dann eine ... Oder: Werden irgendwann alle Menschen die gleiche Sprache sprechen? (2007), S. 57. Aus: Sprache oder Was den Mensch zum Menschen macht. München: Bertelsmann Taschenbuch 2007. S. 56–65.
Orsenna, Erik: Die Grammatik ist ein sanftes Lied (2004), S. 99. Übersetzt von Caroline Vollmann. München: Deutscher Taschenbuch Verlag 2009. S. 25f.
Orwell, Georg: Kleine Grammatik (1948), S. 82. Aus: 1984. Übersetzt von Michael Walter. Berlin: Ullstein 2009.
Pazarkaya, Yüksel: deutsche sprache (1989), S. 37. Aus: Der Babylonbus. Frankfurt/Main: Dagyeli 1989, S. 7.
Postman, Neil: Der Einfluss der Medien auf die Urteilsbildung (1985), S. 118. Aus: Wir amüsieren uns zu Tode. Urteilsbildung im Zeitalter der Unterhaltungsindustrie. Übersetzt von Reinhard Kaiser. Frankfurt/Main: S. Fischer 1985. S. 19, 25, 39–41.
Reinmar von Zweter (13.Jh.), S. 40: Vaterunser. mittelhochdeutsch: http://titus.uni-frankfurt.de/ personal/mittmann-dateien/ deutsche_sprachgeschichte_11.pdf; aufgerufen am 23.07.2012; neuhochdeutsch: http://de.wikisource.org/wiki/Vaterunser; aufgerufen am 23.07.2012.
Retter, Hein: Aspekte nonverbaler Kommunikation (1999), S. 98. Aus: Theorien der menschlichen Kommunikation. Seminar für allgemeine Pädagogik TU Braunschweig 1999. S. 120.
Rilke, Rainer Maria:
– Ich fürchte mich so vor der Menschen Wort (1897), S. 78. Aus: Sämtliche Werke. Hrsg. vom Rilke-Archiv in Verbundung mit Ruth Sieber-Rilke, besorgt v. Ernst Zinn. Bd. 2. Frankfurt/Main: Insel 1955. S. 194f.
– Der Lesende (1901), S. 144. Ebd.
– Duineser Elegie [Neunte Elegie] (1923), S. 144. Ebd.
Rötzer, Florian: Irakische Medienwirklichkeiten (2003), S. 138. http://www.heise.de/tp/artikel/14/14555/1.html
Rühle, Axel: Qanik, wenn er liegt, Aput, wenn er fällt (2007), S. 80. In: Süddeutsche Zeitung vom 20./21.01.2007.
Saussure, Ferdinand de: Ein System von Zeichen (dt. 1976), S. 11. Aus: Grundfragen der allgemeinen Sprachwissenschaft. Hrsg. v. Charles Bally u. Albert Sechehaye unter Mitwirkung von Albert Riedlinger. Übersetzt von Herman Lommel. 2. Auflage Berlin: de Gruyter 1967, S. 17f.
Schandmaul: Bis zum Morgengrauen (2011), S. 49. Aus dem Album »Traumtänzer«. http://www.allthelyrics.com/de/lyrics/schandmaul/bis_zum_morgengrauen-lyrics-1356547.html
Schlaffer, Heinz: Lesesucht (1986), S. 134. Aus: Günther Busch/J. Hellmut Freund (Hrsg.): Gedanke und Gewissen. Frankfurt/Main: S. Fischer 1986. S. 645–650.
Schleicher, August: Indogermanische Fabel (1868), S. 44. de.wikipedia.org/wiki/Indogermanische_Fabel; abgerufen am 04.04.2013.
Schmidt, Helmut: Dankesrede zur Verleihung des Millenium-Bambi (2011), S. 108. http://www.bild.de/politik/inland/helmut-schmidt/helmut-schmidts-rede-20955248.bild.html)
Schnurre, Wolfdietrich: Schreiben nach 1945 (1945), S. 151. Aus: Gelernt ist gelernt. Frankfurt/Main – Berlin: Ullstein 1984. S. 73.
Schopenhauer, Arthur: Über die Weiber (1851), S. 70. Erstausgabe Berlin: A.W. Hayn 1851.
Schulz von Thun, Friedemann: Beziehungsbotschaft (1981), S. 93. Aus: : Miteinander reden. Störungen und Klärungen. Allgemeine Psychologie der Kommunikation. Reinbek bei Hamburg: Rowohlt 1981.
Schwitters, Kurt: Seenot (1944), S. 149. Aus: Das literarische Werk. Hrsg. von Friedhelm Lach. 5 Bände. DuMont, Köln 1974–1981 1. Lyrik. 1974.
Serrao, Marc Felix: Jugenddialekt Kiez-Deutsch (2012), S. 68. Interviwe mit Heike Wiese. http://www.sueddeutsche.de/leben/jugenddialekt-kiezdeutsch-ich-bin-alexanderplatz-1.1278128; Copyright: Süddeutsche Zeitung Digitale Medien GmbH/Süddeutsche Zeitung GmbH; SZ vom 08.02.2012; aufgerufen am 23.07.2012.
Stahl, Marvin C.: Rotkäppchen auf Berlinerisch (o.J.), S. 60. http://home.snafu.de/mcs/rot/rotk06.htm; aufgerufen am 23.07.2012.
Stedje, Astrid:
– Quelle der Periodisierung, S. 45. Aus: Deutsche Sprache gestern und heute. München: Wilhelm Fink 1989. S. 63.
– »Bedeutungswandel«, S. 46. Aus: Deutsche Sprache gestern und heute. ebd., S. 27–29; ergänzt durch Frank Schneider: Sprachursprung – Sprachskepsis – Sprachwandel. Einfach Deutsch. Braunschweig/Paderborn/Darmstadt: Schöningh 2009, S. 226.
Steinhöfel, Andreas: Rico, Oskar und die Tieferschatten (2008), S. 83. Hamburg: Carlsen 12. Aufl. 2008.

Süßmilch, Johann Peter: Versuch eines Beweises, daß die erste Sprache ihren Usprung nicht vom Menschen, sondern allein vom Schöpfer erhalten habe (1766), S. 26. Faksimile-Ausgabe, Nachdruck der Ausgabe Berlin 1766. Köln: Verlag H.-J. Schmidt. S.16–17.
Tarmas, Olaf: Mehrsprachigkeit: Sprachlabor Deutschland (2007), S. 38. In: Geo-Wissen. Das Geheimnis der Sprache. Nr. 40, 2007, S. 46–48.
Tausendpfund, Walter: Gensblüümle (2003), S. 60. http://www.walter-tausendpfund.de/gensbluemle.html; aufgerufen am 23.07.2012.
Thukydides: Leichenrede des Perikles (431 / 30 v. Chr.). S. 102f. Aus: Der Peloponnesische Krieg. Übersetzt von H. Vretska u. W. Rinner. Stuttgart: Reclam 2000. S. 137–145.
Toscani, Oliviero: Die Werbung ist eine materialistische Religion, eine Monstrosität (1996), S. 127. Aus: Die Werbung ist ein lächelndes Aas. Übersetzt von Barbara Neeb. Mannheim: Bollmann 1996. S. 139f., 170f.
Tucholsky, Kurt: Gebet eines Zeitungslesers (1929), S. 137. Aus: Das Lächeln der Mona Lisa. Berlin: Rowohlt. S. 358–361; entnommen http://de.wikisource.org/wiki/Gebet_des_Zeitungslesers
Unheilig: So wie du warst (2012), S. 50. Text: Der Graf. © Universal Music Publ. GmbH, Berlin. Fansation Oliver Reimann & Markus Tombült GbR. BMC Bennett Music and Consulting Stephan Benn, Köln. [http://www.songtexte.com/songtext/unheilig/so-wie-du-warst-5382d349.html]
Valentin, Karl: Semmelnknödeln (1940), S. 12. München / Zürich: Piper 1996. [Entnommen aus http://brdls.homepage.t-online.de/~2010mHPaetsch/Karl/V07a.htm, aufgerufen am 23.07.2012].
Victoria Adelaide Marie Luise of Great Britain and Ireland: Brief an Queen Victoria (1891), S. 110. Aus: Sir Frederic Ponsonby (Hrsg.): Die Briefe der Kaiserin Friedrich. Berlin: Kulturpolitik 1929. S. 446f.
Wasserrab, Jutta: Dialektatlas – Eine Deutschlandreise fürs Ohr (2012), S. 59. http://www.dw.de/dw/article/0«4230751,00.html; aufgerufen am 23.07.2012.
Watzlawick, Paul: Kommunikationsaxiome (1969), S. 92. Aus: Paul Watzlawick / Janet H. Beavin / Don D. Jackson: Menschliche Kommunikation. Formen, Störungen, Paradoxien. Bern / Stuttgart / Toronto / Seattle: Huber 1996. S. 50ff.
Weiß, Konrad: Ich schäme mich (1992), S. 115. In: Die ZEIT vom 29.10.1992.
Wenzel, Silvio: Wie versteht unser Gehirn Sprache? (2004), S. 36. http://www.wdr.de/tv/quarks/sendungsbeitraege/2004/1123/001_sprache.jsp, aufgerufen am 23.07.2012.
Wenzelburger, Dietmar: Krise der Erfahrung und der Sprache (2002), S. 147. Aus: Geschichte der deutschen Literatur. Hrsg. von Joachim Bark / Dieter Steinbach, Bd. 4. Stuttgart / Leipzig: Ernst Klett. S. 73–75.
Wermelskirchen, Axel: Sprache gar nicht so pflegeleicht (1991), S. 75. Aus: Frankfurter Allgemeine Zeitung Nr. 234 vom 09.10.1991.
Whorf, Benjamin Lee:
– Wie der Name einer Sache unser Verhalten beeinflusst (1963), S. 79f. Aus: Sprache – Denken – Wirklichkeit. Beiträge zur Metalinguistik und Sprachphilosophie. Copyright für die deutsche Übersetzung von Peter Krausser © by Rowohlt Verlag GmbH, Reinbek bei Hamburg/Benjamin Lee Whorf. Language, Thougt an reality © MIT Press.
– Das linguistische Relativitätsprinzip (1963), S. 84f. Aus: Sprache – Denken – Wirklichkeit. Beiträge zur Metalinguistik und Sprachphilosophie. Copyright für die deutsche Übersetzung von Peter Krausser © by Rowohlt Verlag GmbH, Reinbek bei Hamburg/Benjamin Lee Whorf. Language, Thougt an reality © MIT Press.
Wilhelm II.: Rede bei der Fahnenübergabe (1911), S. 110. Aus: Ernst Johann: Reden des Kaisers. Ansprachen, Predigten und Trinksprüche. München: Deutscher Taschenbuch Verlag 1977. S. 123f.
Wir sind Helden: Nur ein Wort (2005), S. 140. Text: Judith Holofernes. Freudenhaus Musikverlag Patrik Majer. Wintrup Musikverlag Walter Holzbaur.
Wise Guys:
– Denglisch (2006), S. 66. Text: Daniel Dickopf. Edition WISE GUYS, Köln. http://wiseguys.de/songtexte/details/denglisch/; aufgerufen am 23.07.2012.
– Nonverbale Kommunikation (2008), S. 97. Text: Daniel Dickopf. Edition WISE GUYS, Köln. http://wiseguys.de/songtexte/details/nonverbale_kommunikation/; aufgerufen am 23.07.2012.
– Facebook (2012), S. 124. Text: Daniel Dickopf. Edition WISE GUYS, Köln. http://www.youtube.com/watch?v=ft6FMd2p2Jw; aufgerufen am 23.07.2012.
Wohmann, Gabriele: Ein netter Kerl (1978), S. 91. Aus: Habgier. Erzählungen. Reinbek bei Hamburg: Rowohlt 1978. S. 68–70.
Wolfram von Eschenbach: Der tac mit kraft al durch diu venster dranc (12. Jh.), S. 48. http://www.pinselpark.org/literatur/w/wolfram/poem/denmorg.html
Zaimoğlu, Feridun: Kanak-Sprak (1995), S. 69. 24 Misstöne vom Rande der Gesellschaft. Berlin: Rotbuch 1995.
Zimmer, Dieter E.:
– Sprache und Evolution (1986), S. 23. Aus: So kommt der Mensch zur Sprache. München: Wilhelm Heyne 1986.
– Fehler machen Worte (2009), S. 61. http://www.zeit.de/2009/19/B-Sprachentwicklung/komplettansicht; aufgerufen am 23.07.2012.
– Der, Die, Das. Sprache und Sexismus (1986), S. 70. Aus: Redens Arten. Zürich: Haffmanns 1986.
– Wiedersehen mit Whorf (1986), S. 89. Aus: So kommt der Mensch zur Sprache. München: Heyne 2008.
– Körpersprache (1966), S. 98f. Aus: Unsere stumme Sprache. In: Zeit-Magazin vom 07.10.1966. S. 4–10.

Ohne nähere Verfasserangaben

Seite 25: Johannes-Evangelium (Joh 1, 1–4), Rev. Fassung der Lutherbibel, 1984.
Seite 37: Multilingualismus. Aus: Metzler Lexikon Sprache. Zweite, überarbeitete und erweiterte Auflage. Autor: Ulrich Ammon. Stuttgart / Weimar: Metzler 2000. S. 459.
Seite 40: Handschrift St. Gallen Matthäus 6,9–13: althochdeutsch: http://www.stefanjacob.de/Geschichte/Unterseiten/Textproben.php?Multi=54; aufgerufen am 23.07.2012; neuhochdeutsch: http://de.wikisource.org/wiki/Vaterunser, aufgerufen am 23.07.2012.
Seite 41: »Szenesprache«: http://szenesprachenwiki.de, aufgerufen am 23.07.2012.
Seite 51: Standardsprache: Metzler Lexikon Sprache. Zweite, überarbeitete und erweiterte Auflage. Autor: Konrad Ehlich. Stuttgart / Weimar: Metzler 2000. S. 688.
Seite 52: Varietät: Metzler Lexikon Sprache. Zweite, überarbeitete und erweiterte Auflage. Autor: Ulrich Ammon. Stuttgart / Weimar: Metzler 2000. S. 771.
Seite 65: Tabelle: Verständnis englischsprachiger Claims in Deutschland 2006. ENDMARK GmbH (Hrsg.): Englische Werbung und böhmische Dörfer. Warum viele Marketingbotschaften nicht so gut ankommen. Pressemitteilung vom 27.11.2006. Pressekontakt: Andreas Tenhafen, Weißhausstr. 30, 50939 Köln. © Endmark GmbH 11 / 2006.
Seite 90: Kommunikation. Aus: Metzler Lexikon Sprache. Zweite, überarbeitete und erweiterte Auflage. Autor: Jost Gippert. Stuttgart / Weimar: Metzler 2000. S. 354ff.
Seite 103: *Unbekannter Autor*: An einen Freund (o.J.). http://www.die-nicht-gehaltene-trauerrede.de/alle_reden.pdf; aufgerufen am 23.07.2012.
Seite 105: Beurteilungskriterien für die Rederhetorik (nach Elmar Bartsch) (o.J.), S. 112. Deutsche Gesellschaft für Sprechwissenschaft und Sprecherziehung.
Seite 140: *(Un-)Wörter des Jahres*: http://de.wikipedia.org/wiki/Wort_des_Jahres_%28Deutschland%29; aufgerufen am 28.07.2012.

Bildquellen

Seite 8 o.: INTERFOTO, München (TV Yesterday)
Seite 8 u.: iStockphoto, Calgary (© Rainer von Brandis)
Seite 11: akg-images GmbH, Berlin (© VG Bild-Kunst, Bonn 2013)
Seite 12: INTERFOTO, München (Friedrich)
Seite 16 li.: Getty Images, München (© 2009 Megan Lorenz)
Seite 16 re.: Picture-Alliance GmbH, Frankfurt/M. (OKAPIA KG)
Seite 19: Ingo Lehnhof, Braunschweig
Seite 29: Verlag Karin Kestner oHG, Schauenburg
(© 2007 aus: ISBN 978-3-9810709-6-5);
Seite 31: Lehnhof, Ingo, Braunschweig
Seite 40: Butschkow, Peter, Langenhorn
Seite 43: Westermann, Technisch-Grafische Abteilung
Seite 45: wikimedia.commons (Hardcore-Mike)
Seite 47: ullstein bild, Berlin (Lutz Braun)
Seite 48: akg-images GmbH, Berlin
Seite 59: Maharishi Veda GmbH, Hannover
Seite 62: Picture-Alliance GmbH, Frankfurt/M. (Image Source / Erwin De Boer);
Seite 63 li.: JOKER: Fotojournalismus, Bonn (Hartwig Lohmeyer)
Seite 63 re.: Fnoxx, Stuttgart (Arnulf Hettrich)
Seite 71 li.: bpk – Bildagentur für Kunst, Kultur und Geschichte, Berlin
(F. Seidenstücker)
Seite 71 re.: ullstein bild, Berlin
Seite 73 li.: bpk – Bildagentur für Kunst, Kultur und Geschichte, Berlin
(Dietmar Katz)
Seite 73 re.: Günter Könnecke
Seite 78: dreamstime.com, Brentwood (© Konstantinos Kokkinis)
Seite 78: Bulls Pressedienst GmbH, Frankfurt am Main (www.comiczone.com)
Seite 88 o.: Ralf Fieseler, Paderborn
Seite 88 u.: 123RF.com, Hong Kong (Tatiana Gladskikh)
Seite 89: iStockphoto, Calgary (© ZoneCreative)
Seite 94: Universität Hamburg, Hamburg (Professor Schulz von Thun)
Seite 100 mi. li.: ZELLER-TEAM, Baltmannsweiler (Grafik Sascha Bernlöhr)
Seite 100 mi. re.: Picture-Alliance GmbH, Frankfurt/M.
(dieKLEINERT.de / Martin Guhl)
Seite 100 u. li.: Ingo Lehnhof, Braunschweig
Seite 100 u. re.: Ingo Lehnhof, Braunschweig
Seite 110, 111: akg-images GmbH, Berlin
Seite 112: ullstein bild, Berlin
Seite 113: akg-images GmbH, Berlin (Gert Schütz)
Seite 114: ddp images GmbH, Hamburg (dapd)
Seite 116 o.: BMW AG, München
Seite 116 u.: REWE GROUP (REWE Zentral AG), Hürth
Seite 117 o.: wikimedia.commons
Seite 117 u.: Abfallwirtschaftsbetrieb München, München
(Kampagne des Abfallwirtschaftsbetrieb München (AWM) zum Thema
›Mülltrennung‹ Gestaltung: machbar GmbH)
Seite 126: Picture-Alliance GmbH, Frankfurt/M. (dpa / DB Linden Labs)
Seite 127: Coca-Cola GmbH, Berlin
Seite 128 o.: Nana Mohr Public Relations, München
Seite 128 u.: Picture-Alliance GmbH, Frankfurt/M. (dpa / Julian Stratenschulte)
Seite 141: Ingo Lehnhof, Braunschweig
Seite 149: bpk – Bildagentur für Kunst, Kultur und Geschichte, Berlin
(Staatsbibliothek zu Berlin / Ruth Schacht).

Die Komplettlösung für den Deutschunterricht in der SII
Texte.Medien plus – *Individuelles Arbeitsbuch Deutsch SII mit Online-Modulen* (47410)
Texte.Medien plus – *Ordner* (47411)
Texte.Medien plus – *Informationen für Lehrerinnen und Lehrer* (47412)
www.zentralabitur-online.de

In unserer Reihe Texte.Medien sind folgende **Textausgaben mit Materialien** für die Sekundarstufen I und II erschienen bzw. befinden sich in Vorbereitung:

Klassische und moderne Literatur
Barock: Lyrik – *Epoche und Epochenvergleich* (47039)
Johannes Bobrowski: Spur der Stimmen – Ausgewählte Texte aus dem Werk (47432)
Georg Büchner: Dantons Tod (47022)
Georg Büchner: Woyzeck (47028)
Friedrich Christian Delius: Der Spaziergang von Rostock nach Syrakus (47012)
Annette von Droste-Hülshoff: Die Judenbuche (47001)
Joseph von Eichendorff: Aus dem Leben eines Taugenichts (47065)
Theodor Fontane: Irrungen, Wirrungen (47004)
Johann Wolfgang von Goethe: Die Leiden des jungen Werthers (mit DVD) (47030)
Johann Wolfgang von Goethe: Faust – Der Tragödie erster Teil (mit DVD) (47009)
Johann Wolfgang von Goethe: Iphigenie auf Tauris (47422)
Gerhart Hauptmann: Bahnwärter Thiel (47025)
E.T.A. Hoffmann: Der Sandmann (47010)
Ödön von Horváth: Geschichten aus dem Wiener Wald (47057)
Franz Kafka: Der Proceß (47062)
Franz Kafka: Die Verwandlung und andere Erzählungen (47005)
Gottfried Keller: Romeo und Julia auf dem Dorfe (47429)
Heinrich von Kleist: Die Marquise von O... und andere Prosa (47069)
Heinrich von Kleist: Michael Kohlhaas (47027)
Heinrich von Kleist: Prinz Friedrich von Homburg (47064)
Gotthold Ephraim Lessing: Emilia Galotti (47068)
Gotthold Ephraim Lessing: Nathan der Weise (47011)
Liebe, Tod und Spiel – *Ausgewählte Erzählungen von Nadja Einzmann, Judith Hermann und Maike Wetzel* (47007)
Literatur des 20. Jahrhunderts – *Eine Textsammlung für den Deutschunterricht in der Oberstufe* (47000)
Hans J. Massaquoi: »Neger, Neger, Schornsteinfeger!« (47002)
Moritz Rinke: Republik Vineta (47014)
Friedrich Schiller: Die Räuber (47058)
Friedrich Schiller: Don Karlos (47024)
Friedrich Schiller: Kabale und Liebe (47423)
Friedrich Schiller: Maria Stuart (47421)
Friedrich Schiller: Wilhelm Tell (47428)
Arthur Schnitzler: Leutnant Gustl (47063)
Arthur Schnitzler: Traumnovelle (47006)
Science-Fiction – *Texte und Materialien aus der Zukunft* (47430)
Theodor Storm: Der Schimmelreiter (47059)
Władysław Szpilman: Der Pianist (47023)
Frank Wedekind: Frühlings Erwachen (47427)

Kinder- und Jugendbücher (Auswahl)
Hans Joachim Schädlich: Der Sprachabschneider (47003)
Frederik Hetmann/Harald Tondern: Die Rache der Raben (47008)
Paul Maar/Christian Schidlowsky: F.A.U.S.T. Furiose Abenteuer und sonderbare Träume (47013)
Paul Maar/Christian Schidlowsky: Klaras Engel (47029)
Paul Maar/Christian Schidlowsky: Peer und Gynt (47426)
Gabriele Maute: Das Gespenst von Canterville (nach Oscar Wilde) (47021)
Faïza Guène: Paradiesische Aussichten (47060)
Alexa Hennig von Lange: Ich habe einfach Glück (47420)
Sergio Olguín: Die Traummannschaft (47424)
Jerry Spinelli: Der Held aus der letzten Reihe (47425)
Uwe Britten: Pille – Ein schwieriger Weg zurück (47433)
SpielRäume – *Theaterstücke für junge Leute* (47066)
Märchenreise – *Ausgewählte Märchen aus Europa* (47038)
Fantastisches Lesen – *Ausgewählte Auszüge aus fantastischen Büchern* (47434)
Wilhelm Hauff: Das kalte Herz (47431)

Die einzelnen Bände werden jeweils durch **Arbeitshefte, Informationen für Lehrerinnen und Lehrer** und z. T. **mediales Zusatzangebot** ergänzt.

Ebenso sind in der Reihe Texte.Medien **Materialien und Arbeitsanregungen** zu ausgewählten Lektüren erschienen. Sie enthalten nicht den titelgebenden Originaltext:
Alfred Andersch: Sansibar oder der letzte Grund (47803)
Bertolt Brecht: Leben des Galilei (47802)
Florian Henckel von Donnersmarck: Das Leben der anderen (47136)
Friedrich Dürrenmatt: Der Besuch der alten Dame (47126)
Friedrich Dürrenmatt: Die Physiker (47137)
Max Frisch: Andorra (47133)
Max Frisch: Homo faber (47805)
Wolfgang Koeppen: Tauben im Gras (47134)
Thomas Mann: Mario und der Zauberer (47804)
Thomas Mann: Buddenbrooks (47809)
Robert Musil: Die Verwirrungen des Zöglings Törleß (47131)
Otfried Preußler: Krabat (4801)
Anna Seghers: Das siebte Kreuz (47135)
Peter Stamm: Agnes (47806)
Christa Wolf: Kassandra (47132)

Auch diese Hefte werden durch **Informationen für Lehrerinnen und Lehrer** ergänzt.

Multimedia
Die Poetry-Slam-Expedition: Bas Böttcher (47061)
Doppel-U: Goethe und Schiller – ein interaktives Rap-Hörbuch (47372)
Doppel-U: An die Freude (47374)
Junge Dichter und Denker: Rap trifft Klassiker (47370)
Junge Dichter und Denker: Rap trifft Moderne (47373)
Balladen verstehen – Balladen vortragen (47371)

Eine aktuelle Übersicht zum kompletten Angebot und zu Ausgaben in Vorbereitung finden Sie unter:
www.schroedel.de/textemedien

Schroedel Interpretationen:
Die Reihe »Schroedel Interpretationen« bietet verständlich und interessant geschriebene Darstellungen und Deutungen wichtiger Werke der deutschen Literatur. Die Bände eignen sich besonders zur Vorbereitung auf Referate, Hausarbeiten, Klausuren und Prüfungen.

Weitere Informationen, Inhaltsverzeichnisse und Probeseiten zu diesem Band und den anderen Bänden der Reihe finden Sie im Internet unter:
www.schroedel.de/interpretationen

Folgende Bände der Reihe »**Schroedel Interpretationen**« sind bereits erschienen:

Bertolt Brecht: Leben des Galilei (47708)
Georg Büchner: Woyzeck (47702)
Georg Büchner: Dantons Tod (47719)
Friedrich Dürrenmatt: Der Besuch der alten Dame (47706)
Friedrich Dürrenmatt: Die Physiker (47712)
Theodor Fontane: Effi Briest (47707)
Theodor Fontane: Irrungen, Wirrungen (47722)
Max Frisch: Homo faber (47718)
Johann Wolfgang von Goethe: Die Leiden des jungen Werther (47701)
Johann Wolfgang von Goethe: Iphigenie auf Tauris (47715)
Johann Wolfgang von Goethe: Faust I (47721)
Franz Kafka: Der Proceß (47703)
Heinrich von Kleist: Michael Kohlhaas (47705)
Heinrich von Kleist: Prinz Friedrich von Homburg (47713)
Heinrich von Kleist: Das Erdbeben in Chili (47709)
Heinrich von Kleist: Michael Kohlhaas (47705)
Wolfgang Koeppen: Tauben im Gras (47714)
Thomas Mann: Buddenbrooks (47716)
Thomas Mann: Der Tod in Venedig (47728)
Thomas Mann: Mario und der Zauberer (47717)
Joseph Roth: Hiob (47731)
Friedrich Schiller: Maria Stuart (47700)
Friedrich Schiller: Don Karlos (47704)
Arthur Schnitzler: Traumnovelle (47711)
Arthur Schnitzler: Leutnant Gustl (47710)
Sophokles: Antigone (47735)
Peter Stamm: Agnes (47720)